怪異の民俗学 5

天狗と山姥

小松和彦［責任編集］

河出書房新社

天狗と山姥

目次

怪異の民俗学⑤

天狗と山姥

I 天狗の文化史

馬場あき子

天狗への憧れと期待

1　幻の大会《だいえ》

天狗幻術の「大会」

天狗について語ろうとする時、いつもまっさきに思い出すのは、〈幻の大会《だいえ》〉の話である。〈大会〉とは、釈迦が霊山《りようぜん》で説法した時のことをいう。能にも「大会」という曲があって、『十訓抄』を典拠としている。能としてはめずらしく二つの面を重ねてかけるという特殊な演出があり、大会の場を演ずるシテは別個の格を示す大ベシミ（天狗）と釈迦の面を二重につけて登場する。このことでもおおよその推察がつくように、天狗は〈霊山《りようぜん》の説法の場〉を演出して、信心深い老僧を感激させるが、そのことによって帝釈天から手ひどく痛めつけられるという話である。

この天狗は『十訓抄』には「古鳶の世におそろしげなる」とかかれていて、相当に年功を経ている天狗を想像させるが、実際にはちょっとした油断から、天狗としては情ない鳶の姿のまま子どもらにつかまってしまい、責めさいなまれるという、まずはたいした悪事も働けそうにない天狗である。折ふし通りかかった老僧に助けられ、恩がえしのため〈霊山《りようぜん》の大会《だいえ》〉を演出してみせることになったもので、演技の開始にあたっては、「あなかしこ尊しと思すな。信だに発し給はば己がため悪しからむ」と念を入れている。

ところが、絶妙さにおいて本物以上に本物的感銘を与えた天狗芸術にうたれて、老僧はついに幻を宗教として渇仰してしまったのであり、ここに宗教にたいする欺瞞罪が成立することになった。しかし、それによって天狗が一方的に処罰されなければならないのはどうも片手落ちである。別の観点に立てば、演技による大会はけっして宗教の場ではないということを見ぬけなかった過失は、むしろ老僧の方にある。したがって、能舞台の経過を追えば、釈迦の面を脱ぎすてて大ベシミの天狗になったシテが、帝釈天の杖に打ちのめされて深谷の岩洞に這い込んだあとには、何となく後味のよくない疑問をのこさねばいられない。この後味の悪さは、はたして、宗教にたいする冒瀆罪が最高の罪悪とみなされた時代と、現代との間にある倫理感のずれとして結論づけてよいものだろうか。

そのうえもうひとつの問題点を考えれば、芸術というジャンルは、ことに古い時代においては、つねにある種の権威や権力、ないしは経済力にたいして、奉仕的に、あるいは付随的にしか発展できなかったのであるが、この話には、はじめて天狗という超人力をもった外道によって、芸術が対等に宗教に挑み、敢闘したすがたがみられる。

齢七十におよんだ老僧は、「西塔に住みける僧」と記されたままで、おそらく名もなく、貧しく平凡な一生を地道に仏道にささげて生きてきた法師であったのだろう。この日はふとした用事で京に出たのであったが、老齢にもかかわらず供人一人もつれてはいなかった。命を助けられた天狗の、返礼をしたいという申し出にたいして、老僧はどのように答えたであろうか。「我は此の世の望更に無し。年七十になれり、されば名聞利用あぢきなし、後世こそ恐しけれども、それはいかでかかなへ給ふべきなれば申すに及ばず。但、釈迦如来の霊山に説法し給ひけむよそほひこそめでたかりけめと思ひやられて、朝夕心にかかりて見まほしくおぼゆれど、その有様学びて見せ給ひなむや」。これは、いかにもつましい生涯を、誠実に生きて来たという印象の答である。老僧の言葉にある「此の世の望更に無し」とか「名聞利用あぢきなし」という総括的詠歎は、おそらくその清貧と誠実が、齢七十にして一度も報いられなかったところに発しているであろうし、また報いられようとさえも思わなかったであろう。つまり、このような、西塔を去らず西塔に老い朽ちるたぐいの老僧の境涯とは、清貧に安んじて老いを迎えること以上にはあり得ないのがほとんどの定めであったし、それでもなおかつ、出家として世を遂げる安らぎの方が、彼の知る人生のなかではまさっていたといえるのである。ゆえに、幻術による〈大会〉の贈りものは、老僧にとって生涯の思い出であったにちがいなく、彼は七十年の生涯においてはじめて荘厳華麗な儀式のなかに身を置く陶酔を味わったのである。

このような陶酔を得たいという欲求は、何も貧しく老いたこの僧のものばかりではない。天喜元年（一〇五三）、末法第一年に入った現世をはかなんで、関白頼通は宇治平等院に鳳凰堂を建てた。名匠定朝《じょうちょう》作の丈六の阿弥陀像が安置されたのをはじめ、鳳凰の名の示す建築構想といい、投資された財の豊かさといい、この世の極楽を思わせるかぎりのものがここにはあったし、頼通の生きながらの浄土を見る希いは達せられたのである。頼通は阿弥陀の手にする五色の糸とみずからの手を結び、来世を極楽へ迎え取ってくれるであろう仏の誓いを信じて涙を流した。しかし、このような豪勢な浄土の幻覚は老僧においては望むべくもない。老僧はせめて外道の演ずる幻のなかにでも、模造の浄土を見ることを希ったのであり、その演技は思いがけず「随喜の涙眼に浮び、渇仰の思骨にとほる」という忘我の陶酔を導いたのであった。ながいながい僧侶の生活と克苦の人生のはてに、浄土の幻を見ることを希った僧の求めは、頼通が生きながらの浄土に棲むことを希った求めとくらべて、あるいはより切実であったかもしれない。老僧の忘我の法悦が何によって急迫したかといえば、貧寒たる深谷岩洞に這いかくれて生きる天狗の現実と、ほど遠からぬ老僧の日常が、〈霊山の大会座〉に参加することによって、急速な飛躍をとげるのを味わったからである。この老僧の感涙と、鳳凰堂に座した頼通の感涙とどれほどの隔たりがあるだろうか。人びとは巨万の富に彩られた平等院もまた永遠でないことを知っていたし、天狗がまったくの善意に発して〈幻の大会〉を贈りものとしたことに、むしろ庶民的好意と共鳴を抱いていたはずである。それにしても、この華麗な幻術の雲散霧消によって、無残なまで傷ついたのは、天狗以上に老僧であったわけで、その目前には以前にまして惨澹たる日常がかえってきたわけである。それにしても、この天狗外道によって瞬間の法悦を味わってしまった老僧の、苦さにみちた日常回帰の心情を別にして考えれば、初期天狗説話に特有の、〈幻術〉の効果とは、いったい何が企まれ、計算されたものであったのだろう。

天狗幻術は作用したか

初期天狗説話の〈幻術〉は、仏教の権威とその代弁者たる僧侶への揶揄と侮蔑にみちており、末流の僧はしばしば〈幻術〉に誑《たぶら》かされ、ひどい時は命まで失っている。〈大会〉の例にもう一度もどれば、老僧の日常に対応する釈迦の世界は、まさに荘厳華麗な理想的世界であったが、そこへ引摂《いんじよう》しようという仏の約束も、しょせんは天狗の幻と遠いものではなく、谷間の岩洞を這いもとおる現実だけがほんとうなのだという点において、幻による霊山会座の提示はいかにも天狗的である。それは、観念世界にある仏法浄土の空無性を、ひとつの具象的世界として存在させようとすることへの揶揄であるともいえる。老僧の求めに応じて、「さやうなものまねするを、己が徳とするなり」という安うけあいの語をもって〈大会〉を演出する態度こそ、天狗の日常にあるもっとも痛烈な貴族仏教への批判なのであった。帝釈は幻の作用を怒って、華麗な説法の場を無残に吹き飛ばしてしまったが、一方においては、儀式を飾る貴族仏教の様式美が進行していたし、そのなかに具体的な権威も陶酔も生まれてゆくことを、むしろ当然として諒承する傾向があったのである。天狗が〈幻〉をもってその荘厳儀式を侮蔑することに、仏者が憎しみと怖れを抱いたのは、過差・豪奢の風潮が単に儀式だけでなく、貴族と結びついた僧侶の生活そのものにおよびつつあることによる。そして、このような初期において天狗が武器としたものは、わずかに〈幻術〉にすぎず、その安易な仏の奇瑞の模造は、しばしば大衆的好みにも投じて、随喜の涙を流させたこともめずらしくない。しかし、たとえば延喜の代、五条道祖神の柿の木の上に仏として示現した天狗は、空から花を降らせ、光りかがやいて、都中の話題になったが、外術のつづく時間は七日以上にはおよばないと決断した右大臣、源光《みなもとのひかる》の眼光に屈して屎鳶の本身を現した。人びとはこのような天狗の行為に、あさましさや、欺された情なさを感じつつ、なおかつ〈幻の大会〉の例をとれば、懲罰者帝釈天以上には好感をもっていたように思う。

　だが、一般的に、なぜか、時代が進行し、天狗の行為や目的に変化が生じ具体性が生まれるようになってさえも、天狗には救済のイメージがなく、その現実否定、権威・権力の否定にもまた、安心立命の余地がなかった。このような欠落部を補うことのついに不可能な天狗を、貴族社会とその爛熟のなかに繁栄した仏教者が怖れた理由は、天狗の〈幻術〉が実にもうひとつの情勢とともに生まれていることにあった。『今昔物語』二十巻は大量な天狗説話をもって埋まるが、その第二話は天狗の原型的な反体制の意志を伝えるものである。それによれば、震旦の天狗智羅永寿《ちらえいじゅ》が渡日して、比叡山の余慶律師《よぎょうりっし》に挑もうとして火界の呪に敗れ、飯室《いいむろ》僧正の不動真言に敗れ、慈恵大僧正の摩訶止観《まかしかん》に敗れ、さんざんに痛めつけられて腰の骨を折られ、温泉で湯治して帰ったという話で、このような悪天狗の飛来は宇多・醍醐の頃からはじまっている。つまり、前章で述べた〈鬼の足跡〉や〈衣冠の幻〉、生ける鬼としての盗賊の跳梁とともに天狗もまた興隆してきているのであり、その動きは時代を一にして育っている。そして中世にいたって、〈鬼〉の存在はひとつの哲学として昇華をとげることによって、観念の世界に定着してゆくが、天狗は逆に山伏を媒介としてしだいに具体的行動をもちはじめ、人間臭をつよめてゆく。

2 天狗と飛行空間

天狗の星

天狗が記録にあらわれるのは『日本書紀』の舒明天皇九年二月である。「丙辰《ひのえたつ》の朔戊寅《つちのえとら》に、大きなる星、東より西に流る。便ち音ありて雷に似たり。時の人曰はく、『流星の音なり』といふ。亦は曰はく『地雷《つちのいかづち》なり』といふ。是に、僧旻僧《みんほうし》が曰はく『流星に非ず。是天狗《あまきつね》なり。其の吠ゆる声雷に似たらくのみ』といふ」とある。雷の音のする流星を自信にみちて「天狗」だといったのは、『漢書』の「天文志」に「天鼓有レ音、如レ雷非レ雷、天狗、状如ニ大流星ニ」とあるのによったものらしい（『日本古典文学大系』の頭註による）。雷鳴の音をもっていたということは、古代中国の雷神観からすれば天狗とは天帝に近侍するものの一種と考えられていたのかもしれない。「天鼓」が「天狐」と考えられ、「天狗」が「あまぎつね」とよまれるというすじみちから、狐の通力などが想像されるようになったのかもしれないが、その原型に「大流星」という不可解な非生物的現象があったことはたしかである。流星、彗星など、星の変化を怖れたのは、それが天帝の意志に属することと考えたからであるが、天狗もまたこうした星の一つであったのであろう。『太平記』の「相模入道弄田楽並闘犬事」のなかで、北条高時が、田楽の姿をした天狗どもと宴に酔い興じてうたった歌は「天王寺ノヤ、ヨウレボシヲ見バヤ」という歌であった。「ヨウレボシ」は近年「天王寺」

と結びつけて「弱法師舞《よろぼしまい》」と解する説もあるが、「妖霊星」と解して不吉の前兆をうたった天狗歌とする説が従来とおっていた。古い時代の、流星を天狗とする説がずっと意識の底流にあったことをものがたるものである。そしてまた、天狗が宇宙空間とかかわり、飛行《ひぎよう》をその性能のひとつとせざるを得ない発想も、ここにひとつの根があるといえる。

天狗と神仙思想

もちろん、天狗の飛行《ひぎよう》の術の母胎となるものに神仙思想があり、脱俗の過程で自然に還り自然に遊ぶことが可能であるという修行が行なわれていたことも考えねばならない。女の膚の色に見惚れて墜落した久米の仙人はあまりに有名であるが、『本朝神仙伝』の伝えによれば、倭武《やまとたける》が白鳥と化して昇天したのをはじめ、役行者《えんのぎようじや》小角《おづぬ》も、武内宿禰《たけのうちのすくね》も、都良香《みやこのよしか》もいずれも終りは仙《ひじり》となっていず方へか去っていったのであるという。彼らの多くは山中深く消息を絶っており、山中において〈仙の道〉を学んだのであるとされている。仙の思想の根本にあるのは道教の思想であり、俗塵をはなれた自然の天地のなかで、自然に還る道の修行はなされたのであり、そこではとくべつなものを飲食するという不自然がまず排されていた。霞を食うという俗説が生まれたのもこのゆえであるが、要するに霞に紛れ、風に乗ることが、自然の一部となりきった肉体においては可能であると考えられたのである。大和の〈竿打ち仙人〉などは、俗心がのこっていて全き仙人にはなり切れず、飛行の高さは七、八尺を超えられなかったといわれ、少年に竿をもって追われたところより名づけられた。また、仙人にはなれなくとも、方術だけを身につけて冥界と往来することの可能な者もあるという考えも古くからあり、「長恨歌」のなかにうたわれた方士《ほうじ》は冥界の楊貴妃の簪を玄宗の手にもたらしたのであった。天狗の飛行も、もちろん現実の空間を縮めるためのものではなく、冥界や未来界との間をつなぐ飛行なのであって、天狗が形態の上に鳥の翼をもっていたこともそのためである。倭武が白鳥となって去ったことも、鳥の翼に冥界を知るもののしるしを見るという考えを強くさせたと思われる。

道教は山間修行者の論理的母胎のひとつとなったものであり、修験道のなかに老荘の世界を持ちこみ、脱俗の憧憬と人間を超える克苦の修行を正統化させる一要素となったのである。折口信夫氏は修験道が奈良初期にすでに存在したことにふれ、〈隠れ里〉をなしていた山人の人びとが、「民間に行はれた道教式作法と、仏教風の教義の断篇を知つて変態な神道を、まづ開いたのは修験道で、此は全く、山の神人から、苦行生活を第一義にとつて進んだのです。だから、里人に信仰を与へるよりも、まづ、祓への変形なる懺悔・禁欲の生活に向はしめました。即、行力を鍛へて、験方の咒術を得ると言ふ主旨になります。だから、修験道は、長期の隔離生活に堪へて、山の神自体としての力を保有しようとした山人の生活に、小乗式の苦行の理想と、人間身を解脱して神仙となるとする道教の理想とをとり込んだに過ぎません」(「翁の発生」の九、「山伏し」)と解説しておられる。これは〈山伏〉の発生にふれられた部分であるが、日本天狗道の理念は、王朝期まではことにこのような山伏道とまったく一致していると考えてよい。したがって天狗道の〈飛行の術〉も、過去・未来の空間を往来しつつ、時世を達観することが目標のひとつであったはずだが、一般的にはもっとも超人間的行為として、その行力を認識する基準と考えられがちであった。

鬼の〈あはれ〉と天狗の〈をかし〉

しかし、神仙思想や道教の論理を体現する天狗像というのは、実際に説話の世界ではちょうどに表わされている例はない。むしろ、こうした修験道の修行によって行力だけはついたが、精神的には思いあがってしまって、実生活や人情からは乖離した、やや滑稽な、あるいはやや哀しげな天狗像がある。たとえば〈鬼〉

は、生活にまみれ、現実に血の通った怒りや怨みをてことして存在したが、〈天狗〉はその存在自体に生活性がなく、その行為も焦点があいまいで、激しさがない。したがって〈鬼〉の抒情傾向は、時に〈あはれ〉につながるが、〈天狗〉はむしろ〈をかし〉の世界を多くもっている。

このような〈をかし〉の趣を茫洋と推測させる謡曲に「花月」がある。遊興物の雰囲気をもって、芸能づくしの華麗な場面をくりひろげる曲だが、〈花月〉と名乗るシテの少年は俗に〈天狗にさらわれる〉などといわれる突然の失踪をとげた後、ふたたび現実の土を踏んでいるものだが、そうした設定をよく反映して、超俗的な遊興精神を発揮した問答や語りがつづられて一曲をなしている。この「花月」の曲に、天狗の飛行の空間を幻想した忘れがたいエッセイに、稲垣足穂氏の「天狗考」(『日本きゃらばん』22号)がある。なかでも空間飛行については絶大な蘊蓄をもたれる氏の、つぎのような回想などは——。

「さても我、七つの年筑紫彦山にのぼり、天狗に取られて行きし山々を、思ひやるこそ悲しけれに始まって、〽深き思ひの四王寺、讃岐には松山、降り積む雪の白峰……と続いて行くにつれて、天狗の棲む山々が、宛ら活動写真の青いフィルムが繰られているかのように、順々に現れてくるのだった。そんな時、わたしはいつだって、早く大江山が出てくることを願っていた。何故なら謡曲にめずらしいこの部分の、少しの澱みもない、流れるようなリズムに載って接近してくる大江山及び葛城山は、お嬢さんの独吟に聴く時には、西洋のお伽噺にある山上のお城を連想させるのが常であったからだ。それも一つに、日頃自分は彼女と亜剌比亜《あらびあ》夜話を語り合っていたせいかも知れない。この『空中を行く感じ』がそのうちに飛行機に結びつけられることになった」

「花月」から飛行機へ。そしてこの中間に亜剌比亜夜話の〈空飛ぶカーペット〉などが介在していることが、かえって天狗の世界のもつ架空に近い空間に、詩的な美しさを感じさせるのであり、稚児をさらって行った天狗のささやかな哀憐と照応して、「花月」の謡はふしぎに明るく透明な空間を感じさせるものだ。

花月少年と天狗思想

少年が天狗とともにわたった山から山への空間の広さは、九州の彦山をふりだしに、四国の松山・白峰、伯耆《ほうき》の大山《だいせん》、丹後・丹波の境の大江山、京近くでは愛宕《あたご》の太郎坊・比良の次郎坊、比叡の大嶽《おおだけ》、葛城・高間・山上《さんじょう》・大峰・釈迦嶽をはじめとして、東の富士山まで至らぬ山とてもなかった。稲垣氏もふれておられるが、このような山めぐりの後、下界に一人下り立った花月少年の名乗りがまた美しいのだ。〈花月〉という名について「月は常住にして取り分き申すに及ばず、さて花《くわ》の字はと問へば、春は花《はな》、夏は瓜《うり》、秋は果《このみ》、冬は火《ひ》、因果の果《くわ》をば末期まで一句の為に残す」と答えている。花・瓜・果・火いずれも〈か〉と発音する文字は、四季それぞれの季節の情緒と表情をもつものであり、それらを総括して因果の果の字も忘れずに加えて意味づけている。〈花月〉とみずから名乗ることは、常住の〈月〉を理念のはてに望みつつ、うき世の因果に遊ぶ心をあらわしたものであり、一抹の禅味の漂うのも、天狗道の本質に、自然そのものを肉体として時空を超える志があったことを思わせる。花月少年が見た天狗の世界とは、たぶんそのような、広大な天地と、流れる雲のきよらかさだけが印象に残るような世界であったのであろう。天狗の所有する〈飛行の空間〉は、ここでは冥界と未来という、たての時間にわたるものではなく、平面的な広がりとして考えられているが、それはたんなるだだっ広い空間ではなくて、いくつもの山頂に代弁される結界（僧の修行する制限区域）を多面的に点綴した空間である。少年花月の超俗的な遊興精神は、このような天狗の空間を知った魂の帰着点であり、広大無辺の自然の前には、ささやかな現実の移りゆくすがたなど、まったく幻にひとしいことを悟ったものであるといえよう。

3 無道の智者

無道の智者としての天狗像

幻術と広大な空間を領し、明るく大らかですこし哀しい超俗の精神をもって、現実の権威を揶揄するという一面は、しかしあくまで天狗の美しい一面にすぎない。『沙石集』のなかにはつぎのような見解が示されていて、兇暴な天狗の怒りがどのような種類のものであったかを考えさせるものである。「先徳ノ釈ニ、魔《ま》鬼《き》ト云ヘルゾ是ニヤト覚ヘ侍ル。大旨《おほむね》ハ鬼類ニコソ。真実ノ智恵ナクテ執心偏執、我相憍慢等アル者、有相ノ行徳アルハ皆此道ニ入也」と。つまり、真実の智恵でない邪見の智恵に長じ、しかも自我自信がつよく執心が深い。さらに加えては、虚妄の幻術を行なう修行が出来た者を天狗というとのことである。

また『源平盛衰記』では、「聊か通力を得たる畜類也。これにつきて三品あり。一には天魔、諸の智学匠の、無道心にして憍慢の甚しきなり。其の無道心の智者死すれば必ず天魔と申す鬼に成り候なり。其の形、頭は天狗身は人にて、左右の羽生ひたり。前後百歳の事を悟つて通力あり、虚空を飛ぶこと隼《はやぶさ》の如し」とあって、「無道心の智者」が死後に生まれかわる生が天狗であるとしている。形態としては、われわれのイメージにある定形の天狗が想定されており、羽をもっていて飛行の術を使うことは、もはや肯ける根拠もあるが、ここではさらに「前後百歳の事」を知る智者であると、その絶大な能力が認められている。

『沙石集』の方の天狗の解釈は「天狗ノ人ニ真言教ヘタル事」のなかにあるものだが、この天狗などは、すぐれた真言師であるとさえかかれている。真言師とは加持祈禱をもって世に渡る僧のことである。山中の堂に仮泊の僧が、この天狗一行の夜行に出遇い、怖しさのあまり隠形《おんぎょう》の印を結んでかくれているのを見つけ出し、印の結び方が下手なので見えてしまうことを注意し、親切にも印の結び方を指導している。集まり楽しんで、何をするということもないこのような天狗は善天狗で、出離の日も近い天狗なのだと解釈されているが、一方では、一僧侶の怖れや思わくなど眼中にもなく、すでに出離をとげて自在の仙天に遊んでいる磊落さも感じられるのである。

この『沙石集』や『源平盛衰記』に記された天狗観によってもわかることは、「真実ノ智恵ナクテ」「無道心の智者」という否定的表現を裏返せば、天狗とはそうとうに智もあり識もあるものであった、ということである。あるいはその智・その識を怖れて「無道心の」という否定語がつかざるを得なかったのかもしれない。そうみるとき「無道心の」という否定や、「真の智恵」というときの「真」とか「道」とかは何を意味したのかということである。彼ら天狗とは、なぜか仏法繁栄とともに擡頭しながら、その繁栄の埒外に生きるほかないことを、みずからに課した智識者でもあったのだ。

さきに、五条道祖神の柿の木に仏として示現した天狗の例を引いたが、七日間も幻術を保ち得た天狗が、有徳の仏者でもない源光という大臣級の貴族の眼光に、ひとたまりもなく畏縮してしまったのはなぜか。幻術七日間という長記録に、体力を消耗しつくしての敗北であったのだろうか。もちろんそれもあるかもしれない。しかしそれと同時に、この日の光のいで立ちを見ると、「日の装束直《うるは》しくして檳榔毛《びらうげ》の車に乗りて、前駆など直しく具して」出かけたのであった。光の意図は明らかである。仁明天皇の皇子にして賜姓源氏の右大臣という威信をもって天狗を圧倒しようとしたのであり、それが成功したのである。天狗の階級的脆弱さとでもいうような出生のひよわさ、血筋の卑しさが、光の眼光の前に敗北したのである。この説話の結語でもある「大臣《おとど》は賢かりける人かな」と讃め申した世評が、豪勢な光の行列のあとにいかに味気なく侘しげにきこえてくることか。「実《まこと》の仏は何の故に俄かに木の末には現はれ給ふべきぞ。人のこれを悟らずして、日ごろ礼《をが》みののしるが愚かなるなり」とは、勝ち誇った光の言葉であり、人びとは、救済主のみ仏が、けっして庶民の前に突然あらわれることなどはあり得ない現実に、ふたたび深く失望をしなくてはならなかったのである。

高貴な血の系譜は、僧界においてももちろん第一に尊ばれたが、それがなくとも、たとえば行力という修法の実力において、または読経の美声と調子の流麗において、あるいは容姿や説法のみごとさ、巧みさにおいて、僧侶の栄達は不可能ではなく、時には栄達を望まぬことにおいて著名となり、栄達以上の厚遇を受けた名僧もすくなくない。しかし、天狗はそうしたいずれの道からもはみ出してしまった。いわば僧界の無頼派ともいうべき験者であった。

猿田彦とベシミの面

天狗の祖を猿田彦に求める俗説がある。里神楽の猿田彦が天狗の面をつけるのもその根拠のひとつとされている。猿田彦について『古事記』は容貌にまではふれていないが、『日本書紀』では「其の鼻の長さ七咫《ななあた》、背《そびら》の長さ七尺《ななさか》余り。当《まさ》に七尋《ななひろ》と言ふべし。且《また》、口尻明《くちわきあか》り耀《て》れり。眼は八《や》咫鏡《たのかがみ》の如くして、絶然《てりかがやけること》赤酸醤《あかかがち》に似《の》れり」とかかれ、鼻の長さ十数糎《センチ》におよぶ天狗の貌が想像されている。背丈は巨大で「口尻明《くちわきあか》り耀《て》れり」は、ぎゅっと大きく結んで、力のみちみちた口のわきが、とくべつに目につくほどの強さを示していたのであり、口を開いた状ではなく、力を内にためて、大きくへの字にへしんだ口もとの様子である。能面〈大ベシミ〉はこの趣を刻んだもので、天狗の面とされている。折口氏は〈ベシミ〉は〈ヘシム〉の連用形が連濁したものであるとみておられ、〈ベシミ〉の面はてこでも口を開くまいとする頑強な黙秘の意志を示すものだとされている（『日本文学における一つの象徴』）。そのような頑強さで口を閉じているのは、当然天つ神の進出にたいする国つ神の立場なのであり、『日本書紀』で猿田彦の開口の役をなしたのは天鈿女《あめのうずめ》であった。鈿女《うずめ》は「目人《めひと》に勝ちたる者《かみ》」であって、八十万《やそよろず》の神がみが、「皆目勝《まか》ちて相問ふこと」を得なかった猿田彦にたいしても「胸乳《むなぢ》を露《あらは》にかきいでて、裳帯《もひも》を臍《ほそ》の下に抑《おした》れて、咲嚧《あざわら》ひて向きて立つ」ということができたのである。意表をつかれた猿田彦はみずから口を開いてしまい、問答の末、天つ神の案内に立ったのであった。このように、一旦敗北した国つ神の〈ベシミ〉の口は、こんどは、さらに尊い神の命を聴き、命に服し伝達するという意味をもつ、というのが折口氏の意見であるが、これは、能面のもう一つのヘシミ口の面〈小ベシミ〉が、古くは田楽系の面として、国つ神、地霊の面に用いられていたことと考え合せて興味深いものがある。

金剛流宗家の巌氏は『能と能面』のなかで、演技者の立場から面を分類しておられ、口を開いた面を細道《さいどう》の面（人間の心をもった面）、口を閉じた面を力道《りきどう》の面（鬼の面）と区別して、両道を阿吽《あうん》に配して考えておられる。なかで〈大ベシミ〉〈小ベシミ〉は、口を閉じた系統の数少ない面であり、「胸中に憤怒の激情を渦巻かせながら、じっと相手のものを睨みつけている」表情を、ベシミの本質と考えられた。能・謡曲の時代は、いわば天狗の時代でもあって、諸国の山伏の動きも活発であったせいか、大ベシミを着《つ》けて登場する天狗曲はひじょうに多い。今日上演される代表的なものは、「鞍馬天狗」や「是界《ぜがい》」であるが、「鞍馬天狗」の「君《きみ》源《みなもと》の統領にて兵法を授け奉り平家を討たせ申さんため」という、牛若の幼弱にたいする庇護と加担の精神も、けっして寸時の気まぐれからではなく、彦山の豊前坊・白峰の相模坊・大山《だいせん》の伯耆《ほうき》坊・飯綱《いづな》の三郎坊・富士の太郎坊・大峰の前鬼《ぜんき》一党・葛城の高間坊・比良の次郎坊・如意ヶ嶽の三天狗・高尾の内供《ないく》坊・愛宕の太郎坊等々の合意談合の結果なのであり、鞍馬の僧正坊が、彼ら天狗を引具して兵法を伝授しようというのである。これは日本全山岳部の叛乱であり、そのような無言において示される山の意志は、大ベシミの口もとに集約されてみられるものであったといえよう。

また、〈小ベシミ〉を着ける「野守」なども、ある不可解な部分を残した曲で、いいたいことを全部いいとげていない思いがする。しかしながら、〈野守〉となって世を経る〈国つ神〉の複雑な心情の底流を、この曲のなかから汲みとることは不可能ではない。『奥義抄』の「はしたかの野守の鏡得てしがな思ひ思はずよそながら見む」の一首を中心に据えて前半が構成されているこの曲は、〈鬼〉として塚に籠る国つ神が、一面の鏡にたとえた野の湖に、人の心も世のさまも、己がすがたも映しつつ、それらを「思ひ思はずよそながら」見守ろうとする心をかいたもので、鬼神には横道を正す明鏡があるのだという誇りが、忸怩たる心を支えている。やや鬱屈した小ベシミの世界と、百歳のことを知りつくした大ベシミの世界と、これら二つにある共通の要素は、やはりかの猿田彦に象徴される帰服者の重たい口であり、ヘシまずにはいられない屈折した心情であるといえよう。

迫害される天狗

〈鬼〉が、社会的破滅者であることを、その身に自覚していたとすれば、〈天狗〉は、破滅する現実を、脱俗の一点において価値転換しようとしたのであった。したがって、なかには出世の欲望を深く秘めて、天狗道を学んだ者もないわけではない。

「天狗を祭る僧内裏にまゐりて現《うつつ》に追はるるものがたり」は、天下の名望を得ることを終生のねがいとして天狗を祀った高山《こうざん》の僧の話である。昔、円融天皇が久しく病まれた時、世に験《しるし》ありといわれた僧のすべてを集めて祈禱をしたが、いっこうにききめがなく、広沢の寛朝僧正や、余慶《よぎよう》律師などを中心とした五壇の御《み》修法《ずほう》も空しかった。折ふし巷間に噂の高い高山（香山とも）の上人を招請して祈らせたところ、病はたちまちに快癒したので、天皇はたいそう喜ばれた。ところが、官僧でもあり、修法の権威が踏みにじられた僧綱《そうごう》

（官位をもつ僧）たちは黙ってはいられず、加持に参上していた僧たちは心を合せて、巷の上人を祈り倒すことになった。二時間ほど祈っていると、同じ内裏内に几帳で囲んだ居所をつくっておった上人は、ついに祈りに感応して七転八倒の苦しみようをし、居所の帳外に仰のけざまに投げ出されてしまった。祈りに責められながら巷の上人はいった。「われ年ごろ高山に住して天狗を祭るを役として、一切人にたふとばせたまへと祈りし験《しるし》に、かく召されてまゐりたるなり。これ大きなる理《ことわり》なり。今に至りては大いに懲《こ》り候ひぬ。助けたまへ」と。この話には、明らかに、説話化のなかにみられる官僧と巷の上人との階級対立があり、実力派である巷の上人が、天皇の病気はなおしたものの、官僧である五壇の修法派の結束した怒りに敗北して帰って行く姿がある。

「これ大きなる理《ことわり》なり」とは、自分の行為が諸僧綱《そうごう》に責められることを当然と認めた卑屈な敗北のことばであり、「大いに懲《こ》り候ひぬ」もまた、彼ら官僧の結束した力の前に、巷の一上人にすぎなかった非力を悟ったことばである。しかし、彼は祈りにおいて優に五壇の御修法《みずほう》を凌駕したのであり、天皇もそれをつとにみとめていた。ゆえに僧綱の祈りに倒れた上人を、ひとたびは「速やかに捕へて獄《ひとや》に給はれ」と宣したのであるが、ただちに宣旨《せんじ》をひるがえして、「ただ追ひ逃がすべし」と追放処分にきりかえているのである。

　巷の上人の分限は、けっして官僧の権威を超えてはならないのであり、その不文律の掟のなかで、官僧は安んじて修法の儀式と威儀を飾ったのである。そしてこのように仏の権威が視聴覚化されるなかで、仏者はそれを武器として逆に貴族を圧倒しつつ、その繁栄のかげにある精神の弱所を押えこんでいったのであった。この高山の上人の話は、そうした時代に実力派の巷の上人が、天狗の一党として葬り去られた迫害の説話のようにみられる。〈天狗〉もまた〈鬼〉と同じように、うっかり心を許して顕貴の門に出入すると、善意はおおかた迫害をもって報いられるというようなことが結果となりかねなかったのである。

天狗説話の生長と展開

天狗説話の流れをみると、(1)幻術や験力をもって体制の攪乱をねらい、あるいは権威の失墜をねらうが、つねに高僧・貴顕の威力に圧倒されて失敗し、迫害されるという時代が、そうとうにながくつづいている。この時代の天狗はほとんど鳶の本身をもってえがかれ、術を失った時は醜悪無残なその姿を、飛行の力もなくして衆目に晒している。(2)つぎの時代に入ると、天狗は仏界権威の末端である僧侶の誑《たぶら》かしに成功しはじめ、あるいは人などを遠くへ拉致し去るが、この時代の天狗は結果だけがあって姿はすでにどこへともなく消去しさっている。ここまでくれば、山伏の姿をした天狗の連想もさして困難ではなく、妖しい山伏道の盛行とともに、人びとの疑惑は不可解なすべての現象を、天狗と、それとの交流があるかもしれぬ山伏に託して説明しようとしている。(3)このようにして生まれた山伏姿の天狗は、乱世の様相を呈しはじめる中世社会に、叛乱助力者としての風貌をあらわしはじめ、(4)体制攪乱に成功し、人心に動揺をまきおこすようになる。そして、『太平記』の世界においては、(5)非業の叛乱者はすべて天狗として位置づけられ、ふたたび天界に君臨する相が考えられるようになっていった。しかし、それはもはや、流星というような正体のあいまいなものではない。たとえば崇徳院が黄金の鵄《とび》となって天帝のように君臨し、耀く非業の死者に囲まれて過去未来の世を語る様などが想像されているのである(『太平記』雲景未来記ノ事)。

姿なき風雅

今まで述べて来たものは、以上の天狗説話の流れからみれば、まだごく初期的な表現をもって登場しているものばかりであるが、そこにかえって本質的な精神も、社会的な問題もあると思うので執してきたものである。第二の時期にあたる僧侶の誑かしに成功する天狗の話としては、『今昔物語』の「伊吹山の三修禅師、天狗の迎へを得るものがたり」にしても、『古今著聞集』の「仁治三年大嘗会《だいじょうえ》に外記《げき》庁の黐《もち》の木の棺に臥せる法師の事」、あるいは「伊勢国の書生の庄の法師上洛の帰途天狗に逢ふこと」などにしても、たとえば三修禅師は、谷間の木に縛られながら狂気からさめず、弥陀如来の来迎を信じつつ幻覚のなかで死んだのであるが、このような姿なき天狗の外術の勝利は、個性的な天狗像を伝えずかえって精彩がない。天狗が山伏の姿を得るに至る中間の時代の表情を伝えるものとしては、むしろ「久安四年夏、法勝寺の塔上にして天狗詠歌の事」(『古今著聞集』)などに天狗の心情的一面が残っている。

　久安四年といえば、京都は大火のあった年で、二月法成寺、法興院などが焼亡した年である。もっとも法成寺は初秋七月には新堂が再建されたが、天狗の詠歌は夏のころで、これまた六月には皇居土御門殿が焼亡している。

　　われいなばたれ又ここにかはりゐむあなさだめなの夢の枕や

という塔上から漆黒の闇に流れ漂った詠唱は、へんに無気味で、呪歌的にさえきこえる。法勝寺は六勝寺のひとつ、白河院勅願の寺である。「天狗などの詠《なが》め侍りけるにや」というその推測は、この歌の上の句にまちがっても神仏の守護のこころざしなどは感受しなかった当時の人びとの判断を伝えるとともに、「あなさだめなの夢の枕や」という下句の方が聞くものの心に滲みた情況にあったことを推察させる。いったい、漆黒の夏の闇に姿を沈めたまま、よく透る声でこのような歌をもって人びとに問いかけたのは、どういう人びとだったのか。ある時は天狗の詠歌と伝えられ、ある時は鬼の賦詩といわれたこれらの詩歌のことを思うと、ふしぎに哀しげなひびきがあるように思えてならない。このような姿なきものの風雅を伝える説話はそれほど多くはないが、それぞれ身にしみる詠歎があって、〈鬼〉とか〈天狗〉とかいわれたものの深奥の心の、ふっと洩れ来たったという優しさを感じさせられる。

この種の説話では都良香《みやこのよしか》のものがもっとも古いと思われ、『撰集抄』や『本朝神仙伝』に伝えられている。良香、朱雀門のほとりを過ぎようとして、「気霽《きは》レテハ風新柳ノ髪ヲ梳《けづ》リ」の詩片を得た時、楼上に鬼ありおおいに感歎して下句を付したという。「氷消エテハ波旧苔《きうたい》ノ鬚《ひげ》ヲ洗フ」。良香はこのほかも竹生島明神に「三千世界ハ眼ノ前ニ尽キヌ」の下句を「十二因縁ハ心ノ内ニムナシ」と付けられたりしており、さすが仙となったといわれる人だけに、詩を介して目に見えぬものの世界と交流することが多かったようだが、この「気霽レテハ云々」に付した「氷消エテハ云々」の詩句はいかにも鬼の詩句という伝説が生まれるにふさわしい鬼拉《きらつ》の体の趣をもつものである。『撰集抄』は上句に対する照応句としてこれ以上のものはないと、その技巧的面に感歎しているが、上下あわせて生じる縹渺たる詩韻は神韻ともいうべき細みと、骨ぐみの大きさ強さをあわせもっている。鬼拉体の真髄ともいうべき風格であろう。

鬼拉体について思い出すのは、もうひとつ、小野宮実頼が左大将を辞すにあたって、菅原文時に賦詩させたのが「隴山雲晴レテ李将軍家ニ在リ」の一行を含む詩で、この一行はいたく鬼神に感銘を与え、疫病流行の年も文時の家だけは疫鬼が拝礼をして通りすぎたという。この詩はまた長高体ともいうべき大きさがあり、大宛を伐って隴西に家居した李広将軍の視野には紺碧に晴れあがった空のみがあり、空しく、明るく、さびしい閑居の心情が、広く大きな空間にみちている。諸本は「雲暗ク」としているが、「晴レテ」によって滲む李将軍の心情も格別である。「鬼神は心たしかにて、かく礼儀もふかきによりて、文をもうやまふにこそ」とは『古今著聞集』の結語である。

このほか和歌の世界でも、上東門院彰子の京極殿南面の桜が、満開に咲きしずもった日中、日ざしもおそれぬ神さびた気高い声が、「こぼれてにほふ花ざくらかな」と詠歎したといい（『今昔物語』）、応保二年二月の、後白河院新宮奉幣の折、「よろづの仏の願よりも千手の誓ひぞ頼もしき、枯れたる草木もたちまちに、花咲きみなると説いたまふ」と謡うと、松上に和して「心とけたるただ今かな」と謡う声があったという（『梁塵秘抄口伝集』）。

そのほか鬼の風雅として著名になったのは、村上天皇の代、琵琶の名器〈玄象《げんじょう》〉が宮中より消え失せ、ある夜、羅生門楼上よりその弾奏の音が流れた。名手博雅の三位によって弾き手が問われたが、問われたものは満足げに無言をもって静かに玄象を吊りおろした。粗末な一筋の縄をもって――。玄象は名器で、つたなく弾けば鳴らず、塵の払われぬ時も鳴らなかったと伝えられる。博雅は清涼殿の宿直の夜、朱雀大路の南端の羅生門楼上より流れ広がる玄妙な弾奏の音をきいて尋ね求めたのであった。方一里を超える空間を圧してひびいたその撥音は、いったい誰の手すさびであったのか。これらの姿なき風雅の説話は、〈鬼〉とか〈天狗〉とかの名をもって伝えられながら、じつはもっとも人間的心情の哀しさ、美しさを伝えるものといえないだろうか。彼らの時ならぬさびた低音や、深甚な遥拝の礼、または透明流麗な絃のひびきは、ある時堪えがたく洩らされた鬼哭のひびきにもたぐうべき真率さがあり心ひかれるのである。

4　天狗山伏

山伏と天狗

「それ山伏といつぱ役《えん》の優婆塞《うばそく》の行儀をうけ、其の身は不動の尊容を象《かたど》り、兜巾《ときん》といつぱ五智《ごち》の宝冠たり。十二因縁《いんねん》の襞《ひだ》をすゐて戴き、九会曼陀羅《くゑまんだら》の柿の篠懸《すずかけ》、胎蔵黒色《たいぞうこくしき》の脚半《はばき》をはき、さてまた八つ目の草鞋《わらんず》は、八葉の蓮華を踏まへたり。出で入る息は阿吽《あうん》の二字を唱へ、即身、即仏の山伏を――」（謡曲「安宅」）

これは安宅の関で弁慶が答えるハッタリのはじめで、山伏の由来を説いた部分である。扮装のいちいちにまで、たいそうないわくをつけて相手を脅かすやり方は、創作当時の山伏の一側面であったのであろう。狂言に「山伏物」の分野があることをもっても知られるような大衆世界への進出は、ひとつには加持祈禱を通じて民衆の生活のなかに根を広げていったことであり、二つには諸国噺に長じる広い視野が、情報提供者としての親近と信頼を取りつけたからだといわれている。

　鎌倉以降になると、このような山伏は、もしかしたら天狗かもしれないと思われるようになるのも、山伏の動きが祈禱呪術のみにとどまらない不可解さを加え、一種の諜報活動や忍者風の仕事にたずさわる者も多くなっていったからであるとされている（『山伏』和歌森太郎）。このように、世のなかを動かす黒衣《くろこ》的存在要素を加えた山伏たちによって、修験道の世界もまたすこしずつ変化をとげてゆくのが当然といえるだろう。

　初期の修験道は老荘的離俗の思想をニュアンスとして、貴族仏教への反骨をあらわにしていたといえるが、山伏人口の増加は、そうした特殊な山間生活者だけの世界を破壊した。そして、天台も真言も、それぞれの系統の山で修行する山伏を、教門の勢力のひとつとして統率したので、そこには本山と連繋の保たれた山伏社会ができあがってゆき、山伏道がもっていた本来の反骨精神は、仏教体制への批判としてではなく、社会や政治そのものにむけられるようになってゆく。反社会にはじまる脱俗の修行は、反対に社会的な行動者へと移行しつつあり、そこに乱世の天狗像を具体的に見る思いをした人びとも多かったであろう。

　貞和五年六月、勧進の聖が四条大橋を架けようというので、新座・本座の合同田楽を催したことがあった。空前の大勧進田楽で、摂籙・将軍・山の座主をはじめ貴顕の人びと多く見物するというありさまで、上下二百四十九間にわたる大桟敷が組まれたが、当日、山王の手代《てしろ》（お使い）の猿に擬した舞がはじまるのを契機としたように突如桟敷が崩壊して、多数の死傷者が出された。ところがその直後、都一円にひろがった噂によれば、これは天狗のしわざであるということになっている。『太平記』によれば、西塔院釈迦堂の長講《ちょうこう》（長講会役僧）をつとめる者が、ふとして山伏に出会い、田楽に誘われるままに同行してみると、隙間もなく観衆で埋まった入口を軽々と飛超して、長講をかかえたまま将軍桟敷に入りこみ、ふしぎなことに将軍は山伏と長講に会釈などしつつ酒盃をまわすというありさまであった。やがて前述した山王の手代猿に扮した少年の舞がはじまり、観衆の感歎の声鳴りもやまぬ時に、山伏は「余《あまり》ニ人ノ物狂ハシゲニ見ユルガ憎キニ、肝ツブサセテ興ヲ醒サセンズルゾ。騒ギ給フナ」と長講にささやくと、一本の桟敷の柱を押し傾けたが、その時、この大桟敷崩れが起きたのであるという。

なぜそんなことが起きたかというと、山伏の言葉だけではよくわからないが、『太平記』はつづけてもう一人の山伏、雲景が提出した未来記告文《こうぶん》（神託）をのせており、それとあわせ考えると、「余リニ人ノ物狂ハシゲニ見ユルガ憎キニ」という内面も推察できるような所がある。雲景が、一人の山伏（実は天狗）に連れて行かれた愛宕山には、崇徳院をはじめとする歴史上の非業の死者がずらりと並んでいて、現在の不可解のことも、未来の推量も、詳しく語り解いてきかせられたのであった。

ここに述べられている天狗の情勢分析の基本的思想は、仁の王道であり、その精神が破壊されたために「因果業報ノ時」が来たのであるという。高時があえなく滅亡したのも報いいたって自滅したのであるとい い、足利氏もほどなく同じ運命におちいり、乱世いよいよ乱れるのは、上下・兄弟の分が守られぬ倫理の頽廃によるものであるとする結論は、当時においてのもっともトータルな識者の見解であったと思われる。「余リニ人ノ物狂ハシゲニ見ユル」ことを憎む山伏の心とは、人がそれぞれの分・階級にしたがって生きることを秩序の基本とする考えで、貴人が雑居して田楽などを楽しむことが社会的倫理にはずれるというもので、この場合の天狗は保守的正義派を代弁するような形になっている。

かつて、源氏の沙那王《しゃなおう》（牛若）に兵法を授けて、平氏専横の時世のしたたかな叛乱者に仕立上げようとした鞍馬の僧正坊や北条氏執権の政治不在に「ヨウレボシヲ見バヤ」と不吉な予言を投げつけてきた天狗の魂の伝統を、この乱世正統派の天狗のなかにどのように認めてゆくべきであろうか。すでに、すっかり山伏化をとげてしまった天狗は、天台と真言の山に大別され統率される運命のなかにしか生きておらず、ほんとうの自在な空間を失っていたのである。元弘三年五月八日、新田義貞の挙兵数は百五十騎にみたなかったが、にわかに越後より二千騎の参陣を見る不思議があった。きけば前日、天狗が山伏となって、一日のうちに越後一国をふれ歩き、煽動、掌握してきたのであった。しかし、従来の天狗的世界から考えると、その空間はきわめて狭く、ずいぶん小さな場での成功であるとしか考えられない。これでは、現実的に可能な空間が、常人よりすこし広かったというにすぎない。ここには、観念世界に広がる無限の空間を失った天狗の悲哀と堕落がある。

乱世という、下剋上そのものが体制となった時代に、天狗はいつのまにか山の組織につながる末端となっていたのであり、その反骨精神の伝統は利用されるものとしてのみ存在した。反体制魂の特権は、そのころすでに生活のなかの危機感から立ちあがり行動する、中・下層の武士階級のなかに移りつつあったと見るべきであろう。

猿田彦考

柴田實

一

『日本書紀』（神代ノ下）一書の伝えるところによると、天孫降臨に際し瓊瓊杵尊が天照大神の勅を受けて、いよいよまさに降りまさんとしたとき、先駆の者が還り来って、天八達之衢《あまのやちまた》に一柱の異形の神がおることを告げたが、もろもろの従神たちはいずれもその神の面貌を恐れて対向することができなかったので、天孫はとくに天鈿女に勅してそこに行き向かわしめ、その何神たるかを問わせられたところ、その神はみずからは天孫の降行を迎えようとして道路に待つものであり、名は猿田彦大神と申す旨を答え、天孫の一行を先導して日向の高千穂の槵触峯に導いた後、みずからは天鈿女に送られて伊勢の狭長田の五十鈴の川上に至ったということ。

この物語は『書紀』本文には載せられておらず、編者はそれを特に重視することがなかったかのようであるが、『古事記』にもほぼ同じ内容の話が記されていて、決してかりそめに見過ごすことのできぬ所伝のように思われる。

いかにもそれは天孫降臨から日向三代へとつづく物語の本筋からすれば、その途中における一挿話に過ぎぬでもあろうが、どうしてそのような一事件が降臨の物語の中に挿入されることになったのであろうか。今日の神代紀研究者の間で一応一般的に認められているかと思われるところによれば、猿田彦についての物語は天鈿女の後と称せられる猿女君氏——稗田阿礼も他ならぬその氏の出自であるという——によってその氏の名の由来として代々語り継がれてきたものであろうというのであり、特に猿田彦が皇孫の先導となった後、みずからは伊勢の狭長田の五十鈴の川上に落着いたといわれるには、その地に現に猿田彦大神の後と称せられる宇治土公氏が居住していて同じ所伝を有していたことがあったためといわれる。

確かに猿田彦の物語が『記紀』の中に取り入れられるようになったのにはよしその身分は低くとも古く宮廷の祭祀に欠くべからざる役を奉仕した猿女氏や、伊勢神宮の御鎮座以前から伊勢の地に居住し、後々まで神宮の社職を奉仕した宇治土公氏の存在が大きい意味をもって考慮されなければならないことはそのとおりとしても、それならばどうしてその両氏がこの特殊な神をみずからの氏の神の祖神として祀ることになったのか、そもそも猿田彦とは果たして本来どういう神であったのであろうか。

それについては今日までにおびただしい注釈や研究がなされていて、(1)それ以上に何らの新説を出すべき余地を全く遺さないかに思われるが、しばらくみずからの問題とする点に限っていささか考察を加えたい。

二

ここに問題とする猿田彦とは、もちろん現在の民俗信仰としてのそれではなく、どこまでも古典の上に見える猿田彦のことであるので最初にまず『日本書紀』のその条をば岩波「日本古典文学大系」本によって、その訓み下し文を掲げる。

　已にして降りまさむとする間に、先駆の者還りて白さく、「一の神有りて、天八達之衢に居り。其の鼻の長さ七咫、背の長さ七尺余り、当に七尋と言ふべし。且口尻明り耀れり。眼は八咫鏡の如くして、絶然赤酸醤に似《の》れり」とまうす。即ち従の神を遣して、往きて問はしむ。時に八十万の神有り。皆目勝ちて相問ふことを得ず。故、特に天鈿女に勅して曰はく、「汝は是、目人に勝ちたる者なり。往きて問ふべし」とのたまふ。天鈿女、乃ち其の胸乳を露にかきいでて、裳帯を臍の下に抑《おした》れて、咲噱《あざわら》ひて向きて立つ。是の時に、衢神問ひて曰はく、「天鈿女、汝為《かくす》ることは何の故ぞ」といふ。対へて曰はく、「天照大神の子の所幸《いでま》す道路に、如此居ること誰ぞ。敢へて問ふ」といふ。衢神対へて曰はく「天照大神の子、今降行すべしと聞く。故に、迎へ奉りて相待つ。吾が名は是、猨田彦大神」といふ。時に天鈿女、復問ひて曰はく、「汝や将《はた》我に先だちて行かむ。抑我や汝に先だちて行かむ」といふ。対へて曰はく、「吾先だちて啓き行かむ」といふ。天鈿女、復問ひて曰はく、「汝は何処に到りまさむぞや。皇孫何処に到りましまさむぞや」といふ。対へて曰はく、「天神の子は当に筑紫の日向の高千穂の槵触峯に到りますべし。吾は伊勢の狭長田の五十鈴の川上に到るべし」といふ。因りて曰はく、「我を発顕しつるは、汝なり。故、汝、我を送りて到りませ」といふ。天鈿女、還詣りて報状す。皇孫、是に、天磐座を脱離ち、天八重雲を排分けて、稜威の道別に道別きて、天降ります。果《つひ》に先の期の如くに、皇孫をば筑紫の日向の高千穂の槵触峯に到します。其の猨田彦神は、伊勢の狭長田の五十鈴の川上に到る。即ち天鈿女命、猨田彦神の所乞の随に、遂に侍送る。時に皇孫、天鈿女命に勅すらく、「汝、顕しつる神の名を以て、姓氏とせむ」とのたまふ。因りて猨女君の号を賜ふ。故、猨女君等の男女、皆呼びて君と為《い》ふ、此其の縁なり。

今、この記述に基づいて、猿田彦神の特徴というべき点を概括すれば、第一にそれは一に衢神と呼ばれていること、第二にその容貌が鼻長く背丈高く、眼光が赤酸醬に似るとあるように極めて特異なこと、第三にそれが天鈿女によってその名を顕わし、また皇孫を高千穂に導いてみずからは天鈿女に送られて五十鈴川上に至り着いたとあるように、天鈿女と特別関係深いことの三点とすることができよう。以下逐条的に上記の諸点を吟味して行きたい。

第一にこの神を衢神とよぶのは、いうまでもなくそれが天孫降臨に際し天八達之衢にあってこれを出迎え、先駆して日向まで送ったという事跡と相照応するものであるが、衢神とは一般に道路の分岐点とか村のはずれ、その境界点にまつられる神のことで、別に岐神とも書き、くなど、あるいはふなどの神とよばれるものと同じと考えられる。岐神のことは同じ神代紀の伊奘冉尊死去の条の一書に、尊を追うて黄泉に至った伊奘諾尊がそこから逃げかえる際、泉津平坂において絶妻の誓を立ててその手にしていた杖を投げすてたについて「是（杖のことか）を岐神と謂う」とあり、この場合は黄泉と大八洲国との境界を限る働きに即して然かとよばれたものと解せられるが、必ずしも泉津平坂というような特別の地点に限らず、そこここのあらゆる分かれ道や村や野の境にはどこもそのような神がいるとしたのが古い信仰で、たまたま一本の杖を建てただけでもその表示となったのである。平安時代になってからも天慶年間、疾疫流行の際、都民が街々の辻に男女一組の木偶を並べこれに花菓を供えてまつったことが、「本朝世紀」に見えているが、時人はその像を御霊とも岐神とも称したという。そうした信仰は、今日普通に道祖神とよばれている、村はずれの道傍に立つ石像にまでつながるものであるが、それは別に「さへの神」ともよばれる。さへの神は、遏神、塞神などと宛て字されているように外から来るところの悪霊邪神をさえぎり防ぐものと信じられていた。衢神としての猿田彦もはじめ天孫の従神たちには、降臨を阻むものと受けとられたのであった。それが実際においては先導者の役目を果たすことになったというのは、一見、正反対のようではあるが、衢神としてはいわば第二義的発展であった。

そのことは、同じく神代紀の一書（第二）に天神が経津主・武甕槌の二神を遣わして中国を平定せしめようとされたとき、二神は大己貴神の推薦により岐神（ここでは猿田彦の名は出ていない）を嚮導として周流削平したと記されていることを見ても明らかであろう。

三

第二点、即ちその特異な容貌については特に考察を加うべき問題が多い。中でもまず、その鼻の長さ七咫とあること、その七咫をば字義どおりにとれば、五尺六寸（約一二六センチ）にもなるがそれは一応大数とみてよく、ただその長さというのを普通高さの意にとって、鼻が著しく高かったことと解せられているが、それはわれわれが知らず識らずのうちに、今もある天狗面のイメージを頭においてこの条を読んでいるからであることは注意を要する。つぎの背長とあるのは一般に身長というのとは異なり、首と脚とを除いたただ体軀のみの長さのことで、それが七尺余というならば全身の長さはさらに一段と高いものになる。「当に七尋というべし」というのもそのためであって、この一句は後人の攙入であろうとの説のあるのももっともと思われる。ともあれそれらの数値も要はただ常人よりは著しく高いことを言い表したいだけのこととみてよいであろう。

つぎの「口尻明り耀れり」という口尻は、古典文学大系の注者は口と尻の意と解して、口もとと尻の赤い猿のごとき姿を想像している。これに対し『日本書紀通釈』は、口尻は面尻ということで、面（正面）と後《しり》とをいい、つまり遍身光明の耀くことを述べたものとしている。後に説く猿田彦の名義との関連からいえば私も前説を採りたいが、しかし記述者は全身を真赤に包んだ天狗（あるいは赤鬼）の姿を眼前に描いていたかも知れない。最後に「眼は八咫鏡の如くして、絶然赤酸醬に似れり」というのは、その眼光の鋭さと眼の縁の赤色なることを述べたもので長鼻とともにこの神の最も大きい特徴を語っている。それは通常邪視 evil eye とよばれて、人からは忌まれ恐れられるところ、本文に「皆目勝ちて相問ふことを得ず」というのがそれである。

ところで以上のように、この神の容貌がかくヴィジュアル（視覚的）に詳しく記載されていることは、神代の物語全体の中ではまことに稀有なことで、それには何らかの所由がなければならないと思われる。というのは神代紀に見える神々の多くはただその名があるのみで高皇産霊・神皇産霊といい、伊奘諾・伊奘冉という神代の物語において最も主要な地位を占める偉大な神々をはじめ大山祇とか錦津見とか、あるいは大年の神などという神々はすべてただ山ノ神、海神ないしは収穫の神という観念を現すのみで、具像的にその形体を語ることが全くない。ひとり衢神としての猿田彦だけが上述のようにその身体的特徴が視覚的に物語られているのは果たしていかなる理由に因由するものであろうか。特にその容姿について語られるところのない一般の神とは、いうまでもなく普通の人間と同様に観念されていたのに対し、猿田彦については恐らく常人とは異なった天狗なり猿なりを脳裏に描きつつ、そのイメージが筆にされたものに相違ないが、それにはやはり古代にあって、実際に天狗なり猿なりが出て来て何らかの役割を演ずる神事儀礼か芸能のごときものがあったのではないであろうか。

この点に関して直ちに想起されるのは、今もなお各地の神社祭礼において見られる、神幸行列や獅子舞に天狗が随伴することの多いことである。今日ではそれは一般に猿田彦の神話に因み、それに倣ってはじめられたものと説明されていて、確かにそのあるものは比較的新しい時代に古典の知識に基づいて創始されたかと推測されはするが、一般的にいえばその関係は逆に解せらるべきではないかと思われる。つまり神話に基づいて儀礼が創始されるのではなく、逆にまず儀礼があって、それに因んで神話が生まれたものと考うべきではないか。もちろん、今見るような神幸行列がそのまま古代にも行われたというのではない。しかし何らかの意味でそれに連なる行事、例えば神の降臨を出迎える儀礼に、天狗とはいわずとも、これまたそれに類する異形のものが参与するということは考えられはしないか。そういえば『万葉集』や延喜式の中にたまたま顔を出す「山人」というのは天狗の原形として、さらには猿田彦の起原とは考えられないであろうか。

『万葉集』巻二十に見える先太上天皇（元正）の御歌という、

あしびきの山行きしかば山人の朕《われ》に得しめし山づとぞこれ（四二九三）

の山人とは、ただたまたま行幸になった山村に住む人というだけのことで、その姿態なり容貌なりは何ら詠み込まれていないので、すべては読むものの想像にまつ外はないが、注釈家は一般にこの山人には中国でいう仙人の意が併せ寓されているという。太上天皇の御所をば仙洞とか藐姑射の山などとよぶことを知っていた天平の歌人たちには、もちろんすでに中国にいう神仙の観念はあったはずであるが、そのイメージは果たしてどんなものであったのか、後世の絵に見る、鶴に乗った白髪長頭の老人のごときものであったならば、それはもちろん今いうところとは無関係であるが、わが国の平地に住む人々が山村に住む人々に対して抱いていた、多少ともそれをば異人視する観念こそむしろ天狗に連なるものがあるかと思われる。例えばかの吉野の国樔人たちは、応神紀などに見える限りにおいてはただその生活習俗が一般平地の農民と異なっていたというまでで、かくべつ、形質的に異人種と認むべき特質はなかったはずであるが、神武紀には国樔人の祖といわれる石押分の子は「尾生る人」と物語られているところを見ると、かれらは身体的にも常人とは異なるところがあるかのように思われていたことが知られる。もちろん尾生る人というのは非現実的であるが、山人をば特に長身の大男と観念していたことは、国樔人を俗に八束脛ともいったという『常陸国風土記』の記事からも明らかであろう。それよりもさらに留意すべきはこれら吉野の国樔人たちは、所伝によればその特殊な由縁によって、後々まで永くしばしば朝廷に参り出て栗・菌および年魚等の土毛を献する外、大嘗祭には必ずその特異な舞を奏することになっていた（応神紀十九年）ことである。

この国樔人の所伝は、皇家との特殊な関係によってたまたま『記紀』にも記録されることになったまでで、その他の地方の山村に住む住人（山人）たちも、また平地に住む一般農民からはとかく異人視されながら、時々は里に降り来って里人たちと土産の交易を行ったり、時には請われてその祭に所作を演ずることもあったのであろう。延喜式（神祇一 四時祭）平野祭の条を見ると、毎年四月と十一月の上申日に行われるその祭には神前において神主中臣二人が祝詞を宣し、それがおわると歌舞がはじまるが、それにはまず山人が第一に出、そのつぎに神祇官、ついで神主中臣らという風に順が定められていた。ここにいう山人が果たしていずこに住む人々であったか、はたまたその歌舞が果たしてどのようなものであったか、確実なことは何一つ明らかにしがたいが、ある程度は国樔人および国樔舞に准じてその大体を想像することができよう。この平野祭もまた式に載せられた限りにおいては官祭として、これをただちに一般の地方の村々の祭儀と同じように見ることには異論もあるであろうが、中央の記録には全然その名を出さないそれら地方民間の祭においても古くはやはり同様に山人たちがそれに加わり歌舞などを奏することがあったであろうと想像される。それら山人たちの折々のおとずれや、そのほがひ（寿詞）が後々、春来る鬼となり、芸能化して今もなお地方に生きて伝えられることは、折口信夫博士がつとに説かれたことである。

天孫降臨神話における猿田彦のイメージの一部――例えばその背丈の高いこと――にそうした鬼と共通するもののあることは容易に認められるところであるが、他面猿田彦の最も特徴的な面貌、その高鼻は、少なくとも普通の鬼やその原形としての山人の観念の中からはただちに出て来ようとは考えがたい。それにはおのずから別個のモデルがなければならない。想うにそれは大陸から仏教とともに伝えられた伎楽面、とくにその陵王面ではなかったか。今日われわれがその古代の実物を見ることのできるのは東大寺伝来のものか、今御物となっている法隆寺旧蔵のものに過ぎないが、今日普通に天狗と称せられる高鼻の面は、別に王ノ面とか王鼻とよばれるように、その形が陵王面に由来することはほとんどだれにも異論のないところであろう。古く『釈日本紀』に「王舞之面者象二此神面一云々」と注しているのは、例によって論理が逆立ちしているものの、猿田彦の長鼻が陵王面と関連するものであることを最も早く指摘したものというべく、それを承けて『日本書紀纂疏』が「祭礼蒙二赤面鼻長之象一名曰二王鼻一此遺也」といっているところを見れば、少なくとも一条兼良の時代から、今日見るような赤面長鼻の天狗が祭礼（行列）に加わっていたことが知られる。否、それよりもさらに古く年中行事絵巻巻十二の稲荷祭の場面には三基の神輿の先にいわゆる王鼻の面を被った人物が進んで行くところが描かれているから平安期末にはその習俗があったことは確かである。『釈日本紀』（平安初期）にいうところの王舞、すなわち蘭陵王の舞は蘭陵武王長恭が、己のやさしい顔をかくすために面をつけて周の軍勢を金墉城下に撃破した故事を詞賦につづって演じたところの歌劇で、奈良時代には諸大守の法会にしばしば演ぜられたものであった。従って猿田彦の物語を筆にした『記紀』の筆者も必ずや一度はそれを見て、その異様な面に強い印象を受けそのイメージを猿田彦に移し替えて文をなしたということも十分考えられることであろう。

ただ、猿田彦の特徴はその長鼻長身の点を除くとむしろ動物の猿に著しく近い、「口尻明耀眼乃八咫鏡、而絶然似赤酸醤」という記事は何よりも猿田彦の原像が猿であったことを考えさせる。それは猿田彦というその名に引きずられて後にできたイメージだとする解釈もあるようであるが、われわれはやはり事の順序は現に猿を神とすることがあって、その名とその記事とができたものと考えたい。猿は後世一般に山王日吉社の使者と考えられていたことはよく知られているが、その他にも猿を神に祀った例は、手近く『今昔物語』(二十六ノ八)などにも容易にこれを見出すことができる。もっとも里人の妻女をば生贄に求めるこの飛騨の猿神はやや特殊でそれがそのまま猿田彦につながるものとは考え難いが、みずから生贄となってその猿を獲え、里人に「コレハ猿丸ト云テ人ノ家ニモ繋デ飼バ被レ飼テ人ニノミ被レ援テ有者ヲ」とその物語の旅僧が教えた言葉にもあるように、古く猿を飼馴してこれを神事舞に用いたもののいたことは留意すべきものと思われる。後世の猿廻しはもっぱら物乞の芸になってしまったが、古くは猿の怜悧な振舞に神意のあるところを窺知しようとしたり、あるいはそれによって神意を慰めようとする信仰的な動機に出たものであった。「信西古楽図」に猿をひきつれた楽人の姿が描かれているのを見ると、獅子舞などと同じく猿廻しもまた大陸から渡来した芸能のように思われるが、必ずしもそうとのみ考えるを要しないことは、外来の唐獅子の外に固有の鹿踊の伝統のあったのと同様に考えてよいであろう。そはともあれ古く厩には猿を繋ぎ、その祈禱には猿を舞わせることが、日本ばかりでなく漢土においても行われたことは、つとに「山島民譚集」に柳田国男氏の説かれたところであり、氏はその因みに猿女公というのも何らかその猿屋(厩祈禱を職とした家筋)と関係があるのではないかと暗示された。猿女が神事舞いに猿を用いたという事実は、文献史料の上についにこれを証することのできぬことではあるが、猿田彦のイメージを問題とする上には猿が何らかの形で神事の上にその姿をあらわすものであったことを考えたいと思うのである。

四

第三、猿田彦と天鈿女との関係についてはこれを手早く夫婦神と見るものもあるようであるが、物語の筋としては格別両者の結婚を必須とするものはなく、天鈿女については周知のように猿田彦とは何ら関係なしに天岩戸の前で神楽を舞い、岩戸を開くきっかけを作った別個の事蹟が語られていて、むしろ夫婿を有たぬ独立の巫女の観が強いともいえる。もっとも天鈿女は猿田彦を顕わした縁によって猿女君の名を与えられたという点からすれば、両者は全く一対の偶神というべく、猿女が鎮魂の儀をつとめる巫女であったというならば、猿田彦もまたその邪視によって悪霊を防ぐ覡男（修験）であったとみることもできよう。延喜式道饗祭の祝詞には大八衢に湯津磐村のごとく塞り坐す皇神等に対して「八衢比古・八衢比売・久那斗と御名は申して」と述べられていて、同じ八衢神でありながら比古比売の対偶が考えられていたことが知られる。久那斗は名の上では性別を明らかにしていないが上述のように天慶年間京中の辻々に祀られた岐神、すなわち久那斗ノ神は男女一対の木偶であったし、近世に多く作られた道祖神石像もほとんど皆一対の偶像であった。

　さきに猿田彦の形貌は後の山人（鬼）もしくは天狗に相当することをいったが、もしそれを猿女君（天鈿女）について考えるとすればさし当りおかめの面を上げることができよう。事実、今日の民俗芸能には天狗とおかめを取り合わせたものが少なくない。もっとも伊勢大神宮をはじめ一般の神社で神楽に奉仕する巫女といえば白いちはやに緋の袴を着けた清楚な少女を想い浮かべることが多いが、おかめの面はそれとは大分趣を異にし愛嬌はあっても美人というには遠くむしろエロティックな面を強調して時には醜悪の感さえ抱かしめること、『古語拾遺』が天鈿女に注して、「其神強悍猛固故以為㆑名、今俗強女謂㆓乃於須志㆒此縁也」といっているのを想起せしめる。うずめ（拾遺はこれをおずめとよむ）という名をおずしの語にかけて説明したもので、おずし、おぞまし、などという言葉からおよその意味内容が察知されるが、ともあれこの神をもって強悍猛固の強女としたところは、いかにもよく猿田彦に面勝つことのできる女神ということになって、偶神として一層ふさわしいと思われる（念のためにいう、上に引いた『古語拾遺』の注は猿田彦と対問する条ではなく岩戸の前で神楽する個所につけられたものである。今日一般の人々が何というところなく漠然と脳裏に描いている岩戸の前で舞う天鈿女のイメージとははなはだ相違するものであったことを注意したい[2]。

ところでかように種々の点において互に対偶の認められる両神ではあるが、神代史の筋書の中においては、一つは伊勢の五十鈴川上に鎮まってその子孫が宇治土公氏としてその地に繁衍したのに対し、他は猿女君として朝廷に仕えて中央にとどまり永くその祭祀に奉仕したことになっていて、両者は全く別々である。そうした所伝の奥にはある程度それら二氏の現実の歴史が含まれていると見て、その復原を計ろうとした試みは田中卓氏や鳥越憲三郎氏の伊勢神宮の創祀に関する研究の中になされていてすこぶる魅力的であるが[3]、今はことさらその点にはふれない。ただ伊勢において猿田彦を祀るとされる阿射加大神が古くは荒ぶる神として道往く者百人のうち五十人を取り殺し、四十人のうち二十人を取り殺すといわれ、天照大神を奉じて度会郡に入ろうとした倭姫命をも阻もうとしたので、命はこれを和すために朝廷に奏して種々の幣帛を奉ったとする「倭姫命世紀」の所伝のうちにこの神が衢神としての本性を保ち伝えている点の認められることのみを指摘しておく。

なお、猿田彦が伊勢に到り着いて後の物語として『古事記』には『書紀』には見えない二つの事件が記されている。一つは猿田彦が阿邪訶に坐した時、漁《すなどり》して比良夫貝にその手を咋い合わされ海に沈溺れた、その底に沈んでいたときの名を底度久御魂、その海水のつぶたつ時の名を都夫多都御魂、あわさく時の名を阿和佐久御魂という、という話。今一つは天鈿女が猿田彦を伊勢まで送って行った時、鰭の広物・鰭の狭物をことごとく追い集め、お前たちは天神の御子にお仕え申すかと尋ねたところ、もろもろの魚どもは皆、お仕え申しますと答えたのに、ひとり海鼠だけが返事をしなかった。そこで鈿女命はこの口は物言えぬ口かと、紐小刀を取り出してその口を折《さ》いた、海鼠はそれで今も口が折けている、また今に至るまで代々志摩から速贄を朝廷に献る時にはそれを猿女君等に給わることになっているという話である。

これらのうち前者についてはかの日向における海幸・山幸の物語において兄神（火須勢理命）が弟神（火遠理命）の塩盈珠・塩乾珠に困しめられて兄神に降り、爾後永く昼夜の守護人となって、溺れた時の種々の態をして仕えるようになったという条を想起せしめるものがあり、それが隼人族の大和朝廷への服属と、後々までつづけられた忠誠の儀礼にかかわるものとすれば、これは猿田彦をまつる宇治土公氏を含む磯部族が同じく大和朝廷に服属し代々朝廷に贄を献ずることになった由緒を物語る伝えの一部破片と解することができるであろう。海に溺れるときにその部位に応じて三つの御魂が生まれたというのはそれとは関係なくかの伊奘諾尊が檍原で禊せられた時、同じく水中の部位によって底筒之男、中筒之男、上筒之男の三神が成りましたとする伝えと同様古代的観念の分化発展の形式というべく、猿田彦をまつる阿射加神社が神名式に三座とあるのはこの分化した三つの御魂をまつるものと『古事記伝』に注されているのはもっとも然るべきところであろう。

第二の海鼠の話も、それ自身が伝えているように志摩から朝廷に速贄が献じられた歴史的事実を前提とするもの、今その点に就いては多く説くまでもないが、これら『記』にのみ見える猿田彦の話は上来見来った衢神——山人・天狗・猿神としての猿田彦とはどのように統一的に理解されるであろうか。想うにそれはおよそどこにでも境域の境や道の岐れなどに坐すとされる衢神あるいは岐神ではなくて、宇治土公氏によってその氏の祖神として阿射加社に鎮めまつられた猿田彦大神、というよりもその鎮魂三座、別に阿邪訶大神ともよばれる神であったとすれば、もはやただ外来の悪霊を塞ぐ働きのみでなく、むしろ一般に氏神とされている他の神々と同様、この場合は土公氏の守護神としてかれらの生産を豊かにし、その生活を保証する機能を次第に発展せしめて行った結果ではなかったか。それは農耕を主とする一般の氏族であれば当然、米穀の豊穣を約束する神とも見なされるようになったであろうが、海に面して阿佐加潟ともいわれた地域に住む氏族にとってはその祖神は同時に漁猟の豊富を期待されたであろう。猿田彦が比良夫貝にその手を咋い合わされて海に溺れたというのはそのままでは直ちに漁猟の豊富を保証する意味にはなりがたいが、何か水に溺れるような所作事を演ずる神事のごときものがあって、それがよく豊漁を齎らすものと信じられていたのではなかったか。[4] ともかくそれはもはや猿田彦本来の性格からは遠く離れた後代的エピソードであるように解せられるので、ここでは右の臆測以上には深く論じないことにする。

五

以上、記紀神話にあらわれる限りにおいての猿田彦について一応の考察をここに了えるが、所論の内容は、極めて常識的で従来、諸家の説くところをほとんど超えるものではないが、ただこの神にまつわる神話やそのイメージが決してただ特定の氏族の、背後にある程度の史実を踏えた家乗的所伝のみによるものではなく、むしろひろく古代人の衢神、塞ノ神に対する信仰心理と何ほどか具体的な神事芸能（所作事）を基礎にして筆にされたものであろうことを述べたのであった。しかもこの神の物語が一たび古典の上に聖なる歴史の一齣として載せられると、その芳触を嗣ぐものとして諸社の祭礼にその姿を模し、また新たな芸能の中にその地位を占めたりして、後世に伝わり、果はかの山崎闇斎が「道則大日孁貴之道而教則猿田彦神之教也」などという、全くとほうもない教説をば創唱するようにもなる。そこまでのことはもとより初めから本稿の意図するところではなかったが、闇斎における牽強付会の中心となった猿田彦神と庚申信仰との関係については当然、言及すべきであったが、論旨のあまりに多岐にわたるのを恐れ、すべて省略に従った。他日の補説に俟ちたい。

注

（1）既往の研究や注解の主なものは松村武雄『日本神話の研究』第三巻に大略整理紹介され、その批判を通じて松村氏自身のもっとも穏当な見解も示されている。

（2）『古語拾遺』がウズメをば強悍猛固の強女と解したのに対しては、いうまでもなく古くから異説も多い。ウズメのウズとは頭に挿すはなかんざし（髻華）のことで、『書紀』がこれを鈿女と表記したのも、その語義によったものであることが明らかで、近世の学者の中でも鈴木重胤（『日本書紀伝』）や谷川士清（『日本書紀通証』）らは皆その説を可としている。その他、近代諸学者の異説は金井典美「天宇受売命の呼称と性格」『古代文化』二五ノ七、八（昭和四八、八）にウズメは宗受売（鈴女）であろうとする自説とともに紹介されている。

（3）田中卓『神宮の創祀と発展』（昭和三四年）。鳥越憲三郎『伊勢神宮の原像』（昭和四八年）。

（4）松村武雄『日本神話の研究』第三巻第十五章第八節（昭和三〇年）。

相応和尚と愛宕山の太郎坊
——説話の歴史——

小峯和明

1　真済天狗譚の様相

比叡山東塔無動寺の相応和尚が、貞観七年（八六五）染殿后にとりついた真済天狗を不動明王の験で調伏する『相応和尚伝』の説話が、惟喬・惟仁位争いにまつわる真済悪霊の派生話であったことはほぼ疑いないであろう。九世紀、文徳帝治世の立太子をめぐる文徳帝と藤氏良房との確執、清和帝即位による良房の政権掌握、敗者惟喬親王の小野隠棲と業平の訪問、外祖父紀名虎の失念、その皇位継承争いにからみこまれた天台と真言の宗派抗争と、虚実ないまぜにした様々な臆測や秘話が醸成され、長く人々の心をとらえ続けていったらしく、この真済天狗譚もその一つの典型とみなすことができる。しかし、この話がどういう形で構想され、伝承されたかはさておいても、『相応和尚伝』に組みこまれた以上、まずその文脈においてとらえなくてはならないし、位争いの派生話でありながら、この話はそれと全く切り離されて独自に古代から中世へ伝承されていくのである。従って、ここでは『相応和尚伝』から中世説話への展開という形で、説話が説話を産み出していく歴史をたどってみたいと思う。

同年染殿皇后被悩天狐、経数月、諸寺有験之僧無敢能降之者、天狐放言云、自非三世諸仏出現者、誰敢降我亦知我名、和尚依召参入、両三日候、無有其験、還於本山、対明王啓白事由、愁恨祈禱、明王像背而向西、和尚随坐西、明王復背而向東、和尚随復坐東、……流涙弾指稽首白言、……胡跪合掌奉念明王之本誓、合眼之間、非夢非覚、明王告白、我依一時之後生、生加護之本誓、難応汝恨祈、仍有相背、我今説本縁、昔紀僧正（紀氏三園之子真済世号紀僧正也）存生之日持我明咒、而今以邪執故堕天狐道、着悩皇后、為守本誓護彼天狐、是以我咒不縛彼天狐也、今汝到宮中、密告天狐言、非汝是紀僧正後身柿本天狐哉、後低頭之頃、以大威徳咒加持将得結縛、我伏邪執為令趣仏道告斯事耳、和尚驚寤之後、不堪感激、……後日依名参彼官、……応時結縛、……其後皇后不有御悩、此尊霊験宛如生身、

相応和尚は櫟木氏の出自で慈覚大師円仁に師事し、東塔の別所無動寺を開き、葛川修験道、回峰行の祖として仰がれた人物である。『相応和尚伝』にあまねくその業績は記され、後世の伝もことごとくこの伝記に拠っている。この伝は作者未詳で成立は相応が没した延喜十八年（九一八）から延長元年（九二三）と推定されるが[1]、今引用した貞観七年（八六五）の真済天狗調伏話はその中で最も有名な話である。しかもこの説話は広く知られているだけでなく、『相応和尚伝』の中で重要な位置を占めていることは、貞観五年に造立した不動明王を、二年後に建立した仏堂に安置して無動寺を開く、その最初の効験であり、それ故真済天狗が最大の難敵であった点に求められよう。

相応の天狗調伏は効を奏さず、天狗の正体もつかめず、頼みの不動に祈りあげても、西・東・南とそっぽを向かれる始末。この辺の構想が話の緊迫感を盛りあげる効果的な筋立てとなっており、相応は涙を流し弾指して祈り、ようやく夢うつつの中で不動の告を得る。天狗の正体は柿本紀僧正真済で、存生中に我が明呪

を持したため、本誓を守ろうとして縛せなかった。が、仏道におもむかせるためにお前に授ける、として天狗の正体をあばき、大威徳法で縛せと教える。はたせるかな不動の告の通り、相応は調伏に成功する。名実ともに不動明王をおしいただく相応和尚の地歩をゆるがぬものとし、無動寺の隆盛を将来すべき契機を獲得するのである。伝における相応和尚の行跡は、皇室摂関家の病気平癒や物怪の加持祈禱と、比良山や金峰山での山林修行との二面に集約され、この真済天狗調伏話も前者の面で重要な位置を占める説話といえよう。

一方、染殿后にとりついた真済天狗は、他の物怪悪霊の場合にはさほど追究されないその正体を明かすことに力点がおかれ、簡単に調伏を許さず、肝心の不動とすでに本誓を結んでいた点でも最大の難敵であった。しかし、染殿后にとりつく原因は「邪執」とあるだけで明記されない。これは最初にふれたように、真済が惟喬・惟仁位争いで叡山宝幢院の恵亮との験くらべに敗れ、悪霊と化す伝承[2]をふまえれば、勝者惟仁親王の生母、良房の娘である染殿后に真済がとりつく必然が理解できる。相応が「大威徳」で真済天狗を縛するのも、恵亮が脳を砕いて護摩にたき、「大威徳」の効験で勝利を手中にする伝承と見合ってくるだろうし、真済と不動の関連も、少しく時代は下りはするものの、南都本『平家物語』における位争い話で、真済が「命イキテモ何カスヘキトテ、飲食ヲ断チ不動明王ノ法ヲ行ヒツ、七日ト申ニ終ニ命終ヌ、天下ノ悪霊トソ成ニケル」とある伝承にうかがえ、さらに近世の資料になるが、天和二年（一六八二）の『日吉社神道秘密記』の千手堂の項に、はっきり位争いと染殿后にとりつく真済天狗との関連が記されている。

千手堂、染殿后御願所御建立事、第五十六代清和天皇御国母是也、御兄惟高、惟仁御弟、御位諍、惟仁御勝（御父帝文徳）御即位、清和帝是也、恵亮和尚砕脳焼護摩火壇、依之惟仁御即位為御願成就、千手堂是也、惟高御祈禱者、南都柿本紀創造失本意、干死而成天狗、染殿后含遺恨成御悩、相応和尚依御祈念有御本復、為御施物伊香立庄御寄附所。

しかし、そのように真済天狗の出現が位争いの派生話であることが裏づけられても、すでに『相応和尚伝』においては位争いの後日談、派生話から脱却し、相応の験徳を示す調伏話として組みこまれ、機能しているわけで、またその故にこそ、この真済天狗調伏譚は『相応和尚伝』の享受流布と共に、それ自身独立した説話として浮遊する契機を得ることにもなり、『相応和尚伝』を発端に真済天狗は古代から中世をつらぬく伝承の漂泊に乗り出すことになるのである。ことに、邪執の故に天狗道に堕す話の型や「天狐道」の語自体は後の中世の伝承世界で顕著となる天狗道の形成の原型と目すべきもので、おそらく六道との関連から「天狐道」の語が使われたのだろうが、今のところ古い文献に徴しえず、あるいはこれが初出かも知れない。

ちなみに史実上の真済は、空海の高弟、東寺僧正で高雄神護寺をうけつぎ、渡海に失敗して南島に漂着、『性霊集』を編纂し、『空海僧都伝』を著した高僧であった。『三代実録』の伝は紀長谷雄の『真済伝』に基づく。後世、天狗のメッカとなる「愛当護山高尾峰」で修行し、文徳天皇の庇護をうけて異例の昇進をしながら帝の病気平癒の祈禱に失敗し、世の批判を浴びて隠棲し、貞観二年に没する実像は伝承世界における天狗への転生と二重映しになるだろう。

ところが相応が調伏したはずの真済天狗は五十年ほどたって再び出現した。

律師玄昭行年七十二逝去、律師在世之時、勤仕於亭子院、御修法間、真済僧正之霊忽以鵄形、出現炉烟之辺、爰玄昭律師以杵打入炉中、焼損其身矣、御修法結願之後、件僧正霊殊為律師雖成怨心、不能託煩、但時々最少法師之形従空下来、見其形容之時、頗有怖畏、心神不穏、于時、受法弟子沙門浄蔵加持摂縛真済之霊、其後永无来煩焉、律師感歎弟子効験、弥致尊重、著法服而礼拝（已上伝）

（扶桑略記　延喜十七年丁丑二月三日）

『拾遺往生伝』中巻第一の浄蔵伝にもひかれ、その方がやや表現が簡略化されているが、いずれも散佚した

『浄蔵法師伝』が原拠であったと思われる。(3)

宇多院に出現した真済の霊は「鵲形」で、玄昭の手で炉壇に投じられるや大怨心をなし、今度は小僧の形で飛行して玄昭を悩ませ、弟子の浄蔵に縛される。いうまでもなく、師をも救う浄蔵の験徳が主題で、道真怨霊や将門の調伏に最も威を発揮するように、時の調伏話がことごとく浄蔵に収斂された感があり、ここの話もその一翼を荷っているといえよう。『拾遺往生伝』の浄蔵伝によれば、宇多院女御の病悩を平癒させ、父の三善清行を蘇生させる行跡とともに、一生に三度「希有之礼拝」を受ける、この上ない栄誉として語られている。帝・父・師から礼拝される面に焦点があり、真済悪霊の調伏よりむしろ、それによって師の玄昭を助けるところに説話の力点がおかれている。従って、ここも何故真済の霊が宇多院に出現するのか明記されず、結局その原因は今のところ明らかにすることができない。

ところで、師の玄昭は慈覚大師の弟子で、先の『相応和尚伝』にも延喜三年重病で一命が危ういところを不動の験で相応に助けられる記事がみえるが、『元亨釈書』の玄昭伝によると、

延喜十一年秋、大内有鷺恠焉、勅昭於豊楽殿修熾盛光仏頂方、過三日其妖止

とあり、この「鷺恠」はどうやら浄蔵伝の真済悪霊と重なってくるようだ。寛喜三年(一二三一)成立の『大法師浄蔵伝』によれば、年時不明の真済霊調伏話は、浄蔵が二十歳で京極更衣の病悩を治す話からはじまって、二十三歳で大峰入りするまでの間に挿入されており、仮に二十一歳の時点とすれば延喜十一年となり、まさしく今の玄昭伝に合致してくるのである。また二十五歳で三年を限って那智に籠った二年目、つまり延喜十六年八月、玄昭から「魔風」に冒され助けを求める書状を受けとり、身代りに独鈷を送り、それに従った護法が一時に「諸魔之伴類」を伏する話も関連してこよう。玄昭の死は『元亨釈書』『明匠略伝』で延喜十五年、『扶桑略記』は十七年と異り、これも確定できないが、『大法師浄蔵伝』によれば後者が適当で

あり、どちらにしても玄昭の死とかかわるほどに真済の霊は重い意味をもち、その現出は延喜十年代前半に落ちつく。十一年とすれば、玄昭伝の「鷲恠」は浄蔵伝の「鵄形」の真済霊と規定でき、出現場所は異っても相互に関連づけることが可能となり、それぞれの「伝」に都合のよいように真済霊調伏が仕立てあげられたということになろう。

染殿后にとりついた貞観七年から五十年も経って再び真済霊は現われた。この霊も鵄や鷲、小僧の飛行という面からみて著しく天狗的であり、染殿后の時点から真済天狗は直線でつながっていると考えられる。ここでの出現の要因はついに分らないのだが、真済悪霊の執念のすさまじさが如実にうかがえ、第二種七巻本系『宝物集』(4)ではこれも位争いの後日談として明記されている。

> 真済此事をなげき給ひて、皇子にとりつき奉りて、ともに入滅し給ひにけり。代々の御もの〻けに成りて、或は、さぎと成てろだんに焼れ、あるは、てんことなりて明王のばくにか〻る。

鷺となって炉壇に焼かれるのは明らかに浄蔵伝の話を指示するし、明王の縛は『相応和尚伝』の話を示し、いずれも位争いの後日談として並列される点は注目に値する。染殿后のみならず、真済の宇多院出現も位争いの余派であった、という具合に後の伝承者は理解していたことになるからである。(5)

下って真済の霊は平等坊延昌のもとに出現する。これは長門本『平家物語』巻十五に惟喬・惟仁位争いの後日談としてひかれるだけで、他の諸本にも見出せないのだが、位争いとかかわる真済悪霊の実態を伝える上で重要である。位争いの祈禱に敗れた悪霊真済は、勝者宝幢院の恵亮の弟子をとり殺し、末の門弟延昌をつけねらうが、尊勝陀羅尼の尊さについに悪念も解け、生れ変って弟子になることを誓う。しばらくして兵部卿有明親王の若君が弟子入りし、大豆しか食べなかったので「異様のもの出来ば、我と思召すべし」という真済の言に思い当り、この若君が真済の生れ変りと知る。彼は「鳩の禅師」と呼ばれた明救であった。

真済を屈伏させる延昌の陀羅尼の尊さに話の主題があり、後半は真済の後身の出現に興味の比重が移る。この説話は長門本にしか見出せないのだが、それが長門本成立時に生じた珍奇な話でなかったことは、『今昔』巻二十第一話との関連からみて間違いない。こちらは、天竺の天狗が中国、日本と渡ってきて、横河の厠で法文を聞き、感嘆して叡山の僧に再生することを誓う、その生れ変りが明救にほかならない、というもので、しかも、

延昌僧正ノ弟子トシテ、止事无ク成リ上テ、僧正マデ成ニケリ。浄土寺ノ僧正ト云ヒケリ、亦大豆ノ僧正トモ云ヒケリ

と結ばれ、「大豆ノ僧正」の異名が当時広まっていたことが知られ、その名称の由来は今の長門本説話によって氷解する。「大豆ノ僧正」の背後には、長門本のごとき説話が沈んでいたことになり、『天台座主記』の明救の項に「真済後身」とある記載もこの話を指示していたことが明白となろう。ことに『今昔』と長門本の話とは、単に明救が豆しか食べないという伝承にとどまらず、「真済」即ち「天狗」の後身が明救である点で有機的につながりあい、真済後身の契機があってはじめて「大豆ノ僧正」の名称が生ずることからすれば、真済後身から天狗後身に伝承が転移していったはずで、真済後身と真済天狗との二つの伝承が前提となって、天竺天狗が叡山の僧に生れ変る伝承が明救と結びついたのではなかろうか。少くとも『今昔』の天竺天狗話は、長門本にみられる話が前提になくてはならなかっただろう。

長門本がすくいあげた真済悪霊話は、従って『今昔』成立以前に生成流布したといえ、全く古代と地続きのものであった。延昌が宝幢院検校となるのは天慶六年、明救生誕はその二年後で、説話の時点をその頃としても、年時的には染殿后にとりついた貞観七年から八十年以上もへだたっている。今の話では悪霊となるだけで、天狗とは認めがたいし、何故長門本にしかみえないのかも解明できないが、ともかく以上のごとく

並べてみれば、古代伝承における真済天狗悪霊譚の様相がほぼ浮かび上ってくるだろう。しかも、天狗悪霊譚とはいってもことごとく調伏話であり、いずれも相応・浄蔵・延昌といった天台の高僧と敵対して屈伏するわけで、叡山高僧の験徳を賞揚する構想につらぬかれている。山門のプロパガンダとして充分機能しうるほどの話材であり、九、十世紀に天台が真言を駆逐して摂関家と癒着していく動向と、これらの説話の発生とは無縁ではありえまい。その意味で真言の高僧真済は、伝承世界における格好の対峙者であり、犠牲者であったといえよう。

そうして真済悪霊天狗譚は、熾烈な位争い説話を契機に生じた派生話として、位争いの影をやどしながら、単なる後日談の位相を脱却し、それ自身独立した話として増殖し、やがて中世的な変貌をとげるのである。

2 相応和尚伝から宇治拾遺へ

前節でみた真済天狗譚の内で、最も広く受けつがれていくのは『相応和尚伝』である。が、大半は『拾遺往生伝』や『元亨釈書』のごとく、表現を若干簡略化して伝そのものを全面的に継承したり、『扶桑略記』のように年時で区切って部分ごとに引用するわけで、説話そのものへの興味が優先することはない。ところが十三世紀初の『古事談』になると、益田勝実氏の指摘した「抄録の文芸」(6)そのままに、『相応和尚伝』からこの真済天狗調伏と清和帝歯痛治癒の二つの話がひかれている。むろん相応の験徳を主題として抄出し、僧行の巻に位置づけているが、もはや『相応和尚伝』の「伝」を受けとめる姿勢はみられず、伝の中で最も顕著に彼の験を伝える説話自体への興味が先行している。そこに『古事談』の抄録という方法の特質がうかがえ、「伝」が編年式に組みこんでいった説話を再び編成される以前に押し戻し、自立した一話として享受する意味あいをもっていたといえよう。その点では確かに、『古事談』の方法は『相応和尚伝』の受けとめ方、享受の仕方として着目されるが、結局自らの文体で話を語りかえるという動的な関係はなく、史実平板な書承の域を脱してはいない。というより、もともと『古事談』はそうした指向をもたない作品なのであった。

ところが、次の『宝物集』をみると、もっとも『宝物集』諸本でこの相応の天狗調伏話を含むのは、小泉弘氏の分類で第二種七巻本系だけであり、さらに位争い説話の梗概や『善家秘記』系の染殿后にとりつく紺青鬼の話もあわせてとりあげられ、相応の話もすでに紺青鬼の話と混同されていて、愛欲がもとで真済は紺青鬼と化して染殿后にとりつく形となっている。

真済、后に心ざしふかくおもふ事あり。此事かくれなく天下にもれ聞えて、あやしみ、我もはぢて参内などもせずなりにけり。真済此事を歎てつゐに入滅しぬ。真済、紺青の色したる鬼になりて、后なやまし奉る。

そこで、智証や恵亮をさしおいて相応が加持し、後は『相応和尚伝』と同一の展開となるが、そっぽを向いた不動に対し、「はてに中よりわれ給へば、不動をけさをもってからげ奉りてせむる時」、はじめて不動が言を吐くという『相応和尚伝』になかった筋立てが仕組まれてきている。ことに、真済が天狗ではなく、后への愛欲のために紺青鬼となる伝承は、『善家秘記』系の南山の聖人が后に欲心を起して紺青鬼と化して想いをとげる伝承と明らかに混線しており、前節に引用したように、『宝物集』は位争いの後日談に「てんことなりて明王のばくにかゝる」と記しながら、それがこの相応調伏話を指示することに気づいていないらしく、相応調伏話が位争い話から切断されて広まっていた証左となろう。『相応和尚伝』系と『善家秘記』系との混淆は、中世の伝承世界に著しい傾向で、この点の検討は別稿にゆだねるとして、さらに『宝物集』では、真済をば下野国うへ草と云所へ配流せられたりとぞ侍りける。廟をほりて、かばねをながさるゝとも申。
形をつくりてながさるゝともいへり。

といった真済配流や形代の後日談が付加されている。真済没年が貞観二年であることからすれば、まず在りえないことだが、真偽のほどはさておいても、この伝承は『相応和尚伝』からはうかがい知れない点で注目され、相応の調伏話が『相応和尚伝』の単なる書承の枠を脱し、それ自身独立した話として伝承世界で息づいていたことを物語っていよう。

しかし、そうした紺青鬼話との混合や下野国配流の後日談や若干の筋の変化がありはするものの、相応が明応の告によって后についた真済を調伏する説話の骨格は、全く『相応和尚伝』をぬけ出ておらず、ことに相応の祈りに対して明王がそっぽを向く筋立てはそのままであり、根底の話型において『宝物集』は『相応和尚伝』系の伝承を受けついでいるとみなせよう。それが『宝物集』という作品の問題としてどうなるのかは、諸本間の異同もくるめてこれも続稿で検討したいと思う。

さて、かように『相応和尚伝』から離反して伝わりはじめた相応の真済調伏譚は、『宇治拾遺物語』に至るとさらに飛躍する。『宇治拾遺』第一九三話は相応和尚の験徳を伝える話で、明王の頭に乗って都卒天に参る話と染殿后についた物怪を調伏する話とが接合されている。前者は『法華験記』、後者は今までみてきた『相応和尚伝』の伝承と関連してこようが、いずれも直接関係をいうには距離が遠すぎる。

『相応和尚伝』では相応の祈禱が効を奏さず、明王への祈念にもそっぽを向かれ、やっと明王の方で折れて真済天狗との本誓を告白する面に話の焦点があったけれど、『宇治拾遺』では「その声、明王も現じ給ぬと、御前に候人々、身の毛よだちておぼゆ」とあるだけで、明王の験より、后を鞠のごとくあやつる相応の加持のすさまじさに力点が移っている。

ところが、

宮、紅の御衣二斗に押しつゝまれて鞠のごとく簾中よりころび出させ給ふて和尚の前の簀子になげ置き奉る。……たゞ簀子にて宮を四五尺あげて打奉る。……四五度ばかり、打たてまつりて、なげ入〳〵祈ければ、もとのごとく内へなげいれつ。

という相応の祈禱は、宮田尚氏が指摘したように、(7)『相応和尚伝』の天安二年、西三条女御の病気平癒の祈禱話にむしろ近い。

和尚不整衣裳只着麁布、皆見装儀之麁簡、各懐下劣之思惟、和尚謙下不上殿中、遥坐廂簷而誦咒、未幾咒縛其霊、彼此雷同未知誰験、暫而擲出自几帳上、過度於衆人之中、如飛到和尚之前、躃踊昇降高声叫喚、和尚宣行可還本処由、亦如飛還於帳裏、数剋之後其声漸下、所着霊気陳屈状之詞、

これが相応の「顕験之最初」とされるもので、『宇治拾遺』説話の骨格はどうやらこちらの方にありそうだ。「染殿后、物のけに悩み給ける」とあるだけで、ついに真済天狗が登場しない点からみても、『宇治拾遺』の話は真済天狗調伏話ではなく、西三条女御祈禱話を基にしており、「西三条女御」が「染殿后」の名に転移したとみなせよう。伝承世界における人名のすりかえは、ごく普通に見出せるもので、知名度の問題でもあろうし、やはり染殿后の背景には、真済天狗調伏話の影響をみないわけにいくまい。だが、より問題なのは、『宇治拾遺』話のテーマが相応の祈禱のすさまじさとともに貴族の賛嘆をそっけなくしりぞける、体制を逸脱した「行者」像の造型にあることで、そこではもはや無動寺を創建した高僧の印象は見出せないことである。というより、「叡山無動寺に相応和尚と云人おはしけり」という語り出しからすると、無動寺の建立者としても意識されていなかったようだ。

先にふれたように、『相応和尚伝』自体、金峰山や比良山での山林修行の面に比重がおかれてはいるが、

それは同時に摂関家や皇室の庇護、癒着の面を伴うものだった。伝教、慈覚の謚号を朝廷から下賜されるのも相応の手柄であったように、慈覚大師円仁以降の天台の進展はまさしく中央貴族との結託によってなされたわけで、相応とても例外ではありえなかった。それが『宇治拾遺』になると、「行者」の面だけにアクセントがおかれ、

長高き僧の鬼のごとくなるが、信濃布を衣にき、椙のひらあしだをはきて、大木槵子の念珠を持り。

という貧相な修行者の格好だったため、「無下の下種法師にこそ」と見くだされ、簀子の辺で立ったまま加持させられる。この辺りは『相応和尚伝』とほぼ対応しているが、伝では自発的に殿に上らず、「坐扉簷」して誦す形となる。さらに『宇治拾遺』では、それがもとで相応は怒り、加持で宮がころげ出すや、人々が急いで御前に召そうとしても、「かゝるかたゐの身にて候へば、いかでかまかりのぼるべき」と知らんふり、祈禱後「しばし候へ」といわれても、「ひさしくたちて腰いたく候」と耳にもせず立ち去り、任僧都の宣下も「かやうのかたゐは何條僧綱なるべき」と拒否し、その後召されても「京は人をいやしうする所なり」と、すげなく拒絶する、といったように、中央貴族と意識的に対峙し、名利を捨て去った「行者」として造型されている。『相応和尚伝』では貞観三年に再び西三条女御は病悩に陥り、相応がたやすく治癒し、女御の父右大臣良相から「巴子国剣」を賜り、元慶七年には女御から「滋賀郡倭庄」を施入され、良相一族とは師壇的な関係を結んでいたわけで、『宇治拾遺』話はそうした伝の文脈から全く切断されて構想されていることになろう。

また『宇治拾遺』説話の構造は、相応の行動と会話を描写する過程で、「人々見れば」・「おの〳〵申て」・「御前に候人々、身の毛よだちておぼゆ」・「人々さはぎて、いと見ぐるし……」・「人々しわびて」といったように、周囲で相応の動きを凝視し、逐一反応を示す人々、観客の様をも描きこみ、それによって相応の祈

禱のすさまじさと反骨的な「行者」らしい風貌をまざまざと浮かびあがらせる劇的なものとなっている。伝とはかけ離れたところで、『宇治拾遺』の話は独自に成長し、それ自身の構想力、形象力、機能をそなえていたといえ、この問題は同時に『宇治拾遺』前半の『法華験記』からの距離とも重なり、こちらもあわせみる必要がある。

『法華験記』上巻第五の相応和尚伝は「不見其伝、但聞故老一両伝言」ではじまるように『相応和尚伝』とは別系統の、葛川の滝で観を得て明王と対面し、都卒天に参る念願をかなえてもらうが、法華経が読誦できなかったために内院に入れず、そのまま連れ戻され一念発起して読誦して念願を果すという話があるだけである。『相応和尚伝』では貞観元年の比良山「阿都河之滝」の行で、普賢菩薩の言を得る記事に相当すると思われ、『帝王編年記』貞観元年にも、

　相応和尚（慈覚弟子）、於葛川第三清滝、拝生身不動、日域顕現之不動、叡岳留生身之明王、是和尚霊徳也

とみえ、『法華験記』の話を指示することは疑いない。要するに相応と明王との縁の深さを賞揚する話で、おそらく葛川の側から『相応和尚伝』とは別箇に育成された伝承であろう。『宇治拾遺』も骨格は『法華験記』と変らないけれど、「葛川の三滝といふ所」は『法華験記』の「遍往十九滝、布十九字、凝十九観、始見明王」や『編年記』の「第三清滝」からみて、「三滝」を滝の名と取違えているし、

　其尻をあらへと仰ければ、滝の尻にて水あみ、尻よくあらひて、明王の頭に乗て都卒天にのぼり給ふ

といった「尻」の語戯をも交えた尻洗いや明王の頭に乗るという『法華験記』にない筋が組みこまれ、さらに『法華験記』では内院で「守門天人」が明王を通して相応をとめるに対し、門の額に妙法蓮華とあるのをみて明王が経の暗誦をうながす、というように伝承上のへだたりが見出せる。『宝物集』四にも「相応和尚天上をゆかしがりしかば、せなかにおひて、とその内院にいたり」とあるように、この話も一方で流布し

たのだろうが、『相応和尚伝』同様、『法華験記』とも『宇治拾遺』の説話は距離をおいた話として成長していることが知られよう。

こうした差異は、単に表面的な筋内容の変容だけでなく、話を語り伝えるべき構想、表現形象、機能上の差異であり、そのいっさいの統括である文体の相違としてあるものである。話の筋内容や表現の改変はもとより、話を組みたてる根本の構想や社会的機能の相違も文体の如何にかかわるものであった。『相応和尚伝』から『宇治拾遺』への距離の遠さには、その意味での漢文体から和文体への転換という本質的なへだたりがあったといえる。先述したように、『相応和尚伝』は院政期から中世の諸書に広く受けつがれていくのだが、それらはことごとく漢文の『相応和尚伝』を直接踏襲したにすぎず、『宝物集』でもその話型をぬけ出るものではなかった。ところが、『宇治拾遺』に至ると、『相応和尚伝』における西三条女御話に染殿后の名がすり変り、相応の脱体制的な反骨の修行者像が形成され、劇的な構造が築かれ、のびのびとした自在な和文体で語られている。これはそうした軽妙洒脱な文体を確立した『宇治拾遺』という作品自体の問題であるとともに、貴族世界と意識的に対峙して名利にそむいて自らの仏道を全うしようとした人々や彼等に限りない憧憬を抱いた人々によって育成されたであろう伝承世界の問題でもあった。西三条女御話との関連からすれば、『宇治拾遺』話の原泉はやはり『相応和尚伝』にあったはずで、伝に基づきながら『相応和尚伝』を書承的に継承する世界とは異質の、いうなれば漢文伝の伝統を打破した新しい伝承世界の所産であり、それは『法華験記』との関係に対してもいえることであった。

漢文僧伝は、三善清行『円珍伝』、紀長谷雄『真済伝』等々に象徴されるごとく、国史編纂上の資料として、多く文人貴族によって手がけられたが、延喜元年の『三代実録』以降、国史編纂業の終息に伴って結集の機会を失っていく。それがよみがえるのは、十世紀末寛和年間の『日本往生極楽記』にはじまる往生伝の結集であり、現に今みた『相応和尚伝』や『浄蔵法師伝』が十二世紀初の『拾遺往生伝』に収集されているように、漢文僧伝は往生伝として再編成され、天台浄土教の進展に対応して往生伝類は院政期に輩出し、やがて中世の『元亨釈書』という一大僧伝の集結につらなっていく。かように往生伝をもくるめた漢文僧伝の潮流が日本の文学史には確かにあったのだが、一方でそれらとかかわりながら僧聖の験徳、発心、往生を伝えるのに、編年式の一代記的な漢文伝のスタイルを離れ、話の核を何らかの事件や行動の描出にしぼり、和文体もしくは混淆文体特有の構想力と形象力をそなえた説話が育成され、収集されていく。十三世紀の『発心集』『撰集抄』などがその典型といえ、これらは『発心集』が「終に往生をとげたりける由、くはしく伝にしるせり」(第四)と記すように、漢文往生伝なしには出現しにくく、またかなり「伝」を意識していたことがうかがえ、[8]漢文伝をうけとめながらその伝統を打破した新しい文芸といえるだろう。それはあたかも古代後期、叡山や高野山などに別所ができ、寺院教団を離れた聖の共同体が現出する宗教史の動向と対応するところから「聖の文芸」と呼ばれ、聖達の心の支えとして、叱咤激励しあう機能を帯びたろうことは容易に想像できるし、聖への憧憬を抱く社会でも語りつがれうるものであったろう。おそらく『宇治拾遺』もそうした動向と没交渉ではありえなかったに違いない。

『宇治拾遺』が三分の一ほど仏教説話をかかえていることは、意外に見過されているが、それは国東文麿氏の指摘のごとく世俗性と分かち難いほど溶けあっている独特の位相に基因するようだ。[9]その多くは増賀や信貴山の命蓮の話のように他の作品と共通し、一方では他に例をみない話群も存在する。たとえば、今の相応に続く仁戒上人の話第一九四は、同時代の作品『古事談』や『発心集』に類話がうかがえる偽悪者の典型で、[10]「我に道心をおこして寺を出でん」がため、堕落を装い妻をめとり門前で抱きつく、実際はふれあうこともなく夜は行に励み、逆にそれがもとで名声が高まるや逃亡して郡司の聟となり、最後は見事な往生をとげる。

あるいは、鹿の身代りになってまでも猟師の殺生をやめさせようとする竜門聖（第七）、餓鬼畜生をひきつれて物乞をして歩く清徳聖（第一九）、法華経をもった僧が海に沈まない験をみて出家する海賊（第一二三）等々、僧聖の験徳、発心、往生を伝える話群がみられる。と同時に、『宇治拾遺』には間男に失敗して額に随求陀羅尼をこめたといつわる山伏（第五）、煩悩を切りすてたといつわり男根を検知される聖（第六）、氷魚を盗み食う僧（第七九）、空入水聖（第一三三）といった聖の験徳を痛烈にくつがえす、それ故いきいきとした形象をかちえた、いかさま聖をめぐる独特の話群がとらえられている。この一群は『宇治拾遺』の中で最も精彩を放つもので、作品の文学性を決定づける重要な契機をもつものだった。このいかさま聖達の話群をもくるめた上での、いわば聖像の「正」と「負」を抱きこんだ「聖の文芸」としての一面を確かに『宇治拾遺』は荷っているはずである。

もはや漢文伝の伝統では律しきれず、自在な和文体に依拠して聖、修行者のあるべき姿を志向し、またその裏側に巣くう人間をも注視して語りつがれた「聖の文芸」という新しい所産にまぎれもなく『宇治拾遺』はつらなってくるだろう。そこに『宇治拾遺』の成立にかかわる一面があり、ここでみた『相応和尚伝』から『宇治拾遺』への道行には、そうした漢文伝から「聖の文芸」への中世的な展開が投影されているといえよう。

3 愛宕山の太郎坊

『相応和尚伝』の伝承は『宇治拾遺』のように、脱体制的な「行者」像の造型へと収束され、中世的な変貌をとげるのだが、一方で真済天狗だけをすくいあげる伝統がはぐくまれてもいた。

中比、我朝に柿本の紀僧正と聞えしは、弘法大師の入室灑瓶の弟子、瑜伽灌頂の補する処、智徳秀一に

して験徳無双の聖たりき、大法慢を起して日本第一の大天狗と成て候き、此を愛宕山の太郎坊と申す也

これは源平盛衰記の一節で、後白河法皇が三井寺の灌頂をうけようとして叡山の防害にあい、住吉明神の神託によって結局四天王寺で受けることになる、その住吉明神の法皇との問答で出てくるものである。この一節が見出せるのは『平家物語』諸本では他に延慶本だけで、文章関係からみて、盛衰記は延慶本系の文をひき、人物の説明を詳しくしているとみなせる。

住吉明神がいうには、「日本国の天魔」が集り、山の大衆に入れ替って灌頂を止めたのであって、その原因は法皇の類いまれな仏法修行や供養が他の追随を許さぬだろうという驕慢につながったことにあるのだという。その天魔とは三品あり、一に天魔、第二に波旬、第三に魔縁で、ことに第一の天魔は、

> 諸の智者学匠の無道心にして驕慢の甚き也、其無道心の智者の死すれば必ず天魔と申鬼に成候也、其形頭は天狗、身は人にて左右の羽生たり、前後百歳の事を悟て通力あり、虚空を飛事如隼、仏法者なるが故に地獄には不堕、無道心なる故に往生もせず……

という存在であり、天狗道の実態を実に明確に浮き彫りさせているが、「日本国中に天狗に成たる智者幾か侍るや」という法皇の問いに対して、明神は「よき法師は皆天狗に成候間、其数を知ず、大智の僧は大天狗、小智の僧は小天狗」として、その典型に先の柿本紀僧正真済がひきあいに出される。

弘法大師の高弟、愛宕高雄で修行した真済は、まさに大智の資格をもった大天狗に似つかわしいし、それ以上に十世紀の時点ですでに「天狗道」に堕ちたとする『相応和尚伝』の伝承がここでも息づいていたのではなかろうか。第一節でふれたように、染殿后にとりつき相応和尚に伏される真済天狗譚の伝承は、「邪執」の故に「天狗道」に堕す中世的な天狗道の原型を示すもので、この伝承が基底となってはじめて柿本真済天狗は「愛宕山の太郎坊」として君臨する契機を獲得したと考えられ、そこに『相応和尚伝』の中世的な継承

のもう一つの面が見出せよう。
「愛宕山の太郎坊」の名称はすでに、

愛宕の山の太郎坊、比良野の峰の次郎坊、
名高き比叡の大岳に、……

（謡曲『花月』）

愛宕の山の太郎坊、比良の山の二郎坊、
高野山の三郎坊、那智のお山の四郎坊、

（御伽草子『天狗の内裏』）

とみられるように、比良山の次郎坊と対にされて固定化していたことが知られ、『太平記』にその活躍ぶりがうかがえる。

『太平記』巻二十七の雲景未来記事は、貞和五年（一三四九）六月二十日に羽黒山伏の雲景が老山伏に誘われ、愛宕山に登って天狗集団をまのあたりに目撃した体験を熊野の午王の裏に告文として記した話である。前の十一日には四条河原の田楽見物の桟敷が倒壊し、それも山伏に化した「天狗ノ所行」とされ、その年の星の動きも尋常でなく、天下の大乱が予想されていた。

雲景は天龍寺一見のために居所の今熊野から西の京に出かけたところ、六十ほどの老山伏と出会い、「日本無双の霊地」として愛宕山に連れていかれる。はたして仏閣は荘厳さを誇っていたが、座主の坊とおぼしき所に着座している人達を見ると、「大ナル金ノ鵄翅」をつけており、誰の御座かと問い質すと、上座は崇徳院、傍には為朝、左の座は代々の帝王、淳仁天皇・井上皇后・後鳥羽院・後醍醐院で、「悪魔王ノ棟梁」となり、次には玄昉・真済・寛朝・慈恵・頼豪・仁海・尊雲等の「大魔王」となった僧達がひかえ、「天下ヲ乱候べキ評定」だという。その内、「一座ノ宿老」の山伏が雲景に都の様子を尋ね、四条河原の桟敷倒壊や足利直義と高師直の不仲を話すと、桟敷は天狗のせいばかりではないと説明をはじめ、武家の世となったのも「因果業報ノ時到ル故」であり、王法は壇の浦で三種の神器の宝剣を失った時からつきはてたが故に、建武の中興も意味をなさず、「神道王法共ニナキ代ナレバ、上廃レ下驕テ是非ヲ弁ル事ナシ」とし、

将軍兄弟モ可レ奉レ敬一人ノ君主ヲ軽ジ給ヘバ、執事其外家人等モ又武将ヲ軽ジ候。是因果ノ道理也。……何ニモ下刻上ノ謂ニテ師直先ヅ可勝。自是天下大ニ乱テ父子兄弟怨讐ヲ結ビ、政道聊モ有マジケレバ、世上モ無二左右一難レ静。

と、下剋上の認識にたって、王法がすたれ、武家の世となった時運の流れを実に理路整然と分析してのけ、未来も予言する。その老山伏こそほかならぬ「世ニ人ノ持アツカウ愛宕山ノ太郎坊」であった。雲景はさらに話を聞こうとすると、急に猛火が燃えひろがり、「座中ノ客七顚八倒スル程ニ」、気がつくと内裏の旧跡、大庭の椋の木の本に茫然と立ちつくしており、「天狗道」をかいま見たことを知る。

『太平記』作品の時代認識を雲景の見聞記の形で太郎坊を通じて語らせたもので、巻三十五の北野通夜物語事と並んで注目されるが、それを太郎坊に托する背景には、「世ニ人ノ持アツカウ」という表現からうかがえるように、太郎坊に関する種々の伝承がふまえられていたに違いない。が、今の所ほかには『応仁略記』にみられる程度[11]ではっきりしないし、この太郎坊が真済かどうかは確かに座の中に名は見出せるが確証はない。しかし、他に太郎坊の来由を説く伝承が見当らない点からすれば、先の延慶本・盛衰記を根拠とするのが妥当であり、下って『愛宕山神道縁起』にも「謬説」として指摘されている[12]。

若宮社者高雄山真済僧正也、迷染殿色、堕鬼魅種類、故号太郎坊、此如謬説者不弁神体虚実、時代暦数不相勘合

これは逆に真済を太郎坊とする伝承の流布を証拠だてるもので、真済柿本天狗は一天四海を掌のごとく照らし出す太郎坊として転生したことになる。遠く惟喬と惟仁の位争いで敗れ、怨念がもとで天狗と化し、染殿后にとりつく真済は、中世に至って明確化する天狗道の先駆であり、それ故中世天狗集団における尖兵たる愛宕山の太郎坊たりえたといえよう。

天狗に関しては、『日本書紀』にみられる轟音を立てて流星のように飛行する文字通りの天界の犬や狐、仏典所出の迦楼羅、民間伝承における天狗倒れのごとき山中の怪異等々、様々だが[13]、文学史に最も多く登場するのはやはり仏法の流布を妨げる魔変としてのそれで、『今昔』巻二十の十二話からなる天狗談は、その一大結集であった。厳密には天狗談とはいえない話も含まれてはいるが、『今昔』仏法部の最終巻の巻頭を飾るべく構成され、因果応報譚の構想に基づく外道、外術譚として機能している。おおむね鵄の形で飛行し、尼や荒法師に化けたり、人にとりついたりして僧聖や貴人に折伏される話型となっている[14]。その中で第八話は話は欠けているものの、「良源僧正成霊来観音院伏余慶僧正語」という題からすると、すでに今野達氏の指摘があるように[15]、慈恵僧正良源が天狗と化して余慶と対決する山門寺門の確執にまつわる伝承をふまえていると思われ、柿本真済天狗と同様、抗争に基づく邪執から天狗と化して怨霊となる点で、これも天狗道の先駆といえ、先程の『太平記』の雲景未来記事にも慈恵の名はみえていた。つまりここで注目されるのは、他の『今昔』天狗談に集約される仏法への外敵としてあった天狗が、政争敗北者の怨霊と重なってくる点である。雲景が目撃した愛宕山の天狗集団に名をつらねた人物がことごとくそうであったように、もはや仏法障害の魔変としての像からはみ出て、古代からの政争の敗北者、犠牲者の怨霊の具現として天狗は造型されている。仏法外敵としての天狗から政争にまつわる怨霊の具現としての天狗への増幅に中世の伝承世界の問題があり、そうした怨霊化された天狗像の典型が崇徳院であった。崇徳院はすでに『保元物語』下に、讃岐に流され、自筆の五部大乗経を都に納めることも許されず、それがもとで「日本国の大魔縁となり、皇を取て民となし、民を皇となさん」と怨み、経を海底に沈め、

其後は御ぐしをもめされず、御爪をもはやさせ給はず、生ながら天狗の姿にならせ給ぞ浅ましき。

とみえ、治承元年の崇徳院の追号にはじまってその後長く祟り続け、先の雲景未来記事のごとく天狗集団の首領と化す。政争の敗北者達は地獄にも行けず、苦悶、怨念、妄執がつのりつのってひたすら乱世を画策する党派を形造り、乱世濁悪の根源をなし、同時にその報いとして鉄丸を日に三度飲む業を受けなくてはならなかった。まさしく地獄道・餓鬼道・畜生道にも匹敵対峙する天狗道がそこにあり、それが明確な姿を現わすのは中世をおいて他になかった。天狗道の形成は、いわば中世の文化史、精神史にかかわるものであり、それが作品の構想にまでつらなっているのはやはり『太平記』であったろう[16]。

たとえば、巻二十五宮方怨霊会㆓六本杉㆒事は、往来の禅僧が仁和寺の六本杉で雨宿りしていたところ、天狗の評定を目撃する話で、雲景未来記事の前年に当る。

愛宕ノ山、比叡ノ嶽ノ方ヨリ、四方輿ニ乗タル者、虚空ヨリ来集テ、此六本杉ノ梢ニゾ並居タル。……座中ノ人々ヲ見レバ、……眼ハ如㆓日月㆒光リ渡リ、觜長シテ鳶ノ如クナル、……左右ノ脇ヨリ長キ翅生出タリ。

僧は自分が『天狗道』に落ちたのかと思っていると、最後に大塔宮護良親王が飛来し、順に熱鉄の塊を飲み、「悶絶躃地」してこがれ死に、二時ほどして正気に戻り、「サテモ此世ノ中ヲ如何シテ又騒動セサスベキ」と評定をはじめる。直義の慢心を利用して大塔宮は直義の子として生れ、以下天狗達はそれぞれ師直や妙吉、上杉、畠山等の心にのりうつり、いれ替って互いに滅しあえば、「直義兄弟ノ中悪ク成リ、師直主従ノ礼ニ背カバ、天下ニ又大ナル合戦出来テ、暫ク見物ハ絶エ候ハジ」という仕儀となる。はたして、二十日

後、直義の妻は懐妊し、男子を産み、楠正行をしりぞけた後の師直兄弟の奢侈がもとで、上杉・畠山の讒言があいつぎ、妙吉侍者の暗躍で直義と師直兄弟との溝は深まる。

先の太郎坊の予言が、直義の謀略から逃れた師直が兵を結集して尊氏の邸を囲み、結局尊氏の方で折れる形で適中したごとく、政争確執はことごとに天狗達の評定の筋書き通りに進展していくのである。

あるいは、師直兄弟の死後、尊氏と直義は一時的に和睦するが、諸将もおのずから両軍に分れて牽制しあう。その時の精神的攪乱を助長したのがやはり天狗であったらしい。

天魔波旬ハ斯ル所ヲ伺フ者ナレバ、如何スル天狗共ノ態ニテカ有ケン、夜ニダニ入ケレバ何クヨリ馳寄スルトモ知ヌ兵共、五百騎三百騎、鹿ノ谷・北白河・阿弥ケ峯・紫野辺ニ集テ、勢ゾロヘヲスル事度々ニ及ブ。（巻三十）

これがために諸将は色めきたって合戦の準備に領国に戻り、天下は三分し、やがて直義は毒殺される。かように天狗の跳梁は、『太平記』第三部の構想展開に密着して描かれ、南北朝動乱期の血みどろの抗争を裏面であやつる「天魔」として物語の基底を形作っているのである。[17] 乱世に心ならずも命を失い、己れの野望を果たすことなくついえ去った人々の無念の思いが、遠く古代からの政争の敗北者、犠牲者の怨念とこだましあい、とぐろをまいて、ひたすら乱世を画策する「天狗」像へ収斂していく。『太平記』はその縮図であり、作品の構想にまでつなぎとめられていたのだが、何故そうした怨霊は天狗化したのか、仏法に敵対する魔変としての天狗が怨霊へ増幅していくのは何故か、その契機を明らかにすることは難しい。むろん修験道との関連も重要ではあるけれど、ことはそう単純に割切れるものでもあるまい。この問題はそのまま真済が「天狗」となる必然にまでさかのぼっていくことになるし、その解明自体が当面の目的ではない。

ここで大事なのは、『相応和尚伝』において「天狗道」の原型を荷った真済天狗が、『太平記』にみられたごとく、愛宕山の太郎坊として転生し、まさしく古代と中世をつらぬく伝承世界を生きぬいた事象そのものである。延応元年（一二三九）の『比良山古人霊託』に「愛太護山之衆ハ部類極多シ」とされるように、愛宕山は当時、天狗集団の一大メッカであり、真済が「世ニ人ノ持アツカウ」ほどの太郎坊として君臨するところに、『宇治拾遺』にみられた相応の「行者」像造型とともに、『相応和尚伝』のもう一つの中世的な展開をたどることができよう。

しかし、同時に真済は位争いの敗北から天狗道に堕しながら、すでに『宝物集』にみたように、『善家秘記』系の伝承と重層して、染殿后への愛欲にとりつかれ、一方で紺青鬼と化す。熾烈な政争の敗北者が一転して愛欲の妄者となる。天狗から鬼への転生にはそうした二つの伝承の潮流のうねりあいがあったといえる。中世とは、まさにそうした古代と地続きの説話伝承の巨大な坩堝なのであった。

＊本稿は「位争い説話から真済悪霊譚へ――説話の歴史――」（日本文学50・12）の続編に相当し、ことに第一節は部分的に重複する箇所がある。

注

（1）『群書解題』解説による。
（2）最も有名なのは『平家物語』巻八名虎の章段で、恵亮砕脳の強烈な修法で競馬や相撲と組みあわされた位争いは結着をみるが、真済悪霊まで含むのは長門本、南都本にとどまる。
（3）浄蔵伝に関しては、稲垣泰一「浄蔵法師と「浄蔵伝」について」（説話43・6）
（4）小泉弘『古鈔本宝物集』研究篇による。本文引用は以下すべて古典文庫九巻本に基づく。
（5）ついでに玄昭、浄蔵に関して蛇足を加えておくと、玄昭伝によれば元慶二年九月、例の染殿后五十歳賀に際し、六十人の名徳が呼ばれ、玄昭は勢範という僧と因明義について論争し、彼の口を完全に封じ、聖宝僧正から玄昭は護摩王の名が高かったが、今後は「因明王」と呼ぶべきだと絶賛される。その席であたかも夫婦の如く鬼と后がむつみあっていたという『善家秘記』の伝承と、くしくも場が合致してくる点が注目される。勢範という僧は他の文献に徴しえず、この僧の如何によって双方のかかわりも明確になるかも知れない。

また『大法師浄蔵伝』によると、叡山宝幢院で七月十五日に験くらべを行うのが慣習化されていたらしく、浄蔵は天暦六年修入と対決し、縛石を飛ばして真二つに割る話がみえる。おそらく宝幢院始祖恵亮の位争いにおける真済との験くらべが機縁となって恒例化したものと思われる。

(6) 益田勝実「古事談鑑賞」（解釈と鑑賞40・5〜41・4）

(7) 宮田尚「宇治拾遺物語の成立」（国文学研究21集）

(8) 往生伝と『発心集』との関連については、小林保治「『発心集』と往生伝」（説話文学研究第十号　50・6）

(9) 国東文麿「仏教説話文学管見」（『仏教文学研究四』）

(10) 益田勝実「偽悪の伝統」（『火山列島の思想』）、『宇治拾遺』にも偽悪を志向した聖の逸話がとりこめられている点はもっと注意されてよい。

(11) 『応仁略記』下に「愛宕山に比叡山、比良山大天狗を召請するの事」として、「去し寛正六年（九月十三夜）流星の告ありていくばくならず愛宕の山の太郎坊両天狗を召請す、無量の眷属引率して来。各談合あり。天下の重仁三人の心に入替らんと云」云々とみえる。「太平記にも此の先蹤あり」という点からして、『太平記』の影響によると思われる。

(12) 『愛宕山神道縁起』（碧沖洞叢書第二十七輯）は元禄九年（一六九六）に没した性真法親王の命で編纂されたもので、「古縁起日」としてひかれるのは、「天竺大天日良、唐土大天善界、日本太郎坊各将其眷属、現于大杉之上、有九億四万余天狗」とあるように、『善界房絵詞』との関連が深い。

(13) 『日本書紀』巻二十三舒明天皇「九年春二月丙辰朔戊寅、大星従東流西、便有音似雷、時人曰、流星之音、亦曰、地雷、於是、僧旻僧曰、非流星、是天狗也、其吠声似雷耳」、『宇津保物語』俊蔭「右の大臣『かく遥なる山に誰か物の音しらべて遊びゐたらむ、天狗のするにこそあらえ、なおはせそ』と聞え給へば、大将『仙人などもかくこそすなれ……』」、『源氏物語』夢浮橋「天狗、木魂などやうの物のあざむき率てたてまつりたりけるにやとなんうけたまはりし」、『平家物語』巻五物怪之沙汰「或夜おほ木のたふるゝ音して、人ならば二三十人が声して、どつとわらふことありけり。是はいかさまにも天狗の所為といふ沙汰にて……」等々。

(14) 第七の染殿后と紺青鬼の話、第十の瀧口道範の外術習得話は天狗とは直接かかわりない。第十二の伊吹山三修禅師の話は逆に天狗に謀られて魔往生をとげる話である。

(15) 今野達「今昔の本文欠話臆断――内容の推定が示唆するもの――」(専修国文11号)。『宝物集』八にも「慈恵僧正の行業のたかかりし延暦寺に執をとゞめて金の天狗となれり」とみえる。

(16) この指摘はすでに寺田透『わが中世』にみえる。

(17) すでに巻五の北条高時の田楽酔狂にも「或ハ觜勾テ鵄ノ如クナルモノアリ、或ハ身ニ翅在テ其形山伏ノ如クナルモノアリ。……灯ヲ挑サセテ遊宴ノ座席ヲ見ルニ、誠ニ天狗ノ集リケルヨト覚テ、踏汚シタル畳ノ上ニ禽獣ノ足迹多シ」とみえ、乱世の前兆とされる。また巻二十一の法勝寺塔炎上事でも「焼ケル最中外ヨリ見レバ、煙ノ上ニ或ハ鬼形ナル者火ヲ諸堂ニ吹カケ、或ハ天狗ノ形ナル者松明ヲ振上テ、塔ノ重々ニ火ヲ付ケルガ、金堂ノ棟木ノ落ルヲ見テ、一同ニ手ヲ打テドツト笑テ愛宕・大嶽・金峯山ヲ指テ去ト見ヘテ、暫アレバ花頂山ノ五重ノ塔、醍醐寺ノ七重ノ塔、同時ニ焼ケル事コソ不思議ナレ」と、天狗の跳梁が描かれる。

補注 神野志隆光「紺青鬼攷――特に真済をめぐって――」(国語と文学48・1)に指摘されたように、『源氏物語』手習の「昔は行ひせし法師の、いさゝかなる世に怨みをとゞめて、漂ひありきし程に、よき女のあまた住み給ひし所に住みつきて」云々に対して『河海抄』が『古事談』と「或記」(松月上人記)とをひいており、真済天狗ないし紺青鬼譚が連想されている点で注目されよう。

また『とはずがたり』二にも、「相応和尚の割不動かぞゆるに、柿の本の紀僧正いたんのまうしふや残りけん」とあり、『源平盛衰記』九には「相応和尚の不動尊南山の洞に座し給ひ、大楽大師の大威徳西塔院に御座」とみえている。

＊ 小稿は『説話の森』(大修館書店、一九九一年)で全面的に改稿したので、併せて参照されたい。

天狗と仏法

森正人

一

今昔物語集本朝篇仏法部は、日本の仏法の全体像を描き出そうとしているのであろうが、その体系化の方法は必ずしも明瞭とはいえない。しかし少なくとも前半部分の巻一一～一四に、本朝仏法史の構成意図は明らかである。そして、仏法に関するあらゆる事象が、大なるものから小なるものへ、一般的なものから特殊個別的なものへという原理によって、配列されていることも認められるだろう。いま、細部をすてて示せば次のごとくである。

㈠　一一・1～12　仏法伝来譚
㈡　13～38　寺院建立譚
㈢　一二・1～2　塔婆建立譚
㈣　一二・3～10　法会創始譚
㈤　11～24　諸仏霊験譚
㈥　25～一四・45　諸経霊験譚

これに、次のような譚群が続くと観察される。

㈦　一五・1〜54　往生譚
㈧　一六・1〜一七・41　菩薩霊験譚
㈨　一七・42〜50　天霊験譚
(一〇)　一八　（欠巻）
(一一)　一九・1〜18　出家譚
(一二)　19〜22　僧悪行譚
(一三)　23〜34　僧俗義孝譚
(一四)　35〜44　俗三宝加護譚
(一五)　二〇・1〜14　異類譚
(一六)　二〇・15〜46　因果応報譚

これらの最も主要な構成原理が、十界ないし六道の序列であることは比較的理解しやすい。すなわち、

仏──㈦　修羅
菩薩──㈧　畜生──(一五)
天──㈨　餓鬼
人間──(一二)〜(一四)　地獄──(一六)のうち二〇・15〜19冥界訪問譚

この観点を前半部に及ぼせば、それらは㈦とともに全体が、仏の世界として位置づけられていることになる。[1]
つまり、本朝篇仏法部は、本朝仏法の全体像を体系的に提示するものとして、仏法の中心に位置すべきものから周縁へ、価値の高いものから低いものへと、序列にしたがって構成されている。

こうした仏法の体系的記述が、ある種の危機意識にねざしていることは疑いのないところであろう。しかし、ここではそのことを観念形態の問題としてとらえようとするのではない。あくまでも、言語による作品生成の問題として、編纂行為、説話行為、表現行為のしくみと、それら相互の関係を明らかにしようとする。(一五)異類説話群が分析の対象に選ばれる。

二

今昔物語集の構成の結果にしたがえば、天狗は、畜生道に相当するものとして扱われている。「狗」の字をその名称に含むこと、鵄《とび》の姿をとることからしても、それは自然な処理であったというべきであろう。ただし、天狗は単なる畜生ではなかった。

いったい、天狗はその性格が時代によって一様ではない。というよりあまりにも多様であるけれども、今昔物語集に描かれる天狗像はきわめて鮮明である。すなわち、彼らは魔縁とか魔界とか呼ばれて、仏法に障碍をなすものとして登場する。反仏法的存在、これが天狗なるものに与えられた最も基本的な性格であろう。反仏法的であることによって、天狗は、鬼、霊、精などその他の超自然的存在から明確に区別されている。超自然的存在のうち、天狗は仏法部に、その他は世俗部の「霊鬼」と題される巻二七に収録されていて、天狗の反仏法性、霊鬼の非仏法性という規定が明瞭であろう。[2]ところが、野猪と野干は人をたぶらかす動物として巻二七に多く登場し、しかも、巻二〇の天狗譚に続いて、

愛宕護山聖人被謀野猪語第十三

野干変人形請僧為講師語第十四

という二説話が配されている。一見右の原則に反するかのようで、しかしこの分載こそ、天狗説話およびこの二説話に与えられた機能をかえって明確にしている。右の二説話は、いずれも霊的動物が僧をたぶらかす物語であった。第14は説話本文を欠くけれども、目録標題からそのように判断される。つまり、これらの動物は、僧をたぶらかし仏法の妨げをなしたという点で反仏法的存在と認定され、天狗説話群と一括されているのである。

天狗に付与された反仏法性は、天狗像の造型に認められる。すなわち、天狗は反中心、周縁の存在として描かれる。

たとえば、天狗は敗北して屎鵄の姿をあらわし（第3、11）、また犬の屎、そうでなくともはなはだ不快な臭気を発する（第2、4）と考えられている。それが、仏や経を供養するための、あるいは仏法の属性ともいうべき芳香と対置されていることはいうまでもない。天狗はまた廁と結びつけられることがある。天竺から海水に一筋鳴る無常偈をたずねて、震旦を経て日本に渡って来た天狗は、それが比叡山の学問僧の廁から鳴りひびいていることを知るのであった（第1）。

天狗と廁を関連させて語るのは、今昔物語集にかぎられない。続本朝往生伝の僧正遍照伝には、右大臣にとりついて遍照に調伏された天狗が、右大臣家の廁の辺で「食気に就きて」蘇生するをえ、花山の寺に至ってそこでも廁のほとりに住して遍照をつけねらったことを記す。つまり、天狗は人糞を食すると考えられている。このことは、女にとりついた天狗の言葉を記した比良山古人霊託にも載る。

問。某甲僧正霊託ノ時、其手不浄ノ物ノ香薫ズ。若用二血肉不浄物等一歟。

答。用レ之也。

問。今謂二唐土ノ人師ノ尺（ス）ルニ、天狗ノ二字ハ、飛行スルハ如レ天故云レ天ト。所レ食似レ狗故狗ト云。今説実哉。

答。大体皆合レ之也。（下略）

天狗が犬の屎の香を発する理由は、右の「所レ食似レ狗」に明らかであろう。人糞が犬の食であることは、慶滋保胤がみずからの下痢をわびつつ廁で食さしめる物語（今昔物語集巻一九第3）、宇治拾遺物語第80における仲胤の言葉、「大方は此比《このごろ》の説経をば、犬の糞説経といふぞ。犬は人の糞を食て、糞をまる也。仲胤が説法をとりて、此比の説経師はすれば、犬の糞説経といふなり」に知られる通りである。このように、天狗は人間の体のあるいは人間生活の負の部分と結びつけられている。

天狗はまた、別の意味でも反中心的存在であり、周縁に位置させられる。たとえば第4。大和の高山に修行して験ある僧、じつは天狗を祭っているのだが、天皇の病悩に都に召され、その僧は花を降らしつつ参上する。ところが、宇治より北は花の降ることがなかったという。宇治に入って通力が減じたのは、聖なる中心である都城に近づいたからであろう。天狗はまた山中ないし深山でひそかに祭られ（第4、9、10）、堂の後戸より逃げ出す（第5）。こうした天狗の周縁性を最も直截に示すのは第3であろう。五条の道祖神の実らぬ柿の木に仏の姿を現じて、衆人をたぶらかしていた天狗は、右大臣源光の眼力の前に敗北し去っている。山本節「源光の説話（下）――偽仏の看破をめぐって――」（『文学』一九八三年4月）には、五条道祖神の地が、人が他界の存在に出会う境界であったことを指摘している。[3] 天狗に限らず、超自然的存在は、自然のまた人工のさまざまの境界に出没する。それは、彼らが日常の秩序と対立し、秩序の内に侵入しようとし、かつ外に放逐さるべき存在であるからである。[4] しかもこの場合、天狗の敗北の一因が、「日ノ装束直クシテ、檳榔毛ノ車ニ乗テ、前駆ナド直シク具シ」た、高貴さと正統の威厳をことさらに示すような源光のいでたちにあったことも否定できないであろう。

如上はもとより、天狗に対する当時の通念にすぎない。そこで問題となるのは、そうした反仏法的存在を語る説話が、なにゆえ、またどのようなかたちで仏法部に編入されるかということである。これを問うことによって、今昔物語集における仏法部の志向したものと、まだ天狗説話群に与えられた機能と、天狗説話が実現しようとした意味が、いっそう明瞭になるであろう。

本朝篇仏法部が、日本の仏法に関する一切の事象を体系的に記述しようとしたのであれば、ここに、反仏法的存在をも仏法の秩序のうちに組みこみ、仏法の論理によって統御しようとする関係が見出されないであろうか。天狗は反仏法的存在には違いないが、仏法の体系の外にあるのではない。周縁の存在であり異端であることにおいて、仏や法や僧の中心性や正統性を支えているのである。天狗説話群が仏法部の組織上に与えられた位置は、天狗の周縁的異端的性格とまさしく対応している。こうして反仏法的存在を仏法の論理をもって統御する営為を通して、逆に仏法の正統性が確認されていくであろう。

天狗説話群をめぐる編纂行為の具体相は、説話の配列についても観察される。天狗説話群の首には、

天竺天狗聞海水音渡此朝語第一

震旦天狗智羅永寿渡此朝語第二

という、天狗が天竺と震旦から本朝に渡来する二つの説話が配されている。仏法創始説話を仏法部の首に置く構成と対応するもので、いわば本朝の天狗道の始まりが語られているのである。これを一種の歴史叙述と呼ぶことはゆるされるであろうが、もとより年代記的な歴史ではない。仏法と反仏法的なものとの対立が明確に確認されたところで、反仏法的なものにも伝来による創始があるべきだとする観念の所産であった。こうした仏法―天狗の対立関係に立脚した観念は、天狗が、仏法の創始者たる釈迦の成道をさまたげようとした天魔と結びつけられるらしいこと（十訓抄第一）[5]とひびきあい、また日本の天狗道の始まりが、本朝仏法の創始者というべき聖徳太子の時代と考えられていたらしいこととともひびきあっているであろう。是害坊絵巻のなかで、平（比良）山の大天狗は、みずからを「昔、守屋大臣ノ破法ノ時、其罪ニヒカレテ此道ニ入テ」と語り、比良山古人霊託でも、「我是聖徳太子之御時者」と語っている。日本の天狗道が仏法と同時に始まったという観念がひそんでいるのであろう。[6]今昔物語集とは表出のしかたはまったく異なるけれども、仏法―天狗の対立関係にもとづいて、天狗道の創始を想像する点は同じい。

こうして、今昔物語集は天狗道の創始を、仏法の創始に擬して伝来ということによって説明し、天狗道を歴史的に記述しようとした。それは、反仏法的存在にも明瞭な輪郭と体系を見出そうとする試みであり、さらにいえば、異端や混沌に統一と秩序を与えようとする営為である。今昔物語集の編纂行為の基本的な方法をここにみることができるであろう。

三

説話行為は、当然編纂の方針に規定される。たとえば第7。この説話には、「染殿后、為天宮被嬈乱語」という標題が付されている。しかしながら、物語を読み進めていくと、もののけに悩む染殿后が葛木山の験者の加持によって一旦は病が癒えたけれども、その験者が后に恋着し、死んで鬼となって后にとりつき、はばかることなくむつびあったと語られている。つまり后にとりついたのは、天狗ではなくて鬼と呼ばれ、またその形姿も明らかに鬼として描かれる。

> 其後、忽ニ鬼ト成ヌ。其形、身裸ニシテ、頭ハ禿《かぶろ》也。長《た》ケ八尺許《ばかり》ニシテ、膚ノ黒キ事、漆ヲ塗レルガ如シ。目ハ鋺《かなまり》ヲ入タルガ如クシテ、口広ク開テ、釼《ツルギ》ノ如クナル歯生タリ。上下ニ牙ヲ食ヒ出シタリ。赤キ裕衣《たふさぎ》ヲ掻テ槌ヲ腰ニ差シタリ。

標題と説話本文の間には齟齬が認められる。これについて小峯和明「今昔物語集における説話受容の方法」（『国文学研究』59集　一九七六年6月）は、はじめに験者が加持をおこなったとき、后をなやましていた老狐が侍女の懐中から出現したが、その狐が編者によって天狗と解釈されているとする。しかし、当時の通念によれば、天狗道には僧が驕慢や執着のために堕ちるのであって、この場合も、験者の転生した鬼が天狗とみなされていると解すべきであろう。是害坊絵巻のなかで、平（比良）山の天狗が過去の天狗の所業をい

くつか挙げて、

ソノカミ、文徳天皇ノ女御染殿后ハ、石山ノ行者、紺青鬼ト成テナヤマシタテマツリシヲ、智証大師、加持シ給ヒケレバ、其後ハ、近江ノ水海ニカクレ侍ベリシカドモ、恥ヲカク事ハナカリキ。

と語って、紺青鬼＝天狗という理解がなされている。こうして、今昔物語集が第7の物語を天狗説話とみなしたのも、決して違例とはいえない。

類例が、「良源僧正、成霊来観音院伏余慶僧正語第八」にもみられる。この説話は本文を欠くけれども、標題から物語の概要は推定できる。標題には「霊」としか呼ばれないが、良源の霊を通念にしたがって天狗とみなし、天狗説話として提示しようとしたのである。

このように、説話の意味を限定しあるいは変換して提示する営為が説話行為である。説話本文の鬼をあえて標題に天狗と呼びなし、また高僧の霊を天狗と解することによって、説話の機能のしかたを強制し、編纂の方針を実現していく関係である。

反仏法的存在を仏法の論理によって統御する編纂行為が、天狗説話群に観察されるならば、説話行為の水準にも、天狗道の制圧がめざされるであろう。それは、天狗道の罪深さを強調し、あるいは天狗の卑小なることを示し、天狗が仏法その他の力によって敗北する過程を物語のなかにたどる営為を通して実現される。

天狗は、単に仏法に対立する存在ではなくて、仏法に屈服することを強いられている。たとえば、天竺から渡来した天狗が天台宗の尊さに接して回心し、転生して高僧となる物語（第1）では、仏法に組みこまれるべきものとしての天狗の位置が明らかであろう。またたとえば、震旦から渡来した天狗が、天台宗の高僧たちにさんざんに打ち負かされる物語（第2）においても、天狗は著しく矮小化され戯画化され、日本天台の権威を高める役を演じなければならない。つまり、天狗は反仏法的で異端的であることにおいて、仏法の体系に包摂され、仏法の正統性を支えるべき存在であって、天狗説話における説話行為は、結局天狗との闘争を通して、仏法の価値を確認し提示する方向をとることになる。

ところがじつは、仏法と天狗道の境界ははなはだあいまいである。なぜならば、天狗道は験力や徳があるとみなされる僧の堕ちるところであり（第7、8）、天狗はしばしば法師の姿であらわれ（第4、5、9、11）、場合によると仏にも化ける（第3、12）からである。すると、今昔物語集の説話行為は、仏法と天狗道の境界を明示する営為ととらえなおしてもよい。仏法と天狗道の差異を明らかにすることが、天狗の制圧につながるからである。天狗の制圧は、まずその正体を見ぬき見あらわすことによって可能であり、あるいは敗北した天狗はみずから正体を名のり、また屎鵄の姿をさらすことになる。天狗にかぎらず、人は超自然的存在の正体を見あらわすことによってそれに勝利し、少なくとも適切な対処ができ、また敗北を認めた超自然的存在はみずからの正体を明かす。

しかし、説話の登場人物は天狗との闘争に常に勝利するとはかぎらない。たとえば第12、三修禅師は、にせ仏の正体を見ぬけず天狗にたばかられて狂気におちいった。そこで、見あらわしを説話主体が代行することになる。すなわち、

如此《かくのごとき》ノ魔縁ト三宝ノ境界トハ更ニ不似《に》ザリケル事ヲ

という話末評語の一節がそれである。評語とは、説話主体が説話の意味を強調し、その機能を確認する言葉であって、これに説話行為の方向が明瞭に示されている。この場合、説話主体は、登場人物の失敗を通してはじめて、説話行為の目的すなわち天狗の見あらわしと制伏を達成することができたのである。

四

表現行為は、説話の意味を具体的に実現するものとして、説話行為の目的にそって営まれる。そして、先に確認したように、説話の意味は、最も直截的には評語部分の表現行為を通して提示される。たとえば、

ⓐ而ルニ、世ノ人、此ノ事ヲ受不申ザリケリ。其故ハ帝王ノ御身ニテ、永ク三宝ニ違フ術ヲ習テ為サセ給フ事ヲナム、皆人謗リ申ケリ。云フ甲斐無キ下﨟ノ為ルヲダニ罪深キ事ト云フニ、此ク為サセ給ヒケルニ、然レバニヤ狂気ナム御マシケル。

ⓑ此レハ天狗ヲ祭テ、三宝ヲ欺クニコソ有メレ。人界ハ難受《うけがた》シ、仏法ニ値フ事又其ヨリモ難シ。其レニ、適《たまた》マ人界ニ生レテ、仏法ニ値ヒ奉リ乍ラ、仏道ヲ棄テ、魔界ニ趣カム事、此、宝ノ山ニ入テ手ヲ空クシテ出、石ヲ抱テ深キ淵ニ入テ命ヲ失フガ如シ。然レバ、努々可止《ゆめゆめとどむべ》キ事也トナム語伝タルト也。（第10）

これは、滝口の道範が信濃国の郡司から外道の術を習得し、それをまた陽成天皇に伝授したという物語である。同じ物語が宇治拾遺物語第106に載るけれども、右に引いた部分を欠く。そして、ⓑ「此レハ」以下、仏法にそむく行為の罪の深さと三宝に帰依すべきことを説く評語によって、説話主体が、この説話にどのような意味を与えようとしたかは自明である。益田勝実『説話文学と絵巻』「説話の世界　一　秘められたできごと」もいうように、右の評語は今昔物語集独自の付加と推測され、したがって、今昔物語集が実現しようとした意味と、それ以前にこの物語がもっていた意味とは異なるであろう。少なくとも、宇治拾遺物語における意味とは明確に異なっている。宇治拾遺物語という説話集は、説話をつとめて意味から解放しようとした作品であるが、この場合、外道の術の習得や使用を断罪する立場に立っていない。

今昔物語集のこうした表現行為は評語部分にかぎられない。ⓐ「而ルニ～狂気ナム御マシケル」もまた、宇治拾遺物語にない。依拠資料が現存しない以上、今昔物語集の付加とも断定しがたいけれども、世評を仮構して事件や人物を批評するのは、今昔物語集にしばしばみられる方法であって、類推によってこれもそのようにみなしておく。評語部分においてなされたこの説話の意味づけと呼応する、物語部分における表現行為である。

さらに物語をさかのぼって、道範が外道の術を習う場面をみると、今昔物語集と宇治拾遺物語の本文には微細ながら注目すべき相違がある。

宇治拾遺物語

大なる河の流るゝほとりに行て、さま〴〵の事どもを、えもいはず罪ふかき誓言どもたてさせけり。

今昔物語集

大ナル河ノ流レタル辺ニ行ヌ、「永ク三宝ヲ不信ゼジ」ト云フ願発シテ、様々ノ事共ヲシテ艶《えもいは》ズ罪深キ誓言ヲナム立ケリ。

今昔物語集に独自の傍線部分は、両本文が共有する「艶ズ罪深キ誓言ヲナム立ケリ」と重複しつつ、その指示するところがいっそう明瞭である。叙述に重複が生じているところからみて、宇治拾遺物語のごとき本文に付加したとみるのが自然であろう。外道の術習得を反仏法的とすることとさらな意味付与をおこなうこの表現行為が、評語部分における天狗道を排撃する表現行為と呼応し、説話行為のあるべき方向を支えている関係をここにみることができる。

しかし、今昔物語集の表現行為のすべてを、右のように説話の意味の実現に奉仕する営為としてのみ説明することはできない。益田勝実が、第10について「かれの意識如何にかかわらず、筆を執って話の細部を伝えるかれの語り方には、話への傾倒があり、外道の世界を語るいきいきとした熱心ささえあることに、注意しなければならない」と指摘する通りであろう。表現主体は、道範が郡司の妻に挑む場面で、「頭ツキ・姿細ヤカニテ、額ツキ吉ク、有様此ハ弊《つたな》シト見ユル所無シ」、「臥タル顔、云ハム方無ク近増《ちかまさり》シテ、弥ヨ微妙《めでた》シ」など、今昔物語集の独自に付加したとみられる表現で、女の魅力的な姿態を道範の視点から描き出している。それは、道範が女と同衾する行為を必然的なものとし、続く男根を失って驚愕する場面との対比の妙に資する叙述であるとしても、表現主体は道範を介して物語の世界に参加している。また宇治拾遺物語にもあるが、簡便な術しか習得しえなかったことを、「閇《まら》失フ事ヲ習ヒ不得ザルヲ口惜ク思ヒケリ」と、道範の心情に即して叙述するのも同様である。

こうした表現行為は、編纂の方針に規定されたところの説話の意味を、必ずしも効率的に実現するものとはいえない。むしろ、外道の術に対する興味を満たそうとして、天狗道排撃という説話行為の方向に逆行している。

さらに、宇治拾遺物語第169と源泉を同じくすると認められる第12。それは、伊吹山に練行していた三修禅師が、仏の引摂によって往生したかにみえたけれども、じつは天狗の化けたにせ仏であって、ために禅師は狂気におちいったという物語である。

いま、にせ仏来迎の場面について両本文を対照してみる。

宇治拾遺物語

手をすりて、念仏申て見れば、仏の御身より金色の光を放て、さしいりたり。秋の月の、雲間よりあらはれ出たるがごとし。さまざまの花をふらし、白毫の光、聖の身をてらす。

今昔物語集

聖人、此ヲ見テ、弥《いよい》ヨ念仏ヲ唱テ、掌ヲ合テ見バ、仏ノ緑ノ御頭指出給ヘリ。金色ノ光ヲ至セリ。御髪際ハ金ノ色ヲ磨ケリ。眉間ハ秋ノ月ノ空ニ曜《かかや》クガ如ニテ、御額ニ白キ光ヲ至セリ。二ノ眉ハ三日月ノ如シ、二ノ青蓮ノ御眼目延テ、漸月ノ出ガ如シ。又様々ノ菩薩、微妙音楽ヲ調テ、貴事無限《かぎりな》シ。又空ヨリ様々ノ花降ル事、雨ノ如シ。仏ノ、眉間ノ光ヲ差シテ、此聖人ノ面ヲ照給フ。

見る通り、今昔物語集の叙述は著しく長大で詳細である。しかも、仏身があらわれるにしたがって、頭頂から目まで順にその相好を描いて、叙述の方法も整っている。

寺田透『わが中世』「前置き」は、宇治拾遺物語との対比を通して、「話者はそれが天狗のしわざであることを一瞬忘れたやうに」「入陶酔の叙法で描いてゐる」と指摘し、ここに判断を放棄する信（今昔物語集）から、判断力のめざめ（宇治拾遺物語）に中世の指標を見出している。池上洵一「今昔物語集　源泉との関係」（『国文学　解釈と教材の研究』一九七〇年7月）は、寺田の発言を「天狗の化け方の巧妙さを強調する次元を越えたもの」と承けて、しかし、両作品に対する性急な精神史的位置づけに穏やかに修正を加えながら、今昔物語集の、分断された細部について説明や解説を加えていく言語表現の方法を指摘し、それが場合によっては物語の緊密な構成を破壊し、同時にそれと表裏するかたちで、あるいくつかの説話に新しい世界の発見をもたらしていると論じている。

今昔物語集の本文は、表現主体と依拠本文の相関として、すなわち表現主体と依拠本文のはたらきかけあいの軌跡としてある。表現主体はまず、説話の意味の実現のために依拠本文にはたらきかけるであろう。同時に彼は、依拠本文を読むことを通して、逆に依拠本文にはたらきかけられてしまうであろう。

こうした相互作用は調和的であるとはかぎらず、依拠本文からのはたらきかけが強すぎるならば、それはあるべき説話行為を阻害することになる。ここに、表現主体は、言語の一切をつかさどる主体として先験的に存立しているのではなくて、表現という営為を通して創られていく存在であるということができる。厳密にいえば、表現主体は、表現のなめらかな進展を阻害するところの、物語の細部や了解困難なものやことに対する拘泥こそが、彼を表現行為にさしむけるという、逆説的な関係のうえに成り立つ。こうして編者は、みずからの表現、説話、編纂行為にはらまれる葛藤を、自覚的にも無自覚にも引きうけなければならないが、そこに、表現と説話と説話集の生成の条件は用意されている。

今昔物語集はたしかに、自立し完結する一つの言語の世界である。しかし、説話集を所与の世界として、たとえばそれを成り立たせている論理を単に記述しなおすという方法は正しくないであろう。動的な言語表現のしくみを分析することを通して、生成する言語の相としてそれは把握されなければならない。

注

（1）本朝篇仏法部に、本朝仏法史が叙述されているとみるのは通説である。『今昔物語集の生成』III 2「説話形成と本朝仏法史」一九八六年、和泉書院 参照。歴史叙述すなわち時間による構成原理と、十界ないし六道による構成原理とが併存しているとみるべきであろう。

（2）実際には、霊鬼の調伏ないしその災厄を避けるために仏法の力が用いられるけれども、巻二七所収の物語にそのことを述べるものはない。霊鬼に関与する宗教者は陰陽師である（第6、13、23）。また、夜になると、桃園第の寝殿の柱の節穴から児の手があらわれて招くという怪異があって、柱に仏や経を懸けてみたけれどもそのことはやまず、穴に征矢を打ち入れてはじめて変異がしずまったという物語が第3に載る。今昔物語集は、「此レヲ思フニ、心不得ヌ事也。定メテ者ノ霊ナドノ為ル事ニコソハ有ケメ、其レニ、征矢ノ験、当ニ仏経ニ増リ奉テ恐ムヤハ」という評語をもつけれども、結果として、巻二七の霊鬼の非仏教性が明瞭に示されている。

（3）後戸については、高取正男「後戸の護法神」（『民間信仰史の研究』）が周到である。後戸にまつられる神は、仏法を守護しかつ特別な霊力をもつ土着的な神であるという。堂の後戸から逃げ出した天狗も、本来そうした神であったのが、仏法—天狗の対立関係に組みこまれてしまったのであろう。

（4）『今昔物語集の生成』Ⅳ3「霊鬼と秩序」一九八六年、和泉書院　参照。

（5）後冷泉院の時代、僧に恩をこうむった天狗が、霊山における釈迦説法の様を現じてみせ、それを僧が礼拝するやたちまち消え失せたという物語に、天竺の優婆崛多に恩を受けた天魔が仏の姿を現じてみせ、優婆崛多が思わずそれを拝して天魔の本形があらわれたという物語を続け、「今の天狗の所変にかはらず」と結ぶ。

（6）釈迦は、天魔の妨げを克服して成道した。聖徳太子もまた、物部守屋との闘争に勝利して本朝に仏法をひろめた。釈迦伝と太子伝とに観察される、いくつかの対応関係の一つである。なお両伝の対応については、笠井昌昭『天神縁起の歴史』、黒部通善「聖徳太子伝と仏伝経典——日本仏伝文学の研究（一）——」（『愛知医科大学基礎科学科紀要』4　一九七七年）参照。なお、牧野和夫「太子八相のこと」（『絵解き研究』2号　一九八四年9月）は、太鏡百錬鈔に引用された貞慶作の如意抄を示している。それによれば、釈迦八相に擬して聖徳太子八相が記され、降魔には守屋との闘いがあてられている。

愛宕山と天狗

村山修一

丹波の愛宕社と山城の愛宕社

愛宕《あたご》山の天狗は鞍馬山の天狗とともに有名である。また天狗が棲むからにはこれらの山は恐ろしい山、鬼類変化《へんげ》がうごめく魔者の山とも想像されている。つまり霊物のやどるところであるから本来特殊な宗教的な山であったにちがいない。現在愛宕山の最も高い峰である朝日峯（九二四メートル）には愛宕神社があり、もとはその神宮寺である白雲寺が栄え、愛宕権現と呼ばれた。本宮には稚彦日《わかひこひ》命・埴安《はにやす》姫など五柱、若宮には雷神迦倶槌《かぐつち》命など三柱をまつるが、『日本書紀』には伊弉冉《いざなみ》尊が軻遇突智《かぐつち》神と埴山《はにやま》姫を生み、この男女神の間に稚彦霊《わかむすびたま》・稚彦日《わかひこひ》命が生れたことになっていて、主祭神は火神の軻遇突智神であった。これは取りも直さず、愛宕信仰が本来火神信仰であることを物語り、これが全国的な愛宕信仰の源流をなすものであった。

愛宕神が記録の上で始めて登場するのは『三代実録』で、貞観七年（八六五）五月、丹波国正六位上愛当護《あたご》神に従五位下を授くとあり、それ以前から神階を受けていたのである。また平安中期の『延喜式』に

愛宕山の愛宕神社

愛宕山周辺略図

は、丹波国桑田郡阿多古《あたご》神社とし、ともに丹波国の神社となっている（いまの所在は京都市右京区嵯峨愛宕町である）。これは平安朝になってから丹波と山城の境界が変更され、それ以来愛宕山は山城国の山となったためである。

しかし中世以来、愛宕神社は丹波国桑田郡に鎮座していたのを洛北鷹峯の東に移され、さらに天応元年（七八一）慶俊僧郡が愛宕山に移したとの説が行われ、鷹峯の東、大門村には旧社地の礎石が残り、近世には十一月、禰宜がなおむかしの祭り（鎮火祭）を執行っていたといわれる（『神祇拾遺』）。鷹峯に近い大門村の旧社についてはなんら知るところがないが、『三代実録』『延喜式』にいう愛宕神社は亀岡市千歳町国分、山陰線亀岡駅北北東約二・五キロのところに鎮座の阿多古神社がそれに当り、鎌倉時代の本殿を有する古社で元愛宕とも称せられる。ここからは七谷川を北上し、北北東にある地蔵山（九四七メートル）に登ることができ、この山は愛宕山の北北西にあってさらに高く、このあたりの山塊の最高峯である。また阿多古神社の東には、牛松山（六二九メートル）があり、山頂には金比羅神社がまつられている。こうした現状をふまえて推測すると、古くから山城側とは別に丹波側にも愛宕信仰があり、しかも後者の方が歴史的に早く成立し、その後修験の影響を受け山城側が行者の霊場として有名になるにつれ、この方に愛宕信仰の中心が移ったのであろうと思われる。

嵐山渡月橋より愛宕山遠望（右側の山峰）

洛東の愛宕と洛西の愛宕

ここで改めてアタゴの意味を考えてみよう。愛当護・阿当護・愛宕護・阿多古・愛太子と様々の漢字が宛てられてきたが、本居宣長は『古事記伝』で軻遇突智神が生れたとき、母の伊弉冉尊を焼き殺した仇子（アタゴ）であったゆえ、この神をアタゴ神というとし、柳田国男氏はアタゴのアタはアテから来たもので自分からみて他の側面を指す語、こちらからは見えぬ側、遠近のヲチなどと同じ語であり、山城側からみて反対の側、即ち丹波を云ったものと解されている。従って柳田氏も愛宕信仰の源流を丹波の愛宕神社の方に見ているようである。

ところがここで注意されることは愛宕山とは反対に山城平野の東、賀茂川東岸に、かつて愛宕郷という地名があった。この方はオタギと訓む、京都市街の東部から北部にかけてはもと愛宕郡であり、愛宕郷は多分その郡家があったと推定される。ほぼいまの六波羅蜜寺から建仁寺あたりを呼んだと思われ、平安京が営まれてからは都市近郊として葬地になった。

そうして承和三年（八三六）には山代・淡海等の国家鎮護所として珍皇寺が建てられた。その後十世紀に入ってその近くに六波羅蜜寺が

洛西化野念仏寺

創立され、空也の活動により天台寺院として発展したが、珍皇寺は一名愛宕《おたぎ》寺とも呼ばれ、真言宗東寺の末寺となった（現在は建仁寺末寺）。さらにこの寺は葬地鳥辺《とりべ》（部）野《の》に近く、境内の内外には多数の私堂（三昧堂）が様々の階層の人々によって営まれた。つまりこの寺は現世と冥界の境とみられ、門前は六道の辻と呼ばれて盆の九日、十日は多数の人が六道辻に詣で精霊迎えをする風習が生じ、現在に至っている。

　ところが平安中期に偽作された『弘法大師二十五箇条御遺告』には珍皇寺（愛宕寺）の開祖は慶俊僧都とし、鎌倉時代には愛宕寺と愛宕山を混同し、慶俊は愛宕山の開祖とされてしまった。彼は河内の出身で大安寺の道慈に仕え、三論・法相・華厳を学び、勤操について求聞持法《ぐもんじほう》を受けた。病人を救い種々の大乗経典の説教を行って名声高く、天応元年（七八一）僧都に任じ、延暦年間（七八二―八〇六）九十歳で寂した。慶俊が愛宕寺の開祖とされた理由は明かでないが、民間の布教が許されなかった時代に慈善活動を通じて民衆と接触し、京都東山方面を抖擻《とそう》行脚したことがあったかもしれない。平安末期の『伊呂波字類抄』には弘法大師幼少の砌、慶俊についてこの寺にしばらく住んだとか、参議小野篁《おののたかむら》が建立したもので閻魔庁に入り冥官になった、この縁で寺には篁の冠・牙笏・位袍等が宝物として残されているとか述べられている。篁は廉直の士で嵯峨上皇の怒りに触れ、一時隠岐に流されたことがあり、いつしか境内に篁の杜がつくられた。

一方少し離れて等覚山念仏寺があり、これもまた愛宕寺と呼ばれた。この方は弘法大師開基、千観内供中興で観音を本尊、毘沙門、地蔵を脇侍とする。この寺は大正十年、都市計画の区画整理地域に入ったため、鎌倉時代の本堂もろとも嵯峨化野《あだしの》に移転した。解体の際天井の梁に文保二年（一三一八）重修の銘が発見された。いまは愛宕念仏寺の名前の方が有名である。

洛西愛宕念仏寺本堂

化野は上古に死者を風葬にした場所と推定され、伝説ではこれを見かねた弘法大師がここに王智如来寺を建て数千体の石仏を刻んで無縁仏を埋葬し供養した。鎌倉時代に法然がこの寺を中興し念仏寺といった。その後また荒廃したのを明治になって中山通幽師が散乱していた石仏七千八百五十余体を集めてこの寺の境内に整然と並べた。毎年春秋の彼岸や八月二十四日の地蔵会には千灯供養が営まれ、石仏群に千本以上の蠟燭があげられ、夕闇の中に墓石・石仏・五輪塔が灯明に輝らされて浮び上り、冥界を思わせる幻想的光景が醸し出される。まこと嵯峨の化野は死者の世界であり、その点、東山の鳥辺（部）野と全く軌を一にするものであった。例えば兼好法師が『徒然草』の中で、

　あだし野の露きゆる時なく、鳥部山烟《けぶり》立ちさらでのみ住みはつる習ひならば、いかに、もののあはれもなからん

と述べたように、鳥部野と化野は葬地の二大拠点として対照されるのみならず、アダシ野の言葉自体が埋葬地の普通名詞となっていったのである。

アダは本来「色っぽい」「なまめかしい」から「移り気」「不誠実」の意味を生じ、転じて「はかない」「悲しい」の使用法を生み、葬送をあらわすこととなる。愛宕のアタはそうした霊地をさすと見た方が歴史的に現実に合致する。オタギと訓むオタもアタと同類の言葉と考えられよう。

要するに愛宕山も東山の愛宕郷も元来葬地に関係があったところから来た名称であり、丹波の場合も同様であったろう。嵯峨の化野に葬られた死者の霊が愛宕山において聖火を焚いてまつられたところから、やがて山の神霊を火神とみるようになったが、その根底には先祖の魂が墓所より次第に昇化して山に登り神となる祖霊信仰を看取することができる。

愛宕山の修験化

平安朝に入り、承和三年（八三六）三月十三日、官符を以て春秋二度、比叡・比良・伊吹・神峯《かぶ》・愛宕・金峯・葛木のいわゆる七高山に各九日間を限り、薬師悔過《けか》法を修する費用として五十石を給することが定められたと、十世紀の著作、源為憲の『口遊《くゆう》』に記され、愛宕山は鎮護国家の道場として正式に認められたことが知られる。このときすでに山中に修験者の寺が建てられ、密教的加持祈禱が行われていたのである。

しかし具体的なことは明かでなく、平安末期の『今昔物語集』に漸くこの山に関する話が載せられてくる。巻十三ノ十五話に、東大寺僧仁鏡が年八十に及び、最後の棲家として愛宕山に登った。ここは地蔵竜樹の聖地、恰も中国の五台山と同様であるからと山中の大鷲峯に庵を結び、法華経を誦し六時に懺法を修した。かくて百二十七歳で姿を消した。その後同山の他の老僧の夢に仁鏡が兜率《とそつ》天内院に生れたと見たと。これによって十世紀頃には中国の五台山に見立てた愛宕山の五峯なるものが成立し、その一つが大鷲峯であったことが知られる。

寺の名称は記されていないが、中世以降に成立した『白雲寺縁起』はこの山の修験霊場としての歴史を古くからの伝説をとり入れてつくられたもので、近世は愛宕権現あるいは白雲寺の名で知られた。それによると、昔大宝年中（七〇一—七〇四）役小角がこの山に登ろうとしたところ、嵯峨の奥に雲遍上人という者が住み、共に清滝に到った。ときに滝の上に雲起り、雷鳴し、車軸の如く雨が降って登れなかった。そこで二人は秘呪をとなえて祈ると俄に天晴れ、しばらくして地蔵・竜樹・富楼那・毘沙門、それに愛染を加えた五仏が光を放った。

大杉があって天地に拡がり、そこへ天竺の大夫日良、唐土の大夫善界、日本の太郎坊（一名、栄術太郎）が各々眷属を率いて大杉の上にあらわれた。すべてそこには九億四万余の天狗が集まり「神頭鬼面、毛を被り角を戴く」形相で、二人に向っていうには、我等は先き二千年にこの霊山会場に仏の付属をうけ大魔王と成って山を領有し、群生を利益するであろうと語って姿を消した。よってこの杉を清滝四所明神とし、滝の上に千手観音を安置し、五岳を置きその地を鎮めた。（四所明神は一説に燧《ひうち》権現ともいわれ、近世京都の地誌類には清滝の上四丁のところに社があったとされ、鞍馬と同様信者はここで燧石をもらって帰ったとも考えられる。それは聖火を受けるのと同じ意味であった。）

五岳とは朝日峯・大鷲峯・高雄山・竜上山・賀魔蔵《かまくら》山である。役小角は朝廷に奏し、神廟を朝日峯に立て、いまに香灯は絶えない。雲遍上人は泰澄で開山第一祖となり、光仁天皇のとき慶俊僧都に中興せしめた。寺は和気清麻呂が建てた。朝日峯に白雲寺、大鷲峯に月輪《つきのわ》寺、高雄山に神願寺、竜上山に日輪寺、賀魔蔵山に伝法寺が出来、その他五千坊が営まれた。以上であるが、役小角・泰澄・慶俊はむろん修験者がのちに付会したもので、この五寺のうち白雲寺は実際に存在して愛宕権現の神宮寺であった。『今昔物語集』にも肥前国背振山の一行者が夢想の告で愛宕山白雲峯に来り臨終の場所とした話を載せ、平安時代より白雲山は愛宕山の別名であったから白雲寺の名称もそこからきたことはいうまでもない。近世、寺内には天台宗に所属の勝地院・教学院・大善院・威徳院と真言宗に所属の福寿院・宝蔵院、あわせて六坊があった。それに対して神社は本殿と奥院（太郎坊若宮）のほか山王十二天・飯綱・八天狗・熊野権現・吉野子守勝手社などの摂末社があったが、社家が絶えてこれら六坊が社務を司り、真言の坊は嵯峨大覚寺、天台の坊は日光輪王寺の末寺であった。

大鷲峯の月輪寺はいまも中腹七一〇メートルの地点にあり、鎌倉時代には空也上人が清水寺で観音の告げをうけ、この寺は補陀落浄土であるから、そこで修行するがよいと教えられ、多年同寺において修練をつんだといわれた（『河海抄』）。

中世の愛宕山縁起では慶俊の開基とし、あるとき不思議の女人が来て空也にその所持する経の軸に入っている仏舎利を欲しいと頼み、これを授けたところ、女は寒蟬《ひぐらし》の滝の竜女である。仏舎利のお陰で三熱の苦しみを免れた。何か礼をしたいというので空也はこの山には水がなく何とかしてほしいと持ちかけると、竜女は山の石を割って水を出させてあげようと答え、その日、右の崖の割目から清泉が涌出していまも霊水とされ、ここに竜王の祠をつくり、寺の鎮守としたとする。現在本堂には藤原初期から中期にかけての作とみられる等身大の木像千手観音立像や同じ頃の十一面観音像立像があり、祖師堂には鎌倉期の空也上人立像、竜王堂には平安時代の伝竜王立像がまつられている。

つぎに高雄山神願寺はのちの神護寺をさし、真言宗東寺派の別格本山となった巨刹であり、最初から愛宕五寺の一つとして造られたとは考えにくく、後世結びつけられたものと考える。その他の日輪寺・伝法寺に至っては存在すら疑われ、五峯も一々その位置をたしかめることは不可能である。

東大寺僧奝然《ちょうねん》は入唐して中国五台山を巡礼し、寛和三年（九八七）帰朝すると愛宕山を五台山になぞらえ、鎮護国家のため、毎年愛宕神宮寺において文殊秘法を修する阿闍梨をおくことを朝廷に願い出て許され、康和五年(一一〇三)八月には忠範に愛宕山五台峯清涼寺阿闍梨を命ぜられるよう願い出た申文が『朝野群載』に収められているが、これは奝然が五台山の一つとして清涼寺を建立するつもりであったことによる。

しかし彼の生前これは実現しなかった。そこで弟子盛算はかつて左大臣源融《とおる》の山荘を改めた栖霞《せいかじ》寺の釈迦堂に栴檀《せんだん》の釈迦如来像を安置し、五台山清涼寺と号したが、室町時代には融通念仏の大道場へと発展した。そんなわけで、清涼寺は直接愛宕山と関係はないが、近世の記録では愛宕神社の神輿は当寺に保管され、寺地は神領であって楼門には愛宕山と記されていたというから、清涼寺が神宮寺と見なされていた時代があったのである。かつて二月十五日夜、二丈余の柱松明三本を燃やし、その周囲を子供が刀を抜いてまわる行事が山中で行われたが、明治以降、愛宕柱松行事は寺の境内で行われるようになり、今に愛宕信仰の名残りを止めているのである。

神門方位と天狗

要するに平安時代を通じて愛宕山信仰は祖霊をまつる火の信仰の上に仏教諸信仰が加わったものであったが、さらに陰陽道的な方位の思想が影響した。それは都よりみて愛宕山のある北西、乾の方角が妖怪鬼神の棲む所、北東の鬼門に対し、神門として恐れられたことである。その起源は不明でおそらく平安朝後半に修験者や下級陰陽師の間で唱え出されたものと思われる。

それを考える一つの手がかりは、『平家物語』剣の巻に収められた渡辺綱の伝説である。綱が源頼光の命で一条大宮辺へ闇夜、所用で遣わされ、その際護身用に頼光秘蔵の名剣鬚切《ひげ》を渡された。所用を果しての帰り、一条堀川の戻橋を渡ると、東の詰に南へ向う美女の姿があった。綱が通りすぎようとすると引止めて五

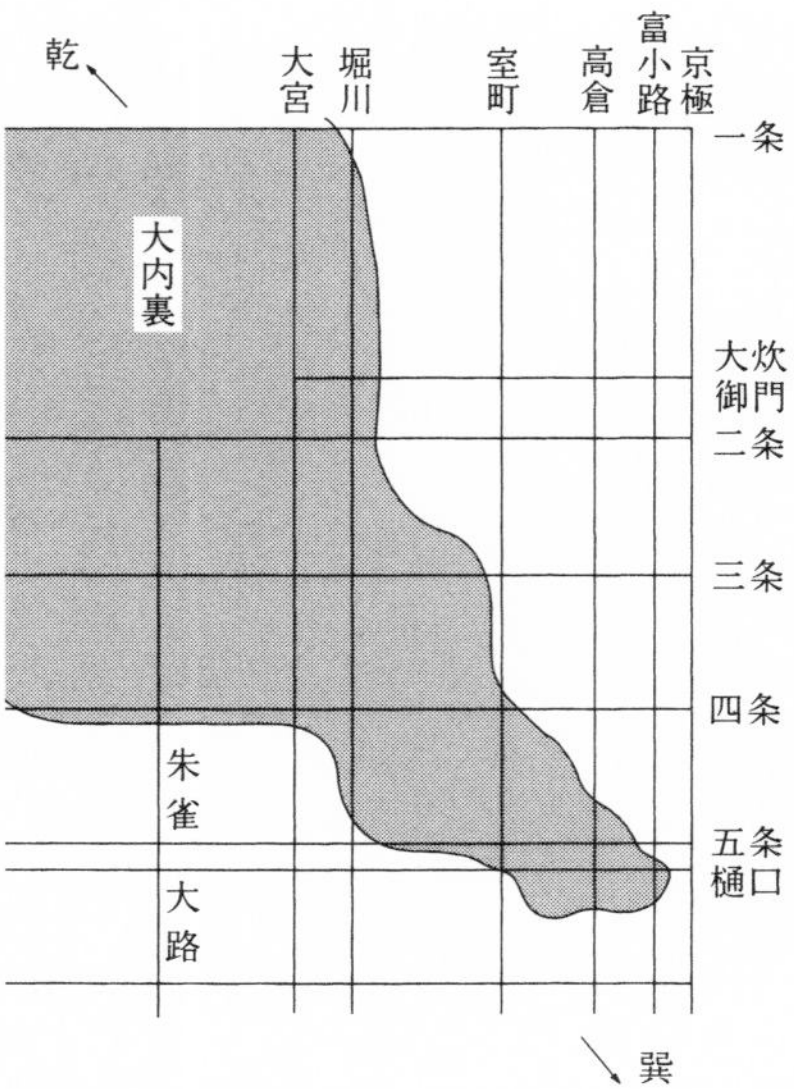

太郎焼亡区域略図

条辺まで行く者だが、馬にのせて送ってくれというので女を抱上げ馬にのせ進んでゆくうち、途中で本当はわが棲家は都の外にあるというや忽ち鬼に変り、われの行く先は愛宕山ぞとて綱の髻《もとどり》をつかんで乾の方へ飛んで行った。綱は帯びていた鬚切を抜いて髻をつかんだ鬼の手を切り、そのため彼は北野社の廻廊に落ち、鬼は手を切られながら愛宕山の方へ飛去った。綱は鬼の手を持って帰り頼光に見せたところ、大いに驚き、陰陽師安倍晴明を呼んでどうしたらよいかときくと、綱は七日間物忌をし鬼の手を箱に封じ、仁王経を読めと教えられた。その通りにするうち六日目の夕方、綱の養母に化けた鬼が綱をだまして物忌中に押入り、箱に封じた腕をとりかえして天井の破風の下より飛び去った。よって鬚切は鬼丸と改名された。

以上の話によると、美女に化けた鬼と綱が会った場所は一条堀川の戻橋である。戻橋のあたりは平安末から中世にかけ下層階級の陰陽師が屯し、橋を往来する人々を相手に橋占をやっていたところで、もとより占いに方位は重要な条件であった。しかも当時すでに愛宕山に天狗が棲むとの俗信は広がっており、東北の艮《うしとら》を鬼門とする中国伝来の思想に対し、街頭の陰陽師たちが日本的な方忌の俗信をつくり出し、世人の注意を惹いたので、それ自身天狗とも呼ばれた愛宕山の修験行者たちが方忌の祟り封じに一役買ってこの新しい方忌を宣伝したのであろう。

いま一つ『源平盛衰記』にも愛宕山にからむ挿話が載っている。有名なものだが念のため説明しておこう。治承元年（一一七七）四月二十八日、樋口富小路の民家より出火した火事は大内裏を巻込み、京都の半ばを焼尽す大火に発展し、これを太郎焼亡《じょうもう》と呼んだ。火事が起ったとき南東の風が吹きつけていたため、火は京都市街を南東から北西の方向になめ尽した。

恰も大炊御門堀川に盲人の陰陽師がいた。人々がさすの巫《みこ》と呼ぶほどその卜占の的中率は高かった。出火当時盲人は火元が樋口富小路ときき、ちょっと考えた末、どうやらこの火事はこちらへ延焼してくるようだ。非常な大火事になる。皆んな家を壊ち家財をまとめて避難の準備をしろと近所の人々にすすめ、自分は妻子をつれて逃げ出した。しかし火元は遥か京都市街の東南の隅、こちらは北の方だからどうして避難の必要があろうかと近所の人々がきくと、盲人は推条口占《すいじようくうら》でそれがわかる。樋口＝火口で燃え拡がる相、富小路の富＝鳶で、鳶は天狗の乗物、小路はその乗物の通路、天狗は愛宕山におり、この火事は天狗の所業で巽の方より乾の愛宕山の方向へ京都の市街を斜めに焼いてゆくと占いが出ていると説明した。果してその通り南東から北西へ大火に発展した。いやこれは天狗でなく比叡山の猿（山王権現の使者）が京中を焼払ったとの説も行われ、京都大火に直面して市民は鬼門説・神門説に翻弄されたのである。大炊御門と一条はそれほど離れておらず、この話は一条戻橋の陰陽師グループの造作かもしれないが、天狗が火を使用することは愛宕山の火神信仰からして不思議でなく、いわゆる火伏せの信仰も修験者がこれを管掌する時代であった。

平安朝末期の天狗

以上二つの話に対し、より真実性の高い記事が左大臣藤原頼長の日記『台記』に見える。

久寿二年（一一五五）鳥羽法皇と頼長の関係が険悪となった頃、藤原親隆が頼長を訪れてこう語った。法皇が頼長や父忠実を憎まれるわけは近衛天皇が崩後巫祝に霊託し、朕を呪詛するため釘を愛宕山の天狗の像の目に打ち、朕は目を患って早死したと告げ、法皇が人をしてこの像を確かめさせたところ、果してその通りであったのにもとづくというものである。頼長は愛宕護山天公の飛行はきいているが、そんな天狗像は知らず、祈願したこともないと語っている。頼長を陥れるためにつくり出された話であろう。

ただ当時愛宕山が鞍馬・貴船とならんでひそかに怨みあるものを呪詛する道場になっていたことが察せられ、修験行者がこれに関与していたのは想像に難くない。これは後述するように中世の軍記物で怨霊となった多数貴顕の士が愛宕山に出現した怪談へと発展してゆく。

『今昔物語集』には天狗にまつわる奇譚をいくつか集めていて平安末期、天狗への関心の高まりを物語っているが、まず天狗を祭る僧侶の話を二つ注意してみよう。

一つは円融天皇御悩のお祈りに有験の僧をすべて召されたが、効かなかった。その頃東大寺の南の高山に永年修行の聖が住み、加持を以て野に走る獣を止め、空飛ぶ鳥を落す法力があると上奏する者があり、よって彼を召された。奈良から宇治まで来るのに空から様々の花を散らしたが、宇治より北には降らなかった。参内して加持すると天皇の病気は直ちに癒った。そこには広沢の寛朝僧正や天台の余慶僧正など高僧が来合わせていたが、この高山の祈禱僧を怪しく思い、この僧に向って加持を行った。高山の僧は几帳をめぐらしてその中で加持しておるうち、ばたばたと物音がし、狗（天狗か）の屎の臭い匂いがし、やがて高山の僧は几帳の外に倒れた。これは高僧たちに加持され責伏せられ、命乞いをしたものとわかった。そうして自分は永年天狗を祭る仕事をしてきたと白状し逃げ去った。いまも高山には天狗を祭った跡が遺っているとのことである云々。

もう一つの話。むかし都に外術《げじゅつ》を職業にした下衆法師がいた。足駄や尻切草履を突然犬の子に化かして這わせ、あるいは懐より狐を鳴かせて出し、馬牛の尻から入って口から出るなどの奇術をしてみせた。隣に住む男が自分もやってみたいとこの法師に弟子入りを乞うた。熱心に頼むので法師は秘密に七日間精進し清浄な桶に炊《かし》いだ米をいれ、これを荷って貴い人のところへ外術を習いにゆきなさい。自分はその手引をするだけですよと教え、七日目に法師が来て男を然るべきところへ連れていった。その前に法師は男に絶対刀は所持するなと念を押したが、男はこれを怪しく思い、ひそかに懐に小刀をかくしていた。やがて法師についてゆくと遥々と山の中へ入り、そこに立派な僧坊が建っていた。法師が入ってゆくと貴げな老僧があらわれ、つれてきた男を紹介し弟子入りをたのんだ。老僧は若僧を呼び、この男が懐に刀を持っていることを見ぬき、とり上げろと命じた。男は遁れられないことを知って刀を抜き、老僧に飛びかかると途端にその姿が消え僧坊も忽ち見えなくなった。気がついてみると男は大きな堂の中におり、あたりを見廻すと京の一条西洞院にある大峯という寺であった。男は夢のような心持で家へ帰ったが、法師は泣く泣く家に戻り二、三日たって頓死した。多分この法師は天狗を祭っていたのだ。こんな人間を人狗と呼ぶと。

以上天狗をまつるいかさま僧侶の実体を述べたものであるが、最初の話はいかさまで結局追い出されはしたものの、円融天皇の病気を癒す験力を発揮したこと、オーソドックスな天台・真言の高僧でも及ばぬ法力を有したことが述べられ、かつ高山には現実に天狗を祭る祭壇の跡が残っているとあって暗に民間行者の威力が看取される。二の話は変化の術を使う法師の話で、古くは陰陽道・道教の系統をひく呪禁《じゅきん》道の呪禁師が医術の一種として行った呪法であったが、次第に修験行者にとり入れられ医療に用いられる一方、人を呪詛し、陥れるのに悪用せられた。男は法師に危く身ぐるみ剝がれるところだったのであろう。実はその連れてゆかれた大峯の寺は修験寺院であり、法師は修験くずれの悪党だったにちがいない。『山城名跡巡行志』に

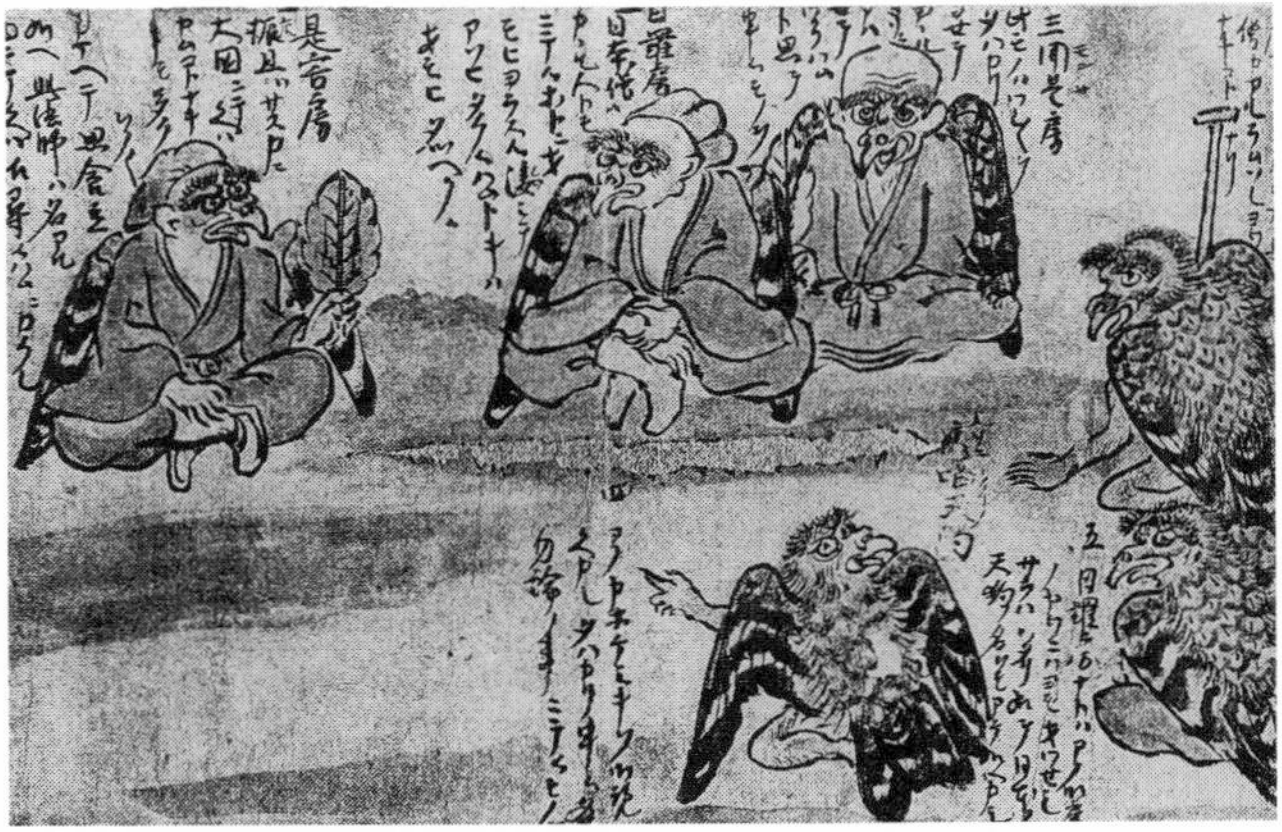

是害房帰国送別の集会（『是害房絵巻』より）

よると和泉の焼山にあった寺を移したもので近世、寺跡には高さ六尺余の石塔が残り、役行者の作と称していたとある。

同じ『今昔物語集』には天台のオーソドックスな立場からの話も二つ含まれる。第一は天竺の天狗が震旦へくる途中「諸行無常、是生滅法、生滅滅已、寂滅為楽」の音が聞え、その音の本源をたどって日本に来、淀河より遡行して比叡山の渓流に入り、ここを護る天童にこの法文の音がするわけをきくと、渓流の水は比叡山の学問僧の厠《かわや》から出ると教えられ、感激して比叡山の僧に成ろうと誓い、やがて宇多法皇の子有明親王の子に生れ、法師となり明救といった。延昌僧正の弟子として僧正まで出世したという筋。死後増上慢で天狗になった僧正は多いが、これは前世が天狗で僧正に生れ代った数少いケースである。

第二は震旦の強い天狗智羅永寿が日本の修験の僧と法力競べをしようとやってきて、日本の天狗の案内で比叡山の大嶽《だけ》の石卒塔婆のもとで老法師に化けて待っていた。そこへ余慶や尋禅などの高僧が通りかかったが、よりつけずにチャンスを逃し、次に慈恵大僧正が来るのをねらったところ、護衛の小童にひどい目にあわされ、腰を痛め、日本の天狗に連れられて北山の鵜の原というところで湯治をして震旦へ帰った。湯治の際一人の木樵が来合せ、湯を浴びようと思ったが、湯屋がひどく臭いので頭痛がして湯治せず帰った。後日、日本の天狗が人に憑いて語ったのを木樵がきいて湯屋の臭かったことを思い出した云々。

二つの話とも山門僧の造作であるが、天狗が卒塔婆のもとで隠れていたとあるのは山中の卒塔婆が霊の憑くところであり、天狗のごとき悪霊のひそむ場ともなるとの畏怖感があったことを物語り、北山の湯屋で天狗が湯治した話は山村農民の民俗信仰を反映している。

この話は鎌倉時代に『是害房絵』という絵巻物になり、中世近世を通じて多くの模本異本がつくられ広く鑑賞用に供された。そこでは時代が村上天皇の康保三年（九六六）の頃と明確に示され、大唐の天狗智羅永寿は是害房、日本の天狗は日羅房と称し、平山の聞是房という配役が加わり、天狗の歌会をとり入れて一段と形式を整え、日本とくに山門の仏教の威徳が讃歎され、民俗信仰の要素は後退した。

しかし山門の威力を以てしても三条天皇の眼病を治しえなかったことは、『大鏡』に見えている。これは桓算供奉《ぐぶ》が天狗になり、天皇の首に乗って左右の翅で眼を蔽ったからで、山門に参籠して祈請されたが効験がなかった。なぜ桓算が怨霊の天狗になったかは記されていない。

鎌倉時代の天狗

やがて総括的な天狗観が『源平盛衰記』の中で、後白河法皇を戒める風刺的な物語として取上げられた。これは内裏の宿直の番神である住吉明神が法皇に教える形式で、山門僧侶の跋扈から話が始まった。それによると通力をえた畜類に三種あり、一つは天魔で智者学匠の無道心にして憍慢甚だしきものが成る。頭は天狗、身には羽生じ前後百年のことを悟って通力あり、隼《はやぶさ》の如く空を飛ぶ。男の天狗には衣を著、袈裟を懸けたもの、烏帽子・水干・袴・直垂・狩衣その他のものがある。女天狗は紅粉・白物をつけ、大眉作り、かね黒、紅の袴に薄衣をかずいて空を飛ぶ者がある。二には波旬という魔王で天狗の業つきはて、人身を受けようとする時、あるいは人跡絶えた深山に入定した時を名づける。自在天王とも称する。三には魔縁、これは生前憍慢な心を起す人のところへ天狗が集ってくるのでこのように呼ぶ。つまり増上慢の心を指すのである。

後白河は魔縁であると明神がたしなめた。これは当代世人の評を示唆したもの、九条兼実も日記『玉葉』に後白河は日本一の大天狗と非難している。また柿本紀僧正は弘法大師の高弟、智徳第一、験徳無双の聖《ひじり》、大法慢を起して日本第一の大天狗になった。これを愛宕山の太郎坊と申すとある。紀僧正真済は高雄山で十二年間参籠修行しており、文徳天皇の皇太子の地位を惟喬・惟仁両親王が争い、真済は惟喬、真雅は惟仁のため祈禱し、惟喬が敗れて真済は面目を失い死後怨霊になったといわれた人物である。

鎌倉時代につくられた絵巻物『天狗草紙』も憍慢の僧を天狗とする主旨で、各宗派各大寺院の僧侶を批判したものであるが、とくに念仏の徒や禅僧に対する非難に力をいれ、結局最後に各宗派の天狗が集会して発心し、成仏得脱することになっており、天台中心の立場が著しい。また天は光明の義、仏界を指し、狗は痴闇の義、生界を示す、天は天曼荼羅で金剛界、狗は地曼荼羅で胎蔵界、両部不二であるから天狗という。などの理屈をつけ、宗教的解釈を通じて窮極的にその解脱の必然性を強調し、天狗の悪魔性や威力は影をひそめたものになった。こうしてみればやはり天狗が幅をきかすのは世俗社会であった。

『源平盛衰記』は清盛の弟教盛がみた悪夢の話を治承三年(一一七九)十一月、清盛のクーデターの個所に挿入している。それは保元の乱で敗北した側の崇徳上皇を張輿に乗せ、処刑された源為義、平忠正が大将となり、数百騎の軍勢を従え、宇治木幡山の峠で都へ攻入る評定をしていた。軍勢には柿の衣に不動袈裟を懸けたもの、鵄兜《とびかぶと》に鎧を著けたもの、首丁頭巾《しゅちょうずきん》に腹巻をした者等があり、上皇の形相は手足の爪を長く伸ばし、頭髪は逆立ち銀の針を立てたようである。眼は鵄の目の如く柿の衣を召されていた。上皇の輿を都のどこへ入れようかと詮議の末、清盛の西八条宿所へ入れることにきまったとみて夢が覚めたとある。柿の衣は修験僧を連想させ、眼が鵄の目の如くとは上皇を鵄天狗にしたものである。崇徳上皇は俗形の怨霊天狗として、法形の真済とならび当代天狗を代表する双璧であった。

ところでここに天狗との問答書『比良山古人霊託』なるものが鎌倉中頃につくられた。当時摂政九条道家は先祖の忠平が営んだ法性寺の境内に新たに禅宗の東福寺を建立し、そのため法性寺は有名無実の存在となった。ところがまもなく延応元年（一二三九）五月十一日道家は病にかかり、そのため、十九日より千日護摩が修せられ、慶政（証月）上人が道家の法性寺殿でこれを勤めた。その間に三度、大織冠鎌足の親類と名のる比良山大天狗が刑部権大輔家盛の二十二歳の妻（伊与法眼泰胤の娘）に憑依し自分は法性寺の領主であるが、この地に新しく伽藍が建てられるときいたので見廻りのため故郷に還ってきた。自分は土地に執心が深く、経典を書写供養してくれるよう家盛からお願いしたが未だ道家から返事がない。それでお伺いに来たのだと霊託した。上人はこれに応対し憑依の天狗と問答したのである。おそらく東福寺造営に反対する土地の霊の祟りで道家が病に臥したといわれる事情があり、慶政は霊を説得するつもりで問答したのであろう。以下問答の興味あるところを紹介してみよう。

あなたは天狗の崇徳上皇にそそのかされて何か悪事をたくらんでいるのではないかとの問に、そうかもしれないと答え、前天台座主慈円はどうされたかの問に、天狗になり愛宕山に住んで勢力がある。またわれら部類三千余人は道家の東福寺の建立を助けよう。しかし愛宕天狗衆は部類きわめて多く自分の思うようにはならぬ、天狗の形貌は聖教に見えないので教えてくれというと、細かなことはいえないが、丈《た》け十歳ばかりの人間のようで頭は人、足は鳥に似、翅あり、尾短く鵄はわが乗物だ。弓箭で射られても当らぬ。衣服は著けずとも苦にならず、食事は自力で求める。妻子はあるかとの問に、すべて持っている、わが連れ合いは四百歳にもなり、嵯峨野に人にすてられたのを取り置いた。子供の天狗は幼い間は母親が食を与えるが、大きくなると喧嘩もする。主婦の天狗は人に憑かず常に留守番をしていると。鉄丸を日に三度食べるときくのは本当かの問に、丸でなく三角形だが、平日は食べない、僻事（ひが事）（何か失敗事でもさすか）をしたとき食べるとの答。どういう人が天狗道にくるか、また天狗道は唐土に通じるかの問には、憍慢心・執着心の強いものが天狗道に来る。唐土へは通じないと答えた。

以上の問答で天狗にも家族があり、小児のような丈《た》けとあるのは他の文献にみない話である。頭は人、足は鳥、翅がある一方で鵄を乗物にしているのは少し重複した感じで、これから察すると天狗と鵄の観念は一致しているようで別に考えられていたようでもある。慈円は天台座主なのに天狗の領袖で愛宕山に棲むことになっているところをみると、天狗道ではやはり愛宕山の方が権威があったのだろう。

承久の乱以後朝廷の権威失墜の結果、京都の治安は急速に悪化、犯罪が激増した世相の下で天狗の跳梁が畏れられた。藤原定家は日記『明月記』（安貞元年―一二二七―七月十一日条）の中で、下部の話として近日天狗の狂乱甚しく、清水寺の鐘楼では法師が白布で縛りつけられ大声をあげているのを人々が聞きつけて救出したが、意識不明、三日たってやっと本心に戻り語るところによると、伊勢の人で春に京都へ来て巡礼しているうち、食料がなくなり、六月十二日本国へ帰る途中、山伏と知り合い京都へさそわれてまた入洛し、大内裏で他の僧も来合せ一緒に法成寺へ入った。貴賤の人々多数列座し、そこで酒をくみ交わして乱舞し、ついで清水寺の礼堂へ行ったが、大騒ぎとなり、あと物も覚えなくなったと。一座の席では崇徳上皇が鎌倉の竹林にいるとか、僧都が隠岐の後鳥羽上皇のところへ推参したとかの話が出たが、そこで乱舞した連中の額には角があったとか。

似た話が鎌倉時代の説話集『古今著聞集』にも出ている。仁治年間（一二四〇―一二四三）伊勢の書生庄の法師が上京し、五条坊門富小路で宿泊し仕事をすませて帰る途中、同じ庄の知り合いの山寺法師に会い、一緒に歩いているうち、思いがけずまた京都へ上り、法勝寺・法成寺へ来た。変に思っていると七条高倉へ来た。友の山寺法師があちこち歩いて喉が乾いたのであなたの腰の刀で酒を買って飲もうとすすめられ、二人で飲んで歩いてゆくと比叡山の辺まで連れ廻された挙句、清水寺の鐘楼の天井に縛りつけられ山寺法師は消えうせた。これは天狗であって、刀をとられた上でひどい目に会わされたと、助けられてから法師は語ったと。

当時清水寺辺を無頼の徒が根城にし、不案内の旅人に対し追剝を働いていたのであろう。法成寺・法勝寺は当時かなり荒廃し、これらも犯罪者の屯する場所になっていたと思われる。なお定家は日記（建久七年―一一九六―六月二十三日条）に侍の雑士が暁妻戸をあけて出ようとしたら、柿の衣をつけた法師がとびかかってきたので、逃げて妻戸の内に入り気絶してしまった話をきき、柿の衣から天狗の仕業かもしれぬと記している。

南北朝の天狗

南北朝の争乱期も同様であったことは、洞院公賢の日記『円太暦』からも窺うことが出来る。延文四年（一三五九）八月には洛中天狗横行し冷泉室町辺で子供がさらわれ、時々飛礫を打ち、権勢を誇る佐々木道誉の宅も打たれた。梅津辺では飛礫甚しく、僧庵がその為壊たれ、他所へ引越す始末であった。東山でも天狗横行し、青蓮院門跡の坊、十楽院が被害をうけた。嵯峨の天龍寺では寺の用材に愛宕山の大木を切ったところ、寺家の大工が病気にかかり天狗が横行しているとの風評であった。石を投げる者を平安末から向《むかい》飛礫《つぶて》印地打と称し無頼の徒の代名詞になったが、子供の石合戦も中世取締られた。

こうしてみてくると天狗は社会を攪乱させる悪党である一面、権力者にも抵抗する時局批判者でもあった。伏見宮貞成《さだふさ》親王の日記『看聞御記』(応永二十七年―一四二〇―六月二十七日条)には天狗が中京辺の在家四、五軒の屋根に上げた菖蒲を逆さに葺くいたずらをしたことが見えている。

一方政局は建武中興の崩壊から南北朝争乱期に移り、吉野金峯の修験を頼みとした南朝方の頽勢から怨霊天狗の跳梁は全盛期の様相を呈した。これを如実に物語るのが『太平記』である。この本の著者については後の「児島五流修験」の章に言及しているからその方を参照願いたいが、いずれにしてもその内容は全体として山伏に関係する記事が目立ち、修験者的巫祝的発想の叙述が特徴的で、著者に山伏かこれに親しい人物を想像させる。動乱の世を東奔西走、各地から情報を得、天下の動向を最もよく捕捉しえたものは山伏である。天狗の霊に託して山伏は様々な霊界の模様を世人に伝え、未来の時勢を予言したのである。

『太平記』はその内容を巻一から巻十一までとそれ以後に分たれ、前者は鎌倉時代、後者は建武中興および南北朝に入るものであるが、天狗の活躍はいずれかといえば後期に活発である。前期では二件が目につくが、一つは北条高時が田楽の酒宴を開いている最中、嘴《くちばし》が曲って鵄のようになった者、翅がある山伏のようなもの等、異類異形の天狗が人に変じ酒宴の席にまぎれ込み田楽を演じた話。この天狗どもの歌った文句に「天王寺のヨウレボシを見ばや」とあって、後日、儒学者の藤原仲範がこれをきいて天下乱れんとするとき、妖霊星なる悪星が下って災を成すということがある。天王寺は仏法最初の霊地で聖徳太子が日本の未来記を遺された。どうやら天王寺辺より天下の動乱が起って国が亡びるものと見える。何とか天皇・武家は国を救う策を立ててほしいものだと歎いたと説明的な文が添えられている。ここでは天狗は単なる予言者として扱われ、別段人に危害を及ぼしたりはしていない。それにしても『太平記』の作者は天狗の予言と四天王寺にある聖徳太子未来記を結びつけようとしていることが明かである。

未来記は聖徳太子に仮託したものが平安朝から偽作されているが、思想の流れとしては陰陽道の予兆思想、讖緯《しんい》思想が基本的にあるものと思われ、こうした思想の影響をうけた修験者の政治的動きが活発化した平安末から彼等の間でも未来記は注目されてきたようである。『太平記』が天狗と未来記を結びつけようとした背景にそうしたことが考えられてくる。

他の一件は新田義貞の鎌倉幕府打倒の挙兵にあたり、天狗山伏が越後の国中を一日のうちに触れ廻って新田氏の親戚諸族を動員した話。一日かどうかは別として作戦の連絡軍事情報の伝達に山伏が利用されたことはありうるし、その迅速さが天狗の超能力者的表現となったのである。

『太平記』の後期は南朝方凋落で公家武家の要人が次々葬り去られ、それが怨霊化する。吉野に逃げこんだ政権は勢い山伏の力を頼まざるをえず、彼等はゲリラ的軍事行動のほか巫呪的神経戦術をもってこれを支援し、それが天狗となった怨霊の出現、天狗の時局批判、風刺的形式で叙述された。

その代表的な記事を二か所拾い上げてみよう。一つはある僧が夜、仁和寺で怨霊の天狗が集合した光景をみた話、他は出羽国羽黒の山伏雲景が愛宕山に連れてこられ怨霊の天狗共と対面した話である。前者の方は夕立に遭い、仁和寺の六本杉の木陰で雨やどりした僧が日が暮れて止むなく堂の縁によって一夜を明かそうとしていた。(『太平記』の異本ではこの僧を禅僧としているが、これは添削加筆を行った者に禅僧関係者があったことを示唆する。これは臨済系ないし足利方に親しい人物であろう。)夜更けて愛宕山や比叡山の方から輿に乗った者が飛んできて六本杉の上に並んだ。風が吹いて一座を囲った幔幕が吹き上げられ、中をみると上座には後醍醐天皇の外戚に当る峯の僧正春雅、香の衣に袈裟をかけ眼は爛々として、觜は鳶のごとく長く、水精の数珠をとる。隣には南都の智教上人、浄土宗の忠円僧正が著座する。いずれも眼光するどく左右に長い翅が生えている。僧はさては天狗道に堕ちたか、天狗がだましているかと肝を冷やしつつ、なお見守っていると、さらに空中より美麗な車に乗って来る者があり、見れば法体の大塔宮護良親王で坊官が盃の酌をし左右の天狗どもがお流れを頂戴した。そのうち喚き声がし頭から黒烟燃出し、悶え苦しみ気絶すること半時ばかり、皆焦れ死にをした。ところが二時ばかりで蘇生し、春雅僧正から世の中を騒動させる方法を一座にはかり、それに対して忠円は大塔宮が足利直義の男子に生れ代り、その他の人々が妙吉侍者・畠山直宗・高師直・同師泰等の心に入替って邪心を起させ、互に合戦させて天下を騒動に巻込み、見物するがよいと提案、一同賛成して消え去った。

近世の地誌『京羽二重』によると、妙心寺北の門前少し東の方に六本杉の古跡があり、近世念仏道心者の寺があった。天狗が集ったのは愛宕山だけでなく比叡山からも来たことになっており、大塔宮以下僧侶ばかりである。しかしこれを見た僧侶は京から嵯峨へ往来する者であり、愛宕山修験系の行者であったろう。上述『太平記』の一本が僧をことさら禅僧と改めたのも、修験僧への対抗意識があったからではあるまいか。

もう一つの話では山伏の雲景は出羽国羽黒出身で京都に来り今熊野に住み、洛中名跡を巡礼していた。貞和五年（一三四九）六月二十日、天龍寺参詣のため出掛ける途中で六十歳位の山伏と知り会いこの老山伏が愛宕山へ案内した。高峯に登ると壮麗な仏閣が立ち、本堂の後、座主の坊と思しき秘所を訪れた。中には大勢の貴僧高僧が集っていた。まず崇徳上皇は大きな金の鵄翅をつけており、右傍には大弓大矢を横たえた源為朝、左傍には淡路廃帝（淳仁天皇）・井上皇后・後鳥羽上皇・後醍醐天皇が魔王の棟梁となって並ぶ。その他玄昉・真済・寛朝・慈恵・頼豪・仁海・尊雲等の高僧も大魔王に変じて集り、天下を乱す評定をしていた。

雲景が四条河原の田楽見物の際、桟敷が崩れた事件を話すと、老山伏は桟敷崩壊は天狗のせいとばかりは言えず、八幡・春日・山王の神々や堅牢地神の怒りによるものだといい、京童が天狗と称する村雲の僧は乱世にするため遣す天狗で、村雲の土地に住んでいると教えた。また未来の安否をきくと神道・王法なき時代でなお争乱は続くと答え、老山伏自身は愛宕山の太郎坊と名のった。ときに俄に猛火が焼け来り、一座の人々七顚八倒し、あわてて雲景が門外に出たと思うと我にかえり、大内裏の旧跡大庭の椋の木の下に立っていた。雲景はこの経験譚を熊野牛王(護符)の裏に書きつけ上奏した。つまりこれは当時流行の未来記の一種を山伏が造作したものでこれも修験者が未来記に関与したことを示唆する史料である。羽黒から来たことになっている雲景は多分愛宕山の行者であったろう。

右の文の中にある桟敷崩壊の話はこれも『太平記』にあり、貞和五年(一三四九)六月十一日の出来事で事実と思われる。四条橋架橋の募金のため勧進僧が新座・本座の田楽を合せ芸くらべをやるのに四条河原で桟敷を構え、大変な評判で、公家・武家・高僧こぞって見物に押しかけた。この日所用で比叡山を下りた山門西塔釈迦堂長講と称する僧が一人の山伏と行合い、四条河原の田楽を見ようとさそわれ、ついていった。山伏の通力で忽ち桟敷に飛入り見物した。田楽の芸が最高潮に達し観衆が熱狂するのをみた山伏は、人々が気狂いのようになっているのが憎らしいから肝をつぶさせてやろう、騒ぎ給うなと、長講にささやきながら座より立って桟敷の柱をゆさぶると忽ち桟敷は天狗倒しに逢ったと述べている。この長講の素性ははっきりしないが、なんらか修験に関係ある僧で、見物に来合せ造作した話であり、山門西塔というのも、ここが古くから天台修験回峯行に関係の深いところがあってこの話を権威づけるために結びつけたものと想像される(「相応と回峯行」の章参照)。

吉野では高師直が南朝の皇居以下神社仏閣をすべて焼払った怨みから、その後、金剛蔵王菩薩・聖徳太子・蘇我馬子等が甲冑をつけて馬にのり高家の軍勢を攻め一族を討ち果す夢を師直・師泰が見てまもなく二人は摂津武庫川辺で殺された。この夢の記録は吉野の寺僧が所持し当時有名であったと『太平記』が記しており、これも一種の未来記に他ならず、吉野金峯の修験者の創作であった。かくして山伏たちは怨霊の活動を霊託として引出しこれを記録することが流行したが、愛宕山はその中心であった。

お伽草子の天狗

怨霊天狗がはやされるのと併行して天狗の文芸化も進み、興味本位の物語がつくられたが、たとえ創作でも、そこから天狗や愛宕信仰の時代的推移を充分読みとれるものがある。ここにその作品を二つを掲げる。

一つはお伽草子『天狗の内裏』である。お伽草子は十五世紀前半、室町中期頃からあらわれ、大衆向きにつくられた小説類であるが、平安朝文学の亜流とみるべき堂上貴族への憧憬的作品とは別に、社寺縁起や民間信仰にかかわる口碑伝説を素材にした作品は一般時代人の思想や生活と深く結びついているものがあって貴重な史料となる。

内容の大要を紹介すると、牛若丸は毘沙門の生れ代りで七歳より鞍馬寺に上り、十三歳までに経典文学書を読み終り、十五歳で門出《かどで》するまでに、この山にありときく天狗の内裏を見たいと毘沙門に参籠祈請すると、夢の告げがあって夜が明けると御坂口で待てと教えられ、待っていると毘沙門は若い法師姿であらわれ、けわしい山を登り、五色の築地の門を通って極楽世界にまさる屋形へ入っていった。

階段を上って内を窺うと、納言・宰相、北面の武士が居並び、案内を乞い帝に会いたいと申し入れると、牛若を知った大天狗が出てきた。やがて愛宕山の太郎坊、比良山の二郎坊、高野山の三郎坊、那智山の四郎坊、神倉山の豊前坊の五人の天狗を紹介し、さらに大唐のほうこう坊、天竺の日輪坊の二人の天狗も呼び出して牛若に会わせ、様々の神通を見せてもてなした。つぎに大天狗の御台所が面会にあらわれ、自分はもと甲斐国二橋《ふたつばし》こきん長者の娘きぬひき姫と名のり、十七歳の春、天狗にさそわれて参った者、夫の大天狗は百三十六地獄、九品の浄土へも日々飛行する。あなたの父義朝は九品浄土に大日になっている。大天狗に頼めば会わせてくれようといった。そこで牛若は天狗にたのみ地獄浄土の巡歴に赴く。やっと願い通り父義朝が生れ代った大日に会うが、大日から教義の質問を次々と浴びせられ、禅問答のごとくこれをすべて見事にこなしたので大日が大いによろこび、牛若が一生たどるべき運命を予言的に長々と語り教え、最後に死して参る浄土を拝ませてもらい、暇乞いして大天狗御台にも別れ裟婆に帰った。

以上みてくると前半は天狗の内裏で様々の天狗が牛若のため、秘術兵法の類や五天竺の光景をみせるなど天狗道の話であるが、後半は六道めぐりの形をとり、いささか冗長の感がある。ここには怨霊の天狗、危害を加える天狗はなく、緊張感・畏怖感は消えて神通力による様々の世界の出現や奇術兵法の面白さが天狗を魅了あるものにしている。

つぎの作品は『愛宕地蔵之物語』である。『愛宕の本地』とも呼ばれる。神代のむかし、天竺毘沙璃国に円祇《えんぎ》長者と申す慈悲深く仏の生れ代りのような人が住み、国王の信任厚く子供が五人いた。太良・次良・三良は美男で学問芸道弓馬の道すべてにすぐれ、一番末の子は姫君で三十二相を具し天人のようであったが、四良だけは容貌醜く不潔で、よい服装をさせるとぬいで乞食貧人にやり、自分はボロをまとい朝夕の食物も、よいものは餓えた者に施し粗食に甘んじ、自分は痩せたあさましい姿であった。それで兄三人は四良を憎らしく思っていた。しかし長者はそれだけに四良をいとおしく思い、あとつぎにしたかったが、心もとなく気がかりであった。長者はつくづく有為転変、無常の理をさとり、子供たちにも覚らしめんがため、あえて五人を勘当し追い出すことにした。別れる際、長者は十ケ条の心得を示し、三年たてば帰ってこいと申渡した。太良は道が五つに分れる辻で三年後の三月十五日、ここで五人が会おうと約束し各々分れていった。

太良は東へ三日行って朝日長者を訪ね、その聟に、二良は南へ五日行って珪長者を訪ね、その聟に、三良は坤へ七日行って獅子国の檀毗利長者を訪ね、その聟になった。姫は乾の方へ七日行って獅子国の大王に救われ、一の妃になった。四良は西に向って九十日深山へわけ入り渓谷に出ると、八十余の老僧に会いその弟子になり出家し、改めて次郎坊と名のった。たまたま天火起って老僧の庵は全焼したので西の方へ七町余行き千年もたった松杉の林を見つけてここに暮すことにした。しかし衣類は新調できず、老僧の指示で東方へ衣類にする木の皮を求めて山を分け入ったところで薬師浄土を見つけ、また次の日北方へ出かけて毘沙門天の世界を見つけたが、木の皮をとるのを忘れた。そこで次に巽の方へ行き漸く木の皮を持ち帰った。師僧はこれで七日間定《じよう》に入ってあみぎぬをつくるからと山中に籠り、立派なあみぎぬをつくり四良に著せ、これは絶対に脱いではならぬと念を押した。かくて三年たち帰る日に、師僧は四丁四方の金の箱を四良に与え決して蓋をとるなと戒めて別れた。五つに分れた辻で待っていると太良・次良・三良それぞれ三千騎を率いて堂々と来り会し、姫君は玉の輿に乗り二千余騎で帰ってきた。独り四良だけは木の皮のあみぎぬ姿で兄弟たちと一緒に円祇長者の許にゆき対面した。

長者は四良に色々の小袖を与え、これを着るようすすめたが、師僧の教えがあるのであみぎぬを脱がなかった。長者は四良以外の四人の子に財宝を分ち与えて出家し、国王もこれをきいて法皇になり仏堂を建て供養しようと導師を探した。そのとき正面の柱に虫喰いが生じ、生身の諸仏下って供養するだろうと読めたので法皇は大いによろこんだ。長者は五人の子供を連れてこの供養会に参ろうとすると、兄三人が四良のみすぼらしさを嫌って同行に反対したため、四良は残って留守番をした。

ところが師僧から貰った箱の中から、お前は今日の供養の導師になれと声がし、承知しましたと答えると、箱の蓋をあけろと指示がきこえた。あけてみると諸仏菩薩が湧き出し音楽ひびき花降り異香薫じ童子が出現し、お前の着ているあみぎぬを裏返してみよと命じた。みると三世の諸仏、十方聖衆があみつけてあり、裏返して着ると忽ちうるわしい三十二相の姿になった。まもなく童子の差し出す玉の輿に乗り、虚空を飛んで二十五菩薩を従え堂に入り、高座に登って供養をした。終って再び四良は家に帰り箱の蓋をし、あみぎぬを元通り着直して何しらぬふりをしていた。

長者も法皇にならって大寺を建立し三重塔を営んだので、供養の導師を探した。すると正面の柱に同じく仏菩薩が天降って供養してくれるだろうとの虫喰い文字が出たのでよろこび、供養当日法皇も御幸になり、長者は四人の子供をつれて参会し、四良だけが留守居をした。やはり前回通り、箱の中から仏菩薩が出て四良を堂へ運び供養させた。しかしこのとき、四良は導師が自分であることを皆に告げ、父から追い出されて深山に入り、四方の仏菩薩浄土を拝み成仏し、地蔵菩薩になったと宣言し、次に『仏説地蔵菩薩発心因縁十王経』の中の第五閻魔王国地蔵菩薩の部分が引用される。（この経典は、平安朝に日本でつくられた偽経である。）

かくして説教が行われた結果、法皇・長者・その子供たちすべて成仏した。四良は地蔵菩薩として伽羅陀仙の浄土へゆき、無仏世界一切衆生を渡《ど》し、将具大権現となっては武家の弓矢の神に変じ、六道に迷う衆生を導き、帝都を守るために乾の方愛宕に垂迹した。

次に祭文が掲げられ、冒頭に、

抑　敬　白《そもそもうやまってもう》す、啓白し付奉《たてまつ》る、愛宕大権現太郎坊十二八天狗の本地は観世音菩薩、胴体は薬師如来、形は普賢菩薩と現じ給ふ、世間衆生に見せんそのため、人王四十四代之帝元正天皇之御代養老元年乙亥の歳六月二十四日、亥時と申に、天竺鷲界山より天降らせ給ふ、さればその日の装束にはいつに勝れて華かなり、肌にはしやかうと申すひたゝれをめし、左の手には神門と申すこたかの印のむすんで肩にかけ、右の御手には錫杖を杖につき、三万六千、十二八天狗を召し連れて日本、山々岳々住家は多しと雖も、とりわけ山城国愛宕郡愛宕山の麓に石木たう〳〵として次に五行の鈴、錫杖音絶えず……云々、あと諸国修験の名山、天狗の坊を列挙している。

以上の物語を検討するに当って、まず長者が五人の子を東西南北と乾に追いやる形式は、室町時代後半から盛んにあらわれてくる法師陰陽師が土地の悪霊鎮めに民間で読んだ土公祭文に必ず四方八方を清める方位の要素があるのと共通する。四郎が話の中心になるのは末子成功譚の形式を思わせるのみならず、薬師・観音・弥陀・毘沙門の四方の浄土めぐりをする者を指している。木の皮を得た巽は愛宕山の乾とは対称的に愛宕権現来迎《らいごう》を拝する聖なる方位である。四郎が老僧から授かった箱は浦島の玉手箱からの発想が考えられる。浦島は箱をあけて一挙に老人になったのに対し、四郎は忽ち地蔵菩薩に変身した。

終りに掲げられた祭文で四郎が昇化した地蔵菩薩の実体が説明されている。すなわちこれが愛宕大権現であり、太郎坊天狗の本地であるが、説明はなかなか複雑である。本地は観音ともいい、胴体は薬師、形は普賢としているのも愛宕山の行者にこれら様々の信者があったことを裏書している。

次に地蔵の像容が特異であって、赭紅の直垂、五徳の甲《よろい》、緋の冑《かぶと》を著け金色の靴をはき錫杖をついた恰好で武装像をしている。武装地蔵は東山の清水寺が起源で、縁起によれば延鎮が坂上田村麻呂の蝦夷追討の戦勝を祈って造立し、本尊千手観音の右脇侍として地蔵勝軍薩埵、左の脇侍として多門天、勝狄《てき》大士をまつったのに始まる。

愛宕山の地蔵信仰は平安朝には広まっており、それを示す『今昔物語集』所載の仁鏡の話をさきに掲げたが、さらに二つの話（巻十七、十四、十五話）を紹介しよう。

一の話。肥前国背振山の法華経と地蔵を信じる行者が六十歳になって自分の臨終の場所を祈っていると、夢に小僧が出てきて愛宕山白雲峯に行け、月の二十四日がお前の終命日と教えられ、肥前より愛宕山に移った。山の住僧が行者を哀れんで朝夕に飯食を届けたが、その月の二十四日に、夢告の旨を紙に認めて入滅した。

二の話。仁和寺の池上の平救阿闍梨の弟子蔵算は愛宕山常住の熱心な地蔵信者であったが、貧乏に悩み悲しんでいたところ、伯耆大山へゆき地蔵菩薩の垂迹大智菩薩に祈れと夢告をうけ、大山で六年間勤行の上、愛宕山へ戻ると名声が揚って多数の信者が集まり、豊かな生活を営みうることが出来た。これも地蔵の利益であると。

はじめに述べた通り、愛宕山麓嵯峨野一帯も東山六波羅・愛宕里も共に葬地となった点共通しており、冥界への導師として東山清水寺にまつられた地蔵の信仰が愛宕信仰にも波及することは必然の成行であった。そうしてそれがさらに勝軍地蔵の信仰へと発展した。その契機は南北朝争乱時代、洛西から丹波にかけての一帯があちこち戦場となり、将兵の往来が頻繁化したことにある。これは愛宕の山伏が将兵の為戦勝祈願の役を買ったことを暗示しているであろう。

『愛宕地蔵之物語』の上記祭文は愛宕の山伏が祈禱で読んだものであって、一般民間でも愛宕大権現利益の宣伝に利用されたと思われる。条文の末尾に五行の鈴・錫杖の音たえずとあるのは、疑いもなく修験者が祭文に関与した証拠である。そこでは天狗の悪魔性は後退し、地蔵につながる冥界の観念が天狗

洛西愛宕念仏寺地蔵堂火除地蔵尊

の祖型である山神＝祖霊の信仰を喚起し、これが祖霊をまつる火の信仰として盛上ってきた。これは恰も原始的な愛宕信仰の回帰のように見えるが、修験化されることにより、天狗はその権威づけの象徴として近世を通じ親しみあるものとなったのである。

原田正俊

『天狗草紙』を読む

――天狗跳梁の時代――

『天狗草紙』、鎌倉時代に描かれたこの奇妙な名をつけられた絵巻物には、天狗のさまざまな活動が描かれ、また南都興福寺・比叡山延暦寺といった中世社会を代表する大寺の様子が巧みな筆致で描かれている。

天狗とは何だろうか

そもそも天狗とはいったい何であろうか。また、現在も高慢なことを「天狗になる」といった言葉で言い表すが、こうした言葉の背景にはどのような歴史があるのであろうか。ここで従来の研究をもとに、天狗像を整理し概観してみよう。

まず、中国では一種の流れ星で、地に下って狗に類するとされており(『史記』二十七天官書第五)、地上では獣の一種、狸のようなものともみなされている(『山海経』)。

日本でも古くは『日本書紀』で僧旻が音をたてて流れる星を天狗だといっている(舒明天皇九年〈六三七〉春二月)。平安時代、『宇津保物語』(俊蔭)では山中で琴の調べを天狗の仕業とし、『源氏物語』の夢浮橋の

『牛若鞍馬修業の図』 牛若丸が鞍馬山の烏天狗を相手に武術を磨いた伝説を描く。右は師の僧正坊。手に五鈷を持つ僧だが、鼻の大きい異様な風貌だ。一勇斎国芳画。写真／あるす企画

巻では浮舟を欺いて連れ去ったのは天狗・木霊のようなものであるとされている。この時期にみえる天狗は、その像ははっきりしないものの、山中での怪異な現象、また人を惑わす存在である。

中世になっても天狗のこうした性格を見ることができ、平清盛が福原遷都を行った後、さまざまな「物怪之沙汰」が起こり、「しかるべき大木もなかりけるに、或夜《あるよ》おほ木《(大木)》のたふるゝ《(倒るる)》音して、人ならば二三十人が声して、どと《(どっと)》わらふことありけり。是はいかさまにも天狗の所為といふ沙汰にて」（『平家物語』巻五）といった出来事が記されている。

こうした山中の怪異現象は、近代にいたるまで天狗の所為と考えられてきた。『平家物語』のように、木が倒れたり、笑い声が聞こえるのは民俗学的には、「天狗倒し」「天狗笑い」といい、またどこからともなく小石が飛んでくるのを「天狗つぶて」と呼ぶ。また天狗が人にとり憑き、災いをもたらす事件も、平安時代から次第に見えはじめ、三条天皇の目の病は天狗の沙汰とされていた（『大鏡』巻一）。

仏法を妨げる天狗像

天狗像に新たな要素が加わり始めるのが、十二世紀前半に著された『今昔物語集』（巻二十）である。いくつか紹介してみよう。

天竺（インド）から来た天狗が徳行の僧を惑わそうと企て比叡山で機を窺うが、余慶・深禅・良源（慈恵大師）といった名立たる僧にはその隙をつくことができず、かえって正体を暴かれ、散々な目に遭わされる。また天狗は人びとの前で奇瑞や、極楽からの来迎の様をみせてたぶらかすといったもので、知恵ある人はこれを見破り、天狗はその正体を暴かれ屎鵄（タカの一種）の姿を現している。このほか、天狗を祭ったり、邪執を抱いた僧が天狗となり、人に憑く話もある。

天狗つぶて　どこからともなく小石が飛んでくる不可解な現象を「天狗つぶて」と呼び、人びとは天狗が石を投げているのだと考えた。鳥山石燕筆『画図百鬼夜行』から。個人蔵

鎌倉時代になると天狗の活動はさらに活発となり、その像もさまざまに広がる。天狗とはどのようなものであるかが詳しく語られ、天狗の姿が絵巻に描かれるようになる。当時の天狗の容貌は、鳥類の化けたいわゆる鳥天狗であり、『天狗草紙』のほか、同時期の『春日権現験記絵』（巻四）・『是害房絵』にその姿をみることができる。この時代の天狗は仏法と不可分な関係となり、同時に世を乱し、戦乱や権力闘争も天狗の仕組んだもので、

『天狗草紙』（興福寺巻） 朝廷で訴訟の裁許が遅れているため、金堂前で僧徒たちが春日神木を洛中に振り入れようと僉議している。興福寺こそ諸寺の本寺、その法相宗こそ諸宗の本宗と主張している。東京国立博物館蔵

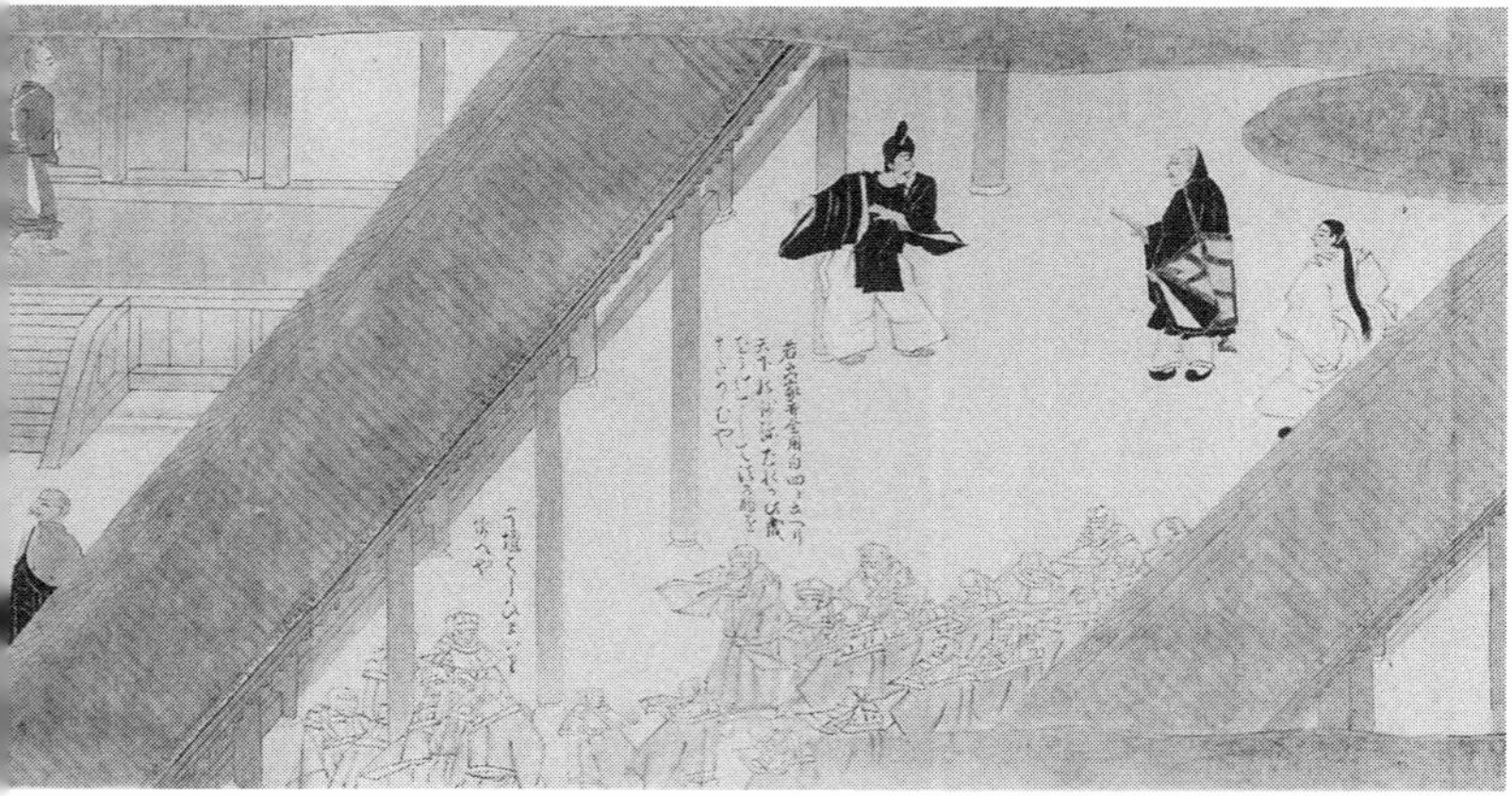

『天狗草紙』（東大寺巻） 諸宗の多くの僧は東大寺戒壇院で受戒し、その後の年数により、位階を昇進していく。戒壇院は、僧侶の再生産のための重要、不可欠な場であると東大寺の僧たちは自負していた。境内を歩む僧の顔は烏天狗の容貌である。東京国立博物館蔵

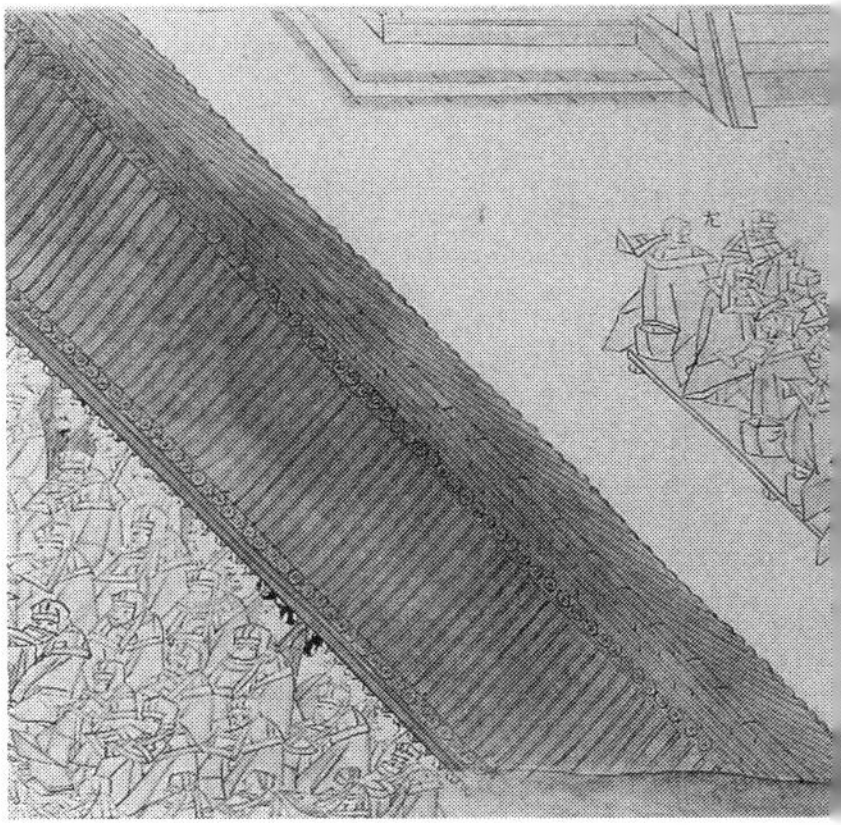

人びとに災いを及ぼす存在だった。これはこののち天狗がさまざまに世を乱したと描く『太平記』の世界へと発展していくのである。

室町時代には、『花月』『鞍馬天狗』『是界』『大会』等、さまざまな天狗の登場する謡曲が作られる。平安時代以来有名な愛宕山の太郎坊天狗をはじめ、京都北郊、鞍馬の奥僧正が谷の大天狗、比良・横川・如意が岳・高雄の天狗のほか、彦山の豊前坊・白峰の相模坊・大山の伯耆坊・飯綱三郎・富士太郎などの日本各地の天狗が出揃ってくる。この後も天狗の説話は数多く作られ、奈良絵本などの格好の題材になる。

近世・近代と時代が下るにつれ、昔話に伝えられた天狗は次第に滑稽味を増し、不思議な能力を持つと同時に人間にやりこめられたりもする存在となっていく。

天狗像の変遷を簡単に見てきたが、天狗の姿にさまざまなヴァリエーションがでてきたのは、なんといっても平安時代末から南北朝時代にかけてであり、世の中への影響度の大きさから言っても、この時代の天狗は群を抜いている。『天狗草紙』にみるように仏教との関わりがきわめて強くなるのもこの時期なのである。

従来、天狗像がどう変わったか、あるいは時代を超えて変わらぬ性格を民俗学的に考察することに主眼が置かれ、また怨霊的な存在としての天狗の姿が強調されてきた。しかし、なぜ天狗は中世に仏法と関係深くなるのかといった点については、十分考えられてきたとは言えない。『天狗草紙』にしても、それぞれ研究者の興味に任せ、寸断されて取り扱われてきたといっても過言ではない。ここでは『天狗草紙』を、できるだけ全体を見渡しながら、読み取ることに努めていきたい。さらに天狗と仏法の関係をより明らかにしたい。

『天狗草紙』を探る

まず『天狗草紙』の全体を概観しよう。現存の絵巻は、①興福寺巻（東京国立博物館蔵模本）②東大寺巻（同上）③延暦寺巻（東京国立博物館蔵）④園城寺巻（宮本長興氏蔵）⑤東寺・醍醐・高野巻（東京国立博物館蔵、以下東寺巻と略する）⑥伝三井寺巻（久松家旧蔵、以下久松本）⑦伝三井寺巻（根津美術館蔵、以下根津本）の七巻がある。題名について言えば⑥⑦は必ずしも内容に即していないが、この七巻は、本来一つの構想のもとでまとめられたと考えられている。

何を「天狗」というのだろう

①興福寺巻　全七巻の序章ともいうべき詞書からはじまる。インド・中国・日本の三国仏法の伝来を語り、日本では国家が仏法を擁護した結果、僧侶たちに我執が深まった。こうした偏執の類は天魔外道の伴侶であり、七つのグループがある。作者曰く、天狗の七類とは、興福・東大・延暦・園城・東寺の五寺と山伏・遁

世の僧徒であり、「これ皆我執に住し驕慢をいだき名聞をさきとす。利養を事とするがゆえにつねに魔界に堕す」という。

そして興福寺の僧たちの主張をこう記す。この寺は代々藤原氏の氏寺として栄え、ここに住む僧は国家の重要な法会維摩大会を営む。こうした寺の優越により僧は執心深く驕慢甚だしく天狗になるという。

②東大寺巻　東大寺は聖武天皇に創建され、東大寺の華厳宗は諸宗の根本であり、八宗兼学の寺であることを寺僧たちは誇っている。さらに諸宗諸寺の僧が受戒する戒壇が置かれ、大仏殿をはじめとして、他に並びなき伽藍である。このため僧徒の驕慢高く我執が募っているという。

③延暦寺巻　延暦寺は桓武天皇の御願であり、最澄が草創した。しかも最澄は天台宗の根本、真言法の元祖である。また延暦寺は帝位・国土を守護するものと寺僧たちは主張する。さらに、円仁以下、高僧が輩出し、その調伏の力による国家への貢献から我が国第一の国家鎮護の道場と自任していた。

そして、寺僧たちは、天台の教えでは邪正一如（邪も正も本来同一であること）であるから、第十八代座主良源（慈恵大師）は、仏法擁護のためみずから魔界の棟梁となったのだという。そして我が山の衆徒はその棟梁の配下の天狗であるという。

④園城寺巻　園城寺では天智・天武天皇の勅願で、高僧教待・智証（円珍）の聖跡であり、草創は東大寺・興福寺よりも古いことを自負する。円珍は天台の嫡流、真言の正統であり、さらに宇多天皇の帰依をうけた静観、後白河法皇の帰依を受けた公顕等の高僧が輩出した。また園城寺の教学は修験を兼ねており、顕密修験（顕教・密教・修験道）の三事をもって朝廷に仕えるのは園城寺以外にはなく、摂関家・武家の帰依も厚いことを誇っている。そのため驕慢が起こり、僧徒は天狗になるのである。

⑤東寺巻　東寺は嵯峨天皇が弘法大師（空海）に帰依し、建てられた寺で、三国伝来の真言教の嫡流で、

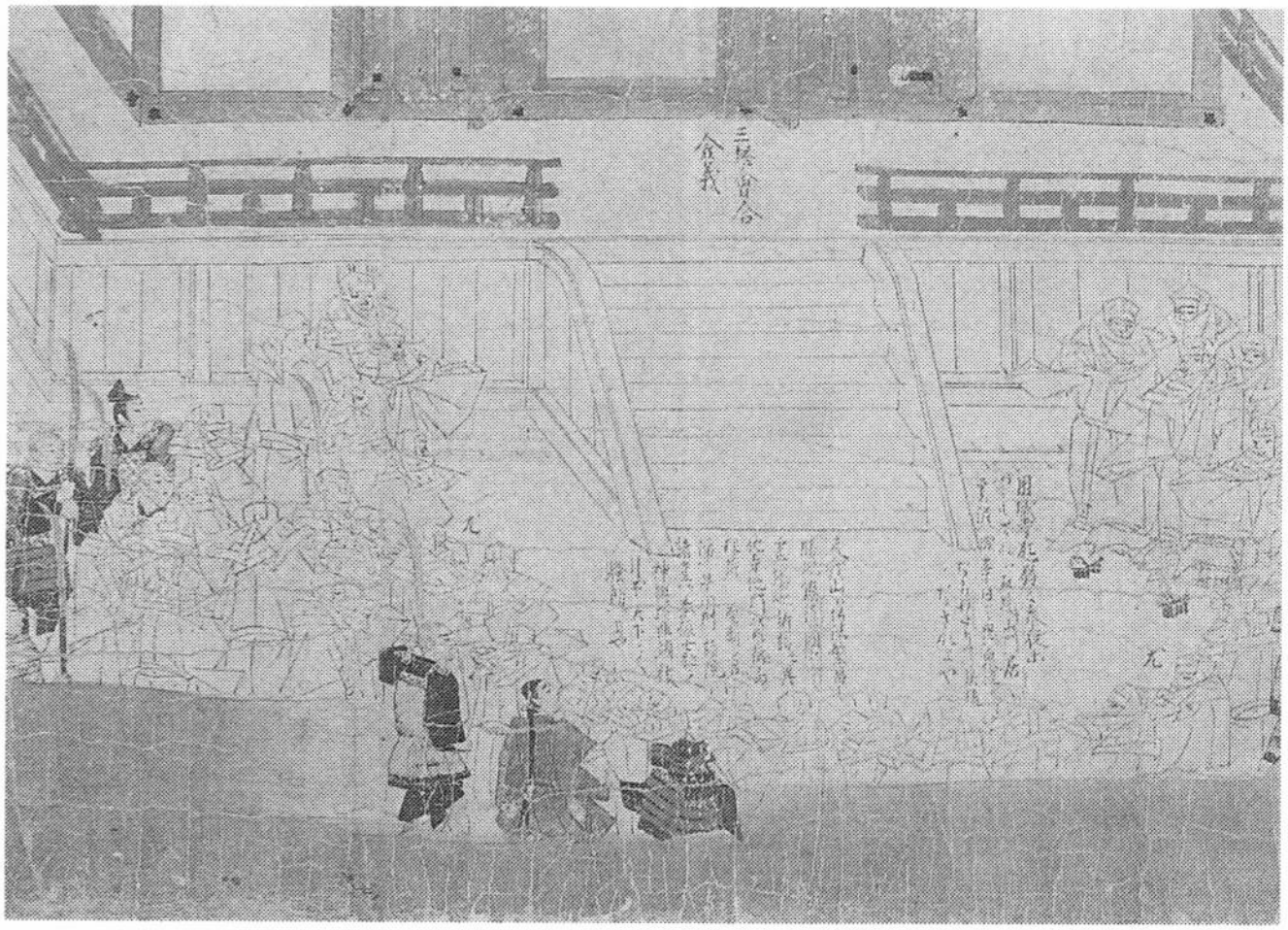

『天狗草紙』（延暦寺巻）　山内の東塔・西塔・横川の三塔会合僉議で、園城寺を攻めて火を放つことを主張する者もいる。園城寺が戒壇建立を企てているためである。延暦寺では、朝廷に訴訟を起こし、聞き入れられなければ、日吉・祇園・北野社など7社の神輿を引き出し、天下の騒動を起こそうと相談している。東京国立博物館蔵

能『是界』の天狗　唐の大天狗是界坊は仏法を妨げようと比叡山に来る。シテ・内田安信。写真／国立能楽堂

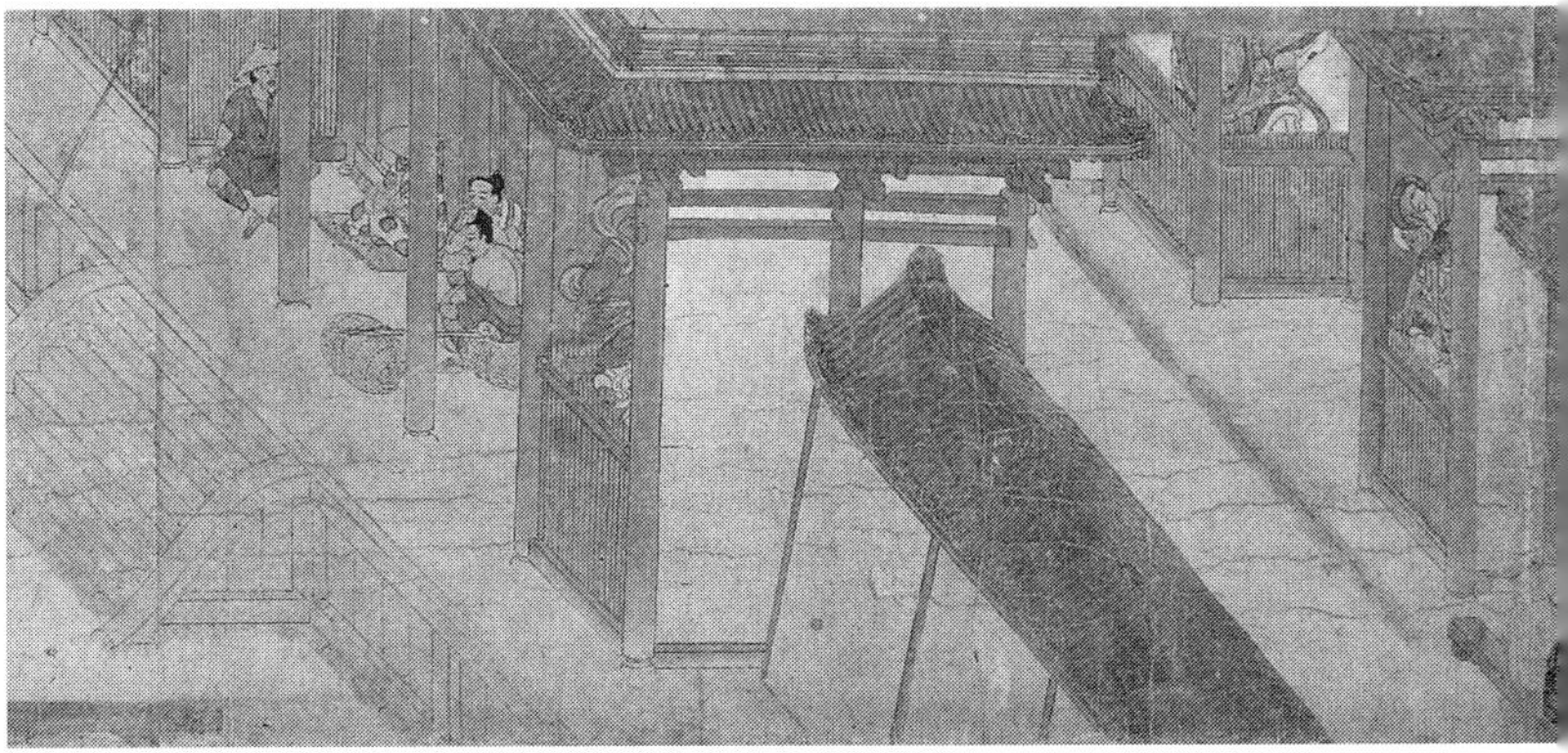

『天狗草紙』(東寺巻)　密教の祈禱の道場として繁栄した東寺。門前には一般の参詣者の姿も見え、絵馬が奉納されている。東京国立博物館蔵

『天狗草紙』(園城寺巻)　金堂前の三院会合僉議では、延暦寺僧徒を学のない猛悪の凶徒と非難する。園城寺が三摩耶戒壇建立の勅許を得たのに、延暦寺の横槍が入ったことに憤り、戒壇建立を要求しようと決議する。個人蔵

宮中に真言院を置き、修法を凝らし、国家・天皇を守護する。さらに高野山は空海がもたらした重宝を蔵し、同じ真言宗の醍醐寺は延喜（醍醐）・朱雀・村上三代の天皇の御願であり、仁和寺は真言の伝法を受けた宇多法皇の住所でもあった。またすべての官僧を管領する法務が置かれ、このような立場から諸寺に勝っていると寺僧たちは主張する。そのため作者は、古くからこのかた長者・座主等多くが魔界の首領となったとする。

⑥⑦伝三井寺巻　前巻までとは話の構成が異なっている。⑥久松本では、第一話で延暦寺の学生の心神が天狗となり園城寺の学僧のもとへ行き、鼻を小刀で切られる。第二話は極楽往生を願う聖が天狗にたぶらかされ、聖衆の来迎を見、あげくは梢につるされる。第三話は、丹波国篠村の僧が深山に迷い込み、木のもとに集う高僧たちの話を聞く。この高僧たちは、実は天狗で仏法を妨げようとしている。余行余宗を排し、念仏を専らとする教え（専修念仏）や、経文を必要とせず自ら悟りを開くといった教え（禅宗）を流布させようとする。巷には世の常ならぬ姿、振る舞いをする輩が多くなり、その代表が一向衆と放下（寺に入らず世俗と縁を切った）の禅師たちである。こうした天狗の企ては成功し、人びとは邪見に陥り、これを喜んだ天狗たちは宴をもよおす。ところが、ある天狗が酔狂のあまり、四条河原で針の付いた肉に引っ掛かり、河原の住人に殺されてしまう。天狗たちは我が身の不幸をしみじみ述懐する。

⑦根津本は、⑥をうけて、天狗たちは相談の結果、我執・驕慢を捨て、「まことのこころ」を起こし、各宗の教えにより得脱（仏となる）のために励み、堂舎塔廟を建立しようとする。絵のなかでは、宇治橋が落ちたと京中に触れ回り人びとを混乱させた天狗、京中に火事を起こし蓮華王院を焼いた天狗がその行いを悔いている。こうして絵巻は、魔界に堕ちている天狗が得脱できる方法を経論（経典やその評論）を引きながら述べて終わる。

一部、名称・構成の混乱はあるとはいえ、以上の七巻は、天狗の活躍、天狗の発心、天狗の得脱へとストーリーを展開している。

『天狗草紙』と仏法

このような『天狗草紙』の内容は、これまで宗教界を揶揄したもの、主要名刹のガイドブックとされてきたが、はたしてそのような内容だけのものであろうか。

まず注意しなければならないのは、この絵巻が、諸大寺の大衆、顕密の高僧の多くが朝廷・幕府の保護のもと、驕慢心を起こし、天狗道に堕ちたと非難していることである。さらに当時台頭し始めた一遍の時衆、また禅宗の徒の行状を批判的に描く。それと共に、ながながと仏教教理をもとに作者の仏法観を開陳する。

『今昔物語集』の時代の天狗は、高僧にはかなわない存在だった。しかし、この『天狗草紙』では、顕密の多くの高僧・大衆が天狗になるといい、しかも天狗は世を乱すために、邪見の仏法をますます広げていく。天狗の力は仏法のみならず、世の中全体を乱すに足るものとして描かれている。また『今昔物語集』では、天竺より来た天狗は天台座主良源の法力により退散するが、『天狗草紙』では、この良源を「魔界の棟梁」とするのである。ここに見える天狗は『今昔物語集』に描かれる天狗とは著しく異なり、世の中への影響力をはるかに拡大した天狗像が描かれているのである。この変容は何を意味するのであろうか。

天狗跳梁の時代

まず、絵巻にたびたび描かれる、大衆の僉議・蜂起の場面について考えてみよう。

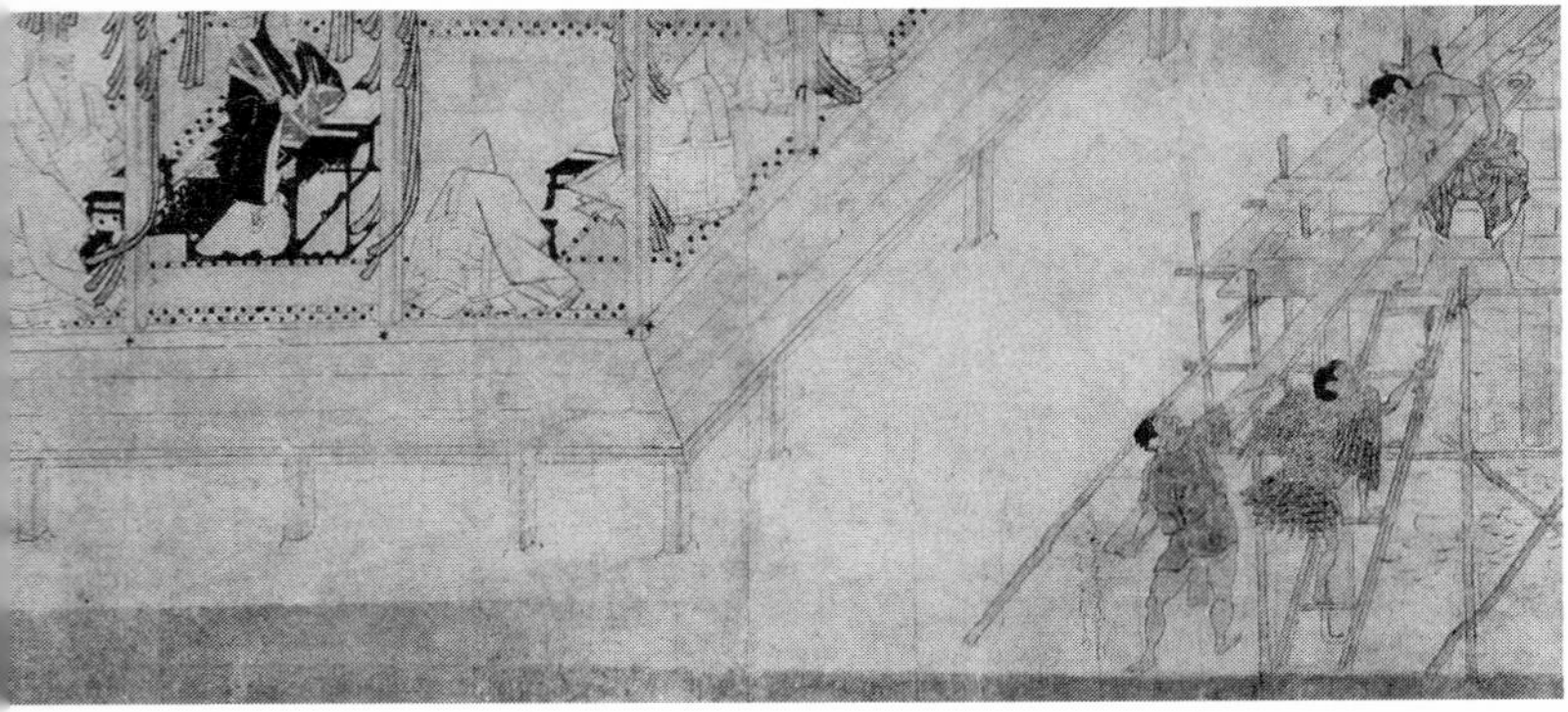

頻繁な強訴のなかで

絵巻の構想が練られ、制作された鎌倉時代後期は、諸大寺の強訴のきわめて盛んな時代であった。④の園城寺巻の衆徒僉議にみえる「三摩耶戒壇」とは、平安時代以来、延暦寺と園城寺の確執の案件であり、十世紀末、延暦寺を追われた円珍の門徒は園城寺を拠点に勢力を持ったが、僧侶としての受戒の場は延暦寺の戒壇を使わねばならず、園城寺としては僧侶の再生産に必要な場を独自に持つことができなかった。この事態打開のため、長暦三年（一〇三九）以来たびたび園城寺の戒壇創設が朝廷に願い出られるが、そのたびごとに延暦寺の強訴による妨害が起こり、あまつさえ園城寺は延暦寺の攻撃を受け何度も焼亡している。

鎌倉時代になっても依然係争は続き、正嘉元年（一二五七）園城寺は戒壇建立の勅許が下りないことを憤り、強訴となった。この動きに対し延暦寺側も蜂起して朝廷に働きかけ、その妨害を計った（『経俊卿記』）。朝廷はその対応に苦慮し、文応元年（一二六〇）正月、ついに園城寺に戒壇建立の許しを出すが、すぐさま延暦寺の僧徒はこれに反対して日吉・祇園・北野などの神輿を振り立て京中に乱入し、六波羅の兵を振り切り、宮中に神輿を振り捨てることとなる（『深心院関白記』）。園城寺巻に訴訟の場面がみえ

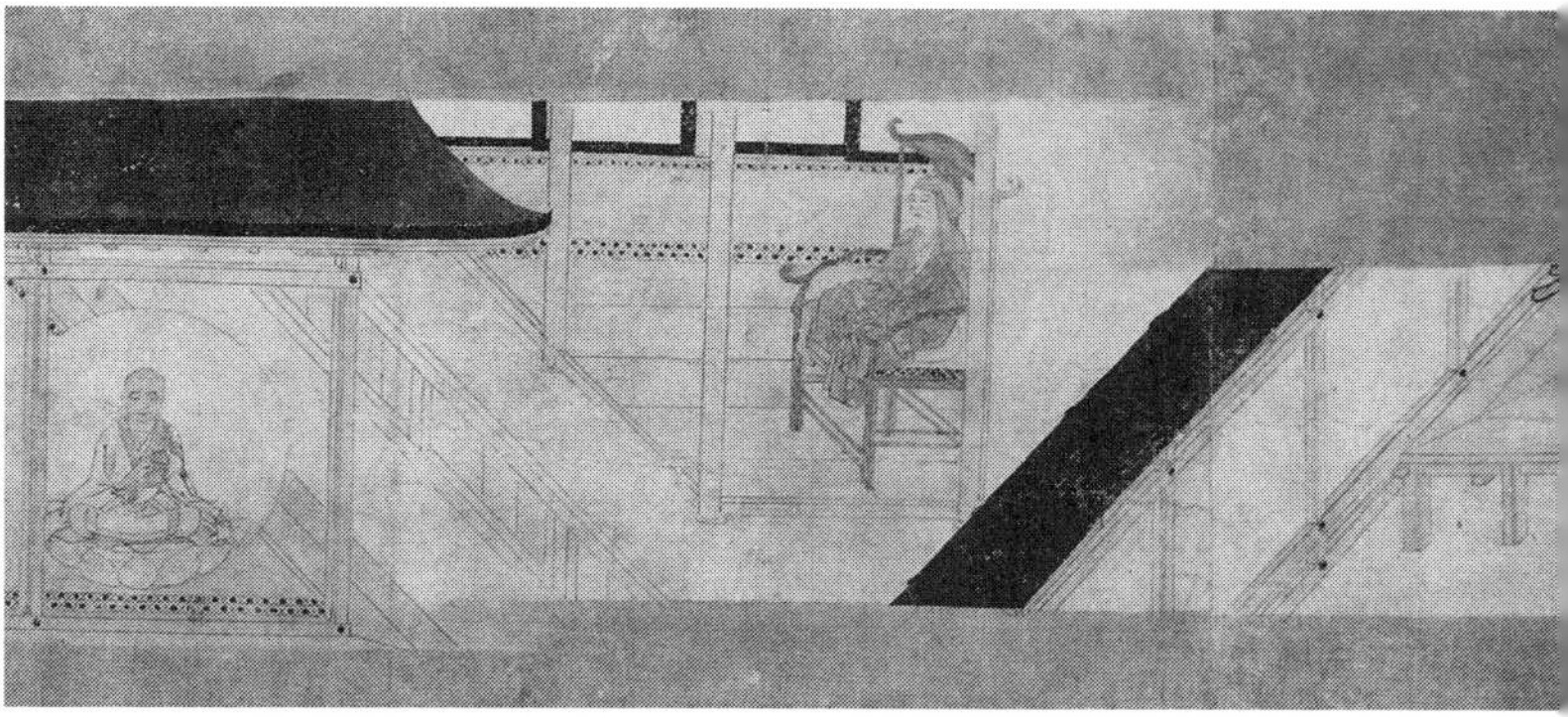

『天狗草紙』（伝三井寺巻）　心を入れ替え堂舎の作事に励む天狗たち。堂舎の中では、右から、講説を行う顕教の僧、座禅する禅僧、瞑想に耽る密教僧が見える。詞書の通り、最後には諸宗に優越する密教の得脱を描く。作者は禅思想にも明るく、放下の禅師は非難するものの、座禅行を重視しているのが巻末でわかる。根津美術館蔵

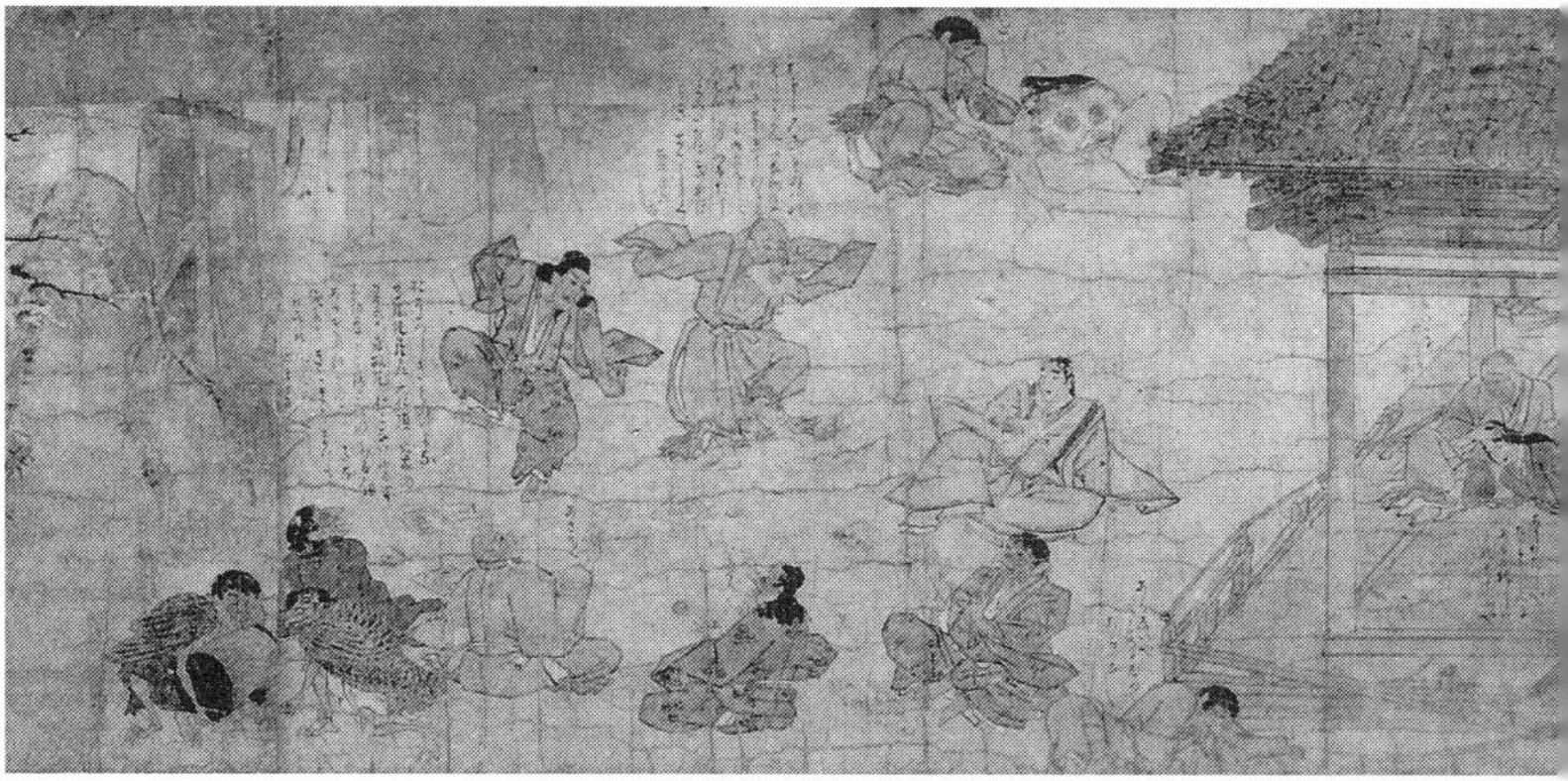

天狗の饗宴　世の中を乱すことに成功した天狗たちの宴会の様子が描かれる。天狗が言うには、おもしろきもの（好きなもの）は、いなずま（稲妻）、火事、破れたる御願寺など。宴の場もまさに朽ち果てた大寺のようである。天狗の嫌うものとしては真言の陀羅尼、刃物があげられる。ここでも真言の功徳が強調されている。『天狗草紙』（伝三井寺巻）から。個人蔵

良源坐像（延暦寺蔵）

元三大師良源の護符

るが、これは岡見正雄氏（参考文献参照）が既に指摘するように、この時の事件を描いている。朝廷は鎌倉幕府と相談するが、事態の収拾策はなく、やむなく園城寺への許しを数日で撤回するという事態に追い込まれ、朝廷は全く威信を失ってしまうのである。

両寺の確執はこの問題のみにとどまらず、四天王寺別当職をめぐっても争いが起こり、強訴と抗争を繰り返していた。文永元年（一二六四）には、朝廷の対処に不満を持つ延暦寺僧徒は、講堂・戒壇院以下を自ら焼くという行動にまで出る。戒壇院が焼けると今度は、それを口実に、園城寺では勝手に戒壇建立を宣言するなど、事態は混迷を極めた（『外記日記』）。

同じ年、今度は南都（奈良）でも強訴の動きが始まる。訴訟の裁許が遅いことを理由に挙げており（『外記日記』）、まさに①興福寺の金堂前僉議の場面とも一致する。

翌文永二年には九州筥崎の神人が自分たちの要求貫徹のため、船で神輿を運び強訴のため上洛しようとしたり、多武峰別当以下が強訴に上洛したりと、この数年、京は強訴に開け暮れる。弘安二年（一二七九）には石清水八幡神人

僧兵の神輿振　加賀守と目代の処分をめぐり、比叡の衆徒が神輿を飾り立て、内裏の待賢門へと迫る。平重盛一党が迎え討ち、矢を射かけ大乱闘に。『平家物語絵巻』（17 世紀半ば）から。林原美術館蔵

天狗の棟梁良源と僧兵

良源（慈恵大師・元三大師。912—985 年）は 10 世紀末の大火で焼けた延暦寺を復興し、また、寺内の綱紀を引き締めた比叡山中興の祖として知られる。後世、僧兵の祖とされ、応永 6 年（1399）の『山家要記浅略』に記されている。しかし『天狗草紙』の文脈からみて、すでに 13 世紀半ばには僧兵（天狗）の棟梁とされていることがわかる。良源と僧兵の関係を否定する説もあるが、延暦寺を治めるにあたっては強力な暴力装置を有したことは確かであり、そのため後世、寺内大衆により良源に対する信仰が高まったのだろう。

鎌倉時代には良源は不動とならび供養され（『吾妻鏡』宝治元年〈1247〉 3 月 2 日条）、文永元年（1264）には良源像 1 万体の摺写供養が行われている（『外記日記』）。また現存する良源の木像には 13 世紀末のものが多く、その中の一つ延暦寺蔵良源坐像の胎内銘（文永 2 年）には、魔事魔縁・怨霊鬼霊を払うのに利益があるとされ、良源像の摺りものが家の門戸に張られた。その顔つきは憤怒の形相に近い雄々しく強い風であり、摺りものでは鬼のような姿に描かれ、現在も信仰されている。このように、良源は身を魔にして敵を降伏させ、そしてその身のまま得脱する（仏となる）と解されており、中世寺院の暴力装置である僧兵をはじめ寺内大衆の思想の象徴であった。良源こそまさに「魔仏一如」の代表的存在なのである。

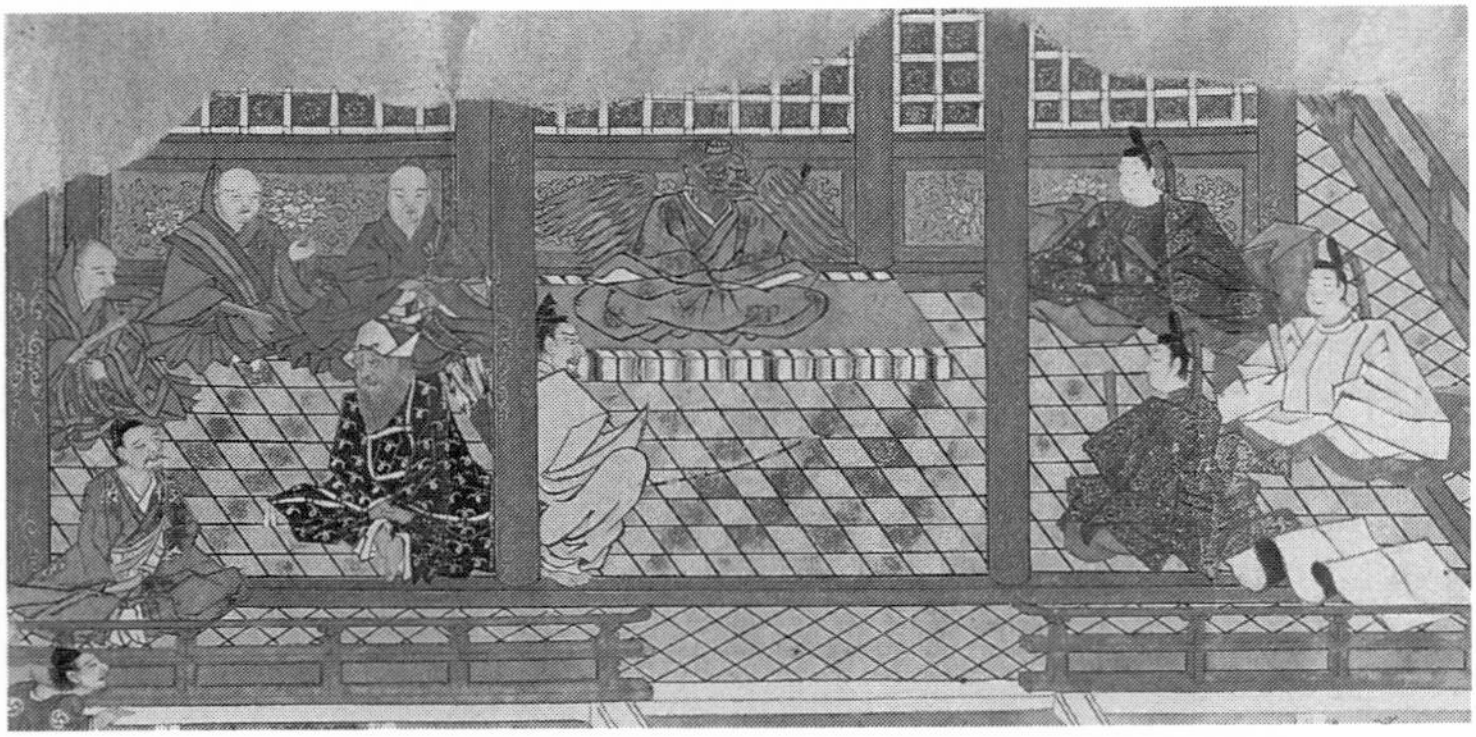

愛宕社の大天狗　貴僧・高僧に取り囲まれ、金色の屎鵄の姿をしたのは崇徳院。怨みをもって天下を乱す相談をしている。『大平記絵巻』から。スペンサー・コレクション蔵

が赤山神人との争論で神輿を奉じて入洛する（『花園院宸記』）など、まさに寺社の強訴の繰り返しであった。作者はこうした寺社の動きを目の当たりにし、それを絵巻に書き記しているのである。

社会不安と仏法の役割

こうした寺社の強訴に対し、幕府は軍勢を送り、悪僧を摘発、朝廷も慰撫に努めるが、使者の公卿が南都へいく途中、逃げ帰るありさまであった（『外記日記』文永元年〈一二六四〉八月二日）。また神輿が振り捨てられ、破壊されれば、神威をおそれ、これを朝廷が作り替えるのが慣例であり、ここでも寺社に振り回される。

戒壇をめぐっての強訴の最中、正元元年（一二五九）秋、諸国は飢饉や疫病にみまわれた。当時これは園城寺僧都の強訴が原因とされた（『妙槐記』）。飢饉に際し、幕府は諸国の寺社に祈禱を命じている。文永五年（一二六八）には高麗の使者が蒙古の使いで日本に来、朝廷は延暦寺に命じ敵国降伏の祈禱を行わせている。

このように社会不安の深まるなか、寺社の祈禱は中世社会に

おいては重要な役割を占めるものであり、寺社はこの期待に応えるものでなければならなかった。すなわち王法と仏法が両輪の如く支えあうことが中世社会の理想であった。

しかし王法を支えるべき仏法がその権威に頼り、力を振り回す強訴の頻発に見られるように、寺社間の競合と悪僧らの要求が絡まり、各寺社の座主・別当の制御もきかず、僧兵という現実の暴力装置と、祈禱という宗教的力をもって、寺社は王法を乱していたといえよう。

まさに寺社は、『天狗草紙』の作者がいうように、輝かしい歴史のもと、驕りたかぶる集団であり、僧徒らはまさに「天狗」とみなされたのである。このように作者は、当時の仏法の様相を批判的に捉えて、この絵巻を作製しているのである。

天狗の好むもの

天狗たちの行動は、天狗の好むものとともに象徴的に描かれる。「はたたかみ（激しい雷）・いなずま・にわか焼亡・辻風・やぶれたる御願寺・人はなれのふるどう《古堂》」。南北朝時代に書かれた『秋夜長物語』（下巻第一段）にも同様のものが列挙され、「焼亡・辻風・小喧嘩・論ノ相撲ニ事出シ・白川ホコノ空印地・山門南都ノ御輿振・五山ノ僧ノ門徒立」がみえる。

雷・辻風

雷・辻風のような急に起こる自然現象は、火事や建物の倒壊をもたらすものであり、京中でにわかに起こる火事はしばしば大火につながる。絵巻中に書かれるように建長元年（一二四九）三月、京中の火事が蓮華王院におよび、後白河院の御願によって造営され壮麗な伽藍を誇った寺が炎上する。このとき急を聞いた後嵯峨上皇は火の迫るなか蓮華王院へ向かったほどであった。同年二月には閑院内裏が焼け、前々年には法勝寺阿弥陀堂が消失、数体の丈六仏が灰燼となっており、当時、公家たちははげしく動揺した（『岡屋関白記』）。まさに破れたる御願寺もあらわれ、とりもなおさず院を頂点とした王法の危機を意味していた。

印地打

印地は山門の僧たちの抵抗の武器でもあったようで、藤原道長が騎乗で比叡山に登ったとき、それを非難する僧徒から印地を打たれている（『小右記』寛弘九年〈一〇一二〉五月二十四日条）。白川辺りに住した印地（飛礫）を打つものたちは徒党を組み、無頼漢として知られており、『義経記』（巻二）にみるように髪も剃らない悪僧の体であった。寛喜三年（一二三一）四月二十一日の鎌倉幕府追加法に見えるように、飛礫はしばしば殺害沙汰にまで発展するものであり、祇園御霊会の際の白川鉾入京にあたってはしばしば印地を打ち合い、騒動を招いていた。また飛礫は鎌倉時代末の悪党の武器でもあった。こうした飛礫から起こる騒ぎの拡大は何か見えないものの力によるものと考えられ、天狗の所業とみなされたのである。天狗の姿は悪僧・悪党と不可分であった。また山門南都の神輿振りは寺社の強訴を意味した。都の人びとにとって突然押し寄せ、公武をまきこみ騒動を引き起こす強訴こそ、天狗の所業とされたのである。

稚児

また天狗は、古くから近代にいたるまで人をさらうといわれるが、中世では特に稚児を好んだようである。稚児は寺僧たちにとって愛玩執着の対象であった。弘長二年（一二六二）、南都東大寺の稚児が左衛門大夫頼重に殺害されるという事件が起こる。この稚児は京都にまでその名を知られた稚児であったようで、この事態を東大寺は、仁和寺をはじめとする顕密諸寺に牒（公文書）を出して知らせ、協力を請い、衆徒が上洛を企てている（『鎌倉遺文』八八一九号等）。東大寺被官の殺害として相手の処罰を要求することは一般的なことであるが、諸大寺と力をあわせて強訴を起こそうというのは、いかに事が重大化しているかがわかる。誘拐と殺害の差はあるとはいえ、稚児をめぐる騒動は現実に起こり得るものであった。『秋夜長物語』では天狗による稚児の誘拐が延暦寺・園城寺の合戦にまでおよび、これもまた些細《ささい》な事件が思わぬ大混乱を招くという、天狗の喜ぶものとして描かれている。

印地打　川を隔てた石合戦・印地打。薙刀を持ち、転ぶ法師も見える。こういう乱闘騒ぎは、天狗の見えない力によると考えられた。『年中行事絵巻』から。個人蔵

稚児　稚児を山伏姿の天狗がさらう。行方不明の２人をめぐって、延暦寺と園城寺は大合戦となり、園城寺は焼亡する。『秋夜長物語絵巻』から。出光美術館蔵

天狗の住処

天狗の住む場所として平安時代より著名なのはなんといっても愛宕山であった。藤原頼長が愛宕山にある天狗像に近衛天皇を呪咀した疑いをかけられており、既に平安時代末には天狗の造形物があったことがわかる（『台記』久寿二年〈一一五五〉八月二十七日条）。

愛宕山は京都の西北にあたり、怨霊・疫病等、悪しきものが入ってくる方向であり、天狗の住処としてふさわしい場であった。⑥久松本には、丹波国篠村の山中における天狗の会合を描いている。篠村（京都府亀岡市）は京都と丹波国の境、老ノ坂を越えたところで、同市内の愛宕山の後方には元愛宕社もあり、仏法を乱し世を混乱させようとする天狗の謀議の場としてふさわしいといえよう。

同じく白川は天狗の出没する場所として有名で（『今昔物語集』巻二十第六）、印地打の住処、山僧が下ってくる道でもあった。またこの地は、院政期の繁栄の象徴でもある六勝寺が建ち並ぶ場でもあった。これらの寺々は、鎌倉時代になっても国家的仏事の行われるところではあったものの、十二世紀末頃から、倒壊・火災をはじめその衰微の予兆をあらわしはじめており、法勝寺・蓮華王院の焼亡などにみるように天狗の好む場所であったといえよう。

また藤原道長が造営した摂関家の繁栄を象徴する法成寺も天狗跳梁の場として知られ、伊勢国（三重県）出身の僧が上洛の帰途、天狗に連れ去られ、法成寺に引き入れられ酒盛り、乱舞に及んだという（『明月記』嘉禄三年〈一二二七〉七月十一日条）。法成寺も鎌倉時代末には『徒然草』（第二十五段）に書かれるように、南大門の焼亡・金堂の倒壊とその変わりようは激しかった。また、南都より神木が上洛するとこの寺に入ることがあり、現実に神木の担い手、興福寺衆徒すなわち天狗の拠所でもあったわけである。

このように、天狗は王法を支える仏法の重要な舞台である寺々の衰微の隙をつき、そこに跳梁しているといえよう。また天狗は、五条殿のような後嵯峨院・亀山天皇の居にも現れ（『正元二年〈一二六〇〉院落書』）、それゆえこの御所は二度も大火に見舞われたという（『五代帝王物語』巻三十七）。

天狗道に堕ちる理由

それではこうした仏法・王法を乱す天狗は、なぜつぎつぎと出現してくるのであろうか。これについて『天狗草紙』は細かに説明している。絵巻のなかで繰り返し述べられるのは諸大寺僧徒の驕慢の心であり、仏道修行のすぐれたといわれるものほど天狗道に堕ちているというのである。

こうした考え方はこの絵巻だけのものではなく、延応元年（一二三九）の天狗の託宣を記した『比良山古

本宮愛宕神社　京都府亀岡市千歳町にある。ここが元の愛宕社であったという。京都からは北西、愛宕山の裏にあたる。以下、撮影／熊谷武二

篠八幡（左）と疫神社　京都府亀岡市篠町。篠八幡は足利尊氏挙兵の地として有名。京都の西北、丹波国との境を護る疫神社がその始まりという。

篠八幡と旧山陰道　一遍もこの地で周辺の猟師たちの帰依を受けた（『一遍聖絵』）。篠村は山陰道が通り、都への疫病の出入口でもあった。

人霊託』にもみることができる。この書は九条道家の病気平癒のため兄、慶政が祈禱を凝らしたところ、比良山の大天狗が女人にとりつき託宣した時のもので、天狗の家族、食事など天狗の生態も詳しく知ることのできる史料である。

まず天狗道にあるものとして崇徳院・後白河院・十楽院仁慶・大原僧正承円らの院や天台の高僧があげられ、『愚管抄』の著者として知られる慈円までもが天狗になり、愛宕山に住み、驕慢・執着の心深きものがこの道に来ると述べている。そして天狗道から抜け出る法は真言行にすぎたるものはないとし、魔界の心にも仏性有りとして、「魔界仏界一如」（魔界も仏界も本来同じ）という。

こうした高僧が天狗道に堕ちるという考えは、十三世紀には広範に流布していたことがわかる。また法然・善念・性信といった専修念仏の徒は無間地獄・畜生道に堕ちていると非難するところなど、『天狗草紙』の一遍に対する批判とも通じ、注目されるところである。

仏法を修めれば修めるほど

またこれより先、後白河院については、源義経・行家の源頼朝への謀反の際に、この事態の張本として頼朝から「日本国第一大天狗」と評されている。ここでは天狗（天魔）は仏法に妨げをなし、人倫に煩いを致すものと解釈される（『玉葉』文治元年〈一一八五〉十一月二十六日条）。天狗は仏典に出てくる天魔と同一のものとみなされているのである。中世では天狗を理解する上に、仏典の中の仏道に妨げをなす天魔の概念が大きく影響してくるのである。

後白河院と天狗（天魔）との関わりをより詳しく記すのは、なんといっても延慶本『平家物語』（法皇御灌頂事）である。院が園城寺公顕のもとで灌頂を受けようとした時、延暦寺の強訴が起こり、その後、住吉の神が託宣をくだし、強訴の起こる由縁、院の慢心をたしなめるのである。それによれば、院は仏道修行に励むあまり、歴代の天皇のなかでも自分ほど仏道を修めたものはないであろうと思い、さらに入壇灌頂して大日遍照の位にのぼらんとした。このことはまさに大驕慢の心であり、これが魔縁となり天狗が集まり、強訴が起こり世の中が混乱するのだといっている。

さらに末世の僧は十人中九人は天魔（天狗）になるとし、八宗の智者こそ天狗になるとする。天狗は仏法を修していたがゆえに地獄には墜ちず、しかも通力を持つとしている。このような解釈は、『玉葉』の記事の背後にあるのであり、仏法を修することで生じる驕慢心によって天狗になるということが、院政期から鎌倉時代には世間一般に信じられていた。

こうした仏法と天狗の関係が明らかになると、従来恨みによって怨霊、天狗になったとだけ説明づけられていた人びとも、天狗になるのには仏道修行という要因があることに気づく。たとえば、崇徳院についても、舌をかみきりその血を以て経の軸ごとに誓状をしたため、五部大乗経以下の書写に専念し、熱心に仏道を修したことから天狗道へ堕ちることとなったという（長門本『平家物語』）。『沙石集』巻第七には未熟な行者が天狗に真言の印を教えてもらうといった話も見え、まさに天狗と仏法は不可分の関係にあるのである。『沙石集』の作者無住はこの中で悪天狗と善天狗があると述べ、善天狗は知恵行徳もありながら執心が失せないものだとし、天狗道から抜け出す可能性もあるとする。このように弘安六年（一二八三）成立とされる『沙石集』の論調もまた『天狗草紙』と相通ずるものがある。

時衆・放下の禅師と悪党

『天狗草紙』のなかで一遍と放下の禅師は世を乱す天狗の所業の最たるものとして描かれる。先にみた顕密諸大寺の天狗を描いた⑥の巻の一場面では一遍は天狗の長老とされ、一向衆の代表として批判的に描かれる。一向衆は、阿弥陀如来以外の仏に帰依する人を憎み、神明に参詣するものをそねむとされ、他宗を排する頑迷な専修念仏の一党として描かれる。これこそまさに偏執・驕慢のきわみなのである。彼らは衣の裳をつけず、馬衣を着、野馬のように踊念仏を修し、山猿のように騒がしい。絵には施行を受ける時衆たちの行儀の悪い様や踊念仏、往生を約束する札配り、さらには一遍の股間に竹筒を差入れ、薬とするため尿を乞う尼の姿が見え、スキャンダラスに描かれる。

もっとも、時衆の影響は無視できないほど大きく、各地で帰依者を生み、『一遍聖絵』巻五には常陸国（茨城県）の悪党が帰依したり、巻七には、美濃・尾張国（岐阜県・愛知県）の悪党らが一遍らの通行の安全を、処々に札を立て保障したことなどが記される。こうした、鎌倉時代末に活発な活動をみせる悪党が時衆に帰依していたことは、注意しておく必要がある。

一方、放下の禅師、自然居士らは、当時急速に広がった禅宗の教えを体現した人びとであり、戒律を守らず蓬頭散帯、座禅の床を離れ巷間にある禅者であった。彼らこそ顕密仏教の権威を否定し、経論によらず「不立文字・直指人心」を標榜し、樵・猟師も階梯を踏まず忽然と悟ることができると主張する驕慢の輩であると見られたのである。また、こうした放下僧は、鎌倉時代の末に現れ始めた「暮露」（ボロボロ）ともきわめて近い位置にある、暮露もまた禅思想の影響下にある、「悪党」的な人びとであった。

揺らぐ仏法への危機感

このように時衆や禅宗の教えは、当時台頭してきた悪党らにも受けいれられ、さらに多くの人びとの帰依を受け、燎原の火の如く広がりはじめていた。それゆえに『天狗草紙』の作者は危機感をもち、口を極め、

『魔仏一如絵詞』 この絵巻は『天狗草紙』の異本として知られているが、時衆・放下の禅師への批判に主眼を置いている。行儀悪く施行の食事をする時衆、人前で放尿・脱糞する尼、短衣を着け下半身も露に踊念仏を修する人びと、一遍の尿を乞う尼などが描かれる。時衆は本能のままに、既成の秩序や風紀を無視する集団とみられた。その教義・行動は支配層からは敵視されると同時に、人びとの好奇の目にさらされていた。日本大学総合図書館蔵

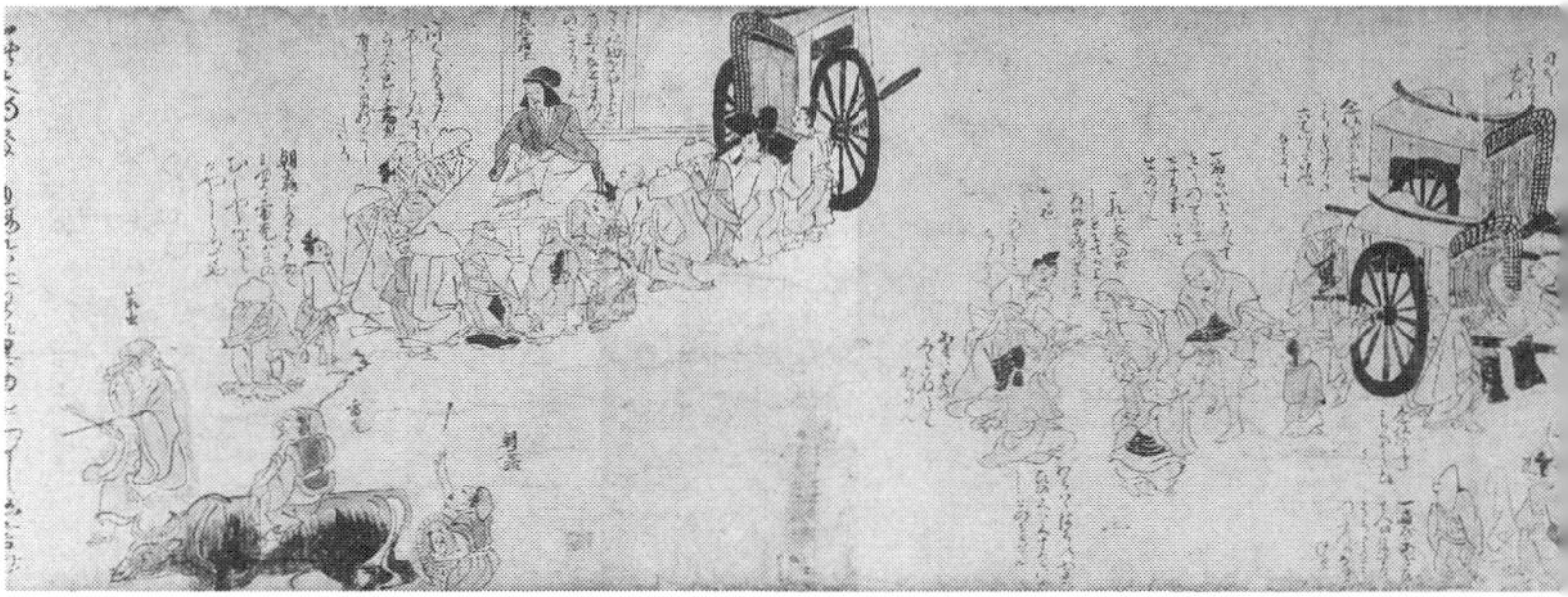

(上図から続く) 簓をすり、芸能をみせる放下の禅師、自然居士とその一党の電光たち。彼らもまた旧仏教側からの批判の対象であった。

自然居士の墓　能『自然居士』で有名な人物。ささら説経の芸能者・放下の禅師でもある。東福寺・南禅寺の住持、無関玄悟（1212〜91）の弟子であったといわれる。東福寺即宗院。撮影／熊谷武二

この様を批判するのである。これより早く藤原定家もまた専修念仏の徒の横行、その禁圧をめぐり強訴を繰り返す延暦寺の動きのなか、先に紹介した法成寺での天狗話を記して、「近日天狗狂乱殊に甚だし」とする。人びとは仏法の揺らぎの背後に天狗の跳梁を見るのであった。

『天狗草紙』に描かれる各場面は現実の仏法の状況を正確に映したものであり、作者は仏法の危機、ひいては王法の危機を憂い描いているのである。

王法を支えるはずの顕密諸宗の大衆の無秩序とも言える強訴の頻発、高僧たちの仏法をかさに着ての慢心、栄達への執着、仏法の揺らぎをみてとったかのごとく広がり始める専修念仏・禅宗の教え。各地での悪党の蜂起。この悪党たちは、念仏・禅に接近しており、民衆のなかで仏法を選択し、新たな教えに帰依する動きが広がる。

さらに大火、飢饉、疫病と続き、やがて蒙古の侵攻が迫り来たり、まさに仏法・王法ともに重大危機を迎えていたのである。

天狗道からの脱出

こうした仏法・王法の危機をいかにして解消するのか。『天狗草紙』ではおのおの天狗が各宗の教義にならい、仏法を修め得脱することとされる。浄土・天台・華厳・法相・禅さらに諸宗最頂の教えである真言

Ⓐ**『天狗草紙』の諸宗の席次**　伝三井寺巻から。根津美術館蔵

Ⓑ**『魔仏一如絵詞』の諸宗の席次**　日本大学総合図書館蔵

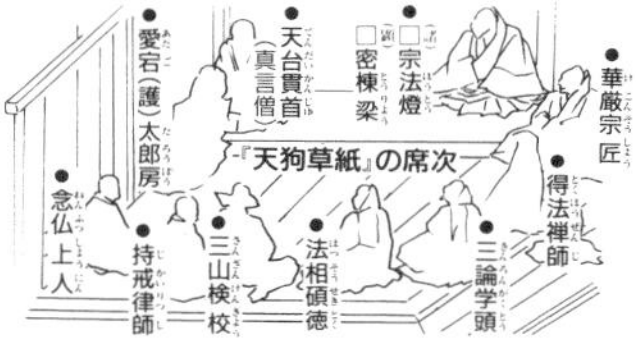

諸宗の席次　Ⓐ『天狗草紙』の異本にⒷ『魔仏一如絵詞』がある。Ⓑは、正確には、Ⓐの⑥久松本3段目以降と⑦根津本の異本である。両者の場面を対比すると興味深いことがわかる。すなわち僧たちの肩書きと席次の異同である。

Ⓑを参照すると、Ⓐの天台貫首とされる人物は金剛杵を持つこととⒷとの対比から、真言僧とするのが正しい。また、正面は従来、真言僧と解されてきたが、諸宗法灯を統合する顕密棟梁である。すなわちⒶで語られる諸宗に対する主張を端的に表し、理想の諸宗法灯を最上座に置くのである。

次に注意しなければならないのは得法禅師（禅僧）の位置である。Ⓑは時衆・禅宗の批判に主眼を置いているため、故意に禅僧を下座に置く。これに対してⒶは本文で詳しくみてきたように顕密諸宗の堕落に続き、時衆・禅宗を取り上げており、詞書中で、禅については詳細にその主張を紹介する。Ⓑはこの部分を大きく省略している。またⒶは⑦根津本最後部にみるように禅による得脱を高く評価している。

従来、Ⓐ『天狗草紙』の作者を時衆・禅宗への批判だけに注目し、同時期の歌論書『野守鏡』の作者と同一と考える説が有力であるが、論旨は『野守鏡』とⒷ『魔仏一如絵詞』の方が近いのである。『天狗草紙』の作者は放下の禅師のような存在には批判の目を向けるが、むしろ禅には関心を払い高く評価しているのである。

悪党の乱入　鎌倉時代末より「悪党」が横行する。春日社にも悪党が乱入し、神鏡を奪う。この後、衆徒が一部を取り戻す。『春日権現験記絵』（模本）から。東京国立博物館蔵

能『大会』　愛宕山の大天狗に仕える愛敬ある木葉天狗たち。野村万蔵ほか。写真／国立能楽堂

密教によって得脱できると説かれるのである。また諸宗が競い合うのをたしなめ、さらに経論を引き、得脱が可能であることを証明している。ここでは、「魔界と仏界は一如」とされ、驕慢の心そのものもまた仏性であるとする。この考え方が中世天台宗で広がった「現実の事象こそ真理の生きたすがたそのままである」と主張する「本覚思想」をふまえていることは確かである。「魔仏一如」は天台大師智顗の著、「摩訶止観」巻五にみえる言葉であり、このもとは『首楞厳三昧経』にある。

　さらには、密教教理に照らせば「天」は金剛界、「狗」は胎蔵界とし、天狗はこれを一つにしたものであるとする。密教では胎蔵界曼荼羅は現象界の理をあらわし、金剛界曼荼羅は精神

界の智をあらわすとされ、両部不二の思想により、理智不二、つまり理と智は分かち難い一つのもの、と説く。つまり、天狗とは、そうした密教の教えそのものをあらわしたもの、と解するわけである。

いささか現代人にとっては不可解な解釈ではあるが、ともかく天狗は中世の支配的な思想であった顕密（天台・真言）の教えによって、よりたやすく天狗道から救済されることが強調されている。

顕密の教えの限界

『天狗草紙』を生み出した作者は、天台・真言の教理のみならず、念仏・禅をも含めた、各宗の教理に明るい学僧と見られるが、その教理解釈の比重の置き方からみて、顕密寺院、すなわち『天狗草紙』に描かれる諸大寺内の一員であったことは間違いない。作者は現実の仏法の有りさまを批判的に捉えてはいるものの、その解決策としては、結局、天狗を生み出した仏法に戻るという、所詮、上記のような解釈しか提示できないのである。

当時、『天狗草紙』は、これを目にすることができた公家、高僧たちにとって、仏法・王法の揺らぎを立ち直らせる有効な方策として、さらなる顕密寺院への帰依の心を起こさせたかもしれないが、現実には何の解決ももたらさなかった。言いかえれば、中世の支配的な思想であった本覚思想は支配者層のこうした現実容認、整合的解釈の思想でしかなく、それゆえますます力を得、支配者層にもてはやされるのであった。

『天狗草紙』は、天狗跳梁の原因を的確に押さえ、中世の人びととの共通理解であった天狗と仏法の関係を、私たちに示すと同時に、はからずも、仏法・王法の動揺にたいして満足のゆく解決策を講ずることのできない当時の知識人たちの思想状況をも明らかにしているのである。

＊

中世の人びとは仏法・王法の動揺、目に見えぬ不安、新たな時代の胎動、引き続き起こる南北朝の動乱のなかで、まだこれからもさまざまな天狗の跳梁を見続けねばならなかった。

この後、中世から近世へと移り、寺社、仏法の力が統一政権によって圧迫されていくなかで、昔話にみるように、天狗は、自らの宝である、姿を隠す蓑笠を人間にだましとられるといった、もはや人間に押さえ込まれる滑稽な存在ともなり、山中深くでその力を発揮するばかりの存在となっていくのであった。

参考文献（所収本の体裁により、注形式を取らず、研究史については以下のように記す。また、拙論については本稿発表後の研究も加えた。）

梅津次郎「魔仏一如絵詞考」（『美術研究』一二三号、一九四二年）
同　「天狗草紙について」（新修日本絵巻物全集二七『天狗草紙　是害房絵』角川書店、一九七八年）
岡見正雄「天狗説話展望―天狗草紙の周辺」（同右所収）
五来重「天狗と庶民信仰」（同右所収）
田中稔「天狗草紙と寺院組織」（同右所収）
小松茂美「天狗草紙の詞書をめぐって」（同右所収）
上野憲示「「天狗草紙」考察」（続日本絵巻大成一九『土蜘蛛草紙　天狗草紙　大江山絵詞』中央公論社、一九八四年）
宮本袈裟雄『天狗と修験者』（人文書院、一九八九年）
原田正俊「放下僧・暮露にみる中世禅宗と社会」（『ヒストリア』一二九号、一九九〇年、後に同著『日本中世の禅宗と社会』吉川弘文館、一九九八年所収）
同　「『天狗草紙』にみる鎌倉時代後期の仏法」（『仏教史学研究』第三七巻一号、一九九四年、同右拙著所収）
小峯和明『説話の森』（大修館書店、一九九一年）

II

天狗の民俗学

崇徳上皇

谷川健一

明治と年号が改元される半月ばかりまえ、慶応四年八月二十五日、明治天皇の勅使、大納言源朝臣通富、副使三条左少将は讃岐に下向した。

勅使の一行は阿野郡坂出村（現在の坂出市）の港に着船し、そこから白峰にある御陵にむかった。天皇即位の翌日から懸案になっていた、崇徳上皇の御神霊を京都にむかえたてまつるためである。一行が白峰のふもと、高屋の阿気というところにたどりつくと、道の上方にみすぼらしい神社が建っている。高屋という地名から、高家神社というが、一名「血の宮」とも呼ばれる。

そこをすぎ、「煙の宮」をとおりすぎて、一行は白峰陵のまえに立った。西行が白峰陵をおとずれて、「よしや君昔の玉の床とてもかからん後は何にかはせん」となげいたのは、仁安二年か三年の秋であり、崇徳上皇がなくなられて、三、四年しかたっていないころのことであった。

その後、白峰陵はなんども修築されて、慶応元年にもそれがおこなわれたが、その雰囲気は勅使一行が御陵のまえに立ったときも、ほとんど変わりがなかったはずである。勅使が御陵のまえに立ったその日は、崇徳帝の命日にあたる八月二十六日であった。勅使はうやうやしく額ずくと、明治天皇の宣命を崇徳帝の御神霊のまえによみあげた。

天皇我《すめらみことが》詔旨登《みことのりと》挂巻母《かけまくも》畏伎《かしこき》讃岐国《さぬきのくに》阿野郡《あやのこおり》白峰乃《しらみねの》山陵爾《みささぎに》鎮座須《しずまります》崇徳天皇乃《すとくすめらみことの》御大前爾《みまえに》恐美恐美母《かしこみかしこみも》申《もうし》
給波久《たまわく》登《と》申佐久《もうさく》去志《すぎし》保元乃《ほうげんの》年頃《としごろ》忌々志伎《いまいましき》御事与利《おんことより》起利弖《おこりて》其終爾波《そのついには》海路《うなじ》遥祁伎《はるけき》此国爾《このくにに》佐閉《さえ》行幸氏《いでまして》御鬱憤乃《ごうつぷんの》
中爾《なかに》崩御良世《かむあがらせ》賜閉留《たまえる》波《は》何奈留《いかなる》禍神乃《まがつかみの》禍事爾夜《まがつことにや》有祁年《ありけむ》最母《いとも》畏久《かしこく》悲伎《かなしき》事乃《ことの》極美《きわみ》登《と》常爾《つねに》歎伎《なげき》思食須《おもおす》此者《こは》素《もと》
先帝乃《さきのみかどの》叡慮奈利志爾《えいりよなりしに》其事乎《そのことを》果志《はたし》賜波受《たまわず》此現世乎《このうつしよを》神去給比伎《かみさりたまいき》故《ゆえ》今度《こたび》其大御意乎《そのおおみこころを》継志氏《つぎして》尊霊乎《そんれいを》迎閉奉利《むかえたてまつり》
其御積憤乎《そのごせきふんを》和米《なごめ》奉利《たてまつり》賜波牟登《たまわむと》思食氏《おもおして》皇宮爾《すめみやに》最近伎《いやちかき》飛鳥井町爾《あすかいまちに》清祁伎《さやけき》新宮乎《しんぐうを》造利設立《つくりもうけたち》二《に》位権大納言《いごんだいなごん》
源朝臣通富乎《みなもとのあそんみちとみを》差使氏《さしつかわして》尊霊乎《そんれいを》迎閉奉利《むかえたてまつり》賜布《たまう》故此由乎《ゆえこのよしを》平久安久《たいらけくやすらけく》聞食氏《きこしおして》速爾《すみやかに》多年乃《たねんの》宸憂乎《しんゆうを》散志《ちらし》御迎《おむかえ》
人登《びとと》共爾《ともに》皇都爾《こうとに》還坐氏《かえりまして》天皇朝廷乎《すめらがみかどていを》常磐爾《ときわに》堅磐爾《かきわに》夜守日守《よのまもりひのまもり》恐美《かしこみ》護幸反《まもりさきわえて》給比《たまい》此頃《このごろ》皇軍爾《こうぐんに》射向比《いむかい》奉留《たてまつる》
陸奥出羽乃《むつでわの》賊徒乎波《ぞくとをば》速爾《すみやかに》鎮定米弖《しずめさだめて》天下《あめがした》安穏爾《おだやかに》護助賜反《まもりたすけたまえ》登《と》恐美母《かしこみも》申賜波久登申《もうしたまわくともうす》

慶応四年八月十八日

こうして勅使は崇徳上皇の御神霊に還御を乞うと、あくる二十七日、上皇の御遺影を神輿に奉じ、御遺愛の笙を副えて、日没時に下山した。二十八日に坂出港を出港、九月五日に京都に還った。高松藩主松平頼聡が命を受けて、伏見に奉迎し、神輿にしたがった。飛鳥井町の新しい神廟に、崇徳上皇の神霊は祀られた。じつに帝の死後七百五年目のことである。

右に掲げた宣命にあるように、崇徳上皇の御神霊を京都に呼び迎えることを計画したのは、孝明《こうめい》天皇である。慶応二年、京都の飛鳥井町（現在は上京区今出川堀川東飛鳥井町）に白峰神社の造営が企てられたが、孝明天皇の死去によって、先帝の遺志を明治天皇がついだのである。

慶応四年といえば、ときあたかも、戊辰の役の年、朝廷方は征討軍を東上させ、まさに奥羽諸藩を挑発して、一戦をまじえようとしていた。このとき、崇徳上皇の霊が、奥羽諸藩のほうに味方して官軍をなやましたとしたら、それこそゆゆしい事態になるかも分からないと、朝廷は判断した。そこで、京都に御還御をねがい、明治天皇の宣命にも、「此頃皇軍に射向い奉る陸奥出羽の賊徒をば速やかに鎮め定めて天下安穏に護り助け賜え」という結語を入れることを忘れることができなかったのである。

それにしても、この宣命の文章のなんと鞠躬如として、崇徳上皇の御霊にむかっていることか。「御鬱憤の中にかむあがらせ賜える」とか、「御積憤をなごめ奉り」とか、相手の帝の心情に心をよせ、さやけき新宮をつくったから「多年の宸憂を散らし」て、お迎え人とともに京都におかえりいただくよう懇願しているのである。

それはまるで、怒れる人間をなだめるときの言葉とそっくりである。まかりまちがって、疎略にあつかえば、それがかえって上皇の怒りを招くことをひたすらおそれているのである。しかし考えてもみよ。それは上皇の死後すでに七百余年を経ているのである。しかもこのように、生きた人に面とむかってなだめ、すかし、御機嫌をとるような態度はいったい何を意味するか。それほど崇徳上皇のたたりが、歴代の朝廷や貴族や武士におそれられてきたからではないか。

崇徳上皇のたけだけしい御霊の発動が七百年もつづいたことを考えると、私は帝王の怒りというもののゆゆしさにつきあたらざるをえない。怨霊になやまされることのおびただしい日本の歴史のなかでも、上皇の御霊の不退転ぶりはきわだっている。

崇徳院をはじめとして、後鳥羽院、後醍醐院などの不遇な帝王たち、下っては後水尾天皇はいずれも英邁果断であり、強い性格の持ち主であったために、おのずから不幸を招いたのであったが、それだけ敵にたいしても容赦せず、相手を害なって後悔することがなかった。

すぐる二・二六事件のとき、今上陛下の故秩父宮にたいする怒りは、なかなか解くべくもなかったとつたえられるが、私はそこにも帝王の怒りというものを感ぜざるをえない。

帝王の誇りが傷つけられたとき、その怒りはなにものにも比ぶべきものがない。我慢と忍耐をかさねたあげく怒りが爆発するとき、それは猛烈な破壊力をもつ。

ダンテが地獄の罪人に「地獄には地獄の誇りがある」と叫ばしめたように、崇徳院も仇敵に復讐することをおそれず、おのれの悪念にひけ目を感じることもなかったのである。『往生要集』が活写する地獄の責苦も、崇徳上皇の魔王の地位をおどかすことは不可能であった。私はそこに日本の歴史上まれな崇徳上皇の特異なすがたを見る。

上皇の霊は日本の支配層をおどかしつづけた。それにおびえ、おののき、煩悶のあげく、震動する白峰御陵に、みずからの無力を告白し、その許しを懇願する権力者たち。それは何という価値の転倒、歴史の皮肉であろうか。

そもそも崇徳上皇は出生のときから数奇な運命の星を背負っていた。その実父は白河法皇であり、実母は鳥羽上皇の妃璋子なのであった。白河法皇は孫にあたる鳥羽上皇の皇后と密通し、その結果生まれたのが崇徳帝であった。

このことは鳥羽院も知っていて、崇徳院を「叔父子」と呼んでいたという。鳥羽上皇の苦悩はふかかったにちがいない。崇徳院には何の罪もないが、両者の間には宿命的に相容れない冷たい空気が流れていたことは想像にかたくない。

鳥羽天皇の長子であった崇徳帝は、一一二三年、五歳で皇位についた。しかし二十二歳のとき、鳥羽上皇の御令旨で、末弟の三歳近衛天皇に譲位した。というよりは、だまされて譲位させられたのである。本院である鳥羽上皇の絶大な勢威のもとに、新院である崇徳上皇は、十六年間も力をふるうことはできなかった。

ところが、崇徳三十八歳のとき、近衛天皇がなくなり、御白河天皇が即位した。ここでも自分の皇子に望みを託した崇徳院の意志は無視された。帝王の位をめぐる崇徳院の希望は、鳥羽上皇の専横のために、二度にわたって無視された。

もっとも鳥羽上皇の専横は、その祖父にあたる白河法皇の専横の反動であったのだから、鳥羽上皇を責めることはできない。それでも崇徳院は、鳥羽上皇の意のままにさせられることを屈辱とおもわずにはすまなかった。それは帝王として当然というべきものであった。

後白河天皇は崇徳院の異母弟にあたる。保元元年に鳥羽法皇が死去したが、その前年、鳥羽法皇が、熊野に参詣したとき、そこで面とむかって法皇の命は明年の秋までと、ぶっそうな託宣をやったのが、イタという巫女であった。

巫女の口を借りた熊野権現の託宣に、法皇自身はいうまでもなく、法皇の側近たちもみな、うちしおれて帰京したことが、『保元物語』にしるされているが、神おろしをするイタという巫女は、今日でも多いイタコのたぐいにほかならない。

また悪左府と呼ばれて恐れられた頼長が、もろくも失脚する原因となったのは、巫女が近衛天皇の死をねがって愛宕山の天狗の眼に釘を打ったものがいる、といったからである。

眼病をわずらったあげく亡くなった近衛天皇が、口よせ巫女の言葉を借りていうには、「自分が亡くなったのは、だれかが愛宕山の天狗の像の目に釘を打って自分を呪詛したからだ」ということで、鳥羽上皇は使者にその像を検分させたところ、はたしてそのとおりだった。それは左大臣の頼長のしわざと政敵である忠通から中傷された。

巫女の予言を一笑に附することは、当時の実力者であった頼長にとって、たやすいことであるようにみえながら、それを否定できなかったというのは、呪術が貴族社会をうごかすほどの力をもっていたことが示されている。

こうして後白河天皇にたいする崇徳院のおだやかならぬ感情にくわえて、関白であった藤原忠実の子忠通と、その弟の左大臣の頼長との軋轢が、それにからまった。保元元年七月十一日の未明、わずか二た時のあいだに、たたかいがあった。勝負はあっというまに片がついた。

崇徳上皇方についた頼長は死んだ。為義は斬られ、為朝は伊豆大島に流された。天皇方の処置はすばやかった。

七月二十二日、天皇方は崇徳上皇を讃岐に移すことをきめ、二十三日には上皇を仁和寺から護送した。上皇は八月三日には松山浦に到着、綾高遠の堂（綾歌郡林田村）で三年間をすごし、のち府中の鼓ケ岡の木丸御所で六年間をすごした。『保元物語』では、直島の御所で日々を送ったことになっている。しかし、こうした諸書のくいちがいはどうでもいいことだ。

崇徳上皇の心境が問題なのである。

「われ天照大神の苗裔を受けて天子の位を践み、太上天皇の尊号を蒙りて久しく仙洞の楽しみに誇り、すでに三十八年を送れり。すぎにし方を思えば、昨日の夢のごとし。いかなる前世の宿業にか、かかる歎きに沈むらむ。たとえ烏の頭白くなるとも、帰京の期を知らず。定めて亡郷の鬼とぞならむずらむ。」

崇徳院は、自分を讃岐の地に配流した朝廷の措置がきびしすぎることに、はげしい不満を抱かずにはいられなかった。というのも、先例がないわけではなかったからである。

平城上皇が嵯峨天皇にそむいて乱を起こし、あえなくやぶれたとき、天皇の処置は寛大であった。平城上皇は出家するにとどまって、僻遠の地に流されることもなくすんだのである。しかも後白河天皇は一時、自分の邸内に住まわせてやったこともあるではないか。そのことを考えただけでも、崇徳院のかつての帝王としての怒りは燃え上がった。瞋恚の火群は、何物をも焼きつくさずにはおかなかった。

「……嵯峨天皇の御時、平城の先帝世を乱り給いしかども、すなわち出家し給いしかば、遠流まではなかりしかぞかし。いわんや当帝をば吾在位のときは、いとおしみたてまつり、はごくみ参らせし物を、その昔の恩をも忘て、からき罪におこなわる、心憂き、など思召ける。今生はしそんじつ。後生菩提の為にとて、御指のさきより血をあやし、三年が間に五部大乗経を御自筆にあそばされたりけるを、かかる遠島に置きたてまつること痛ましければ、鳥羽の八幡辺にも納め奉るべきよし、御室御所へ申させ給う。」

と『保元物語』にはある。

しかし少納言入道信西は反対した。「御身は配所に留らせたまい、御手跡ばかり都へ返し入れさせ給わんこと、いまくしく覚え候。その上いかなる御願にてかそうろうらん。おぼつかなし。」

信西は、崇徳上皇のやり口に呪詛、不吉な願望がこもっていないかをうたがったのである。

こうして平治元年のころに、御室の仁和寺の宮をとおして五部の大乗経を、八幡山か高野山か、ゆるしあらば鳥羽の安楽寺院の御墓におさめたいとねがった崇徳院の切なる申し出は天皇に拒否され、御経は都から返された。上皇はくやしがった。

「後世のためにと書きたてまつる大乗経の敷地（注―置き場所）をだに惜しまれんには、後世までの敵ござんなれ。さらにおいては、われ生きても無益なり」とて、その後は髪をもしくけずらず、爪も切らず、ながながとのばし放題にしたまま、顔色は黄ばみ、目はくぼみやせおとろえていった。

「吾ふかき罪におこなわれ、愁鬱浅からず。すみやかにこの功力をもって、かの科を救わんとおもう莫大の行業を、しかしながら三悪逆（注―地獄道・餓鬼道・畜生道）になげこみ、その力をもって、日本国の大魔縁となり、皇を取って民となし、民を皇となさん」と、自分の舌先をくい切って、流れる血潮で大乗経の奥に呪詛の誓文を書きつけ、海の底にしずめた。

『源平盛衰記』にはこのことを、「かなしこの経を魔道に廻向して、魔縁と成って遺恨と報ぜんと仰せければ、この由都へ聞えて御有様見て参れとて、康頼を御使に下されけるが、参りて見奉れば、柿の御衣の煤けたるに、長頭巾を巻きて、大乗経の奥に御誓状を遊ばして、千尋の底に沈め給う。その後は御爪をも切らせ給わず、御髪をも剃らせたまわで、御姿を窶し悪念に沈み給いけるこそおそろしけれ」、『保元物語』は「生きながら天狗の姿にならせたもうぞあさましき」と書いている。

われわれはここで大魔王の誕生の場面に立ち会う。それはヨブが神を呪詛しはじめる一瞬である。「われ生きても無益なり」それは、「わたしの生まれた日は滅びうせよ」という、死と暗黒を求めるヨブのなげきそのままである。

＊

崇徳上皇が、九年間の流謫の辛苦ののち、四十六歳で亡くなったのは、長寛二年（一一六四）八月二十六日のことである。上皇の死去当時、その遺骸をどう処置したらよいか、それは上皇側近の一存できめかねることであった。さっそく、都に上皇の崩御を注進し、おうかがいを立てた。

保元の乱でやぶれた上皇が、仁和寺を出発したのは保元元年（一一五六）七月二十三日であり、難波津から船にのせられ八月三日には松山浦に到着している。その間およそ十日。したがって上皇の崩御を注進するにも往復二十日はかかる。

まだ暑い時候であり、上皇の死体の腐敗を防ぐために、泉の水に浸して、勅命を待った。二十日目に都からの宣下が到着した。白峰山に葬れとの命令である。野沢井の泉の清水に漬けられていた崇徳上皇の御遺体は、殯柩に納められて出発した。そうしてちょうど白峰の山すその高屋の阿気という場所さしかかったとき、一天にわかにかきくもり、雷鳴を伴う烈しい風雨となった。夕立か驟雨に見舞われたのでもあったろう。

人々は、殯柩を石の上におろし、雨の晴れるのを待った。すると、柩のなかから血が零れ出して、柩をおいた台の石を染めた。崇徳上皇の霊はもちろん、その御身体にも生きた血が流れていたのである。死後二十日たってなお、まだ死に切っていなかったのである。「血の宮」の名称はここにはじまった。里人は、血のかかった石を御神体として神殿におさめ、上皇の霊をいまだに祀っている。

「血の宮」を左方に折れて山道にかかる。あるかないかの小径が児が岳のふもとにつうじている。そこに「煙の宮」がある。上皇の殯柩ははこばれて、白峰山頂の西北の石巌の上で茶毘に付したのであったが、その折、茶毘の煙はたなびいて、児が岳のふもとに落ちた。

当時の有様を『源平盛衰記』はつぎのように伝えている。

「白峰という山寺に送り奉り焼上奉りけるが、折節北風はげしく吹きけれども、余りに都を恋悲しみ御座しけるにや、烟は都へ靡きけるとぞ、御骨をは必ず高野へ送れとの御遺言有けるとかや。」

里人はこれを大いに畏敬して、煙の落ちたところに宮をたてた。「血の宮」といい「煙の宮」といい、ふつうの神社におよそ似つかわしくない名称である。しかし、そこを通らねば白峰山頂へはゆけず、後世を畏怖させた帝の心情を理解することができない。

白峰の山頂にのぼる途中、今は展望台になっている場所が山道の脇にもうけてある。そこからは坂出市はもちろん、瀬戸内の島々が一望に見渡せる。崇徳上皇がしたたる血で五部の大乗経の奥に魔王となる誓文を書き、それを海底に沈めたといわれる槌ノ戸の海（松山の海）が見えるのである。

山頂には今日、西国八十一番の札所となっている白峰寺があり、そこからすこしはなれたところに崇徳上皇の御陵がある。大きな羊歯類や一つ葉のような植物が見られ、風や雪にたおれた木が、ゆくてをさえぎる。枯木にはなんという鳥か無数に群れて飛び交っている。そうした行きづまりに御陵はある。

白峰寺の住職の話では、御陵への道は数年まえまでは、あたりがうっそうと昼なお暗く、数メートルさきは見えないくらいであったという。それが大雪のために木がたおれ、今のようになったそうである。しかしそれでも暗い。空気もつめたく、なにがなし心身のひきしまるのをおぼえる。

御陵の北側の背後は、数十メートルの断崖絶壁になっている。これが児が岳であり、『雨月物語』の「白峯」に、

「児が岳という嶮《けわ》しき岳背《みねうしろ》に聳《そば》だちて、千仞《せんじん》の谷底より雲霧おいのぼれば、咫尺《まのあたり》をもおぼつかなき心地せらる。木立わずかに間《すき》たる所に、土墩《つちたか》く積《つみ》たるが上に、石を三かさねに畳みなしたるが、うばらかずらにうずもれてうらがなしきを、これならん御墓《みはか》にやと心もかきくらまされて、さらに夢現《うつつ》をもわきがたし。」

と、述べている箇所である。

頂上にある崇徳院をまつる頓証《とんしょう》寺は、保元の乱で崇徳上皇と対立した後白河上皇の寄進にかかるものである。建久二年（一一九二）に後白河上皇は病にかかり、崇徳院のたたりと思いこんでなやんだあげく、白峰御陵のすぐ近くに頓証寺をたてた。

源頼朝をさんざん手こずらせて「日本一の大天狗」と頼朝にののしられた——つまり、生きた魔王である

後白河上皇が、死んだ大魔王の崇徳上皇をおそれたことに、私は日本の歴史の特殊な陰影の集約を感じないではすまないのである。

頓証寺には、為義、為朝と、天狗の相模坊が今日でも合祀されている。

頓証寺のつくりかまえは、紫宸殿になぞらえ、庭前に左近の桜、右近の橘を植えたというが、崇徳上皇は、死してなお宮廷を模した寺に住み、かつては廟門の左右に為義と為朝の弓箭をもった木像が控えていたという。帝の忠実な眷属である相模坊と為義、為朝を随身として身辺からあくまではなさなかったことにおどろかざるをえない。

馬琴の『椿説弓張月』では、琉球にわたった為朝が敵兵に苦しめられているとき、崇徳院の御使いがあらわれて、危難を告げ、佳奇呂麻島へ為朝を脱出させるための手助けをする挿話が語られているが、馬琴の恣《し》意《い》的な創作であるとしても、崇徳院の徹底した援助ぶりはそこに表現されている。

崇徳上皇の霊は、仇敵にたいしては徹底して復讐したが、しかし、味方にはどこまでも庇護を忘れなかった。それが崇徳院の御霊の独特の個性であった。

謡曲『松山天狗』に「君御存命の折には、都の事を思し召し出し、御逆鱗の余りなれば、魔縁みな近づき奉り、あの山峰の相模坊にしたがう天狗ども、参るより外は余の参内なく候」とある。相模坊は生前から崇徳上皇の寂寥をなぐさめ申し上げていたのである。崇徳院の第一の眷属である相模坊が大権現となったのも、その帝の恩賞のあらわれとみてよいのではあるまいか。

相模の名は『雨月物語』にも知られている。

「御衣は柿色のいとうすすびたるに、手足の爪は獣のごとく生《おい》のびてさながら魔王の形あさましくもおそろし。空にむかいて『相模〳〵』と叫ばせ給う。『あ』と答えて、鳶《とび》のごとくの化鳥翔来《かけきた》り、前に伏して詔《みことのり》をまつ。」

と、あるところからみて、鳶は相模坊であるかも分からない。

応永十三年(一四〇六)の『白峰寺縁起』によると、「今も御廟所には番の鵄《とび》とて毎日一羽祇候するなり」とあるから、御廟所の頓証寺に祇候する一羽の鳶は相模坊の乗り物であったかもしれない。ふるくから鵄は天狗の乗り物といい、山伏の果は鵄になる、といわれている。

それはともかく、相模坊という天狗が大権現の位をもらっているという奇異な事柄は、たとえば秋田太平山には三吉坊という天狗が大権現で、佐竹家の崇敬を受けていたというから、別にふしぎがることでもないのであろう。

讃岐の三天狗といえば、金比羅の金光坊、白峰の相模坊、八栗山の中条坊がいるが、この相模坊は、崇徳上皇が白峰に葬られるまえから住んでいたものにちがいない。『聖財集』は「天狗というのは経典にみえない。日本の天狗はオニである」と、はっきり言い切っている。オニが中国の鬼を意味するものでないことは、ことわるまでもない。要するに柳田国男の山人の説のごとく、異相異風の先住民族の残滓であった。

*

後白河上皇が崇徳上皇のたたりにおそれをなし、頓証寺を寄進したことはまえに述べた。『白峰寺縁起』によると「……平家西海にただよいけるも彼の怨念ならずや」と、寿永三年七月三十日には平大納言時忠卿已下《いかし》緇素《そ》十余人が御廟に参りて詩歌をたてまつり、ついでに日域《にちいき》の社稷《しゃしょく》を渡ることを妨ぐることなかれと、祈ったというが、それは屋島の戦いの半年もまえであり、平治の乱にひきつづき、平家はすでに崇徳院の怨恨をおそれていたことが明白である。清盛の狂い死も上皇のたたりとみなされた。

崇徳院の亡くなられて十年目の高倉天皇の安元元年（一一七五）には、白峰の御陵がまるで雷のように鳴動するので、もともと讃岐院といわれていたのに崇徳院の号をたてまつり、悪左府とおそれられた宇治左大臣頼長にも正一位太政大臣をおくったという事実がある。叛臣に最高の位を与えるとは、今日の常識では考えられないが、それほどまでに、勝利者はおそれおののいたのである。

『金比羅参詣名所図絵』によると、

「遠江阿闍梨章実という僧、国府皷が岡の御所を当地に移して頓証寺と号け、御菩提を弔い奉る。しかるに御霊魂甚だしくましまして、奇瑞帝都にかがやき御恨み深かりければ、御代々の聖主、世々の武将も、恐れ崇め奉り、御府荘園を寄て、御菩提をとむらい、十二時不断の三昧読経所を、当山に綸旨《りんし》院宣を成下されてこれをおこない、あるいは法楽和歌種々の捧げ物を以て宥め奉り給う。」（傍点筆者）

これでみると、崇徳院のたたりはその後もずっとつづいた。たとえば南北朝時代にあたる延文三年（一三五八）に、細川陸奥守とその子の伊予守繁氏は、九州の宮方を征伐するためここに軍兵を参集し、兵粮をとのえ御領を掠めたところが、あくる年の六月二日、繁氏はにわかに狂乱して「我は非義にして崇徳院の御領を掠めた為この重病に罹った」と叫喚しながら、悩乱七日で死んだと伝えられている。

その後文久三年（一八六三）の八月二十六日には、崇徳天皇の第七百回忌が、白峰でおこなわれている。文久三年といえば、京洛は暗殺の横行したもっとも血なまぐさい年にあたる。前々年の文久元年は、いわゆる辛酉の年で、易姓革命をおそれた幕府は、動乱の勃発や政変がないようにと、そのための祈禱を朝廷にねがい出ている。

世がさわがしくなり、人心の不安動揺とどまるところを知らなくなると、崇徳院の名がきまって思い起されるのであった。「人の福を見ては転《うつ》して禍とし、世の治るをみては乱を発《おこ》さしむ」とは、崇徳上皇がみずから宣言するところであったのだ。

＊

では憤死したあとの崇徳上皇の形姿はどうであったか。『太平記』には、雲景という諸国一見の僧が愛宕山の異人にかいまみさせられた世にも異様な光景がしるしてある。それは——上座に崇徳天皇、右手には為朝が大弓をもってひかえ、左座には代々の帝王、淡路の廃帝（淳仁天皇）、井上の皇后、後鳥羽院、後醍醐院が列座している。

「次第の登位を逐いて、悪魔の棟梁《かしら》と成り給う。やんごとなき賢帝たちよ。その次の僧綱《そうこう》らこそ。玄昉《げんぼう》、真済《しんぜい》、寛朝《かんちょう》、慈慧《じえ》、頼豪《らいごう》、仁海《じんかい》、尊雲《そんうん》等の高僧たち、おなじく大魔王となりて、今ここにあつまり、天下をみだし候うべき評定にてあり。」

と、いったものであった。日本の歴史をゆるがして無念の死を死なねばならなかった帝王たちが一堂に会して、天下に禍をもたらすぶっそうな相談をしている。なかでも大魔王の筆頭にあげられているのは崇徳上皇で、二畳敷ばかりの中央上座にすわっている。そのすがたは、「大なる金の鵄《とび》翅《つばさ》を刷《つくろ》いて著座したり」というものである。「夜の帝王」たちのなかでも、崇徳上皇は、ひときわ敬意をはらわなければいけない存在ではないか。

『源平盛衰記』に、平中納言教盛の見た夢がしるされている。それによると、為義をはじめ数百騎が、柿衣に不動袈裟を係けたり、あるいは鵄甲《とびかぶと》に鎧を着たりして、讃岐院（崇徳院）をかごにのせている。讃岐院のすがたはどうかというのに、手足の爪はながながとのび、髪は銀の針をつっ立てたようである。眼は鵄《とび》の目つきに似、柿の衣を着ている。そしてみんなは、これから清盛の宿所へすすんで入ろうと打ち合わせている

――という夢なのである。

清盛の晩年がしだいに物狂おしくなっていくのは、当時から崇徳院のたたりとおそれられていたが、私がここで注意したいのは、讃岐院が、すでに鵄《とび》の目に似た眼つきをしていることである。

林羅山の『本朝神社考』によると、「歴代天子の中、讃岐院は金色の大鳶と為《な》れり。長《た》け一丈余、後鳥羽院は被髪長翼《ひはつちょうよく》の沙門と為り、後醍醐院は高鼻勾爪《こうびこうそう》の王となりて、五緒の竜車に乗る。その余猶多し」と、なっている。

これでみれば、後鳥羽院は被髪長翼であり、後醍醐院は高鼻勾爪とあるから、やはり鷲に似た猛禽の類であることはまちがいない。これら猛鳥の形相をもつ魔王たちのなかで、一丈あまりのつばさをもつ金色の大鳶のすがたが、もっともあざやかである。

平田篤胤は、鵄《とび》と鷲とは一類のものであって、鷲は鳶《とび》の大きく猛き物、鳶は鷲の小さく怯《つた》なき物にて、形も類《に》たる故に、ふるくは、鳶を鷲ともいえり、と考証し、天日鷲《あまのひわし》命を天金鵄命としたのは、その一例であるといっている。

そして、「そもそも釈魔の鷲または鵄の形を受けることは、上に諭《い》えるごとく、天狗という物は、もとより狗にも狸にも似たるが、高鼻長喙にて翼あり、此はもと種々の鳥類にも化《な》れど、鷲の化《な》るが多かる」と、山人の説を参考にしながら論をすすめている。

すなわち崇徳上皇は大鳶のすがたであるが、一丈あまりの金色の大鷲と考えて差し支えないのであり、後鳥羽上皇や後醍醐天皇も同様と見做される。

これらの人たちが、なぜ大魔王となって天下擾乱の謀議を企てるようになったか。それをひとりずつ紹介することで、魔霊の誕生がどのようにしておこなわれ、どのような系譜をもつものかを問題にしてみたい。

このうち、淡路の廃帝、井上の皇后、僧玄昉は、奈良朝の人たちである。

淡路の廃帝とは淳仁天皇のことである。藤原仲麻呂の反乱後退位させられ、淡路島に流された（七六四）。藤原仲麻呂は淳仁天皇を意のままにあやつっていたのだから、天皇もそのあおりを受けずにはすまなかったのである。淳仁天皇は、淡路島の監禁された配所を脱出しようとして、国司の兵にとがめられ、まもなく死んだ。三十三歳であった。いわば権臣のまきぞえをくって、配流の地で死なねばならなかった無念さが、悪霊となってながくとどまったのである。

藤原仲麻呂の反乱には、道鏡と孝謙女帝との関係がからまる。仲麻呂は、はじめ女帝の寵を受けたが、道鏡にのりかえられたのである。道鏡は大和の葛城山にこもって苦行修法し、如意輪法、孔雀王咒経を身につけたという。これらは現世的な幸福を得る法で、旱魃や病気などの災禍を福に転ずる呪法である。葛城山は役行者の名とともに知られているところである。呪力を身につけるのにふさわしい山であった。道鏡が呪法をもって女帝の病気をなおし、両者の関係が急速に接近していくのは、当時の僧侶のあり方を示している。

また、孝謙女帝が、藤原仲麻呂に関係のある女官たちを遠流の罰に処したのは、側近の女官たちが、女帝の頭髪の切れはしをぬすみ出して、佐保川の川原にころがっている髑髏（ひとがしら）のなかに入れ、三度呪いのまじないをくりかえして、女帝を呪詛したという理由によってであった。女の髪毛は船霊に入れ、また神下しをするときのより代でもあり、霊魂と関係があると考えられている。つまり輸入仏教の呪法と、古来の呪術の双方がここに見られる。

これは井上皇后についてもいえる。光仁天皇の妃であった井上皇后は、自分の子で皇太子であった他戸《おさべ》親王の安泰をねがって、侍女たちにある種の呪術をやらせたらしい。これを藤原百川が、井上皇后の夫である光仁天皇に、皇后らは天皇を呪い殺そうとしていると密告した。

結果は、井上皇后と他戸《おさべ》皇子が大和国宇智郡に護送されて幽閉され、二人とも三年後のおなじ日に死んでいる（七七五）。たぶん殺されたのであろう。これが史家の説明である。ここでも呪術が事件にからまっている。

聖武帝のときに起こった長屋王の変も、もとはといえば、長屋王が天皇の子をのろい殺した、という密告が原因である。このために、長屋王とその妃は自殺に追いこまれた（七二九）。仕組んだわなにかかったと知っても、それを弁明できがたいところに、当時、呪詛のもつ絶大な力があったのである。

玄昉についてはどうであったか。彼は入唐十八年におよび、玄宗皇帝から紫の袈裟をたまわるほどの学問の精進ぶりであった。帰朝後、聖武天皇も玄昉に紫衣と僧正の位をさずける。けれども玄昉は、聖武帝の妃光明皇后と通じ、皇后は玄昉の子を生んだ。善珠僧正である。玄昉は、道鏡とおなじく催眠術的な呪力の持ち主で、高貴な女性の心を虜にする術を心得ていたのであったろう。

ところが大宰府の長官であった藤原広嗣は、玄昉の不倫を天皇にうったえ、玄昉と吉備真備をのぞくことを理由に反乱を起こした。天皇は追討使をつかわして広嗣を誅した。のち玄昉も筑紫に追放され、大宰府の観音寺の修造を命ぜられた。

一足さきに死んだ広嗣は、悪霊となって、玄昉のまえに赤い衣を着、冠をつけた姿であらわれ、玄昉をつかみとって空にのぼったと『今昔物語』はしるしている。一説には、広嗣の霊魂が、雷となって玄昉の上に落ちかかり、玄昉の首はとおく奈良の興福寺まで飛んだという。

他の説では、玄昉が通じたのは広嗣の妻で、これを知った広嗣が激怒して、玄昉をしりぞけようと乱を起こしたのだという。

広嗣の悪霊は祀られて、佐賀県東松浦郡鏡村の鏡神社にしずまったが、玄昉の霊は天魔となって、愛宕山の謀議に加わっているのである。玄昉のほうが僧侶であっただけに、罪ふかいものがあったのである。

つまり、聖武帝のとき、長屋王の変、藤原広嗣の乱と玄昉の追放があり、淳仁天皇のとき恵美押勝（藤原仲麻呂）の乱と淳仁天皇の配流があり、光仁天皇のとき井上皇后と他戸《おさべ》皇子の自殺があった。これらには呪いとたたりとがついてまわった。

桓武帝は、彼の父光仁天皇の皇后であった井上皇后と他戸親王の非業の死におびえて、都を平城京から長岡京に移し、さらに皇弟である早良親王の自害をしきりに気にして、長岡京から平安京へと都を移している。また桓武の子平城天皇は、腹ちがいの兄弟の伊予親王が謀反の罪をうたがわれて服毒自殺したのち、そのために天皇を退位し、平城の旧都に居を移している。

怨霊への恐怖は宮廷の伝統となりつつあったのである。朝廷が大規模な御霊会をもよおして、怨霊をしずめるまつりをしたのは清和天皇の貞観五年（八六三）のことである。

ここで祀られた御霊とは、(1)桓武帝がおそれおののいて崇道天皇と追号した早良親王（餓死自殺）、(2)平城天皇がおそれた伊予親王（服毒自殺）と、(3)その母藤原吉子（服毒自殺）、(4)平城上皇とよしみをつうじた藤原薬子（服毒自殺）の兄の藤原仲成（射殺）、(5)承和の変（八四二）で捕えられて伊豆に流される途中病死した橘逸勢と、(6)伊豆に流された文屋宮田麻呂の六人である。

これらのうち、藤原仲成は別として、あとはすべて政敵の謀略にかけられた匂いがつよい。飢饉があったり、疫病がはやったりすれば、無実の罪をきせられた。これらの人たちの御霊のたたりと考えるのは、おかしいことではない。朝廷はそれが社会不安をかもし出すことをひどくおそれて、神泉苑で御霊会をいとなんだのである。

神泉苑は、高僧たちが請雨経法を修し、雨をふらせて面目をほどこしたり、雨をふらせることができずに恥をかいたりした場所である。空海と守敏法師との間で、雨乞いの祈禱あらそいがおこなわれたことは有名である。守敏は京都市内だけに雨を降らせることができたが、空海は祈禱の呪術者として聞えただけに、竜王にねがって三日のあいだ天下に豪雨をふらせ、その功で大僧都となったという。

神泉苑の御霊会は、僧侶が講師にむかえられておこなわれたが、そのさい、雅楽寮の楽人の手で音楽が奏され、また、舞いが舞われたという。それは仏教渡来以前の死者の鎮魂祭の伝統を引いたものであった。話が脇道にそれたが、奈良時代以来の怨霊畏怖の伝統を背景においてみると、保元の乱で崇徳上皇と敵対しあった後白河法王が、讃岐に遠流した上皇のことを気にしなかったはずはない。遠流の苦しさを偲ばせる讃岐院という号を廃して、院の徳をたたえる崇徳院という号を贈ったり、寿永三年（一一八四）には、保元の乱の古戦場である春日原に粟田宮をたてて、上皇と頼長の霊を祀ったり、白峰御陵の近くに頓証寺をたてたりしたのは、そのあらわれである。

＊

さて、なぜ愛宕山が治を乱となし、福を禍と転ずる謀議の場所にえらばれたか。

諸書を総合してみると、愛宕山は、もともと帝城をまもるために勝軍地蔵のおかれたところという。勝軍という語は塞の神の塞の語がなまったものであり、地蔵も道祖信仰と習合したものであるから、ここは、帝城に侵入する邪霊を防ぐために重視された山であったことがわかる。当然山岳信仰につながる場所であり、山の神のなれのはてである天狗もふるくから住んでいたのであったろう。少なくとも、崇徳院の時代には、頼長の事件からみて、天狗の像がそこにまつられていた。ということは、その時代には、有力な天狗がいた、ということになる。

全国の有名な天狗には、鞍馬山の僧正坊を中心に、愛宕山の太郎坊、比良山の次郎房、伊都奈の三郎房、富士の太郎、上野の妙義坊、常陸の筑波の法印、彦山の豊前坊、大山の伯耆坊、大峰の前鬼・後鬼・金平六、比叡山の法性坊、肥後の阿闍梨、葛城の行者・高間坊、高雄の内供奉、秋葉山の三尺房、光明山の利鋒房、厳島の三鬼神、白峰の相模坊、如意岳の天狗などがあり、ほかにも、おびただしい天狗が全国の各峰にいる。

さて愛宕山の太郎坊の本体は、崇徳院のかたわらで謀議に参画していた僧正の真済である。真済が他の魔王たちを接待する主人役をはたしているのである。

愛宕山の太郎坊こと真済は、山城の人で、姓は紀氏、弾正大弼御園の子である。少年のとき出家して、空海に真言の教えをうけ、師からその器量を愛された。愛宕山高尾峰に入って修行し、十二年間、山を出なかった。

真済は、しかしその後つまずいた。惟喬親王と惟仁親王との位定めのとき、真済は惟喬親王の験者を承わり、慧亮法師は惟仁親王の験者となって効験をくらべあったが、勝たず、惟仁親王のほうが皇太子となった。清和天皇がそうである。そこで真済は面目をうしない、また文徳天皇に看病をしたが効験がなかったので、ますます志操がくじけてしまった。

そうした失意のときに、文徳帝の皇后のうつくしさをひそかにみて、色欲に迷ったのだという。染殿皇后は、清和帝の御母にあたる。太政大臣良房公の娘である。染殿は所の名で、正親町の南、京極の西、すなわち良房の家を指す。真済は僧正伝灯大法師の位に任ぜられ、六十一歳で死んだが、染殿后に想いを懸け、妖魅となって悩ました。

真済のほかにも、不倫のため魔道に堕ちたものたちがいる。玄昉や仁海がそうである。

仁海は、藤原道長の時代の人で、七歳のときから高野山で修行し、その教えを受けるものが千人にも及んだという。寛仁二年（一〇一八）に大旱魃が起こったとき、東寺の僧仁海は朝廷から命ぜられ、神泉苑で雨をふらす祈禱をおこなって、成功した。こうして旱魃のたびに効験ある修法をこころみ、九度も日でりをすくったので「雨僧正」の名で呼ばれた。九十二歳で死んだ。

そうしたかがやかしい経歴にもかかわらず、仁海は常人とちがって殺生戒を平気でやぶった高僧であった。

「仁海僧正は、鳥を食うの人なり。房にありけり僧の雀をえもいわず取りけるなり。件の雀をハラハラとあぶりて粥漬のあわせに用いけるなり。」（古事談）

「仁海僧正は小鳥を食われけるとぞ。さればとて尋常の僧、この真似をすべからず。」（十訓抄）

仁海の人もなげなふるまいは、ついにある女房と密通して男子を生ませることにまで発展した。その母は生まれた子に、水銀を呑ませて、生殖能力がないようにしたという。

頼豪のばあいはまったくちがっていた。白河帝が、中宮に皇子を生ませたいと思い、三井寺の頼豪を呼びよせて、もし祈禱が成就したら褒賞を与えることを約束した。頼豪は「顕密の法をまなび、じつに法海の長鯨なり。法戦敵なし」といわれるほどの人物であったから、帝からも見込まれたのである。

頼豪は詔を承け寺に帰って祈ると、その甲斐があってか、皇子が生まれた。頼豪は三井寺に戒壇をたてたいと申し出た。しかし帝は、僧正の位をやるのならばともかくとして、三井寺に戒壇をつくれば、日ごろ犬猿の仲である比叡山の門徒とのあらそいが、いっそう烈しくなるのをおそれて、願いを聞き入れなかった。頼豪は誇りを傷つけられ、大いに恨みを含んで三井寺にかえり、持仏堂にこもってしまった。食を断って死のうというのである。

白河帝は、大江匡房をつかわして頼豪をなぐさめようとした。匡房が行ってみると、持仏堂の障子が呪いの祈禱の護摩の煙にくすぶって、なぜか身の毛もよだつような気がした。そのうち頼豪がでてきたが眼は落ちくぼみ、白髪をながく垂らして、顔の正体も見分けられないほどであった、と『愚管抄』は伝えている。このあたりの描写は、『保元物語』がつたえる配流の地の崇徳院を想起させる。

林羅山の文章によると、頼豪は、自分の祈りのおかげで出生した皇子の命を取って、共に魔界に入らんのみと答え、匡房のなぐさめを、にべもなくはねつけたという。頼豪はとうとう餓死した。まもなく皇子は頼豪のたたりで死んだ（皇子の死が頼豪の呪詛によるとするのは、史実にあわないとされているが、それはどうでもよい）。

さて、頼豪は死後、鉄の鼠となって敵である比叡山にのぼり、仏像や経典をかじりやぶって、はなはだしい損害を与えた。そのために鼠禿倉という祠をたてて、頼豪の霊を祀ることにしたが、頼豪はそれでも満足しなかった。その証拠には、彼も愛宕山の密議の席につらなっている。

寛朝は、宇多天皇の孫で、仁海とならぶ僧正であり、円融天皇の信任をうけた。なぜ天魔となったかは、『元亨釈書』によってみても、不明である。

尊雲は、後醍醐帝の子大塔宮護良親王である。護良親王は人も知るごとく、足利直義に弑されたのだから、その怨恨はただならぬものがあったことは、容易に察しうる。

残る一人の高僧慈慧は、俗姓木津氏。十二歳のとき叡山にのぼり、早くから博学をもって知れわたった。義昭という南都の僧侶と論戦して勝った。延暦寺の大火後の復興に功があり、山務をつかさどること二十年、十八代の天台座主となって中興の租と称せられた。

それにもかかわらず、慈慧はなぜ魔道に堕ちねばならなかったか。

ある高僧が、慈慧僧正を濫行肉食の人だと非難したので、慈慧はひどく憤慨して仏に祈ったところ、その高僧は、浄行持律の人に虚言をいった報いだと、狂い歩くようになったといわれるから、慈慧はただのおこないすました人ではなく、奔放不羈なところもあったらしい。しかも呪力を自在に行使できる高僧であった。慈慧はそうした高位にもかかわらず我執のつよい人であった。

比叡山と三井寺とはたえず不和であったが、慈慧は比叡の衆徒に命じて、三井寺の千手院をやきはらおうとした。このことは朝廷に聞こえてとりやめさせられた。しかし、慈慧は死後、みずから甲冑を着こみ、三井寺を攻めて千手院をやきはらった。慈慧が物事にふかく執着した例として、『撰集抄』には、慈慧が髑髏となってのちも、その舌だけが、生きた人のように法華経をよんだという挿話が載っている。このようにして、慈慧大師は行業が高かったけれども、金色の天狗となったのである。

愛宕山にあつまった魔王たちのなかで、崇徳院をはじめとする帝王、皇后、親王はいずれも政敵のため僻遠の地に怨みを呑んで死に、あるいは暗殺されたのである。死後、怨霊となって復讐する理由は十分にある。

しかし、これまで紹介してきた高僧たちが魔道に堕ちた経緯はさまざまであった。玄昉、仁海、真済は人妻と姦通したためであり、慈慧は宿執のゆえであった。つまり、身から出た錆というもので、地獄に堕ちることはあっても、天魔となって人にたたりをするいわれはないようにみえる。失意のあまり餓死をもって抗議した頼豪だけが鼠となって、腹いせに叡山の経巻をかじる資格をもっているくらいである。しかも、なぜ彼ら高僧たちは、怨霊となり魔王となって再生することができたか。

＊

ここで林羅山の『本朝神社考』と、それを発展させた平田篤胤の『古今妖魅考』をもとに、高僧たちが天魔となった理由を考えてみたい。もっとも、羅山も篤胤も排仏の立場をとっているから、その所論は当然高僧にたいしてもきびしい。

しかし、ひるがえって考えるならば、すでに『太平記』に前述の愛宕山の天下擾乱の記事があり、それに高僧たちが魔王となって参加しているのであるから、そうした考えは、羅山や篤胤以前にさかのぼるとしなければならぬ。排仏論者の一方的な裁断ではなかったのである。

『本朝神社考』にいう。

「もともと日本は神国だったのに、中世に仏教が入ってきたが、仏教はわが国の神道をはなれては成立しがたいので、仏が本地で、神はその垂迹という説を立てた。時の帝王や高官は、その邪説を悟らず、神社と仏寺とを混雑させてすこしもあやしまず、巫祝と僧侶とを同居させるにいたり、神道はまるで衰滅したのも同然ということになった。」

以上の趣旨にもとづいて、篤胤は力説する。最澄、空海、慈覚、智証などの大先達はすべて、神仏を混合させた本地垂迹の妄説をひろめた張本人たちで、天狗道におちた大妖魔である。

彼は、たとえば空海を論じて、「広大の希欲に高野山を窃《もの》して、その山の神を誣《しい》たる妄語せるが魔事なるに……天竺は更なり、漢籍にもかつてみざる大日仏という仏名を偽作し、翻して、摩訶毘盧遮那経を大日経と訳し、その本縁に、かしこくも天照大御神を、おのれが偽名の大日仏と、人の思い紛うべき幻影を巧み出し」たことを糾弾する。

空海にかぎらず、名聞利養のために、魔事妄言をし、増上慢の悪念ふかく、呪法を濫用する高僧は、彼のいわゆる釈魔にならざるを得なかった。我執のつよい大智の僧は大天狗となり、小智の僧は小天狗となり、無智の僧は畜生道に堕ちる。畜生道に堕ちたものの多くは、屎鳶となって、種々の変相を現じ、世をも人をもたぶらかす。——これが篤胤の説明である。

「仏法者なるがゆえに地獄には堕ちず、無道心なるがゆえに往生もせず、末世の僧はみな無道心にして驕慢あるがゆえに、八宗の智者は十が八、九は天魔となる。これを天狗と申すなり。」

要するに、どんなに徳が高く、またすぐれた業績があっても、煩悩にとらわれ、慢心をおこし、智慧にほこるものは、魔道に入らねばならぬのである。

天狗には男性だけでなく女性もまたなるのである。驕慢な尼法師がなった尼天狗は、頬は天狗のようであっても、頭は尼法師なのである。左右の手に羽を生やしていても、身体には衣に似たものを着て、肩には袈裟のようなものを懸けている。また天狗となっても尼法師は頭に蘰《かずら》をかけ、紅粉白物《こうふんはくもつ》のようなものを頬につけている。大眉をつくって、黒い鉄漿《かね》をつけている者もいる。紅の袴に薄衣をかけて、虚空をとぶものもいる。

こうして、清少納言もまた尼天狗となったと断じている。清少納言が驕慢であったのは『枕草子』を見ればわかることだが、と前置きして、篤胤はつぎの挿話をつたえる。

源頼光が四天王たちをつかわして、清原清監を討ったときに、清少納言はその姉であったから、たまたまおなじ家にいたが、法師に似ていたから殺そうとすると、自分が尼であることを示すために、ぱっと裾をまくり上げてみせた。

これなどは、尼であるしるしを見せるのであれば、乳房を出せばそれですむのに、裾をまくったというのはあまりなことで、はなはだしい驕慢な仕草である。だから尼天狗になったのも当然だというのである。事の虚実は別として、清少納言の性格をよくあらわしている話ではないか。

清少納言といえば『枕草子』に描写されているように——僧侶が巫女や貴人の側近の侍女を、「よりまし」に使って物の怪をのり移らせ、自分は陀羅尼などの経文をよんで、憑いた怨霊を退散させる方法をとることが少なくなかったことがわかる。験者は巫女を霊媒に利用して物の怪を現出させ、それを加持祈禱によって調伏する方法をえらんだ。

ここに日本古来の原始宗教に属する巫女と、仏教の験者との癒着が見られる。その共通なるものは、巫女の託宣と呪詛であり、験者の祈禱と呪法なのであった。

『本朝神社考』に比叡山の行者陽勝というもののことがのっている。陽勝は、聡明であるうえに、あわれみぶかい性質で、裸の者に衣を与え、飢人をみれば自分の食をゆずった。あとでは比叡山を下り、夏は金峰山に入り、冬は牟田寺に下って修行した。穀を絶ち、野菜を絶ち、木の実、草の実で飢えをつないだ。しばらくして蹤跡を絶ってしまった。

その後古い友人が金峰山で陽勝に会った。そのとき、陽勝は、自分はこの山に五十余年も住み、年も八十をすぎた。自分は仙人の法を修めて、身自在を得た。天に昇り地に入りて飛行無碍である、と語ったという。また吉野山で会った別の者には、自分は身に両翼を生じ、空中に飛遊する、と告げたという。

これでみれば、陽勝は修行の結果すでに羽を生やしている。天狗の姿と力を得ていると考えてよいであろう。

古来、山に住む原住民は、山の神に仕える者として、神聖さと畏怖の感情をもって迎えられ、その異貌のために里人におそれられたにちがいない。今日でも、マタギは、けわしい尾根みちを信じられぬほどのはやさで何十里と歩くといわれるが、そうした山住みの人たちの異常さは、山人の異貌ともあい俟って、空中を自在に飛行する天狗の仕業とも思われたろう。それが山に入って何年、または何十年と修行する仏教の行者のイメージと重なりあった。山の神に仕える山人と、山中に籠居して心身を苦しめる行者とは、並はずれた能力をもつものと考えられた。

たとえば前鬼・後鬼のように、はじめオニ（鬼）と呼ばれていた山人も、修行者とともに天狗の呼称のもとに統一されていったのではないか。天狗は人をたぶらかす妖魅であり、悪魔として、その内容を一段と変化させた。山岳で長年修行をつんで、しかも悟達することのできなかった高僧たちは天狗の仲間入りをし、すすんで魔王となった。

ここで思い出すのは、南蛮渡来の耶蘇坊主たちが、悪魔をジャボまたは天狗と翻訳していることで、一例をあげれば『ぎやどぺかどる』に「いつわりの大将、たばかりの司なる天狗」とよび、「汝があにまを天狗の障碍に負わざるように守れ」と述べているのがそれである。

悪魔は地下闇府の悪鬼を意味するよりは、むしろ空中を飛行する天狗のほうを想像するほうが、紅毛人のいいいぱーどれにも日本人のいるまんにも容易だったからではあるまいか。それは悪魔のルシヘルが、もともと翼をもつ飛行自在の堕天使であったことと関連があると思う。

ハビアンの書いたといわれる『破提宇子《はでうす》』のなかに、

「無量の安女《あんじよ》（注―天使）の内に『ルシヘル』といえる安女《あんじよ》、おのれが善にほこりて、われはこれデウスなり、われを拝せよとすすめしに、かの無量の安女の内、……彼に与せし三分の一の安女をば下界へ追下し『インヘルノ』に堕せしめ玉う。これすなわち安女高慢の科によりて『ジャボ』とて天狗となりたる者なり。」

とあるが、善天使と悪天使の群との闘争のありさまは、ミルトンの『失楽園』の挿絵を思い浮かべるまでもなく、猛鳥の群のたたかいそっくりである。ついでながら『破提宇子』はつづけて、

「万事にかなうデウスならば安女《あんじよ》の科に堕ざるようには何とて作らざるぞ。科に落つるをそのままに任せ置きたるは、すこぶる天魔を作りたる者なり。無用の天狗を造り邪魔をなさするは何ということぞ。

けだしデウスの造りそこないか。但しまた安女《あんじょ》は天地万象を造りたるという。そのコケラクズにて『インヘルノ』の猛火に燻《く》べたるか。嗚呼大笑。」

と瀆神の笑いをほしいままにしている。

セリグマンは「悪魔はなんでも望むものになれる」といい、カエサリウスの言葉として「悪魔は鳥、猫、犬、雄牛、ヒキガエル、猿、熊の形であらわれることができる」という。

仏教の地獄では、悪鬼羅刹は罪ある亡魂を責め苦しめることに終始して、生きた人間世界に禍することはない。地上の国と地下の国に一線が画され、限定された職業意識の枠からはみ出ることはありえなかった。とすれば、日本人の伝統的な感覚にぴったりした魔の概念は地獄に求められず、翼をもって現世に出没する天狗の訳語をもって、これに代えるほかなかった。

篤胤はそれを別の言葉で説明する。

「仏法を行ずる人がややもすれば魔道に入ると申すことはいかなるゆえぞや。仏道の障となる者をば、すべてこれを魔業と名づく。魔業を成すれば、かならず魔道に入る。魔王とは欲界の第六天にあり、これを天魔と号す。魔民とは尋常の天狗これにあたれり。」

つまり篤胤は仏法の行者が魔道に入ることが多いのは、行をつうじて一種の神通力を得、それを悪用することができるからであって、それを天魔と呼び、天狗は尋常の魔民だと考えている。織田信長が自分は第六天の魔王だと誇らしげに自称したことを想起させるが、私が力説したいのは、むしろ、大魔王たちの形相が天狗と似通っている点である。そしてそれは、行者が山岳に入って修行したことや、修験道の発達とも関係があると見なければならぬ。

山ふかき場所であればこそ天魔という言葉がぴったりし、修行をつめばつむほど飛行自在としておそれられ、しかも鷲や鳶などの猛禽類が常住群をなしているというさまざまな事柄が、魔と天狗との類縁を不可分のものとしたのである。

序章で述べたごとく、日本では悪は、弱さのしるしまたは「欠如」ではなく、「猛々しさ」を意味するものであった。呪詛は、女々しい心情の吐露でなく、相手を斃す武器なのであった。覇者である武士が、現実のうえでは無力な怨霊にすがるということも、裏をかえせばそこに帰着する。

崇徳上皇の御名は、私が少年の日に愛読した『雨月物語』のなつかしい思い出につながるものでもある。いまだに私は、「あふ坂の関守にゆるされてより……」という書き出しにはじまる「白峯」に心の波立ちをおぼえずにはすまない。

加賀・能登の天狗伝説考

小倉學

一

天狗は、「山中でのさまざまな怪異現象に関して、それを起す本体と考えられている妖怪」（東京堂『神話伝説辞典』）、あるいは「鼻が高く、修験山伏のような服装をし、羽団扇をもち、空中を自由に飛行するという妖怪」（朝倉書店『新版郷土史辞典』）だと説明されている。これが現在、天狗に関する通説だといってよかろう。

天狗については、早く柳田国男先生に『山の人生』を始めとする卓説があって、学恩を蒙ること深厚なるものがある。これらに導かれて地方の天狗伝説を広く集め綿密に検討を加えていくとき、天狗にも地方的特色といったものの存することに気づき、なかには、従来見過ごされてきたいくつかの属性を見出す。そんなところから天狗伝説もこの際、再検討してもよいのではなかろうか。そのためには、今一度、地方ごとに天狗伝説を集成吟味して全国的比較研究に資する必要があるのではなかろうかと感じられる。この意味において、加賀・能登（石川県）の民間における天狗伝説を改めて検討してみることにした。

天狗伝説は時代とともに信を失なってきた。天狗の憑依するという天然記念物も枯損あるいは破壊され、伝承は急速に消え去っていく。しかし、地域によっては、まだ天狗は常民の生活のなかに生きている。たとえば加賀地区の能美郡川北町地帯においては、家屋の建て前儀礼に、藁三把をつけた糸枠を家のオモ柱に結びつけ、糸枠の上に鯖を載せておく。これは天狗が家に入らぬ魔除けのためだとされる。藁三把の代りに大工の尺竿をつけるところがある。後述のごとく天狗が鯖を嫌うと信ぜられるところから、鯖をおいて天狗の巣づくりを避けようとするのだという。かような習俗はかなり広く遺っている。越中の砺波地方でも建て前のとき、囲炉裏の予定箇所の上に火カギの模型に天狗が嫌うという味噌と干鰯とを包んだ藁苞をさげる。こうして家移りするまで天狗が入るのを防ごうとしている。

加賀・能登には、どのくらい天狗伝説があるのだろうか、もとより明らかではないが、今ここに検討の対象としたものは、昭和初期までに成った郡誌[1]や近世の地誌・奇談集の類を中心とし、これに年来採訪にかかるものを加えた五四例で、郡別にその数を掲示すれば上のごとくである（金沢市は便宜上、石川郡のなかに入れた）。

	郡名	天狗伝説地等
加賀地区	江沼	5
	能美	5
	石川	17
	河北	6
	小計	33
能登地区	羽咋	1
	鹿島	8
	鳳至	10
	珠洲	2
	小計	21
合計		54

以上の天狗伝説を検討するのに、伝説が信仰によって支えられてきた点を考慮して、できるだけ地域社会の関係習俗を併せ考えることにした。これによって、はじめて加賀・能登の民間に伝承せられてきた天狗の実態ならびに特徴が把握できると思われる

からである。

二

天狗はいかなるところに棲息するのか。山中の妖怪というのであるから深山幽谷ということがまず考えられる。しかし実際はかならずしもそうではない。金沢藩の支藩だった大聖寺藩の郡奉行の宮永無学の著わす『江沼郡雑記』(2)に

予、御郡奉行の時、御郡の事色々聞きし序に、今俗にいふ天狗のことも聞きしに、却て奥山方は天狗の沙汰なきにあらねど、甚だ少し、唯御城下近くの山々其の沙汰多し、

としるすように、奥山よりも城下近くの山々すなわち邑里に近いところに多いというのは、人間との接触がしばしば見られるところでなければ天狗は出没しないからであろう。上記五四例のうち山や谷が二〇例をしめるが、いずれも邑里を去ること遠くない地域で、日常通行したり仕事場になっているところが多いのである。そのうちいわゆる断崖絶壁をなす岩壁が五例ある。天狗壁・天狗岩・天狗山の名がつけられている。天狗は羽翼を有するのでかように人間の近づきがたい険阻な高所に棲むと信じられたのであろう。

もっとも著聞するのは能美郡山上村（辰口町）岩本の天狗山である。手取川に沿う岩山で、山頂には天狗のお休み場と称する大岩がある。手取川に面するところは絶壁をなし、ここを天狗壁という。直下の川は御座が岩・御座が淵とよばれ、いかにも天狗の棲息する地域にふさわしい感のするところである（郡誌）。また白山麓の石川郡白峰村の河内谷にある天狗壁は、岩本の天狗山以上の断崖で、牛首川右岸にそそり立つ。岩壁が凸凹して椀皿をつけた形状を呈するのでゴキサラカベともよばれる。断崖の高所に雲形の穴が見えるのは風雪のため出来たものだろうが、古来、天狗のホリモノだといわれている。

意外に多いのは、山ではなくして人の住む村里である。村はずれや神社の森を入れて二一例を数える。そのなかには屋敷内の主屋が三例もある。いわゆる天狗の間である。さらに金沢や大聖寺といった城下町にも天狗が出没したと見え、五例を算する。いわゆる天狗つぶての類が多い。金沢の本多町の武家屋敷には天狗の棲む楓の木もあった。

以上は天狗の棲む土地であるが、さらに具体的に見れば、天狗のもっともよく宿るのが樹木であって一八例を算する。樹木の種類は松が一一例で一番多く、つぎは杉の三例、以下タブ、欅・石楠・公孫樹・桂・柏・楓が一例ずつである。このうち天狗の称を冠するものとして天狗松が八例もある。これらの松・杉を見るに、普通と異なる枝ぶりを呈するものが多い。能美郡山上村（辰口町）の岩内の天狗松・鹿島郡能登島町向田の天狗の休み松・鳳至郡能都町宇出津の亀松・同郡三波村（能都町）間島の大杉・珠洲郡木郎村（内浦町）の天狗のホヤ松などがこの例である。右のうち能登島町向田の天狗の休み松は、もとヤミとよばれた山中の通路上に大正中頃まであった。上方の枝葉が四方に広がり、その上は坐するにまことに格好な形状を呈するによって天狗の休み松といわれた。あるとき村人がこの松の下で休息していると、上から天狗の煙草の吸いがらが頭上に落下して熱いめにあったといわれる伝承のある松だった。宇出津の亀松は松葉の繁茂ぶりがあたかも亀が伏した姿をとり、天狗の休息所といわれて畏敬された松であり（郡誌）、間島の大杉は樹齢八百年といわれ、枝が四方に広がり地上一、二尺のところまで垂れるという名木（郡誌）。木郎村四方山の天狗のホヤ松は繁茂する枝葉がランプのホヤ状を呈し、しかも枝が垂れさがり、おのずから尊崇の念を起こす松である（郡誌）。かような形状のものは、柳田先生が「天狗松神様松」（著作集第十二冊『神樹篇』所収）において説かれたように、神の宿る樹として古来畏敬され、天狗が山の神として祭祀された昔時を偲ばしめるものがあるといえよう。

つぎは天狗の姿態について見よう。石川郡白峰村の伝承によれば、天狗は隠れ蓑・隠れ笠をつけるため姿が見えず、かつ神通力を有するので、いかなるところへも行け、いかなるものにも化けることができるという。能美郡西尾村（現・小松市）の天狗巌伝説では、天狗にさらわれた次郎が一ケ月後に父の枕頭に姿を現わし、白髪の老翁に連れられて巌窟内で生活したことを告げた（郡誌）というから、ここの天狗は白髪の老人の姿をとっていたのであろう。石川郡鳥越村の虎狼山の天狗は、白昼、白馬に化して釜清水の与兵衛の妻女を蹴倒して負傷させたが、附近で農耕していたものは一人としてその白馬を認めるものがなかったという。また、ここを三ッ屋野の熊谷某が暗夜に通行すると、突如四辺が明るく輝き、一巨人が仰臥するのを見たといわれる。この二話はいずれも明治末年のことだという（郡誌）。

鳳至郡七浦村（門前町）の老人が夜、市ノ阪附近で四人の大男に地上へ投げつけられた。その大男が煙草の火打石を打つのを見たところ、火の長さが三尺もあった（郡誌）というから、ここの天狗は巨人と見られたことが判る。同じく七浦村の作次郎なるものは天狗から大力を与えられてより天狗がしばしば来訪するので、その家屋内部は長押を用いなかった。天狗の鼻が触れるのを恐れたからだという（郡誌）。以上によって天狗がどんな姿態のものと見られていたか、その大概を知りうる。

つぎは天狗の嗜好について見よう。世に天狗の酒買いといわれるごとく酒を愛好すると見られた。珠洲郡木郎村（内浦町）の天狗のホヤ松では、大天狗が小天狗を集めて酒宴を開くことが度々だったという（郡誌）。おそらく酒宴のようなざわめきが聞えたのであろう。羽咋郡志賀町福野の雄谷家の天狗の間については後述するが、ここでもしばしば酒宴を催すがごときざわめきが聞えたという。鹿島郡徳田（現・七尾市）飯川の大欅は高さ十五間、樹齢五百年といわれ、国道沿いにそそり立ち古来天狗が棲むといわれる大樹である。道路を距てた向こう側に七尾酒の元祖堀岡家の酒倉があった。その酒倉へ天狗が酒呑みにくるときは、村内に凶事がおこる前兆だとされた（郡誌その他）。能美郡山上村（辰口町）宮竹の上木山は天狗の山として知られたが、頂上の老松一株を天狗の棲息すべきところとして残し、他をことごとく伐採した。その老松も明治七年に産土神社拝殿新築用材として伐り倒したところ、緑色の小杯が樹上より落下した。村民はこれを天狗の杯として今も至宝として伝来している（郡誌）という。天狗愛用の酒杯とは面白い。朱塗の天狗面などから連想したのであろう。

つぎに天狗が喫煙すると見たのは、前述の鹿島郡能登島町向田の天狗の休み松や鳳至郡七浦村（門前町）市ノ阪の天狗が煙草の火打石を使った所伝によっても知られよう。

天狗の嫌うものは鯖である。これは最初にも触れたし、さらにまた後述するであろう。石川郡白峰村の伝承では餅を蒸す香気を嫌うという。詳細は後で述べる。柳田先生の『山の人生』によれば、美濃あたりでは天狗は狗賓餅《ぐひんもち》を好むというが、この餅は飯を普通よりこわく炊ぎ、それを握って串に刺し、よく焼いてから味噌を附けたものだという。

三

天狗の所業には気まぐれなところがある。石川郡白峰村の天狗壁の伝承であるが、秋の好日、出作り者が臼・杵にてカマシの穂がちをしてタボコ（休息）のとき、杵がひとりでに飛びあがった。呆気にとられていると、天狗壁の高所の突出した岩上に杵が載ったかと見れば、その杵が動いて岩頭を臼にしてコンコロ、コンコロと臼がちを始めた。しばらくすると、空中に声あり、見ていると面白そうだが、やってみると辛いものだ、そら、な（返）すぞという声とともに杵が空中を飛んでもとのところに戻ったという。天狗のいたずらである。同じく白峰の朝鮮壁も天狗の棲息地として知られる。春の一日、茂七という男がアザミを採集していると、いずこからともなく、茂七チャ、インプクナラ、ワシャインプク、カンプクジャとよんだという。その意味は判らぬが茂七をからかったのであろう。

鹿島郡能登島町鰀目の天狗伝説によれば、この地の氏神社である嶽神社が鎮座する円丘は、天狗が一夜のうちに造成したもので、最後の土をモッコで運搬していたところ、早起き甚五郎の藁打つ音が聞えたので夜が明けたとし、モッコの土を甚五郎家の前に投棄した。その土が塚状をなし松が生じて大木となった。その松を天狗松として今も秋祭には注連縄を張って祭典があげられている。

かような気まぐれ行動は他愛のないものであるが、天狗はこうした穏やかな行動にのみ出るものではない。よく知られるのが、どこからともなく石が飛んでくる「天狗つぶて」、大木を伐り倒す音がして程なく大音をたてて地上に倒れる「天狗倒し」、時ならずして笛・太鼓の音のする「天狗ばやし」といった脅威を与え恐怖を起こす所業をはじめとして、不測の危害を加えたり、あるいは進んで人さらいの挙に出るのである。したがって、これらに関する伝説が多い。

寛政十一年正月の序を有する『聖城怪談録』(3)は、加賀百万石の支藩である大聖寺藩主前田利考が宿衛の諸士を集めて物語らせた妖怪談を悠々翁に編集せしめたものであるが、その一節に天狗つぶてがある。すなわち

何方ともなく夜中礫を打つ事あり、俗に是を天狗礫といふ、敷地神主大江相模守、或夜咄に出で、夜半ばかりに帰り、藤の木へ行かゝりしに、上の山より礫を打つ事しきり也、石、足もとへ落るゆゑ行止り、とくと見れば石一つもなし、川へ落つるを見るに、水波はうちけれども石はなしといへり、瓜生伝母も、或夜外馬場の辺にて足もとへ礫を打たれ、大きに難儀せしと也、

とある。これは、江沼郡の大聖寺という城下町における出来事であり、しかも石つぶてに遭ったのが、人も

あろうに敷地の菅生石部神社の神主大江相模守だったのである。百万石の城下町金沢においても、宝暦五年に、市中の尾張町・今町という繁華街にて天狗つぶてが見られたのである。すなわち『金沢古蹟志』巻二十九(4)に

加藤惟寅の蘭山私記に、宝暦五年三月、尾張町・今町辺、天狗の所業なるか、昼夜礫を打つ事甚敷不レ止といふ事見えたり……後世、天狗の所為とて礫を打つなどいへる事折々あり、実に天狗てふものあるにや、年譜にも、宝暦五年三月尾張町・今町地辺、打レ礫昼夜甚しと記載して此の頃の珍事とす、

と見える。天狗倒し等については『聖城怪談録』にも

盲人養順といへる者、いまだ目しひざる以前、もとは高塚村の百姓なりしが、菩提領境へ薪を剪りに行きけり、二三人連にて行きけるに、遠方ゆゑ其所に小屋をかけて夜中泊り居たり、然るに彼の小屋へ礫を打つ事頻り也、扨刃物を研ぐ音なども聞え、其内には木を剪る音も聞えけり、皆々おどろき、是は必ず天狗の所為なり、おそろしき事哉とて潜み居たり、

とするすところがある。

天狗ばやしの伝説は一番多い。石川郡二塚村字野(現・金沢市神野町)の須天八幡神社境内の天狗松は、夜三更、寂として声なきとき笛や太鼓の音の聞えることがしばしばあったという(郡誌)。同郡白峰村大道谷では、天狗のすむ断崖に太鼓の音が時折りするところから太鼓壁とよばれる。同村下田原の下田原川の岸にそそりたつ絶壁もケシキガワリ(気候の変わり目)には天狗の太鼓を打つ音がよく聞えたという。羽咋郡志賀町福野の雄谷家にある天狗の間も、時あって太鼓や笛の音が聞えるといわれる。また『江沼郡雑記』には

曾宇村領に至れば、高山の半腹に魚鷹巌とて奇岩見ゆ、是曾宇村より二里半許奥セメミ谷にて、東ケ

谷にある大岩なり、天狗居て、此所には夜半に能囃子を聞きたる者もあり、と見えるが、能楽の盛んな加賀地区だけあって、天狗ばやしも、これを能囃子と聞いたというのであって興趣ふかい。

天狗が加える危害のうち、石川郡の白峰村では、「天狗の剣にかかる」ということを説いている。山中で原因不明の怪我をしたり、あるいは死をとげた場合、天狗の剣術の剣にかかったためだとするのである。白峰村の女土工が、朝の仕事始めに転倒して足の太股を打ったが、気にもかけないでセメント袋を担いで約一町の山道を登った。仕事場に着いてセメント袋をおろし、太股に触れると出血していることに気づいた。モンペは異状もないのに太股が深さ七、八分、長さ五、六寸ばかり鋭利な刃物で切られたかのごとく血が流れ出ているのを見て失神してしまった。これは戦後間もないことだという。さらに同じく戦後のことだが、これまた白峰村の女土工が昼食の湯茶の水を谷川に汲みにおりたが、いつまでも帰ってこない。同僚が見におりたら頭を粉砕されて死んでいた。そこは平坦地で落石のあった様子もないので不可思議きわまる死だった。これも前と同じく天狗の剣にかかったにちがいないと当時もっぱら噂されたという。右は、能美郡西尾村(現・小松市)の天狗厳において、天狗にさらわれた次郎が父の枕頭に現われて、時々橋下にて剣を学ぶので橋上を行くものあらば剣にふれて傷付くことがあろう、かかる場合に備えて傍に白紙を置くから、もし剣にかかったときはこれを疵に貼付せよ、さすれば癒えるであろうと告げた(郡誌)という所伝に合致するようである。

四

天狗の所業のうち、もっとも怖れられかつ罪ふかきは神隠し・人さらいであろう。石川郡白峰村の大道谷には太鼓壁とよばれる天狗棲息の断崖があり、天狗がよく子供をだまして連れ去ったという。よって好天に仕事の手伝もせずウロンとしている子供がおると、天狗が連れて行くぞと親がよく戒めたものだという。白峰地方では、天狗は親の言をきかない悪童を捉えて隠すといわれている。加賀・能登の天狗伝説中、天狗にさらわれたものが後に許されて帰宅したとか、あるいは夢に現われたというのが五例もあって注目される。

能美郡川北町の草深の天狗松は、草深の甚助の墓じるしの松として知られていた。甚助が、かつて天狗に捉えられて行方しれず、その間、剣術の奥儀をきわめて帰り、深甚流の祖となったと伝えられている(郡誌・『加賀志徴』巻七等)[5]。同じく能美郡西尾村(現・小松市)の天狗巌については前にも述べたが、樵夫の利兵衛の子で神童といわれた次郎が突如として姿をかくし、ついに発見することができなかったので仮りに葬儀をした。それより後、山中では太鼓の音がする、伐り倒した老杉が空中に浮かぶ、大石が落下する、山地が崩壊するという怪異が続いた。しかるに一ケ月後、次郎が父の枕頭に現われて一部始終を語るには、白髪の老翁にともなわれて巌窟のなかで生活している、老翁は天狗の属である、人間は天狗の世界を侵してはならないと告げて行くところを知らず、これを聞いた父利兵衛は大いに怖れ、ついに山樵を廃して遠く去り、これまた終わるところを知らずというのである(郡誌)。

石川郡の松任には名物アンコロ餅の由来にまつわる天狗伝説がある。出城村の成《なり》(現・松任市成町)の円八なるもの、一夜天狗にさらわれたが数年後に飄然と帰り、天狗の秘伝だというアンコロ餅を製して繁昌、子孫相伝えて現在に及ぶというのである。同家の庭に天狗柏がある。これは年老いた円八が元文二年六月十六日という日に柏の苗木を植え、この柏の繁茂するかぎり家業もまた栄えんと遺言したと伝えるものである。以上は郡誌のしるすところであるが実地採訪によればいささか異なる。すなわち円八が姿を隠したのは元文二年六月十七日のことで、その前日に柏の苗木を植えたのだという。姿を隠したというのは天狗にさらわれたのであろうが、ふたたび帰ることなく、ある夜女房の夢に現われ、鞍馬の天狗につきて修行中なれど上達せざるは妻子に心ひかれるがためと思われるにより、爾今夫婦の縁を切るべし、ついては生計の手段としてアンコロ餅の製法を伝授しようと告げるところがあった。これがアンコロ餅の由来だという。これより円八家では、円八の姿を隠した六月十七日を命日とし、天狗を尊信してきた。この日を天狗になった日として重んじたのである。円八遺愛の物を納めた土蔵には、時あって太鼓や鈴の音がしたという。大正十一年に家娘が病死したとき、先祖を粗末にしたからだという八卦に従い主屋に連接する祠堂を建て、中央に円八の遺物、左右に天狗の眷属を祀り、円八坊大権現あるいは天狗堂とよんでいるのは、天狗信仰として看過できないであろう。ちなみに天狗柏は台風のため倒壊し、今は若枝が存している。

前述の草深の甚助は天狗について剣術を修め、円八も天狗の修行に励んだのであるが、天狗の修行はすこぶる厳しいものだという伝承が石川郡白峰村にある。すなわち同村赤岩の助六なるものが天狗にさらわれて特訓をうけた。高い岸壁から飛べというが、怖れて飛ばぬと蹴おとされ、下方でフゥワリとうけとめる。つぎには下から高所へ飛びあがれという。できないと天狗がポンと下よりおしあげると、やっと飛びあがれたという。また、さらってきた悪童には仕事のノルマを課したという所伝が同じく白峰にある。それは煙草の吸いがらを毎日三升あて拾うことを命じ、できない場合は、頭および手足をばらばらにもぎとって岸壁よりまくり落し、さらにそれを継ぎ合わせてもとの人間にした。たくさん拾ってきたときはコクボンの菓子と称する美味しいものを与えたという。あるとき捉えてきた子供を、後日連れに行くことにして一旦帰宅を許した。家人は喜んでわが子に御馳走を食べさせた。天狗は餅を蒸す香気を嫌うといわれていたので餅を蒸し始めたが、蒸しあがらぬうちに、天狗の使者といわれる鳶が一羽鳴いて舞い下りてきたかと見れば、子供は、ハイハイただ今と応えるや忽ち連れ去られて行方も知れず消え失せたという。以上白峰の伝説の大部分は、白峰の古老山下鉱次郎翁（昭和四十五年没、七十二歳）および加藤勇京翁（明治二十九年生）の伝承による。

天狗が鯖を嫌うということは前にも述べた。さきに引用した『聖城怪談録』下巻に見える高塚村の養順が、山中で天狗つぶて・天狗倒しなどに遭って同行のものと山小屋に潜んでいたとき

其中に一人いへるは、昼食し残せし塩鯖あり、是は天狗の嫌ひのよし聞き及びたり、是を懸け置く時は其所へ来る事なしとて、其儘、其塩鯖の食し残りを小屋の軒に懸けたり、夫を力にゆらゆら夜を明かしけり。


としるしている。能美郡川北町上先出の伝承に、サクとよばれた少年が行方不明になった。このとき親が「鯖食うたサク」「鯖食うたサク」と二晩唱えてまわったところ、甚兵衛どんの倉に寝ていたのを発見、尋ねてみると、天狗に捉えられて欅の梢に載せられたのをおろして貰ったのだという。明治末年の実話だといわれる。柳田先生の『山の人生』にも、同じ能美郡遊泉寺村でやはり神隠しに遭った伊右衛門老人を「鯖食った伊右衛門やい」と村人が口々に唱えて探し歩いて発見したという立山徳治氏の談話を掲げておられる。

天狗にさらわれたのとは異なり、みずから進んで天狗になることを念じ、ついに天狗に化したという伝説が金沢にあった。『金沢古蹟誌』巻十二に見えるところである。すなわち加賀藩の老臣本多氏（五万石）の家老で本多町に屋敷のあった千石どりの篠井雅楽助の若党が天狗化生の祈念むなしからず、ある日煙のごとく消え失せた。その後、主人篠井氏の夢に現われ、奉公中の御礼として馬の鞍とお守りを差し出した。このお守りは天狗にさらわれたとき携えて本人を探せば、かならず発見するという霊験のあるものだが、効能の期限が七代かぎりだという。醒めてみれば、鞍は庭の楓の枝に掛かり、お守りは枕辺にあった。これより金沢市中で子供を天狗にさらわれたものは、このお守りを請けて捜索するに、果たして子供を発見したという不思議な伝説である。参考のため抄出しておく。

旧伝に云ふ、昔篠井氏に召仕はれたる若党あり、此の者天狗に化生せんとて、部屋へ入り常に祈念しけるに、或日部屋に籠り居ける処、部屋より真黒なる煙出でたり、人々驚き走せ行き見るに、戸口は内より縮り致し有るゆゑ、如何して出でたりけん、其の者居らず、僅に窓の紙破れ居たるのみ也、然るに其の後篠井氏夢中に彼の若党来り、奉公中懇意に仕はれし礼を述べ、せめての御礼に奉るとて、鞍と守りとを指出し、此の守は天狗にさらはれたる者ある時、携へ求むれば必ず出づるなり、但し七代迄の守り也、若し七代を過ぐれば、その霊験なきよしをいふて立去りたりと也、夢さめけるに、守りは即ち枕辺にあり、鞍は露地の楓に掛かれり、右守りは箱に納め封緘してあるがゆゑに、如何なるものか詳かならず、鞍は鉄にて造りたるなりといひ伝へたり、依りて従前は金沢市中に子供など天狗にとらはれたりとて、親族共尋ねに出づる時は、必ず篠井氏より彼の守りを乞請け、是を携へ尋ねけるに、果して出でけりとぞ、右守りは七代迄の霊験にて、夫より後は霊異なきとの事なりしが、今源吾といふ人にて既に七代に及べり、然るに明治維新の後は天狗にとらはるといふ事絶えたり、是も不思議なる事也といへり、右には明治維新後は天狗にとらわれるということが絶えたとあるが、かならずしもそうでなかったことは、柳田先生の『山の人生』に徳田秋声君談として、明治十年頃に金沢市浅野町の徳田氏の隣家の二十歳ばかりの青年が行方不明になった話が出ている。この青年は、発見されて正気づいたとき仔細を問うと、「大きな親爺に連れられて、諸処方々をあるいて御馳走を食べて来た、又行かねばならぬと謂って駆け出さうとした」そうである。

河北郡（内灘町）西荒屋に明治初年まであった天狗松は、「村民時に踪跡を失ひたる者ある時は、此の樹下に来りて名を呼び、以て天狗に返還を求むるを常とせり」（郡誌）という松だった。この松に棲息する天狗に哀願したのである。

天狗には、人間に恐怖を与え、あるいは危害を加えあるいは人さらいなどの罪ふかい所業があるとされる反面、恩徳を施すこともある。江沼郡山中町水無山の岩ヶ谷の天狗は、往昔撃剣の秘術を授けたことがあるという（郡誌）。能美郡川北町草深の甚助は天狗に捉えられて数年後に帰ってきたが、天狗について剣の奥儀をきわめていたことは前にも述べた。金沢の本多氏家老篠井雅楽助の若党は天狗に化してから主人に馬の鞍とお守りとを贈り、石川郡の松任にては円八家に秘伝のアンコロ餅の製法を教えたことは既述の通りだし、河北郡森本村梅田（現・金沢市梅田町）の蛇原の天狗は、隣村八田（金沢市八田町）の弁慶というものに武芸の奥儀を授け（郡誌）、鳳至郡七浦村薄野の作次郎は天狗より非凡の大力を与えられたによって、毎夜猿山より木材を運んで家屋を建て、天狗の間をつくって天狗を迎えた（郡誌）。

かように天狗より直接に恩をうけたのとは異なるが、天狗を信奉して家業の繁栄を見た例がある。明治四十一年より金沢市の新竪町に開業した精肉商の天狗中田本店である。現在は天狗の看板を掲げる八十四店舗の元祖となっているほか畜産加工の天狗中田産業をも経営する。その由来をきくに、創業の中田岩次郎氏（昭和三十五年没、六十七歳）は加賀の安宅（小松市安宅町）の海船問屋だったが、北陸本線の開通による海運業の衰退に遭遇して金沢に出でて精肉商を始めたのである。その場所は現在地すなわち天狗坂を下り牛右衛門橋を渡っての広見である。ここにはもと天狗を屋号とする居酒屋があった。おそらく天狗坂にちなんでの屋号と思われる。その天狗坂の由来は明らかでないが、天狗が出没した伝説があったものであろう。この居酒屋では天狗の面の酒杯を用いて酒を飲ませた。杯の底部に天狗の鼻があり、その鼻を執って酒を飲むようになっていた。しかし鼻が突起していたため卓上に置くことができず、一気に飲みほさねばならなかったので酒をたて続けに飲むものが多く、したがって店は繁昌したという。中田氏はその天狗の屋号をもって看板とし、繁栄を念じて精肉商を始めたのである。また中田氏の出身地が、弁慶・義経の勧進帳で名高い安宅の地であった。その義経は幼少の頃、鞍馬山で天狗について修行した、その相手が鞍馬三尊の魔王尊と伝えられている。力の神であり天狗の化身と信じられていたところから家業の再興を悲願とする中田氏が、天狗の名をいただいて業に励んで今日の大をなすにいたったのである。よって天狗を商売の守り本尊と崇事し、本店事務室には神棚に天狗の面を祀って毎朝神酒等を供え、十一月三日の創業記念日には産土神社の神職を招いて祭典をあげ、正月には、天狗の掛絵を飾って祝う慣例がまもられている。(6) 世には天狗に対してかような信仰の一面があることを忘れてはならないであろう。

五

そもそも天狗の恐れられてきた所業は何にもとづくのであろうか。これは世人が天狗をいかなるものと考えていたか、天狗の本質にも関係するであろう。石川郡白峰村の伝承によれば、岩山に入りあるいは老樹にのぼり、あるいは大木を伐り倒したりした場合、ただの負傷にとどまらず、生命をおとしたり非常の災厄をうけることがある。これは、天狗の棲むところを荒らした罰をうけたのである。よって神酒を供えて謝罪しなければならないとする。

前述した能美郡西尾村(現・小松市)の天狗巌伝説では、天狗にさらわれた少年が一ケ月後、父の枕頭に姿を現わし、天狗が常にいうことには、人間はしばしば悪戯をなして天狗の平和を害する、よって太鼓を打って脅威を与え、反省することなき場合は捉えて大地に投ずる、今後わがすむ天狗巌に対して礼を失することなかれと告げるところがあったという(郡誌)。また同郡山上村宮竹の上木山は遠く日本海上にて漁夫が目標となすくらいの高峰で、中腹以上は老松が繁茂し、古来、この山を「天狗の領地」として採薪はもとより落葉を拾うものもなかったという(郡誌)。

貞享年間、金沢の大桑屋太郎兵衛なるものが河北郡谷内村の奥へ落葉かきに入ったところ、天候が急変して雷鳴電光しきりに起こって闇黒と化し、辛うじて峰にたどりついたところ、折から出会った数名の山人が

　抑此谷は天狗谷とて、昔より所の者といへども入ること能はず、此谷に入る者生きて帰ること聞かず、狗賓の住家にして、木の葉一枚《っ》も取らば必ず災ありと云ふ、

と注意したという話が堀麦水の『三州奇談』巻五(7)に見える。

鹿島郡能登島町佐波の久七家ではよく病み煩うので、越中の八卦置きにうらなってもらったら、屋敷地内の天狗の松を伐った祟りなるによって小祠を建てて天狗を祀れといわれ、同島の神主に相談するところがあった。伐った松の根株が家の入口近くにあり、出入のたびに踏むからだったという。昭和三十三年のことであった。また鳳至郡七浦村（門前町）市ノ阪は天狗の棲息地として知られた。七浦の老爺が夜中ここを通行したところ大男に捉えられて投げつけられることが三度、これより後はこの地を夜歩きしないことを誓って許されたという（郡誌）。

以上の伝説の大部分は、山中にすむ天狗の奇怪なる所業のもとづくところを説明したものといえよう。すなわち天狗が棲むところ、それは山地であれ谷間であれ、屋敷の樹木にせよ、わが支配する領域すなわち「天狗の領地」「狗賓の住家」を侵し荒されたことに対する怒りの行為だと解されていることが判る。これは山の神の祟りともいえるであろう。事実、天狗を山の神だと明瞭に信じてきたところが少なくない。まずあげられるのが羽咋郡志賀町福野の雄谷家である。同家は近世初期より地方開発の大地主として知られた旧家である。福野平野の一角に宏大な屋敷を占め、主屋の西南に連接した新建の二階八畳の部屋を天狗の間という。古来、山の神がましますと信じられ、時あって太鼓や笛の音がし、突如として音響を発したりする。もしこの部屋に就寝せんか、翌朝は次の間に寝かされているという枕返しの神秘が起こるという。明治三十七

年に夢告があって山の神を屋外の山麓に小祠を設けて奉斉したが、天狗の間はなお旧のごとく存置し、今も山の神に如在の礼をとって崇事しているのである。(8)

石川郡の白峰村は白山の南麓に位置し、古来山に生きてきた村である。手取川の上流をなす牛首川沿いの狭隘な地域に六百戸近くの人家を擁する。耕地がほとんどないため生産活動は、本村を遠く離れて山深く入った出作りによる。それは薙畑(焼畑)農業を中心とするものであった。山を生活の場としてきたのであるから、すでにしばしば掲げてきたような天狗伝説に富むのである。出作り家は山間の平坦地を選んでつくり、周辺に菜園をひらき、主食は後背の斜面に薙畑を営んで生産に従事したのである。近隣の出作り家といっても数町以上を距てる状態であるから、孤立の生活が続くわけである。寂寥に堪えられないと思われるのに、山中では天狗がいつも見守っている、深い山にあってもさほど淋しく感じないのは天狗が守ってくれるからだと古老は語るのである。天狗を山の神とすることはいうまでもない。

雪の消える五月に入ると、出作り地では地域ごとに春祭をおこなう。ここには、いわゆる神社らしいものはほとんどない。手造りの地蔵が地域神的性格を帯びているところがある。簡素な供物をささげてから組《くみ》頭《がしら》(班長にあたる)の家で地域のものが飲んで一日を遊び過ごす、これが祭なのである。そうしたなかにあって、五月の初旬に天狗祭と称する春祭をなすところが少なくない。古風な天狗祭をしていた白峰の大道谷のうち五十谷地区の場合を見よう。組頭の家の屋外に祭壇らしいものが設けられ、大天狗・小天狗とした幟をたてる。組頭においては朝方に恒例の牡丹餅をたくさんこしらえて祭壇に供える。供物は米・神酒・魚・スルメ・油揚・塩。昼すぎには組中のものが老若男女、歩けるものは皆御馳走をつめた重箱を持って組頭の家に参集して祭壇に供える。いわゆる祭典らしいものはおこなわれず、各自礼拝をとげるだけで、年寄衆は南無阿弥陀仏を唱えるものが多い。礼拝の対象はないが、心中に山の神様を念じているのである。

このあと組頭宅にて持参の重箱をまわして楽しい飲食が始まる。牡丹餅が頒けられる。こうして夕刻前に散会。天狗祭がすむと、いよいよ薙畑を中心とした本格的な生産活動が展開するのである。

天狗祭は元来は出作り地のものだったろうが、その親村である本村（ジゲとよばれる）のうち白峰では明治の末年まで若衆が中心となって天狗祭を営んだ。村の中央広場に台を設けて六尺くらいの天狗の造り物を飾った。袖のある大きな夜着を着せるのであったが、ある年、産婦の夜着を用いたところ、忽ち大風が起って騒動となり、これを契機として本村における天狗祭は廃されたという。天狗は風を起こし雨を降らす神であり、かつまた不浄をいたく忌み嫌うと信ぜられた。不浄なる産婦の夜着を着せた祟りで大風が吹いたというわけである。

白峰では出産のとき、産児に女の腰巻を被せる習俗がある。男児には首まで、女児には頭の上まで被せると天狗や狐狸に化かされないといわれ、出作り地では近年までよく見られた習俗だったという。また葬式のとき供えられた団子を食すれば、これまた天狗に化かされないといわれるのも天狗が不浄を嫌うからである。以上は山の神としての天狗の属性というべきであろう。

六

もっとも注目すべきは、天狗が穢された火、粗末に扱われた火を取って火災を起こすという伝承である。天狗が子供の火遊びを見付けると、あれに粗末にした火がある、拾って家を焼いてやろうと、その火を取りに行くといわれている。そのとき逸早く家の親爺がケッテン（十納）でその火を圧えつければ、親爺が判を押した、もう取れないといって諦めるという。天狗のつけ火は、いかなることをしても消火できないものとされる。天狗の火鳥《ひどり》とよばれて、方角ちがいのところに火の手があがる。風下へ延焼するのが普通であるのに、思いも寄らぬ方面へ飛火するからである。これを火鳥が歩くといわれている。

この火鳥は白峰だけの伝承ではない。鹿島郡能登部上村（鹿西町）にもある。明治十二年五月に百数十戸を焼失した大火があった。丹後吉助の下僕が隣家より火種を貰って運ぶ途中、烈風に煽られて火災となったのであるが、各所に飛火したのは天狗の火鳥の所為なりと噂されたという（郡誌）。

右に関連して白峰村の赤岩に、やや昔話化した伝説がある。前述にかかる赤岩の助六が、天狗にさらわれて三十三年目に帰された。その三十三年のうち、もっとも忙しい目にあったのは、天狗の親方から飛騨の高山を朝飯前に焼けと命じられたときだったという。それには火種を得なければならぬ。折よく白峰の風嵐部落に、子持ちのおっかァがジロ（囲炉裏）の傍にねまって子供に乳を呑ませていた。ジロには大きなバイタ（棒状の木）を焚いていたが、横着なるおっかァで、就寝するとき、燃えていたバイタを足でつくねて寝てしまった。火を穢したわけである。その穢れた火を天狗の助六が逸早く火種に取って高山の町を焼いた、これが一番忙しい目にあったことだというのである。この所伝は、火を粗末にせず大切にせよという教訓話ともなっているのであるが、おそらく山間の出作り地においては火の用心がもっとも重んじられたからであろう。

かように天狗には放火とか火鳥といった伝承がある半面、防火の神としての伝説もある。前記の助六に関するもので、これまた昔話化している。

赤岩の笹木助左衛門の弟の助六が、天狗にだまされて連れて行かれ、三十三年目に生まれた家に帰された。年寄ってまに合わんので帰してくれたのである。その助六が、山で薙畑をして雑木原を焼くとき、天狗さんの水縄というて、薙畑のまわりを、指で縄を張るように画いた。こうして指で画くと、火が延焼してきても、画いたところでビシャビシャと消えてしまう。そのとき天狗の使者の鳶がピーヒョロとなき、ミナカミの旦那が現われる。ミナカミの旦那とは天狗の親方である。

右のように赤岩出身の加藤勇京翁は話すのである。山の斜面を薙畑をするときは、焼く雑木原の周囲を幅一間ばかり刈りとって火の延焼を防ぐのが普通である。ところが、天狗の弟子となって修行した助六が、指で周囲を画くと、そのところで火がとまるというのである。天狗の水縄とはうまい形容である。出作り者にとって、もっとも怖れられた山火事、それを防ぐ天狗の水縄。天狗は山の神として防火の神徳があると信奉されていたことを知る[9]。なおこの種の伝説は他にも二、三ある。

石川郡尾口村瀬戸にある瀬戸神社の拝殿前にそそり立つ大公孫樹には天狗が宿ると伝え、時折、夜中に大鳴動をなすことあり、よって夜泣公孫樹とよばれる（郡誌）。しかるに、この天狗は火災のとき水を吹くといわれ、昭和二年の大火に神社が罹災しなかったのも天狗が水を吹いたからだといわれている。

金沢市の蛤坂にある浄土宗妙慶寺には、天狗の筆跡といわれる扁額があり、その模写が火防のお守りとして知られた。『金沢古蹟志』巻十九に

当寺に天狗の筆跡とて、大小の二字を書きたる扁額あり、古来火防の守りといひ伝へたり、寺院創立以来火難を遁れ于ㇾ今存在するも、此扁額あるゆゑなりといへり、故に今此の模写をば、火防の守りとて乞ひ行く人多しとぞ、

とするところがある。加賀・能登地方へ防火神としての天狗信仰が、どのような経路によって伝来したものか、これは今後の研究課題の一つとなろう。

以上、加賀・能登の民間における天狗伝説五十四例を中心として、その背景をなす習俗をも併せ考えて検討した。これによって天狗の実態もほぼ明らかになったのではないかと信ずる。すなわち天狗の棲息地をはじめとして天狗の姿態および性行、とくに嗜好や嫌忌するところ、さらにまた数々の所業について諸伝説を

吟味してきた。天狗には、神隠しをはじめ人間に大きな危害を加えるところもあるが、その反面、恩徳を施す場合も少なくないこと。また山の神としての天狗の伝承、とくに白山山麓の白峰村地方における天狗祭等にふれてきた。而して最後に、天狗が防火の神として信仰せられてきた珍しい伝承をも見たのである。以上をもって諸国の天狗伝説と比較考究すれば、さらに得るところがあるにちがいない。柳田先生が『山の人生』において

曾ては天狗に関する古来の文献を、集めて比較しようとした人が折々あったが是は失望せねばならぬ労作であった。資料を古く広く求めて見れば見るほど輪廓は次第に茫漠となるのは、最初から名称以外に沢山の一致がなかった結果である……

と述べられたが、本稿もあるいは失望せねばならぬ徒労の作となったかも知れない。ちなみに本稿は、昭和四十六年十一月に金沢市の北陸病院入院中、病床にてとりまとめたもので博引旁証にやや欠ける点のあることを附記しておこう。

注

(1) 石川県下の八郡には、それぞれ郡誌が発行されている。すなわち加賀地区では江沼郡誌(大正十四年)・能美郡誌(大正十二年)・石川郡誌(昭和二年)・河北郡誌(大正九年)、能登地区では羽咋郡誌(大正六年)・鹿島郡誌(昭和三年)・鳳至郡誌(大正十三年)・珠洲郡誌(大正十二年)である。

(2) 著者宮永無学は安政六年歿、八十一歳(『加能郷土辞彙』による)。昭和十二年石川県図書館協会発行『大聖寺藩史談』所収。

(3) 同右。

(4) 森田平次(明治四十一年歿、八十六歳)の著。昭和九年金沢文化協会発行本による。

(5) 森田平次著。昭和十一年石川県図書館協会発行本による。
(6) 天狗中田家に関する伝承は、中田岩次郎氏長女の木谷郁子氏の教示によるところが多い。
(7) 堀麦水（天明三年歿、六十六歳）の著。昭和八年石川県図書館協会発行本による。
(8) 拙稿「能登の屋敷神の研究」（昭和三十年発行『旧福野瀉周辺綜合調査報告書』所収）に詳述した。
(9) 白峰村の出作り生活を中心とした民俗については、昭和四十六年度の白山麓民俗調査（文化庁補助、石川県立郷土資料館事業として）にて研究がなされた。いずれ詳細なる調査報告書が刊行せられる予定。

天狗と庶民信仰

五来重

一　天狗の形象化

わが国の庶民信仰において、鬼と天狗という不可解なる霊物のはたす役割は大きい。とくに天狗は鬼よりも愛嬌のある怪物として、昔話は説話にあらわれ、畏怖よりも道化じみた存在となっている。祭礼の行列でも金棒をもち高下駄をはいて露払いしたり、お多福面と鼻高天狗面が対になって道化踊をしたりする。このような天狗の滑稽化には、「天狗草紙」や「是害房絵」などがあずかって力があった。しかし、こうした天狗を主題とした説話や絵巻物のつくられる動機をかんがえてみると、天狗という霊物に対する庶民信仰の変化がその根底にあることがわかる。

しかし一方では修験道のさかえた山ならば、どこへ行っても天狗をまつる神社や祠が見られ、それはいまも真剣に信仰されている。のちにのべるように本来は天狗信仰であったものを日本武尊や崇徳上皇に代えたものもあるが、その信仰の対象は依然として天狗である。これは山岳宗教のなかで発生した天狗信仰というものが、その原初形態にちかい形でいまも生きつづけていることを意味する。したがって天狗は原始信仰の表出であるところから、文化宗教や文化意識にはうけいれられなくなって、神や高僧や山伏に使役され、その従者、童子となり、やがては道化役にまで転落することになった。その代り原始信仰を生のままで生かした庶民信仰の中では、野性的で生命力にあふれた霊力と咒力をもちつづけたのである。

結論的にいえば山神、山霊であり、その神霊観の原質をなす祖霊であるところの天狗は、もともと形象のない霊魂であった。「もの」であった。あるいは「木魂」であり「すだま」であった。これに形象をあたえたのは修験道儀礼や、修験道芸能、あるいはこれを画いた絵画であった。そして山神、山霊、祖霊のはたらきを語る神話が天狗をかたる唱導説話となり、やがて説話文学、お伽草子から民間説話へと下降し、その破片化が昔話を生んだ。このような経過をたどって天狗は形象化されたのであって、天狗の不可解な形象やはたらきは、その原質をなす霊魂に還元しなければ、たやすくは理解できない。したがって「天狗草紙」を理解するためには、天狗の原質とこれに対する庶民信仰の機能と構造をあきらかにしておかなければならないとおもう。

このように天狗を論じようとすれば、日本宗教史や修験道史とともに、日本芸能史（神楽・田楽・伎楽・散楽・能楽・念仏芸能・延年芸能）が関与する必要が出てくる。天狗はこれらの芸能の中でその姿をととのえて行ったからである。たとえば天狗の鼻高面は伎楽の治道《ちどう》面で、これは伎楽行道の露払いをするところから猿田彦とも習合した。また天狗の烏面は伎楽の迦楼羅《かるら》面で、その翼もつけることで山神、山霊の飛行自在をあらわした。これはまた神楽や田楽の「しずめの面」となって悪魔払いの咒力が畏敬されるようになる。

天狗については『日本書紀』舒明天皇九年二月二十三日の流星を天狗《あまつきつね》とした話は、日本の庶民信仰にでてくる天狗とまったくかかわりがない。これは留学帰りの僧旻のペダンティシズムにすぎないが、天狗が飛行するという点で、山神、山霊の化身たる霊物に対して天狗という名称を借りることになった。やがて天狗は山岳宗教のなかで、霊力ある神仏や高僧や山伏の従者、あるいは護法童子であった時代をすぎて、むしろ邪悪な咒力がおそれられる時代に『今昔物語』（巻二十）の天狗説話ができたものとおもわれる。これは山神や神霊の荒魂的側面が荒ぶる神としておそれられ、やがて邪悪な霊物となったためである。この天狗観は庶民信仰とは別にどんどん説話の中で発展し、「天狗草紙」や「是害房絵」を生むことになる。しかしこの段階ではすでにお伽草子化しており、天狗は道化的存在となる。また『天狗の内裏』や『秋夜長物語』のようなお伽草子によって天狗説話は一般化したらしい。したがってこうした説話文学から天狗のイメージをあきらかにするには、日本文学史的アプローチも必要である。それとともに「天狗草紙」絵巻のような絵画、あるいは天狗面や天狗像（飯綱《いづな》権現像）などの日本美術史からの研究もせねばならず、いわば天狗の日本文化史的研究が必要となってくる。従来は天狗を以上のような分野に分析して解明しなかったので、ただ不可解な存在として真面目な研究の対象にならなかった。そのため『天狗の研究』などと銘うちながら、天狗を悪ふざけの対象にしたり、山中で天狗に会う法を説くものまであらわれるようになった。しかし、天狗の本質は何といっても庶民信仰の中に保持されているので、本論では主としてその面から解説をこころみることとしたい。

二　庶民信仰の中の天狗

いまでも全国にひろく分布する庶民信仰の対象としての天狗は、大部分は火難、盗難をまぬがれるための火伏せ（鎮火）、盗難除けの霊力が信仰される。かつては剣難除けの信仰もあって、総じて守護霊の性格をもったものが多い。愛宕の太郎坊や秋葉山三尺坊、奥山半僧坊、大雄山道了薩埵、高尾山飯綱《いづな》権現、彦山豊前坊などはその代表的なものである。これに加えて農耕の豊穣や除災招福など福神的信仰の天狗があるのは、山神が山岳の水源信仰で農民に感謝され、鉱山信仰で福神となることが根底をなしている。鞍馬山の僧正坊や日光古峯原《こぶがはら》の隼人坊(金剛童子)や金比羅の金剛坊などの福神信仰はよく知られている。

これらの天狗信仰がきわめて真剣なことはおどろくべきものである。私はよく鞍馬へのぼると僧正ケ谷の奥之院魔王尊へ行ってみるが、そこにはいつも熱心な信者の読経や気合の声が谷に木魂して、鬼気迫るものがある。梅雨のころ夕方のぼったときも、天狗の宿るという「大杉さん」の滝で、水行する女性を見た。鞍馬寺の表は毘沙門天信仰であるが、その裏に鞍馬天狗の信仰が根強く生きている。江戸時代までいわゆる「畚下《ふご》し」という方法で燧石《ひうちいし》を参詣者に頒けていたのも、この天狗の火伏せがあったからであろう。これは愛宕山の燧《ひうち》権現の信仰に対応するものであったが、燧石を頒ける信仰は出羽の羽黒山の奥之院常火堂(不滅の火)に、昭和二十五年ぐらいまであった。これから類推すると、鞍馬山にも愛宕山にも不滅の火を焚いた時代があったものとおもわれ、火が天狗の一つの属性だったことがわかる。古峯原隼人坊(金剛童子)の金剛堂(現在古峯神社)でも明治維新まで不滅火(消えずの火)を焚いていたし、現在も不滅火をまもる近江土山《つちやま》神社も天狗のためらしく、天狗と不滅火は密接な関係にある。これは金剛童子(天狗)が聖火を焚くことから火伏せ信仰ができたのであろう。

今年の五月初めには久方ぶりで愛宕山へ登ったが、坂をのぼる道連れになった老人は、十年前に小火を出してから、毎月の月詣りを欠かしたことがないということであった。京都市民は子どもが三歳になるまでに愛宕山へ詣れば、一生火傷しないといって、正月二十四日の初詣でや、七月三十一日(もと旧六月二十四日)の千日詣に、幼児を肩車にのせてのぼる。戦後間もなく私がのぼったときは肩車の連続であったが、それはひどい雪道であった。ことに千日詣には終夜参詣人の行列が山麓から山上まで押すな押すなの騒ぎで、山上本社の廻廊内は人で埋まる。これはすべて熱心な愛宕の信仰者なのである。いまは路傍に忘れられた存在となった村々辻々の愛宕灯籠も、明治時代までは愛宕講の当人（頭人）が、一年間精進潔斎して、毎夕火を入れたものである。丹波や近江では、もし村中に火災があれば、当人は何をおいてもすぐ愛宕山へかけのぼり、神前でお詫びをせねばならなかったという。当人の精進が足りなかったための火災と信じられたのである。

しかしこの愛宕山も愛宕神道では、御祭神を火軻遇突智《ほのかぐつち》神としたが、もとは山頂の大杉が信仰対象であった。火伏せの霊験はこの大杉に住む天狗のなすところであった。「是害房絵」や謡曲「善界《ぜかい》」では、この山の天狗、日羅坊または太郎坊を悪者に仕立てるけれども、これは比叡山の高徳の僧や不動明王の験力を強調せんがための作為であって、愛宕信仰はこの天狗なしには成立しない。すなわちこの山の山神がそのまま天狗として表出されたもので、その依代が山頂の聖なる杉の大木であった。私は愛宕曼荼羅にあるこの杉の大木が知りたくて今年の五月に登ったのであるが、かつての朝日峯白雲寺の御本殿、すなわち今の御本社の縁の下に巨大な杉の切株がのこっていた。

江戸時代に白雲寺から出された木版刷の愛宕曼荼羅は、排仏毀釈後は西山の西岩倉山金蔵寺にその版木がゆずられた。この曼荼羅によると中央最上段に、山頂に立つ大杉が画かれていて、これが信仰対象だったことをしめしている。その左右脇侍に天狗（右）と地蔵菩薩立像（左）が立ち、この大杉に宿る山神の化身が天狗太郎坊であり、その本地が地蔵であることをあらわす。中段には中央に勝軍地蔵騎馬像を画き、その左右脇侍に不動と毘沙門が立つ。これはこの山神の本地が単なる地蔵ではなくて、荒魂的な荒々しい性格をもって災難や剣難をはらう霊験ある仏であることと、火焔を背負う不動と毘沙門によって、火神の荒魂的性格を表現する。最下段には役ノ行者とその脇侍、前鬼後鬼が画かれて、この山が修験道に立ち、山伏によって信仰と宗教活動がおこなわれていたことをあらわしている。

この三段より成る愛宕曼荼羅は、よくこの山の庶民信仰の構造を表現しており、その中での天狗の占める地位をものがたってくれる。江戸時代の半ばをすぎると愛宕神道が勢力をもりかえして、山頂本殿の祭祀をつかさどる神官が軻遇突智神をもって一山六坊の天狗信仰に対抗するようになった。したがって修験道信仰の上に立つ山伏形の天狗太郎坊は、その影がうすくなったかのごとく見える。その上天狗が宿する御神木の大杉も伐られてしまった。説話の面でもその霊力をうたがうものが出て来たので、軻遇突智にその地位をゆずったが、修験道側の愛宕曼荼羅では、このように依然として主役の位置を保っていたのである。

日光の古峯原の天狗信仰も、関東・東北に広い信仰圏をもっており、火難盗難除けとともに、豊作祈願の信仰がある。この天狗に対する農耕信仰というものは、山を水源とする川の恩恵をうける農民の山神に対する信仰が、天狗に投影されるところからおこる。古峯原（古峯高原）を水源とする大芦川は、下流では小倉川、思川となって下野平野をうるおす。いわゆる「田の神山の神同体」の庶民信仰によって、農民はその水源をなす山神を豊穣の神、福神として信仰する。その山神が日光修験によって天狗化していたので、古峯原天狗は農民信仰を得ることになった。いまも農民の初穂の奉賽物は莫大であるが、特別に大きな南瓜や茄子ができれば、天狗の恩恵を感謝して古峯神社へあげにゆくという。

古峯神社は神仏分離のとき、その本殿の御神体だった巨大な天狗面を外に出して、日本武尊を御祭神としたことはよく知られている。その大天狗面は畳一畳敷にも余るほどで、鼻高天狗面と烏天狗面を一対とする。江戸初期またはそれ以前の作であろう。いまは本殿横の客殿にかかげられていて、参詣人をおどろかす名物になっている。この本殿は内陣と外陣に分れていて、外陣は参詣人が座る畳敷であるが、明治以前はこれが土間であって、不滅の火を焚く炉があったという。まことに原始的な構造で、天狗の御神体の前で不滅の火が焚きつがれていたことになる。このような拝殿構造はここばかりでないので、古峯神社本殿の外陣の床下には、もとの炉がのこっているという神官の証言は信じてよいであろう。すべて神仏分離で構造が変り、不滅火は客殿の廊下にうつされ、土間には床が張られて畳を敷き、外陣になったのである。この不滅火はいまも「消えずの火」として大火鉢に炭が焚かれ、参詣人はこの火の大鉄瓶の湯をのんで、厄除けと長命の薬と信じている。

不滅火の炉が外陣の土間にあった例は、安芸宮嶋の弥山頂上で修験修仰の対象となった求聞寺《ぐもんじ》堂にもある。これは弘法大師の山岳修行に、虚空蔵求聞持法を修した旧跡とされるが、その外陣の土間に不滅の火の炉があった。山岳信仰には不滅火がつきもので、これは山に集う祖霊のシムボルとして焚かれ、霊魂の永遠不滅をあらわしたものと、私はかんがえている。それが比叡山や高野山や山寺立石寺などでは仏法の不滅をあらわす「不滅の法灯」に変えられたままでである。この不滅火のあるところには天狗信仰があり、そして同時に火伏せ厄除けの信仰がある。ところがこの不滅火をもっとも原始的な方法で、薪や榾をもやして焚き継ぐ場合、そのお堂を火災で焼くケースが多い。山寺立石寺の奥之院の土間の不滅火も、明治二年に建物を焼いてから、床を張って火を焚かないようにした。おなじように宮嶋弥山の求聞持堂の不滅火も大正年間にお堂を焼いたので、外に出された。それがいまの霊火堂で、独立の建物になった。古峯原とおなじように大鉄瓶をかけておき、この湯をのめば厄除けと延命になると信じられている。

宮嶋の弥山の山神は三匹の鬼といわれ、弘法大師の済度をうけて守護神となり、三鬼《さんき》大権現としてひろく庶民信仰をあつめている。しかしこれも三鬼坊という天狗だともいわれていて、これをまつるのは厳島神社の別当寺で修験道の大聖院である。この寺と厳島神社の間には「晦《みそか》山伏」という大晦日の聖火行事がいまもつづいており、鎮火祭と名を替えている。この大聖院は弥山山頂で三鬼大権現または三鬼坊天狗をまつった水精寺《すいしょうじ》（廃寺）の一院が、山麓に下って存続したものだろうと、私はかんがえている。

ところで古峯原天狗に話をもどして、なぜ日光修験がここに不滅火と天狗をまつったかという問題になる。いまの古峯神社は、実は江戸時代以前は脇大宿《わきおおしゅく》金剛堂といったもので、日光修験山伏が入峯修行するときの集合場であった。その大集会《しゅうえ》をしたり参籠したりするための大宿坊に、守護神として金剛童子をまつったので、金剛堂とよばれた。そしてこの金剛童子というのが天狗であった。しかし金剛堂はここにだけあったのではなく、ここから二荒山（男体山）に禅定修行（入峯）する道筋には、地蔵堂金剛堂や笈吊し金剛堂、あるいは掛合宿金剛堂、薬師岳金剛堂などがあり、これらの金剛童子の加護をいのりながら、細尾峠（一一九一メートル）から茶の木平（一六一七メートル）を経て、中禅寺湖畔へ出た。

したがって金剛童子は山や行場における山神や山霊が、山伏の守護霊としてまつられたものなのである。それはいわば「もの」であって、行力ある山伏の霊感にふれて、祈り出され、そして金剛堂にまつられたものであろう。その結果、日光修験の守護霊になったものが、一般庶民の信仰をあつめるようになったのである。しかしこれを修験道風に金剛童子と名づけるまでは、単に「もの」としての山神や山霊であるから、姿なき実在にすぎない。これを御神体として偶像の天狗面や天狗像をまつったために、天狗とよばれ、その形象ができあがった。

こう推理をつめてくれば、或る書が古峯原山中で、天狗に会う法などを伝授しているのはおかしなことになる。懐中電灯などを照してあるいて、形象なき「もの」を見ることができるはずはない。山道をスタスタと歩いてくる天狗などというのも、およそおかしな話である。このようにして天狗は物語の中だけの存在になったのだとおもうが、これを神霊の実在としてあらわすことができるのは行力ある修験山伏の託宣であったろう。したがって天狗の生きる世界は、修験道信仰と庶民信仰の中にかぎられてくるのである。

三　修験道と天狗

天狗は説話、物語、昔話のなかではますます形象化するけれども、ますます妖怪化し、神通力をうしない、カリカチュアライズされてしまう。「是害房絵」や「天狗草紙」の天狗はそのような段階にある。しかし、修験道信仰の中では生き生きした生命力と霊力をもって、守護霊として真剣に信仰され、したがって信仰に対応する奇蹟もあらわして来たということができよう。

ただ修験道というものは明治維新で神仏分離に遭い、その本来の力と姿をうしなったばかりでなく、神社に転換したものが多い。そのために、修験道の所産である天狗を表に出すことができなくなっている。しかし修験道の成立基盤である庶民信仰までは破壊することはできなかったので、天狗は庶民信仰のなかで生きつづけたのである。そこで天狗が修験道のなかでどのような形で誕生したかを見ようとすれば、やはり日光修験の古峯原天狗が、実例として適当である。

古峯原金剛堂（古峯神社）は大芦川の上流、標高七〇〇メートルの谷間にあるが、ここから約二キロのぼった一一五〇メートルの平坦な高原が古峯高原で、この中央の「深山巴の宿《じんぜんともえしゅく》」といわれるところが、日光修験最大の聖地である。ここは日光開山の勝道上人が三ケ年の参籠修行をしたという伝承で聖地になり、山伏の入峯修行の結果、正灌頂をうけるので、大峯山の深仙《じんぜん》（神仙、神山、深山）の宿《しゅく》にならって、深山巴の宿といったらしい。巴の宿というのはこの水源湿地の中の泉から流れ出る川が、巴の字の形で一周して百坪ほどの一劃をつくっているからで、いかにも俗界から隔離された聖域の観がある。ここに参籠した勝道上人に仕えた従者の前鬼という天狗の子孫が、古峯原金剛堂をまもって石原隼人を世襲した。したがって金剛堂にまつる金剛童子という天狗に仕えるのは、前鬼という天狗であったということになる。すなわち前鬼坊天狗（これを隼人坊ともいう）は山伏の従者を意味する金剛童子であり、古峯原の山霊の天狗は山伏の守護霊となった金剛童子である。ここでは祀るものも祀られるものも共に天狗である。そして両者に共通するのは山伏の従者、あるいは守護霊だということである。

これは天狗の起源が山神、山霊が行力ある山伏に征服されて帰服した従者にあることをしめし、仏教で従者を意味する童子とよばれ、これを密教的に金剛童子といったのである。それから転じて山伏の山籠修行の場合、その食糧や水をはこび、薪を採り花を折るなど、採菓汲水《ぎっすい》拾薪設食《せつじき》の奉仕をする従者も天狗とした。このために山伏形の天狗像ができ、飛行《ひぎょう》、飛鉢、飛瓶《ひびょう》の法術をえたものとして翼をつけたものと、私は推定している。

このように見てくると、勝道上人あるいは日光修験の修行場は古峯高原であるが、その補給基地が金剛堂（今の古峯神社）ということになる。「天狗草紙」とおなじ鎌倉中期の成立とおもわれる『補陀洛山建立修行日記』には、勝道上人の古峯原修行を、

天平宝字元年丁酉十一月四日夜、夢顧二北方一有二大山一。其上有二大剣一、其長三尺許。夢悟、異快無レ極。任レ夢遂出二嶺崛一。向二北山一尋。白雲深々。不レ能二進陟一。誓願捨二身命一。既入二深洞一。如レ所二夢見一。上二山頂一精進修行。化人来備二美菓一。食レ之無二少飢一。住レ此又送二三箇年一。

とのべている。ここに大剣の峯というのは横根山（一三七二メートル）という説があるが、これはおそらく古峯高原の最高峯である三枚岩《さんまいいわ》（三昧石＝一三七七メートル）にあたるであろう。ここの山頂には三枚の石を重ねたような洞窟があるが、勝道上人の禅定（三昧）の跡というので、「三昧石」の名が出たとおもわれる。すなわちこの三枚石の洞窟が「峯崛」にあたる。そして深洞とあるのは「深山《じんぜん》」巴の宿のことではないかとおもう。また化人は天狗であって前鬼また隼人坊である。ここでは採菓汲水し、食糧をはこぶ「従者」

を指している。これを「化人」というのは、山神や山霊が天狗に化して従者となったことであって、これが金剛童子であった。

金剛童子は仏法を守護するという意味では護法童子ともいい、「満山護法善神」などといって、鬼とも天狗とも、あるいは「信貴山縁起絵巻」の「剣ノ護法」や不動明王の脇侍の矜羯羅童子・制吒迦童子のような童子で表現されることもある。しかし童子としては大峯修験の八大金剛童子などを、その代表的なものとすることができよう。世には八天狗とか八天というものがあるが、これは大峯八大金剛童子がもとだったらしく、大峯修行者の身にそう影のように守護するものであった。修験道の山ならばどこでも登山の掛声や勤行の唱え言に、

懺悔懺悔　六根清浄　お注連《しめ》に　八大金剛童子

をとなえる。これは修行者が首にかけた「お注連」に八大金剛童子が宿っていて、その行者を守護するということである。この「お注連」は大峯修行にももちいられたことがわかっているが、いま原型をもちつづけているのは出羽三山だけになった。紙縒《こよ》りをもってつくった山伏の輪袈裟で、三本の紙縒りの輪の八箇所に華鬘結《けまんむすび》をつけ、新客だけがこれをつける。この結目ごとに八大金剛童子が宿っていることをあらわすもので、その起源は神に仕えるものの木綿襷《ゆうたすき》であろう。白山ではこれを木綿の丸い組紐でつくって三輪神道木綿《ゆう》手繦《たすき》とよんでいた。この「お注連」が山伏の輪袈裟型の結《ゆい》袈裟になったことは説明を要しない。ただし結袈裟では八個の華鬘結にあたる房が六個になったが、結袈裟の「結」は「お注連」の八個の華鬘「結」にほかならない。

出羽三山ではこの「お注連」を羽黒山から月山にのぼって湯殿山へ下りたとき、注連《しめ》掛《かけ》の注連寺《ちゆうれんじ》の木に掛けて山から出るのであった。ここまで守護して来た八大金剛童子を山へ帰すのである。しかし現在は神道

化したので注連寺までは下りず、湯殿山神社の御神体石から湧き出す湯につけて、そのまわりの木の枝にかけて帰る。この行事が大峯山にもあったことは、山上ケ嶽の裏行場を巡り終ると、最後の勤行をするところが「もつてんかけ」とよばれるのでわかる。「もつてん」は元結《もとゆい》の訛りで紙縒りのことだから、紙縒りでつくった「お注連」をここに掛けて、行場の修行中守護してくれた八大金剛童子を、山へ帰したものと推定される。

　このように金剛童子が修験道の守護霊として天狗化したが、これは山の山神や山霊、ときには谷や岩窟に住む精霊が、役ノ行者のような行力のある山伏の験力に征服されて、守護霊ばかりでなく従者となった。しかし一方山伏もまた高徳の僧の従者となって、行人とか堂衆とか夏衆とよばれた。『平家物語』（巻二）の「山門滅亡の事」には、

　堂衆（山伏）といふは、学匠の所従なりける童《わらんべ》（童子）の法師になりたるや、もしは中間《ちゆうげん》法師ばらにてもやありけむ。一年《ひととせ》金剛寿院の座主、覚尋権僧正治山の時、三塔に結番して、夏衆と号して仏に花参せし者どもなり。しかるを近年行人とて大衆を事ともせず、かく度々の軍にうち勝ちぬ。堂衆（山伏）等師主の命をそむいて、既に謀反を企つ。

とあるのは、山伏が学匠の従者、雑役者から出発したことをしめす一文である。かれらはもとその山に住むか、その山を狩場として、その山の山神、山霊をまつる司霊者であったものが、仏教の学問や儀礼をもって権威づけられた山林修行の高僧に帰伏して従者になったのである。かれらは司霊者としては山神、山霊の尸《より》童《わら》もしくは憑依者《よりまし》となって託宣もしたから、山神、山霊と同体化する。これを修験道では「即身成仏」の理論としたが、山神、山霊の天狗化とともに、天狗が憑依同体化した山伏も天狗と見られ、天狗の霊力をもつものと信じられた。

世には山伏形の天狗像や天狗図が存在する理由は、以上のような修験道の信仰構造があってはじめて理解される。「天狗草紙」や「是害房絵」の山伏形天狗図は、このような修験道的背景をもって画かれたものと、私はかんがえている。だからその時代の山伏の宗教的地位や社会的地位は、ただちに天狗の説話や絵巻物に反映してくるものということができる。

また古峯原の金剛堂をまもった石原隼人が代々隼人坊という天狗と信じられた理由も、山神の天狗である金剛童子と憑依同体化するためであった。この「祀られる神」と「祀る人」の同体化という修験道の即身成仏、その基層にある庶民信仰の「現人神《あらひとがみ》」理念がなければ、古峯原天狗を理解することはとうていできないであろう。石原隼人家の祖先は日光開山勝道上人の従者で前鬼といったとあるが、これは役ノ行者伝にならったものにすぎない。しかし高僧や行力高い山伏の従者が天狗となり、その霊力が庶民信仰の対象となって、その神通力を奇蹟談や怪異談で物語化したという宗教的機構は、すべての天狗信仰に共通するものといえる。

また古峯原天狗の信仰圏拡大は、近世初期の日光修験の変質にあったことも指摘されよう。これは慶長十八年（一六一三）に日光山輪王寺が創建され、元和三年（一六一七）には東照宮が造営されるようになると、日光修験は幕府の庇護のもとに、苦行的な修験道を第二義として天台宗化する。したがって庶民よりも権力者への奉仕に傾いたために、日光修験の伝統と信仰は古峯原金剛堂にのこされることになった。これが古峯原天狗の信仰を一そう強める結果になったのである。

四　大峯八大金剛童子と八天狗

修験道の山にはどこにも八天狗社がある。一般的な名声のある大天狗を八天としてまつるところもあれば、天狗八柱を一まとめにまつるところもある。大天狗としては謡曲「鞍馬天狗」に、そも〳〵これは鞍馬の奥僧正ケ谷に、年経て住める大天狗なり。まづ御供の天狗は誰々ぞ。筑紫には彦山の豊前坊、四洲には白峯《はくふう》の相模坊、大山の伯耆坊、飯縄《いづな》の三郎（坊）、富士太郎（坊）、大峯の前鬼が一党、葛城高間《たかま》（高天坊）

とあげるのはよく知られているが、これに次いで謡曲に、

よそまでもあるまじ、辺土においては比良（次郎坊）、横川（比叡山法性坊）、如意ケ嶽（薬師坊）、我慢高雄の峯（内供奉坊）に住んで、人の為には愛宕山（太郎坊）

と謡われた比良山次郎坊と愛宕山太郎坊を、大峯前鬼坊と葛城高天《たかま》坊に置き替える場合もある。

しかし彦山豊前坊（高住神社）や白峯《しらみね》相模坊（白峯坊）あるいは信州飯縄三郎坊（飯縄明神）や大峯前鬼坊（吉野喜蔵院・桜本坊）、肥前の唐泉山八天狗社（藤津郡塩田町）と焼山八天社（小城郡小城町）および豊前の求菩提《くぼてさん》山鬼神社（もと次郎坊神社にあり）などいずれも八天狗をまつっているが、天狗の名称は失ってしまった。これはただ八天狗ということが天狗の別名のようになってしまったためで、天狗を八とかぞえるのは、大峯八大金剛童子がもとだろうとおもわれる。というのは平安時代から鎌倉時代には、地方修験はもっぱら熊野と大峯の修験道信仰と儀礼、あるいは祭神と本地仏と行場を模倣した跡がうかがわれるからである。

また東大寺二月堂修二会（お水取り）にも天狗が修法を真似するとか、修法を邪魔するとかの伝承があるばかりでなく、修二会のクライマックスである十二日、十三日、十四日（もとは十四日結願だけであろう）の後夜《ごや》には、「達陀《だったん》の妙法」に八天天下《あまくだ》って神変をあらわすといわれる。しかしこの八天が何であるかは、東大寺でも伝承を失ってしまった。私はつとにこれが八天狗で、天狗と浄火の関係をしめし、天狗が「火伏せ」と「除災」の修法をするのが「達陀の妙法」であろうと思い、寺にも話したことがある。しかし今年三月、東京国立文化財研究所が「芸能の科学7」として刊行した『東大寺修二会の構成と所作』（中）には、

「達陀」の説明も「八天」の説明もまったくされていない。大変な労作なのでまことに惜しい。それでここにすこしくスペースを割くことにしたい。

八天は密教教理からすれば八方天（帝釈天・焔摩天・水天・毘沙門天・伊舎那天・火天・羅刹天・風天）か八供養（嬉・鬘・歌・舞・香・華・灯・塗）にあてるのが当然であろうが、東大寺修二会の八天は水天と火天しか妥当しない。この八天を呼ぶ八天勧請の呪師の唱言は、

奉請《ぶじょう》火天・水天・芥子・楊枝・大刀・香呂・鈴・錫杖・法螺（香呂は実際は出ない）

で、これらを「八天加持」のときに内陣から礼堂にむかって撒く（投げる）ので、ただ八役とだけよばれている。しかし『作法次第』に八天勧請といい八天加持とあるのだから、これは八天でなければならず、その服装や所作に注意する必要がある。

まず「達陀帽戴き」で、このときだけかぶる帽子（頭巾）を頭に戴き、そのまわりに肩まで垂れる金襴の短冊形の垂布の前の方を額と鼻の上でむすぶ。それがちょうど烏天狗の鼻のようになり、またキラキラ光るので鬼の面のようにも見える。多くの修正会、修二会には最後に「鬼走り」（呪師三手、六手、十三手のうち）があるので、それも兼ねたかともおもわれるが、八天加持の所作はまさに天狗である。

達陀松明に内陣後堂で点火されはじめると、洒水器《しやすいき》と散杖《さんじょう》（椿の木でつくった太い棒）をもった水天が内陣正面に走り出て三度跳躍し、四度目に両足を開いて高く飛び上りながら洒水器の水を外の礼堂の床に撒く。この所作はまことに異様なので、異国韃靼族の火祭りだろうというような迷説が横行するところである。しかし日本人の心の中にある霊物も、異様な動作で神秘の呪術をおこなっても不思議はない。自分に理解できないものは、すべて異国のせいに帰して逃げようというのは、悪い趣味である。これが天ならば、後から出てくる達陀松明に象徴された火の炎に対して水による「火伏せ」（鎮火）の呪術をおこなうものと解される。

つぎに火天が走り出て柄香炉を両手にもって、おなじような跳躍で火の粉を礼堂に撒く。天狗（山神）は水と火を管理するから、火によって火の災を伏せる咒術であり、穢を焼尽して災厄をはらう咒術でもある。跳躍はもちろん天狗の飛行性を表わす。つぎの役は芥子といいながら芥子天とはいわない。散華の華籠《けこ》に花米（炒ってハゼた米）を入れて来て、おなじ跳躍で花米を礼堂に撒く。芥子は密教の護摩の供養物であるが、芥子も花米も穀物の咒力によって火の災のみならず、一般の災厄をはらうものと解してよいであろう。次の楊枝は楊の枝の散杖で、楊は水を出す木とされる。これを二つに折って跳躍して投げる。

次に出る大刀と鈴と錫杖と法螺は投げないが跳躍して振ったり吹いたりする。これがいずれも山伏の持物であることを思えば、この行事の底に修験道の信仰と咒術がひそんでいることを容易に知りうるであろう。山伏は大刀と鈴と錫杖を振って降魔除災の咒具とし、法螺をふいて「一切衆生の迷を驚覚し、諸罪を消滅す」という。庶民信仰ではこの音で災をはらうことができると信じている。しかし東大寺二月堂修二会では行に入る二月二十八日の夕方に「天狗寄せの行い」といって法螺の吹合せをする。したがって修験道ではこの行事や法要のあいだ、護法善神である天狗の加護をもとめるのである。法螺は悪魔災厄にたいしては除災の力があるが、天狗に対しては招待集合の合図とかんがえられている。お水取りのあいだ、毎夜法螺の吹合せがあるのは、天狗の来臨加護をいのるのであるし、やはり山伏芸能である遠州水窪《みさくぼ》町（静岡県磐田郡）西《にし》浦《うれ》観音堂の有名な西浦田楽で、行事に入る夕方「天狗寄せ」の法螺を吹くのもおなじ意味であろう。

ところでこの行事を「達陀」というところが問題で、八天加持のあとで八天は達陀松明という大松明の燃えさかるのをかついで、狭い内陣の本尊坦のまわりをバタバタと足音をたてて走りまわる。焔は一箇所に停滞しないかぎり天井にうつることはないが、堂内は火の海になる。そのあいだ松明が正面に出るたびに、法螺役の吹くリズミカルな法螺の音にあわせて、松明を抱えた火天と洒水器と散杖をふりあげた水天とは、両足とびの跳躍足踏をしながら前進後退をくりかえす。この足踏はまさに咒師の烏飛びといわれる「反閇《へんばい》」で、悪魔払いをする咒的足踏《マジカル・ステップ》にほかならない。これはまた天狗にふさわしい跳躍でもあるが、反閇は陰陽道用語で、日本人はこれをダダとよぶ。「地ダンダを踏む」といい、「ダダをこねる」はその転用である。したがってこの行事を「達陀《だだ》」と名付けたものとおもわれる。ところがこれを「達陀《だったん》」と関西方言で訛ったために、物知りの手にかかって北方韃靼族の火祭り説が出たのである。私は二十余年前から「達陀ダダ説」を書いたり話したりしているのに、いまでも「韃靼火祭り説」はまかり通っている。

ところで八天を八天狗として鎮火除災の咒術をおこなうのが「達陀の妙法」というものであるが、八天狗の八という数は大峯八大金剛童子から出たというのが私の推定である。もちろん大峯山は、熊野から吉野まで一八〇キロの修行路で、その間に七十五の拝所がある。これを七十五靡《なびき》といって、拝所毎の勤行がある。この修行路を吉野から熊野へむかう逆峯入（秋峯入）では七十五日を要したというのは、一拝所毎に一宿したので、拝所を何々の宿《しゅく》とよんだのである。熊野から吉野へ向う順峯入（春峯入）は百日といわれたのは、二月から北へ向うために雪の融けるのを待ったのであろう。ともあれ拝所は山や洞窟や岩や森であるが、いずれも山神、山霊の宿るところであった。修験系の神楽や田楽では、かならず山神祭（高嶺祭）に天狗天伯の祭りをする。そのとき山神の眷属を七十五として七十五膳の供物をあげるのは、大峯の七十五靡から出たと山伏の口伝にある。

もともと大峯修験はこの七十五靡に七十五金剛童子を設定して、それぞれに勤行をいとなんだとおもうが、この中で主要な行場を八箇所えらんで八大金剛童子とした。熊野九十九王子に五体王子を立てたようなものである。この八大金剛童子は平安末期か鎌倉初期に編まれた『諸山縁起』（九条家旧蔵本、宮内庁書陵部蔵）の大峯縁起に次のようにあげる。

一、持咒擁護閃光童子（検始童子）、禅師の宿（森）禅洞行じ顕わす。
二、諸教行者守護童子（後世童子）、多輪《たわ》の宿、勤操行じ顕わす。
三、無生遍照愛光童子（虚空童子）、笙の石屋、禅洞行じ顕わす。
四、持戒護治（持）眼光童子（剣光童子）、篠（小篠）の宿、禅洞行じ顕わす。
五、障乱諸魔降伏童子（悪除童子）、玉来《たまき》（玉置山）、弘法大師行じ顕わす。
六、虚空遍普当光童子（香正童子）、深山《じんぜん》（深仙、神仙、神山）、聖宝行じ顕わす。
七、大乗常護普光童子（慈悲童子）、水飲の宿、真済行じ顕わす。
八、業障消除自在童子（除魔童子）、吹越（山）、良弁行じ顕わす。

とあり、括弧内は不動明王の八大童子にあてたものである。これらの金剛童子が、行力のすぐれた山伏や高僧に行じあらわされたというのは、山神、山霊がその高僧、山伏に帰伏し、従者もしくは使役霊となったことをものがたっている。その例は葛城山（金剛山）の山神である一言主神が、役ノ行者に帰伏し、使役され、服従しなければ呪縛されたという話にあらわれている。『日本霊異記』（上巻）の役優婆塞伝には、

修二行《シ》孔雀《ノ》呪法《ヲ》一証二得《タリ》奇異《ノ》験術《ヲ》一、駈二使《ヒ》鬼神《ヲ》一得《タリ》レ之《ヲ》、自在《ニ》喝《シ》二諸鬼神《ヲ》一、催《シテ》レ之《ヲ》曰《ク》、大倭国《ノ》金峯《ト》与二《トニ》葛木峯一、度《ワタシテ》二椅《ヲ》一而通《セ》（以下略）

とあって、この鬼神が使役霊あるいは童子となって鬼もしくは天狗として表現されたのである。

大峯八大金剛童子のうち、深仙《じんぜん》の虚空遍普当光童子にあたる大峯釈迦嶽の天狗が、お伽草子の『秋夜長物語』に見える。大峯八葉中台といわれる深仙の宿は、七十五靡中もっとも重要な拝所（宿）であるが、釈迦嶽の麓の谷にある。この童子天狗も『秋夜長物語』（永和三年写本）の出来た南北朝のころは、世を乱し、人を攫う悪者とされている。すなわち叡山勤学院の宰相律師桂海（のちの瞻西《せんさい》上人）に愛された三井寺の稚

児、梅若公を攫うことによって、比叡山と園城寺の合戦をひきおこし、園城寺は全山を焼かれてしまうという話である。

児《ちご》ト童トヲ昇乗テ、力者十二人、鳥ノ飛ガ如ニ行ケルガ、茫々タル湖水ヲ凌ギ、冥々タル雲霧ヲ分ケテ、片時ノ際《(ま)》ニ大峯ノ釈迦ガ嶽《(へ)》エゾ昇以テ来リケル。

と天狗に攫われて石牢に押込められたが、天狗共の四方山話に、天狗の謀略で世の中には闘争や喧嘩が絶えないのだと話すのを聞く。

無量ノ天狗共ノ集テ四方山ノ物語シケル中ニ、或小天狗申ケルハ、我等ガ面白ト思事ニハ、焼亡、辻風、小喧嘩、論ノ相撲事出シ、白川ホコノ空印地、山門南都ノ僧ノ門徒立、是等コソ興アル見物モ出来テ一風情アリト思ツルニ、昨日ノ三井寺ノ合戦ハ、世ニ類モ無キ見事哉、

是は『太平記』（巻二十七）の「雲景未来記」とおなじ思想である。すなわちこの時代には非業の死をとげた怨霊が天狗道に堕ち、その怨霊天狗の人間の目にみえない策略で、政治上宗教上の争いや天変地異がおこるのだという。このような天狗観は謡曲「善界」にもあらわれているが、その原話はすでに「是害房絵」にある。そしてまたその祖型は『今昔物語』（巻二十）の「震旦天狗智羅永寿渡二此朝一語第二」にあるのであるから、この種の天狗説話はきわめて古い起源をもつことが知られるのである。

五　護法憑けと花祭りの天狗

天狗は説話や絵巻物の世界では、その邪悪な奸計と愚行がテーマとなる。このようにしなければ物語が面白くないからであろうが、そのもとはといえば、天狗の祖型となる山神や山霊が、葛城山の山神、一言主神のように悪神、鬼神とされたことによるものであろう。ところがその山神、山霊の原質である霊魂観からす

れば、山は他界であって、そこに死者の霊魂があつまる。そうした霊魂のなかには怨霊的性格の荒魂もあるので、それは天下を乱す奸悪な天狗や、人を攫う冷酷な天狗として表出される。多くの宗教儀礼や芸能のなかでも、天狗は祟りやすいものという恐怖感をいまも持たれるものがすくなくない。しかしその一方では恩寵的な守護霊としてこれに祈願をこめたり、託宣をあおぐ信仰もすくなからず存在する。

日光古峯原天狗は、山霊の化身金剛童子（護法童子）の天狗と、これに仕える石原隼人（隼人坊）の天狗と同体であるとのべたが、これには石原隼人に天狗（護法童子）を憑ける憑依儀礼があったものと、私は推定している。この推定の根拠として私は美作地方にある「護法飛び」行事をあげたい。

この行事は津山市の南の久米郡中央町と久米南町の山岳寺院にのこっている。中央町では旧塀和《はが》村の二上山両山寺（六八九メートル）、久米南町の上籾《かみもみ》清水寺、龍川仏教寺、福渡豊楽寺にあり、もと定宗の本山寺にもあった。神社では中央町和田北《わだきた》の一の宮八幡宮と、久米南町稲岡南の山の王子社とにあるが、明治年代に夏の景物として山伏がはじめたものという。

七月十五日を中心に各寺定めた日に行事があるが、当日の深夜、護法（天狗）の憑依する護法実《ごほうざね》という一人の男に「護法憑け」をする。この護法実は大体七日ほどの参籠をして禊の池（塩場池《しょうばんいけ》）で潔斎し、当日は本堂外陣の半畳に座って篠竹と幣をもったまま、まわりをめぐる山伏の心経や錫杖や法螺貝や太鼓の音の中で憑依する。護法が憑けば本堂を走り出し、これを抑えなければ飛んでいってしまうといって、腰取り二人がついて境内中を走る。両山寺の護法は烏護法とよばれ、建部の韋駄天さんの大杉のあいだをいつも飛んでいるのだともいう。烏護法が烏天狗を意味することはあきらかで、もとは両山寺境内の二間ほど（約四メートル）の石垣を飛び降りたり飛び上ったりしたものだなどと村人はいっている。私は両山寺本坊で見てはならぬ護法実の参籠堂をあやまって開けたら、烏天狗が羽団扇をもつ掛軸を本尊にしていた。これに対して仏教寺の護法は狗護法といって、本堂の縁の下を這いまわるのだという。狗ということにも天狗の意味がこめられていたのであろう。

護法飛び行事のもっとも重要な中心は託宣であるが、いまはまったくおこなわれていない。護法祭などといって、ただ走ったりはやしたりして騒ぐだけである。しかし私は昭和三十一年の見学のとき、両山寺の山門前の護法石（護法さまの休石という）に腰を下ろして放心状態の護法実に、「うちの病人は治りましょうか」とうかがいを立てる嫁女らしい女性を目撃した。そのころは「護法さまにうかがいを立てる」という言葉は村人からも聞くことができた。このことから旧修験の寺の境内に護法石があるのは、神道風に影向石であろうなどと説明されているけれども、古くは護法童子（天狗）の憑依儀礼と託宣があったものと推定しなければならない。

護法飛びのある寺ではかならず護法社がある。熊野の烏牛玉《からすごおう》と混同して牛玉社というところもあるが、この儀礼ももとは熊野におこなわれ、護法（天狗）は烏の姿で去来するという伝承があったのではないかとおもう。それが他山でほろびたのに、この美作にだけのこった理由はわからない。

この天狗憑依の儀礼が旧盆の七月十五日前後におこなわれる理由については、私がはじめてこの行事を見た昭和三十一年夏の段階ではわからなかった。しかし修験道史研究がすすんだ現在では、これが山伏の夏峯入修行の出峯にあたっておこなわれた「験競べ」の残存であることがわかった。これは日光修験の夏峯出峯にあたっても、深仙巴の宿の正灌頂ののち、古峯原脇大宿でおこなわれたであろうと想像される。修験道の夏峯入は、春峯入、秋峯入がもっぱら抖擻行であるにたいして、一箇所に参籠して、その山内諸堂社に供花《くげ》する行である。したがってこれを花供《はなく》入峯といい、夏行《げぎょう》とも夏花《げばな》ともいう。山伏を夏衆《げしゅう》というのはこの夏行をするからである。入峯は四月八日が多く、出峯は古くは七月十五日であった。一夏九旬という印度の夏安《げあん》居《ご》にあわせたのであろうが、日本の旧七月は秋なので、入峯の簡略化とともに六月十五日出峯というところが多くなった。羽黒修験や立山修験には七月十五日出峯がのこっていたけれども、吉野修験は六月十五日を役ノ行者供にあわせて旧六月七日（あるいは八日）とし、いまは七月七日と八日である。しかもこの供花出峯をあやまって供花入峯などという大本山もあるところを見ると、修験道儀礼の衰退ははなはだしい。

修験道のあった山に六月十五日の蓮花会があるのはこの出峯を祝って延年法会をおこない、かねて「験競べ」をした名残りである。夏峯入の潔斎と苦行で蓄積されたフレッシュな験力を競ったのであって、文字通り山伏の「試験」であった。吉野山蓮花会はいま七月七日の「蛙飛び」行事となっているが、これももとは、「護法飛び」あるいは「天狗飛び」だったかもしれない。しかしこれは憑依儀礼はなくて、蛙（ぬいぐるみを着た尸童《よりわら》か）を祈り殺し祈り生かす験力を競った（『滑稽雑談』）。おなじ蓮花会が「竹伐り」行事となった鞍馬山は、大僧仲間（山伏）が観音の縁日に合わせて六月十八日に「竹釣り」をして二十日に「竹伐り」をする。『日次紀事』によれば、この夜大僧仲間の一人を尸童《よりわら》に立てて、これを祈り殺し祈り生かしたというが、『滑稽雑談』では、

夜の修法は護法付といふ。これは開山鑑禎和尚の一蛇を救ひて閼伽を得たまふゆゑ、かの一蛇すなはち護法神となる。今の閼伽井の神なり。この神に人味をもって生贄となすの謂はれなりと、

とある。尸童に護法（天狗または蛇）を憑けてその託宣を聞いたらしいが、この尸童が一時人事不省になるのを、護法への生贄と誤解されたのである。またこのとき左義長谷で松明を焼いたというのは、美作両山寺「護法飛び」に大松明を焚くことと共通で、天狗と浄火の関係がここにも見られる。

天狗が祟り多い神で、極端に穢れを忌むと信じているのは、奥三河から信濃、遠江にかけての天龍川筋の神楽と田楽である。なかなか承知してくれない研究者もあるが、私はこれが修験道系の神楽と田楽であると

信じて疑わない。したがってこうした天狗観というものは、修験道を通して発現した庶民信仰であろうとおもう。

熊野信仰に白山信仰があとでくわわったことがあきらかな、奥三河のどんづまりで天龍川をのぞむ急斜面の村、富山《とみやま》村大谷《おおたに》熊野神社の御神楽《みかぐら》は三河花祭りの原型をしめす神楽である。これは神楽の開始にさきだって宮清めをしてから天狗祭りをおこなう。これには「こない神《じん》しめ」と「宮天狗の祭り」とがある。宮天狗は社殿の後山の大杉の根本に、四本の竹を立てて棚を二段つくり、杉葉で掩った施餓鬼棚のような野外祭坦でまつる。天狗祭りにはどこでも生粉団子の粢《しとぎ》をあげるのは、死霊の待遇をしめしている。まことに原始的な祭り方で、京都上加茂神社の「ミアレ祭り」を彷彿させる。すなわちモガリの祭りで、天狗霊を封鎖するものであろう。これとおなじ三河花祭りの「高嶺《たかね》祭り」は天狗祭りとも荒神祭りともよばれている。宮天狗祭りは山中の真暗闇のなかで無言でおこなわれる厳粛な一瞬で、私などはうっかり懐中電灯をともして叱られる始末であった。設楽町の田峯田楽や信州阿南町の新野雪祭り（伊豆神社田楽）の「ガランさまの祭り」もおなじ性格の祭りで、天狗を護伽藍神（護法善神）としてまつるところから出ており、大木の根本でまつり、人をちかづけない。闇の中の禰宜の祝詞がかすかにきこえ、人々が厳粛な面持で待っているうち、祠の戸がギーッと軋んで閉められると、みなホッとして舞にかかる。修験道の芸能は神楽も田楽も、天狗にはじまって天狗に終る。

大谷御神楽の「こない神しめ」はおそらく「オコナヒ神注連《じんしめ》」であろう。オコナヒはこの神楽が熊野三社権現と十一面観音堂（白山本地）の修正会《しゅしょうえ》（オコナヒ）におこなわれるからにほかならない。この修正会は旧年の災を追い出し、新年の豊作を祈るのであるが、この守護霊としてオコナヒ神、すなわち「ひのう」「みずのう」の一対の天狗の面をまつるのである。祭る場所は社殿後の床下の、平素神楽の面形をおさめる倉で、そこに「おはたきの餅」という生粉団子の粢でまつる、「ひのう」は火の王、「みずのう」は水の王で、山神の化身である天狗は、火と水を支配するという庶民信仰が表出されている。「ひのう」「みずのう」は三河花祭りでももっとも神聖な面として祭られ、最後の「しずめ」（荒魂の鎮魂）の舞にもちいられることがあるが、多くは面棚にかざられたままである。東栄町中在家ではこれをつけた禰宜（もとは山伏）が荒菰の上で「しずめ」の反閇《へんばい》をふみ、太刀を振って「外道祓い」をして終る。もとはこの「しずめ」がすめば、その天狗面は毎年面塚に埋められたのだという。もしそうしなければ、「あらたか」すぎて荒れるとおそれられたのである。

　三河花祭りも修験道神楽であるが、その開始にさきだって、高嶺《たかね》祭りで天狗をまつる。しかしいまは高嶺といいながら花宿（神楽をおこなう個人宅か拝殿か公民館）の戊亥の小高いところで、宮天狗とおなじような棚を立てる。ところが花祭りの発祥とつたえられる東栄町古戸《ふっと》では一〇〇〇メートル近い白山の頂上へのぼって高嶺祭りをする。こうしてまつられた天狗は祭場である舞戸《まいと》にむかえられ、神座へ渡る。このとき神座にまつられる神々の御幣の中で、もっとも重要な五色幣と剣幣は、屋根裏へ上げられて「天《あま》の祭り」という天狗祭りの御神体になる。

「天の祭り」は「棟《むね》祭り」ともいって、その家の一番高いところで祭られる。天狗は屋根棟にとどまる神と意識されたのであろう。その供物は七十五の削ぎ板の膳で、まさに山の神の眷属の数とおなじである。そしてこの七十五という数は大峯七十五靡の山神であることはすでにのべた通りである。その膳の上には餅と酒のほかに、榧・栗・野老《ところ》・芋・蕎麦という山住みの者の食物があげられるのも、山神の供物らしくて面白い。野老は山薯蕷《やまいも》の原種かとおもわれる小指ほどの芋で、古代人ばかりでなく山伏の食料だったのであろう。しかもこの「天の祭り」をする役はもっとも重い役で、二人が交替で屋根裏につめていなければならなかった。

これを「天の番」というのだが、これが火の管理者だったらしく、舞戸に焚かれる「セイトの火」は、天の番が屋根裏からおろす薪によって焚かれたという。その薪を下から請求するのが「天の番松明おろせ」という掛声であった。セイトの火というのは舞戸の土間に焚かれて見物人が暖をとる火とおもわれ、見物人そのものまで「セイトの衆」などというが、実は斎灯《さいとう》で忌み火であり、浄火であった。これによって祭場を浄め、悪魔をはらうのである。修験道の柴灯護摩（採灯護摩）が斎灯から出たことは、十分推定できるであろう。そしてここでも天狗と浄火の関係は密接である。

そのほか修験道系の神楽と田楽に天狗がまつられ、天狗面の舞があることは枚挙にいとまがない。これは修験道が山岳宗教であるかぎり、いかに仏教や陰陽道を習合しても、山神、山霊は信仰と儀礼と唱導の中心でなければならなかったからである。しかも姿なき山神、山霊を形象化したのは、山伏が悪魔払いの咒的舞踊を演ずるとき、伎楽の露払いの面である鼻の高い治道《ちどう》面をかぶったためであろうと、私はかんがえている。そしてその伝統はいまも花祭りの禰宜（もと山伏）が、鼻の高い天狗面をつけて悪魔払い、外道払いの「しずめ」を舞うところにまで継承されているのである。

最後に、本論は「天狗草紙」に表現された天狗観をのべる予定であったが、紙幅がないので別の機会にゆずることとしたい。ただ「天狗草紙」を一貫するテーマは、七種ある憍慢心が、総じていえば仏教の排除すべき我執のあらわれで、これをもっとも強く執持するのが山伏（山臥）であり、天狗であると設定している。これは鎌倉時代には仏教界にありながら、諸宗をむこうにまわして憍慢にふるまう修験山伏が嫌われ者だったためであろう。したがって、諸宗の中にあって憍慢なるものを魔界、すなわち天狗道に引込むとかんがえ、そのために東大寺、興福寺、延暦寺、園城寺、高野山、醍醐寺、東寺などはおとろえようとするのだという。

そのほかこれら既成仏教の足元をすくう新興の一遍等の念仏宗や禅宗も天狗、天魔の所為とする。しかしその天狗も惰慢と愚昧のために失敗するというのは、横道な山伏への諷刺であり、最後に仏法と魔界の問答をあげて、天狗も仏道を修行して往生成仏すると結ぶ。

このような天狗観は仏教側からのもので、庶民信仰と修験道側からみれば、天狗はもっと神秘で霊的なものである。したがって本論は「天狗草紙」の著者とは正反対の天狗観をのべたのである。しかしこれだけ諸宗、諸大寺の歴史と教理を正確にかたり、これを批判できた著者は、仏教全体への視野から見ても、『沙石集』の著者、無住法師あたりではなかったかと、私はひそかにかんがえている。

幽冥界覚書

荒俣宏

一　天行居

ときは昭和三年の秋。「今上陛下が、天照大御神の人間世界における御表現」として、万世一系の高御座《たかみくら》にのぼりたまう大典を慶賀し記念すべく、古えの神の道を奉ずる神道天行居《てんこうきょ》から出版された——という、一冊の本がある。題して、『古神道秘説』。

これは、「古神道、霊学、国学の隠れたる権威」、神道天行居創立者、友清歓真《ともきよかんしん》が、慨世憂国の情やみがたく、赤禍狂乱のまっただなかに「敬神尊皇」の大旗を高くかかげ、霊筆をふるって天下を警策した教説の結集である——。

と、冒頭からすこしばかり仰々しい書きだしになったが、問題はようするに友清歓真という人物である。

この人、本居・平田系の復古神道にさえ飽きたらず、天行居という御座に秘密の神々を拝したてまつり、仏教もキリスト教も何もかも神道の傍系亜流とする「超神道」を建設しようとした。

しかし、友清にいわせれば、彼の活動はあくまでも〈神界密封命令〉にキッカリとしたがっている。

——わたしは決して猫もかぶらず化《ば》けもせず、また神命のまにまに行動したというわけでは決してありませんのです。それは××山中やあるいは大和《やまと》の△△なぞにおいては異人にも会い、また生死のあいだをも通過しましたし、その他ずいぶん変なものの仲間を漂泊したりいたしましたが、いつも履《ふ》むべき道を誠意をもって辿ってきたものと、みずから認めているのであります。しいて申せば昔から与えられた密封命令のまにまに正直に歩いてきただけのものであります。たとえてみれば、ここから東方へ五十里あるいて行けという命令書の通りにあるいて行き、そこでまた密封命令をひらいてみると、今度はそこから八十里ほど東南に進めということなのでその通りにしまして、そこでまた中の密封命令を開いてみると、そこにある岩を杖で叩けば穴があくから、そこへはいれとありますのでその通りにして、また穴の中で授かった密封命令書を開いてみると、この穴をまっすぐに行けるだけ行くとたくさんの宮殿のある明るいところがあるからと……イヤ際限もない馬鹿な話ですが、まあそういうようなものでして。

と、友清は述べている。

友清がここでいっている、密封した秘密命令書というのは、おそらく、当時日本に流入していたH・P・ブラヴァツキーの「神智学協会」のやり方を模したものだろう。神智学協会の場合には、「マハトマ」と呼ばれる秘密の指令者がいて、これがブラヴァツキー夫人に密封した指令書を送りつける。一方、ブラヴァツキー夫人は、それを読んで協会の運営、つまりオカルトによる世界革命の方針を決定するという寸法である。このやり方は、西欧世紀末の秘密団体内でブームになったものらしく、英国の〈黄金の夜明け《ゴールデン・ドーン》〉教団もアンナ・シュプレンゲルという秘密の首領をでっちあげて、シュプレンゲル書簡が届く人間が会の指揮をとったりしていた。もっとも、「マハトマ書簡」も「シュプレンゲル書簡」も、のちにその詐術性が暴露されてはいる。
ともあれ、友清歓真のこの秘教的な活動は、まさに日本の神智学協会というにふさわしいかもしれない。なぜならば、友清の超神道思想には、世界各国の秘教をいっぺんに巻きこんでしまうだけの「ふところの深さ」、雑種性、たくましさがあるからである。ある客人が友清に対して、「あなたは室内に香《こう》を焚いておられますが、神道主義の方としてチト仏教くさいではありませんか」と詰問したとき、すかさず、切り返している。それがまた、じつに痛快なのだ。

――そんなことはない。さっき、おわいやが来たから香を焚いているのです。香は仏教くさくもなんともなく、香は香ですが、これを仏教くさく思う人あらば、その人の鼻が仏教くさいので香の知ったことではありますまい。また仮《か》りに仏教くさいにしたところで、糞《くそ》くさいよりはましですよ、神のまことの道、天行《かむながら》の道はそんな窮屈なものではございません。

二　通信

ところで、このへんで、なぜここに友清歓真が登場しなければならないかを説明しておかなければいけないだろう。それは、ひとえに、彼が大正九年に出版した奇怪な資料集『神仙霊典』のためである。この『神仙霊典』なる書物は、大正十二年になってあらたに『幽冥界研究資料』と題されて再版されており、この新タイトルからも察せられるとおり、主として江戸末期にさかんに書かれた霊界探訪記をあつめたアンソロジーなのである。集められた内容は、むろん、実録――つまりノンフィクションということになっている。冒頭には、平田篤胤をして幽界の存在を確信させた神童、寅吉なる者の不思議な体験記をしるした『嘉津間《かつま》答問』が収められ、以下、『仙界真語』『霧島山幽境真語』『薩摩神変奇録』『幸安仙界物語』『前橋神女物語』

と、じつに本邦はじめて活字になるという幽界訪問記がつづいている。

友清が、こうして幽冥界の実在をやっきになって証明しようとしているのは、意味がある。いや、この意味というのは、おそらく江戸期の国学者が「古道へ帰れ！」のスローガンを発したときから、もっとも大きな問題なのだった。友清は、その問題を解決する仕事を、いわばかれら先輩から引きついだのであり、『神仙霊典』はそのために作成されたまじめな研究資料だったのである。

ちなみに、日本人として仙界にもっとも早く足を踏みいれた人物のことを話しておきたい。友清によれば、その人は照道大寿真《しょうどうだいじゅしん》という足利時代の神官である。彼は、足利義満の時代に大和の某神社に奉仕していたが、時代の潮流をいとい、四十歳過ぎで山にこもり、天下の名山をめぐるうちに富士山中でふしぎな神仙に出会い、道を得てから悟りをひらき、それより四百余年を経た明治九年七月七日、吉野の奥より肉身のまま昇天して神界の幽政（幽界の支配管理）に参与したという。このことについては明治四十三年に宮中掌典であった宮地厳夫（幽界研究家として知られている）が、華族会館でえんえんと講演し、一時あちこちの神社関係で出版物に掲載されたという。

この照道大寿真は幽界に列して、最高の秘事を知るにおよんだが、彼の幽界での政治がほぼ五十年つづいた大正期に、当時の神道関係者は、いよいよその神政が現世にもおよんで、世界の神聖革命が緒につく、と期待していた。友清は、こうした神道最高の秘伝が平田や本居には伝わらなかったとして、照道大寿真の直接の指令を受けた者こそ自分である、と宣言した。その経緯は、ざっとつぎのごとくである。

――照道大寿真の遺法のごときもある部分は世間に伝わっておりますが、これはきわめて表面的な、だれが見ても差支えない程度のものでありまして、深秘《しんぴ》に属することは決して普通の人間の眼にふれるようなことはしてないのでありまして、照道大寿真の直接の伝受者は明治二十一年に屍解仙《しかいせん》となられた河野久氏でありますが、河野久氏の遺した種々の記録にもなんら深秘に属することが書きとめられていないのは勿論のこと、全てのことは僅かにあるひとりだけに伝わったのみでありまして、他のたくさんの門人へは少しも伝えてないし、もっとも胸襟をひらいた道友であり、かつ親族であるところの木村知義氏にさえも深秘に関することは何ひとつ伝えておられませぬ。それが明治二十年に至って△△△氏に全部皆伝してしまわれました。この△△△氏（大正六年六月二十四日七十歳をもって帰幽）も照道大寿真の道の一部分を公開せられたがその内容は、いっさい深秘の部類にわたらず、だれがみても差支えのないことばかりでありましたが、この△△△氏もただひとりの〇〇〇先生（安政四年十月十九日出生）に深秘に属する一部を伝えられたのみで、さらにこの〇〇〇先生からそれを私へ継がせられたので、この方面からいうと私は照道大寿真から五世の孫にあたるわけです。

ここにでてくる△△△氏や〇〇〇氏の正体をさぐることもスリリングなゲームかもしれないが、しかしここまでの話で、すくなくとも明治から大正期にかけて、ときの神道関係者のあいだでは、「幽界からの通信」が大いに期待されていたことはあきらかだろう。ここに、国家とオカルティズムが期せずして結合する世界的現象のひとつが、確実に日本においても発生する。そして、幽界からの通信を期待する人々にとって、共同幻想のシンボルともいえる幽界探訪文献は、友清らの手によって、ひそかに巷間に流出していった。

三　幽界

まずはじめに、江戸末期にいたって、どういうわけで〈幽冥界〉の問題が大きくクローズアップされねばならなかったかを、かんたんに説明しておきたい。

日本には、古くから「この世」と「黄泉《よみ》の国」というふたつの領域についての概念があった。さらにいえば「高天原」と呼ばれる天界もが想定されていたわけだが、しかし、イザナミ・イザナギの「国生み」の神事以降、人間と神々とが活動する舞台は、もっぱら「現世」と「黄泉《よみ》」とにかぎられてきた。そして、もちろん「現世」とはわれわれが生きるこの世、「黄泉」とは死してのちにわれわれがおもむく世界のことである。だが、古くから日本人は、「黄泉」という別世界を、この世と地つづきの領域と考えるだけで、いってみれば「この世の終点」や「この世の裏がわ」としか理解していなかった。そしてそこに、すべての事態は発端をみた。

ところで、日本人は仏教の伝来以来、来世ということに多くの関心を示しだした。地獄という概念も導入され、ヤソ教と称するキリスト教の来世思想までもがこれに加わった結果、日本人は、「あの世」での生活、「死後」の生活という問題をも、この世にいる時点から考えておかなければならない羽目に、おちいることになった。

ともあれ、日本人はこのようにして、〈死の恐怖〉を〈死後の世界で暮らすことへの恐怖〉という形に言い換え、在来の各宗派の説教による救済を期待しながら、せちがらい現世をけなげに生きはじめたのである。そういうわけで、江戸時代にはいって、日本を支配する大きな潮流のひとつとなった復古神道は、仏教伝来以前にほとんど意識されなかったひとつの問題をはらむことになった。復古神道は、徳川幕府が公けの教学として朱子学を指定したことや、〈大乗〉を表看板にしながら、そのじつは護国宗教に成りさがった仏教などに対する、日本固有の精神からの反発であった。しかし、そのような復古神道が、民衆の心を安める宗教的救済力をもちうるためには、どうしても「死後の不安」を吹きはらうだけの力強い来世観を人々に示さなければならなかった。来世の問題をクリアーにしてはじめて、復古神道はほんとうの民衆パワーを吸収しうるのである。この時代に早くも上田秋成をはじめとする怪異小説、中国怪異談の翻案が積極的に出版された事情の裏には、国学者自身の以上のような〈課題〉が存在していた、と考えられる。かんたんにいえば、上田秋成らの怪異文学は、もともと生きている世界の側だけを問題としてきた古神道＝国学が、その大復活と新生とのためにまず解決しなければならなかったテーマ――「死後」と「幽冥界」の実相にかかわる、最初の挑戦だったのである。

おそらくこの点で、国学者のひとりだった上田秋成は、古神道復活の一大イデオローグであった本居宣長にくらべて、国学の最大の弱点を本能的に嗅ぎとっていたにちがいない。たぶん彼は、日本的精神の本質に関する本居宣長との烈しい対決を通じて、わけもわからず怪異と幽冥の世界へすべりおりていく自分を、はっきり自覚していたにちがいない。秋成の文学は、国学が独自の来世観をどう構築するか――死後の世界と幽冥界、いわゆる黄泉《よみ》の国をどのようにして具体的な空間とするかという大問題にせまった、ほとんど無意識的な衝動の結果だった、といえると思う。なぜなら、ヒーローの本居宣長は、こと「死後の生活」に限っては、神道のがわから何ひとつ慰めを送りだせなかったからである。

この点について、『宣長と篤胤の世界』(中公叢書)を書かれた子安宣邦氏は、きわめてクリアーな説明をおこなっておられる。その部分を引用しておこう。

――死後への不安はだれにもあることであって、だから平生は仏を信じていないものも、いまわの際に及ぶと、ややもすると仏道におもむくことになる(しかし宣長は、神道に安心というものはない、という＝註・著者)。「人情のまことに然るべきことにそうろう」と宣長はいう。だから人になんらか死後をみきわめる形での安心の必要なことは理解できる。しかしその安心について宣長のいいうる言葉はつぎのことだけなのである。

「神道のこの安心は、人は死そうろえば、善人も悪人もおしなべて、皆よみの国へ行くことにそうろう。善人とてよき所へ生れそうろうことはなくそうろう。これ古書の趣にて明らかにそうろうなり」

「儒仏などの説は、おもしろくはそうらえども、実にはおもしろきようにこの方より作りて当てそうろうものなり。御国にて上古、かかる儒仏などのごとき説をいまだきかぬ以前には、さようのこざかしき心なきゆえに、ただ死ぬればよみの国へ行くものとのみ思いて、かなしむより外《ほか》の心なく、これを疑う人もそうらわず、理窟を考る人もそうらわざりしなり」

つまり宣長は、神道において死とは、ただ悲しむ以外に方法のないできごとなのだ、といい捨てる。むしろ、これが〈安心なき安心〉〈救いなき救い〉であることは、思慮ぶかい宣長の意図するところだろうが、しかし一般民衆にとっては、この発言は死後の生活についての〈絶望〉以外のなにものでもないだろう。こうして、お手上げ状態になった本居の〈死後観〉に対して、決然として国学古道の体系に幽界のあきらかな空間を設立し、完璧なシステム化を達成した人物こそが、平田篤胤であった。かれによって、死後の生の不安は、はじめて国学＝古道の側からも救済されるのである。

四　救済

篤胤の説については、すでに別の章でくわしく述べたあとなので、ここでは重複することになるが、しかしくり返して書いておく必要がある。かれは、天・地・泉《よみ》を構成する元素は、産霊《むすび》の神によって同一のものとして創られている、と考える。その元素は、ひとつには天の元素、もうひとつには地の元素と呼ばれるもので、中国の神仙道風にいえば、魂《こん》と魄《はく》である。魂は天の霊として人間に宿り、魄は地の霊として、やはり人間に宿る。したがって死後人間の心は天に昇り、肉体は地に帰るのである。ここで重要なことは、死後泉《よみ》の国へ行くのは肉体であって魂のほうではない、ということである。宣長らは、人が死ねば肉体も魂もすべて「よみの国」へ行くと断言していたが、ここに篤胤の救いがある。彼は、「よみじをたどるのは肉体だけ」としたのである。

では、魂はどこに行くのか？　天界か？　いや、天界は神々のおわすところである。魂がともかくも赴くのは、幽冥界という、もうひとつの領域なのである。ここは神の世界と物質の世界のはざま、したがって神と物質とが直接的に交感しうる唯一の場所だ。そして幽冥界の支配者は大国主神である。幽冥界では、魂は不合理な現世での処遇を埋めあわせる「裁き」を受け、〈安心〉を得る。平田にとっての幽冥界とは、こうして、現世での不条理を埋めあわせる〈安心〉の領域、まさにひとつの魂の救済となるのである。

こうして、古道における平田の〈幽冥界〉の設定は、以後の神道イデオロギーに大きな普遍性と一般性――ほとんど仏教の力にもひとしい救済性をもたらすにいたった。だが、この理論を確乎たるものにする唯一の材料を手当しなければならない。それはむろん、〈幽冥界〉の実在である。平田篤胤が、仙境へおもむいたと自称する仙童寅吉に、ことのほか関心をいだいたのは、以上のようないきさつによっていたのである。

五　寅吉

では、上田秋成から友清歓真にいたるこれら〈幽冥界〉騒動の発端になった事件とは何か。これを仙童寅吉物語という。文化九年（一八一二）に、七歳で卜筮《ぼくぜい》のことを学ぼうとした少年寅吉（のちに高山嘉津間《かつま》と名のる）は、ある日、東叡山の前にある五条天神にでかけたとき、薬を売っている五十歳ばかりの翁にであった。ところがこの老人がじつに不思議な人物で、差しわたし三、四寸ほどの壺から薬を出しては売っていたのだが、暮れどきになると、その小さな壺のなかに、まわりのガラクタから敷きものまで、すっぽりと納めてしまった。おまけに、壺はフワリと宙に浮いたかと思ったとたん、いずこともなく飛び去った。おどろいた寅吉に近づいた翁は、「卜筮のことが知りたくば、わしとともにこの壺にはいり、某所まで尾《つ》いてこい」ともちかける。寅吉は、つい言葉にさそわれて、常陸国の南台丈という山へついていった。これが、寅吉による仙界との第一回接触となった。この接触は十一歳のときまでつづくが、一時とぎれる。その間、寅吉の父が病を得、その快癒祈願のために出家することになった。すると例の翁がふたたびあらわれ、空中を飛行して常陸国岩間山というところに連れてゆかれ、そこで種々の行をおこない、高山白石平馬なる行名《ぎょうめい》をもらって、ふたたび家に帰った。寅吉がそこで接したのは、神仙界の住人として一般には天狗と呼ばれている存在であった。

こうして岩間山での異常な体験を得た寅吉少年は、江戸中に知れわたる奇人となった。平田篤胤とその門下がこの仙童に接触したのは、ちょうどこの時期にあたる。このとき寅吉は十五歳であったという。

しかし、平田篤胤をはじめ、多くの門下生のたび重なる質問に対しても、寅吉少年はおどろくべき明確さで仙界の模様を報告している。平田は、自分の主張する〈幽冥界〉の証左を、この少年の赴いた岩間山中の仙界描写から得ようとして、必死であったのだろう。つぎにその部分をいくつか引用する(引用は、『幽冥界研究資料』に載った『嘉津間答問』を出典とする)。

――問云、未熟なものを飛行させるときに用いるという、金色をした玉を見なかったか。

寅吉、人間を飛行させる聖なる玉というのは、見ていません。

問云、よく不審火が、こうした異形の飛行人から出る火の玉によって起こるというが?

寅吉、そういうこともあるでしょう。家所を焼くなども、ひとつの天罰です。

問云、では、そういう天罰を下すことは、どういう神の命令によるのか?

寅吉、知りません。たぶん神々の命令を受け伝え来て、行なうわざでありましょう。

問云、大空より見たこの国土の様子は？

寅吉、すこし飛びあがると、ひどく広くて丸く見えますが、もっと上へあがると海川野山も見分けがつかず、うす青く網目を引きのばしたような感じになります。なお上って、星のみえるあたりまで行きますと、国土は光って、月よりはよほど大きく見えます。

問云、そこまで上ると、月はどう見えるか？

寅吉、月に近づくと、だんだん月球が大きくなり、おそろしい寒さを感じてきますが、二町ほどにまで近づくと、こんどは意外にあたたかくなります。光っているところは地上の海のようでドロドロとしており、俗にウサギが餅つきをしているといわれる所には穴が二、三、あいていました。

問云、それは変だ。洋人の説に、月光の個所は海のごとしとあり、ウサギの餅つく箇所は山岳だといっているのに、おまえはそこに穴があいているという。

寅吉、いえ、たしかに穴があいておりました。

問云、では、星とはどんなものか？

寅吉、星は国土から見ると、こまかに並んでみえますが、大空に上っていきますと、ここから見るような光り方はしなくなりますが、四方にどんどん何百里とひろがってゆき、いつのまにかそれが重なりあって、わけのわからないものになっています。いちど、ごく近くまで寄って見ますと、巨大な〈気〉のかたまりのようで、そこを通りぬけて振りかえったところ、また元の星のように光っているのが見えました。つまり、星というのは〈気〉が凝《こ》りたる物と思われますが。

問云、これもまた異なことを。わが友であり学者であるところの佐藤信淵は、星というのは地球と同じく鉱物のかたまりであって、これを貫透することなどできぬ相談だ、という。また星の光は、自力で光るのではなく、太陽の光を受けて光っているのだそうな。それでは、太陽はどうか？

寅吉、太陽は、近寄ろうとすると体が焼けるようにあつくなりますが、よく見ますと、炎々たる中に雷のようにひらめき飛んで闇《くら》くみえるところがあります。ただ、暗処から見ると、これもまた地球と同じ明星のひとつといえましょう。諸星はすべて暗夜でなければその光を発しません。わが地球の暗夜は、地上より見ると広大なように見えますが、全天からこれを見れば〈地影〉の及ぶところはわずかに月に届くところあたりまでにすぎません。そのために、山人たちがもし白昼に飛行すると、ついうっかり星の存在に気づかぬという場合もでてきます。

ここに引用した対話は、とくに寅吉の空中飛行に関するやりとりであるが、何やらLSDトリップにも似た不気味さにあふれている。平田の門人である竹内孫市健雄が『嘉津間問答』に付した〈附録〉、『神童談憑略記』によれば、この寅吉は文政三年（一八二〇）十月一日のある日、天狗から習いおぼえたという呪禁うらないを行なって霊力を江戸じゅうに知らしめたあと、夜に物見やぐらにのぼり、だれともしれぬ相手と会話を交わしたり、また平田翁ほか門下を集めて神送りの神事などを実践し、仙界で用いられる聖なる食物をふるまったりしたあげくに、ふたたび岩間山へと帰っていった、という。

まことに奇妙な物語である。この寅吉という人物にいたく関心をもった平田篤胤は、岩間山へ帰る少年に、「常陸国岩間山霊界」にあてて自らしたためた書簡を、托した。その手紙の内容は、前記した子安氏の著書によれば、次のごとくである。

――拙子儀、天神地祇の古道を学び明らめ、ひろく世に説きひろめたき念願にて、不肖ながら先師本居翁の志を継ぎ、多年その学問に酷苦出精いたしおり候。しかしながら現世凡夫の身としては、幽界のうかがい弁えがたく、疑惑にわたり候ことども数多くこれあり、難渋しそうろうあいだ、この以後は御境へあい願い御教諭を受けそうらえて疑惑を晴らしたく存じつかまつり候。

平田の幽冥界への興味の大きさを、明白に物語る証左といえるだろう。友清歓真の『幽冥界研究資料』は、以上のような、江戸末期に多発した仙界探訪事件の真相記録を多数おさめた書物である。近世日本にひとつの幻想をもたらした幽冥界事情の顛末を、いくらかでも明らかにできたのではないだろうか。

最後に贅言をついやすなら、幽冥界というのは、古代ギリシア以来の「エーテル」、メスメルの「動物磁気」、ブラヴァツキーの「アストラル体」などを含む心霊的媒体——つまり現世と彼岸との交信を可能にするメディアの発見における、すぐれて日本的な事件の内実を指すものだ。十九世紀半ばには、欧米では霊媒や予知、またその他の心霊現象が「動物磁気」の働きにより、まるでろうそくの灯が幻灯を映しだすようにして、われわれの住む現実界にもたらされる、と信じる一派がいた。また動物磁気による催眠術では、夢遊状態になった被験者は口寄せの能力をもつとも考えられた。こうした霊的メディア論が成立することによって、世界は、幽霊現象や予言・予知、また夢などについてじつに近代的な解釈を備えるにいたったのである。

また、これに対し十九世紀後半には力動精神医学が発展し、これら超常現象の多くを「神経の病的な変調」にもとめる理論を呈示した。その結果、江戸中期では幽霊出現は仏教的な「因果」によって化けてでることになっていたものが、江戸末期から明治初期においては「幽冥界」から投影されてくる霊的実体との遭遇ということになり、やがて文明開化の科学主義に影響されて、ついに「神経の病理現象」へと意味あいを変えていった。

天狗伝承とその背景

宮本袈裟雄

はじめに

天狗に対して抱く一般的なイメージは、鼻が高く赤ら顔、山伏のような服装をして高下駄をはき、羽団扇を持って空中を自由自在に飛行するというものではなかろうか。こうした今日一般に抱かれるところの天狗像は歴史の産物であることはいうまでもなく、時代によって天狗像・天狗観は相違し、変遷の跡が認められる。しかしながら、これほどまでに天狗伝承が普及し、確固たる地位を築くに至るにはそれなりの理由があり、各種の要因が考えられるのであるが、とりわけ修験・山伏の活躍、及び天狗と修験・山伏を一体化する観念が与えた影響を無視することができない。本稿では、民俗的世界に伝わる天狗像・天狗観と、修験・山伏と天狗との関係などを検討するなかから天狗伝承普及の基盤と今日一般に抱かれる天狗像が形成されるに至った要因や背景について若干論じてみようと思う。

「天狗の礫」　鳥山石燕『画図百鬼夜行』より

民俗的世界の天狗伝承

民俗的世界のなかでも山岳信仰・修験道と関連する天狗達は、冒頭で述べたイメージに包まれた天狗像であり、後述するごとく修験・山伏と天狗との一体化が今日の天狗像を作りあげた最も大きな要因と考えられるものの、山岳信仰・修験道関係以外、たとえば山の怪異現象、木・岩・洞窟などと結びついた伝説、昔話などのなかにも頻繁に天狗が登場している。しかしながらそれらに認められる天狗像は多様なものがあり、我々が一般的に抱く天狗像をはじめ、全く姿を見せないものも少なくない。なかでも「山の怪異現象」と総称すべき現象にはそうした傾向が強い。

山の怪異伝承のなかで、天狗の行状とされるものにも各種の伝承があることはいうまでもない。そのなかでは、深夜に鋸や斧で木を伐り倒す音が聞えるので翌日行ってみると木を伐り倒した跡が全くなかったという「天狗倒し」「狗賓《ぐひん》さんの空木倒し」という現象、夜中に山中に入るとどこからともなく石が飛んでくるという「天狗の礫《つぶて》」、昼中でも山中で突然大声で呼ばれたり、ゲラゲラと高笑いされる「天狗笑い」や山中で太鼓の音が聞えてくる「天狗太鼓」、山小屋の自在鉤をゆすったり、小屋自体もガタガタとゆすられる「天狗のゆすり」などの伝承は広く分布し、天狗の仕業とされる代表的なものである。これらの天狗伝承に共通していえることは、天狗に関する具体的イメージが欠けていることであり、人々に脅威は与えるものの実際の害を与えることはほとんど認められない。山の怪異現象そのものは幻覚によるものであるが、山中を異郷・他界とみる観念がその背景をなす。つまり、山中は人間の支配する世界ではなく、超自然的な存在の支配する世界とみる観念が山中における様々な怪異伝承を生みだしたといえよう。また天狗像についていえば、具体的イメージに欠け超自然的存在とのみ観念される天狗像が具体的イメージの脱落したものとは考えにくく、むしろ他の要素が加わってより具体的な天狗像が形成されたとみるべきではなかろうか。そうした点で妖怪としての天狗や天狗松・天狗杉などに代表される伝説が注目される。

より具体的な姿をとった天狗像の一例として柳田国男『遠野物語』に述べられている天狗の話三話を検討することにしよう。『遠野物語』には天狗のほか、山の神・山男・山女・山の霊異をはじめ遠野地方に伝わる様々な伝承が述べられており、天狗の話と類似したものも少なくない。しかし天狗の話として分類されているものは三話であり、それを要約すると次のようなものである。

第一話では鶏頭山に天狗が住むといわれ、村人は登ることがなかった。ある時、村の無法者がその山に登る。すると三人の大男がおびただしい金銀をひろげていた。無法者が近づくと大男達は気色ばみ恐ろしげな様子をする。そのため道に迷ってしまったと言うと麓近くまで送ってくれ、たちまちのうちに姿を消してしまったという話が語られている。

第二話は猟師の話で、山中で夜を迎えた猟師が小屋掛けする時間がない。そのため魔除けの縄をもって大木に身体をしばりつけて寝る。夜中に気が付くと赤い衣を羽のようにはばたく大きな僧形をしたものが襲いかかって来た。銃を打つと空中を飛びさっていったという話で、この猟師は同じ経験を三度したという。

最後の話は、天狗に人が殺されたという話であるが、天狗森と呼ばれる山で力自慢の若者が仕事に疲れて居眠りをしてしまった。気が付くと赤ら顔の大男が現われて見下している。誰かと問うても返事がないので飛びかかっていったものの、一突きで突き飛ばされ気を失ってしまった。その年の秋に村人大勢と天狗森に登ったところ、その男のみが見えなくなり捜してみると手足を抜かれて死んでいたという。

『遠野物語』に収録されている三種の天狗の話は、山中で起きた怪異現象であることには変わるところがないが、天狗像が具体的に描きだされている点で先に述べた怪異伝承とは大きく相違し、三種の天狗の話の間でも重要な幾つかの相違が認められる。たとえば天狗像とその棲処《すみか》という点では、第一話と第三話とでは天狗の棲処とされる場所が特定の山であり、天狗像も恐ろしげなる「大男」とされているのに対し、第二話では山中というのみで場所が決まっておらず、天狗像も「僧形」という形で空中を自由に飛行する存在として描かれている。また天狗と遭遇した人間がどのような結果をまねいたかという点では、第一話と第二話とが実質的被害がなかったのに対して、第三話では殺されている。このように三話間でも相違が認められるのであるが、第一話と第三話とでは人間と天狗との間に起こった抗争の有無が生死を異にする結果をまねいたとみるならば、この二種の話は同様な観念にもとづくものといえよう。そして注目すべきことは、山と里という二つの空間が持つ意味の差を明確にしていることである。恐ろしげな「大男」とする表現も柳田をはじめ先学が指摘するごとく、里人が山人に対して抱くイメージの一つであり、里人が入ってはならない山に分け入ったために異常な体験をし、さらに異郷を支配する存在に対して不敬を働いたために殺されたということになる。そうした意味において、第一話と第三話は、里人の立場に立ち里人が山人に抱く観念が反映された天狗といえよう。

一方、第二話で語られる天狗像は単に僧形であるという以上に、衣をはばたき「空中を自由に飛行する」存在とする点が強調されていることからすれば、前二者とは別系統、あるいは新たな要素が加わった天狗像といえる。この種の天狗像として「天狗隠し」の伝承をその代表的なものとして挙げることができよう。

「天狗隠し」の伝承も民俗的世界の天狗伝承のなかでは代表的なものの一つであり、子供や若者が突然姿を消し、数ヶ月後あるいは数年後に戻ってくるというもので、その間天狗の棲処につれて行かれたとか、名所旧蹟を見物したとか異常な体験が語られる。こうした伝承は、天狗の棲処とされる山や樹木に付随した伝説として語られることが多く、たとえば石川県内灘町につたわる天狗松の伝説では、村に行方不明の者があるときには天狗松の下で名前を呼び天狗に返還を求めるといい、新潟県松村町の天狗杉も天狗の棲処と伝え、ある時天狗が旅僧に化け、留守をしていた寺の下男をつれて京都を見物させ、夕方には再び寺に飛び帰ったという伝説が伝えられている（『日本伝説名彙』）。「天狗隠し」に登場する天狗像は山の怪異伝承と同様明確な姿をとるものが少ないものの、空中を自由に飛行する存在という点が強調される。里に存在する、天狗の棲処とされる天狗松・天狗杉などもそうした天狗の特性を無視することができない。もちろん天狗松・天狗杉と呼ばれる樹木自体は、他の特徴ある一連の樹木と同じように、元来神の依《よ》り代《しろ》とされる神聖な樹木であったものに天狗の伝説が付加されたものであることはいうまでもない。しかし天狗の立場に立つと、その棲処が山中に限定されていたものが、里でも棲処とすることが出来るようになり、天狗の世界が拡大しかつ人間との密接な交渉をもつことが出来るようになったということができ、空中の自由自在の飛行という天狗の属性がそれを可能ならしめたといえるのではなかろうか。

昔話、特に笑話のなかに天狗が登場することも多い。当然そのなかに登場する天狗は、山の怪異伝承や伝説に登場する天狗とは異なって、恐れ畏怖される存在ではなく、人間によって容易に欺かれてしまう愚者として登場する。たとえば隠れ蓑・笠型の笑話では博徒との勝負に負けたり、天眼鏡・竹筒・穴開銭などによって江戸・大阪・京などが見えると騙されて隠れ蓑・笠を交換してしまう存在であり、鼻高扇型の笑話でも鼻の高くなる扇や小槌・箆などの呪物を騙し取られてしまう存在でしかない。こうした天狗に対するイメー

天狗の面　迦葉山

ジは、笑話が人間中心に語られるという性格からして当然のことであり、天狗の零落した姿としてみることもできる。しかしながら、天狗像そのものは鼻高の顔、羽団扇を持って空中を自由自在に飛行する存在であり、我々が抱く最も一般的なイメージに包まれている天狗像といえよう。

以上、民俗的世界における天狗像、天狗に対する観念について述べてきた。山の怪異伝承・天狗松・天狗の神隠し伝承・笑話の天狗伝承などを対比してみるとき、山の支配者として人間から畏怖される対象である超自然的存在の天狗が、次第に人間との交渉を重ねるにしたがって人間よりも劣った存在となってしまった。こうした変化は山中、山中と里の両者、里という天狗の棲処とも関係し、先学が指摘するごとく天狗を山の神と同一のものと考えるならば、山の神の次第に零落する姿としてとらえることができよう。しかしながら天狗像そのものについてみれば、山から離れることによって我々が一般的に抱く天狗像が形成されてきたということができ、逆に天狗＝山伏型の天狗像が必ずしも民俗的世界を覆い尽すまでに至っていないといえよう。

天狗山伏の形成とその背景

さてこれまで述べてきた民俗的世界の天狗像と対応させる意味で、次に天狗像の歴史的展開について検討しなければならないのであるが、既に多くの紙枚を使ってしまったため詳細な検討は別稿に譲るとして、ここでは主要な点のみを述べるに留める。

日本における天狗の出現は、『日本書紀』の舒明天皇九年二月二三日の条に僧旻が「非流星、是天狗」と言ったという記載があるのを初見として、その後山霊などに擬されたりしてはいるが、具体的な天狗像としては現われていない。天狗について最もまとまった記載があるのは、平安中期の『今昔物語集』であろう。そこで描かれている天狗像は、高僧や高貴な人物に調伏され、仏教の妨げとなる存在であるが、(1)空中を自由に飛行できる存在であること、(2)仏・僧・聖人に変化したり人に憑く存在であること、(3)山中を棲処とすることなどの性格が描かれており、正体をあらわした天狗は「屎鵄《くそとび》」(中形の鷹)とされている。また天狗を祀ることによって治病などの験力を得ることが出来るものの、それは結局のところ仏教によって調伏される存在でしかないとされる。こうしてみると『今昔物語』にあらわれている天狗観は仏教の異端者としての山岳修行者と密接な関係を持ち、これも古代の国家仏教の立場からは禁止されるものであった方術・小道・巫術などの大陸伝来の呪術を背景としているのではなかろうか。なかでも(1)(3)の性格を基本としているところからして神仏思想の影響を無視することができない。

中世に入ると、山霊や山の妖怪とするものからより人間味を帯びたものになり、『古今著聞集』では法師とされるほか、「おそろしげなる山伏」というように山伏の姿をとったものとして描きだされてくる。そして『太平記』などには「天狗山伏」という言葉がみられるように、天狗と山伏が一体化することになった。さらに謡曲『鞍馬天狗』には彦山の豊前坊、白峰の相撲坊、大山の伯耆坊、飯綱の三郎、富士の太郎などをはじめ修験の山々を棲処とする各種天狗が出現し、室町後期から近世初頭に成立したとされる『天狗経』には大天狗として四八天狗の名がみえるようになり、それらの天狗の棲処は全て修験道の山でもある。このように中世において天狗の全盛期を迎え、説話文学、謡曲をはじめ天狗に題材を求めたものが多くなる。こうした天狗の歴史は修験道の形成・発展とほぼ対応しているといえよう。つまり『今昔物語集』のあらわされた頃は修験道の形成期に当り、『太平記』の頃は宗教界にあって修験道がその独自性を主張できるようになった頃であり、『天狗経』の時代は宗教界にあって他の宗教を圧倒して抽んでた存在となっている。もとより修験道は古代山岳宗教をもとにして大陸伝来の仏教、道教、陰陽道などが習合して形成された宗教であるが、なかでも山岳抖擻《とそう》・苦行性を強め、最も修験らしいあり方を示しているのが中世である。柳田は武家時代の天狗には武士的気風、つまり①清浄を愛する風、②執着の強いこと、③復讎を好む風、④仁俠の気質と四つの気風がみられることを挙げているが、これらはいずれも中世の修験道のもつ気風に相当させることができるものであり、天狗山伏型の出現がもたらした気質といえよう（『妖怪談義』）。

以上、簡単に歴史を述べてきたが、天狗像の形成は修験道の形成・発展と対応しているとともに、その属性には修験道の性格、なかでも道教的要素によって形成された部分が反映されているとみることができよう。この点では拙稿「修験道と神仙思想」*を参照していただければ幸である。また先に述べた民俗的世界への天狗像の普及という点では、中世までの修験よりも修験らしさを失ってはいるがより民衆と密接な関係を結んでいる近世以降の里修験の活躍の方がより重要なものといえよう。

＊　宮本袈裟雄「修験道と神仙思想――役小角伝説を中心として」（『歴史における民衆と文化』所収）一九八二

宮本袈裟雄

天狗の図像学

天狗と民俗的世界

天狗をめぐる民俗伝承にはさまざまなものが伝えられているが、それらに含まれる主要な要素からみて、山の怪異・山の神・妖怪・修験道という四つの要素に分けてみることが可能である。しかし、いずれにしても天狗を山中を住処とする超自然的存在とみなしていることが基本にあり、それにいくつかの要素が加わり、多様な性格を示すに至ったといえる。

各種の天狗伝承のうち、山の怪異伝承と結びついた天狗は、いうまでもなく共同幻想にもとづくものであり、山中における人々の不安や恐れなどの表現の一つといえよう。

この種の伝承には、深夜に鋸や斧で大木を伐り倒す音が聞こえたので翌日行ってみたが、伐り倒した形跡はまったくなかったという「天狗倒し」「狗賓《ぐひん》さんの空木倒し」や、夜中に山中にわけ入るとどこからともなく石が飛んでくると伝えられる「天狗の礫」などをはじめ、天狗笑い・天狗太鼓・天狗のゆすりなど、さ

天狗祭り　埼玉県秩父郡荒川村原において、旧暦霜月15日ころに行われる天狗祭り。天狗様のお休みになる小屋に、子供たちがお籠りをし、後に小屋を焼き払う

まざまな伝承が全国各地に伝えられている。

ただし、こうした伝承には天狗像に関する具体的イメージが欠けており、山中に棲息する超自然的存在のなせる業とのみ観念されている場合が多く、具体的イメージをもつ天狗よりも、むしろ本来的な「天狗」観が示されているように思われる。

これに対して、天狗を山の神と同一視している場合も少なくない。たとえば「天狗祭り」と称して正月十五日に小豆飯、酒を供える地方もあり、ゴヘイモチをグヒンモチとよんで、それを山の神である天狗に供える地方もみられる。

そうした事例以上に全国的に分布しているものは、「天狗の止木」「天狗松」などと称されるような、神の依り代としての樹木に関する伝承であり、その木を伐ったために病気になったり災禍が起きたというような伝承が各地に伝えられている。こうした伝承は、山の神信仰に包摂されるものとはいえ、天狗を一種の妖怪とみなし、人間をして神隠しにあわせたり病気や怪我をさせるなど、人間にとって悪しき存在とみなされることも多い。

妖怪視される天狗伝承は、昔話の世界においていっそう強調されており、同時にそこでは人間と超自然的存在である天狗との立場が逆転し、天狗の大切にしている持ち物が人間に奪われてしまうなど、智恵の劣ったもの、愚か者として描き出されている。

いずれにしても、民俗的世界に伝わる天狗は、山中を住処とする超自然的存在である点を基本としながらも、一方では山の神と同一視され崇拝されており、他方では忌避され、さらには愚か者とみなされるような相反する伝承が包含されている。

そのうち後者の忌避され愚か者とされる天狗伝承は、自由自在に空中を飛行できるという特性を備えたことによってその領域を広げ、人間が支配する里に出没するようになった結果とみることができよう。

それに対して、山の神と同一視する天狗のいっそう発展したものが、修験道と結びついた天狗伝承といえる。一般に天狗の代表的なものとして挙げられる愛宕山太郎坊・比良山次郎坊・鞍馬山僧正坊・秋葉山三尺坊・彦山豊前坊・飯綱三郎をはじめとして、八天狗・四八天狗などに数えられる名ある天狗は、いずれもかつて修験道として栄えた山岳を住処とし、今日においてもそれぞれが広範な信仰を集めている。

こうした点で、山岳修行を通して超自然的能力を身につけようとする修験山伏の姿が、今日一般的にイメージされる天狗、つまり鼻高で赤ら顔、山伏姿で高下駄をはき、羽団扇を持って空中を自由自在に飛行する

秋葉山三尺坊（上）山岳修行を行う、修験山伏の姿と結びついた天狗伝承の代表例
獣型天狗（下）中国『山海経』の天狗

天狗像に影響を与えているとみることができ、加えてそうした天狗のイメージは修験山伏などの山岳修行者たちの宣伝によって広まったといえよう。

天狗図の比較検証

日本における天狗伝承の歴史的展開に関しては、すでに多くの先学の徒が論じているところであり、流星を天狗と称したことを初見として、こだまや鷹、仏教の障碍となる輩、人の怨霊などが天狗とみなされ、さらには山伏型の天狗が出現してきたのである。

そうした天狗の歴史をみるうえでは、『今昔物語集』や『太平記』で描かれている天狗像が注目されるもので、前者は鷹や僧、聖人に変身したり、人にとり憑く天狗など多様な天狗の性格が語られ、後者の『太平記』には、怨霊とされる天狗や山伏天狗などが登場している。しかし、こうした天狗の歴史的展開については別稿に譲るとして、ここでは図像学的にみた天狗に注目したい。

この点で注目されるのは、『天狗草紙』や、『今昔物語集』に題材を求めている『是害坊《ぜがいぼう》』などの絵巻物、近世期の考証家、なかでも滝沢馬琴の著『享雑《にまぜ》の記』などであろう。

馬琴は『享雑の記』の天狗《あまつととね》の項で、「抑《さて》天狗と名るもの、和漢一ならず。星なり、夜叉飛天なり、山神なり、獣なり、山魅《こだま》なり、冤鬼《えんき》なり、但、当今、和俗のおさ〳〵天狗と唱ふるものは、なお天魔というがごとし」と多様な天狗の正体を述べるとともに、日本と中国の古今にわたる書籍から天狗図を集めながら、その一方で目に見えない存在を図像に表すのは容易《たやす》く、それがいかなるものであっても咎めることができないと、皮肉を述べている。

ここでは、馬琴に批判されながらも、天狗のイメージをより具体的に把握したいという点から、天狗図、天狗像について若干の検討を加えることにしたい。

しかし、筆者の管見した天狗の図像はごくわずかなものであり、これをもって一般的傾向を論ずることはできないものの、いくつかの注目すべき点が認められる。

その一つは、中国で優越している星を天狗とみる観念が、日本における天狗の初見として登場する以外、あまり認められないことであり、中国に認められる天狗を獣とする観念も日本では認められず、日本と中国の天狗像の相違が注目される。

しかしながら、日中両国の天狗像を比較することは筆者の能力をはるかに超えた問題であり、当然のことながら日本の天狗を中心にみていくことにする。

日本の天狗像のなかでは、烏天狗と通称されるような鳥類型天狗像が最も一般的なものの一つということができる。鳥の喙《くちばし》、翼を備えた鳥頭人身の図柄で、『是害坊』『天狗草紙』に描かれている天狗は、基本的にはこの鳥類型天狗像といえよう。また天狗面においても、鼻高の山伏型天狗像とともに対をなす場合が少なくない。

一方、中国の場合には『広西通志』に山魅《こだま》の正体として「忽《たちま》ち山の半《なか》ばを見れば、一人長け二丈《にじょう》ばかり、面《おもて》のひろさ三尺余、長さはこれに倍す、披髪《さばきがみ》鳥の喙。背に二翼あり、ふして群童《ぐんどう》が楽しみをなすをみて、嬉しげに笑う。しばらくして舌を垂るるに腹に過ぐ」と述べられており、日本の天狗像に近いもので、なかでもイメージ的には鳥類型天狗像よりも、山伏型天狗像に近いものがある。

また、『山海経』巻五にも荊景琴三《けいけいきんさん》の山の神の図が出ているが、これは人頭鳥身という図柄である。

獣型天狗図は、日本の場合には認めることができないが、中国では『山海経』巻二に陰山の天狗として、「獣有り、その状狸の如し、白き首なり、名づけて天狗という。その音榴榴《りゅうりゅう》というが如し、もって禍を禦《ふせ》

『是害坊』 日本でもっとも一般的な鳥類型天狗。京都・曼殊院所蔵

『天狗草紙』 諸宗長老天狗の集会。根津美術館所蔵

ぐべし」とあり、蛇をくわえた獣の図が描かれている。

もっとも『山海経』には多数の妖怪が描かれており、なかでも人面獣身・人面鳥身など、人間の頭部と鳥獣・魚・竜などの体と合成された妖怪が多い。しかし中国の妖怪は『山海経』の人面獣身型の妖怪から、のちに獣面人身型の妖怪へと変化し、より人間の性格に近いものとして描きだされるようになっているとされている。

また、日本と同じように山中は他界・異郷とされ、いわゆる魑魅魍魎の活躍する世界としても観念されていることはいうまでもなく、数々の怪異伝承を伝える他、野女や野婆のごとく人間の男をさらってセックスを求める妖怪まで考えられている。とはいえ、その一方で、人間の死後の魂を擬人化した鬼の活躍する世界であり、神や仙人の棲息する世界である。こうした考え方は日本の山岳信仰の展開に多大の影響を与えてきた。しかし山中の超自然的存在としての天狗は、日本ほど幅をきかしておらず、存在価値の薄い妖怪といえよう。

一方、日本においてはこれまで述べたごとく天狗が山中の妖怪として大きなウエートを占め、なかでも僧侶型天狗は日本の天狗図としてかなり一般的なものである。しかし『天狗草紙』にみる僧侶型の図柄は、前述のような鳥類型の天狗像であるが、驕慢ゆえに魔界におちた者として、僧衣をつけた天狗像が描かれており、剃髪のみでなく有髪の天狗が登場している点も注目される。

また愛宕山曼荼羅図の太郎坊天狗は、鼻高で剃髪の僧侶型天狗図で、鳥類型天狗とはまったく異なったものとなっているが、鞍馬山の狩野元信が描いたとされる「僧正坊」天狗図は、鼻高であり、かつ二翼を備えたもので、鳥類型天狗と鼻高の山伏型天狗とのミックスしたものといえよう。

このように日本の天狗図は、〝鳥類型天狗〟、〝僧侶型天狗〟を経て、その延長上に修験道の隆盛と相まって〝山伏型天狗〟像が形成されてくるのであるが、山伏型天狗の図像においても有翼のものが少なくない点からすれば、図像的にみた天狗像には鳥類型のイメージ、換言すれば天空を自由自在に飛行するという天狗のイメージが支配的であるといえよう。

こうした点で、秋葉権現や飯綱権現の神像も天狗のイメージと無関係ではない。両権現の神像は仏教の荼枳尼天信仰が修験道に取り入れられて形成されたものと考えられている。しかし図像的には荼枳尼天が白狐に乗った女神であるのに対して、秋葉・飯綱両権現は狐に乗った烏天狗であり、ここに天狗信仰の影響をみることができる。ただし、鳥頭有翼を除く身体全体は、不動明王のイメージにもとづくものと考えることができ、全体としては荼枳尼天信仰・不動明王信仰・天狗信仰が習合して秋葉・飯綱両権現の神像が形づくられたものといえる。

しかし、秋葉・飯綱権現と天狗信仰との関係をみるうえで、日光山に伝わる「稲綱本尊」の画像は注目される。これは寛永二〇（一六四三）年、円融坊東海によって奉納されたものであるが、その画像は両翼を広げた鳥類型のものであり、秋葉・飯綱両権現とはまったく異質のものといえる。むしろ日光山の「稲綱本尊」の画像は、後述する天狗の原型を仏教の迦楼羅《カルラ》像に求める観念にもとづいて描かれたものとみることができよう。

天狗と迦楼羅の関係に着目

これまで述べてきたように、日本の天狗の図像は鼻高の〝山伏型天狗〟と鳥頭人身二翼を備えた〝鳥類型天狗（烏天狗）〟との二つが一般的なものであるが、こうした天狗の図像が形成される原型として、鳥類型天狗は仏教の迦楼羅（蘗魯拏《ガルダ》）像が、鼻高の山伏型天狗は伎楽面の一つ胡徳面がそれぞれ考えられている。たとえば南方熊楠は『続南方随筆』の「天狗の情郎《かげま》」において、「金翅鳥王《きんしちょうおう》（迦楼羅王）が、邦俗所謂《いわゆる》天狗像の模範たるは、浅草（寺）堂後から見える襖、障子の観音廿八部集、神山霊図彙を見れば明かだ」と述べ、『今昔物語集』の天狗が女人に化けた話、女人にとり憑《つ》いた話、あるいは中国に題材を求めて天狗が美童となって現れた話などを紹介している。

また狩野永徳『本朝画史』では、

「古は多く天狗の顔を、鳥の如く嘴を大きく画きしなるべし、今俗人が小天狗といへる形これなり、仮面には胡徳楽《ことくがく》のおもて、鼻大なり。また王の鼻とて神社にあるは、猿田彦の面にて、此の面、今の作りざまは天狗の仮面なり」

とある。

迦楼羅は仏教で八部衆の一つとされているもので、インド神話の金翅鳥（ガルダ）が発展したものとされ、竜を常食としている。インド神話では、ガルダはヒンズー教の神の一つヴィシュヌ神の乗る聖鳥と考えられており、ガルダに関する神話が伝えられている。たとえば蛇族に服従している母を救うために、天界にある不死の甘露を持ち帰る。その帰路ヴィシュヌ神と戦いになり、勝負がつかず、和を結び、ヴィシュヌ神よりも高い地位が与えられるかわりに、その乗り物となったとする神話もその一つであり、このほかにも蛇から身を守る聖鳥、竜を常食とするに至った由来などが伝えられている。

迦楼羅像　奈良・興福寺所蔵

こうしたインド神話のガルダが仏教に取り入れられ八部衆の一つ、迦楼羅として位置を与えられたのであるが、「観音義疏」巻下には迦楼羅が竜を常食とするに至った由来を述べ、「阿婆縛抄」には「一の絵図あり、形迦陵頻鳥の如く、嘴あり、横に三鈷杵《さんこしょ》を含み、左右に各蛇《へび》を執り、左右足は各蛇を踏む」とあり、胎蔵界曼荼羅にも鳥頭人身、髻髪、翼を有して篳篥《ひちりき》をふく迦楼羅王、螺《ら》をふく迦楼羅女の二像が描かれている。また、興福寺の迦楼羅像も知られているとはいえ、日本においては単独の迦楼羅像はほとんど認められないといわれている。

迦楼羅像と天狗像との共通点は、いうまでもなく喙、二翼を有した鳥頭人身ということであり、鳥類型天狗像（烏天狗）の原型を迦楼羅像に求めることも可能である。しかしながら、天狗像の原型を迦楼羅像に求めるには、両者の形態が類似している以外の充分なる根拠がないようである。

インド神話の鳥類の王としての金翅鳥を仏教に取り入れ、八部衆の一つ迦楼羅像として位置づけた点と、山中の主、山の神という信仰を発展させ、天空を自由自在に飛行できるという特性から、その図像を鳥類に求めた天狗とが、その発想の類似から、偶然に一致したとみることも可能であり、天狗像の原型を迦楼羅像に求めるには、いっそうの検討を必要とするように思われる。

しかし迦楼羅と天狗との関係をみるうえでは、前述した日光山の「稲綱」本尊のごとく、迦楼羅像のイメージによるものもあるほか、竜と迦楼羅像が密接な関係をもつ点において、陰山の天狗像が蛇をくわえている点や、秋葉権現の四足に蛇が巻きついている点が注目される。

岩田重則

天狗と戦争――戦時下の精神誌――

一　柳田国男『先祖の話』

柳田国男（一八七五―一九六二）の数多くの著作のうちで、もっとも代表的なもののうちのひとつに、『先祖の話』（一九四六、筑摩書房）がある。『先祖の話』は、出版こそ敗戦後の一九四六年（昭和二一）四月であったが、執筆されていたのは、アジア・太平洋戦争の末期、一九四五年（昭和二〇）四月から五月のことであった。二月から三月にかけての硫黄島の戦闘、三月一〇日の東京大空襲を経て、沖縄本島にアメリカ軍が上陸したのが四月一日、この沖縄戦の正式な戦闘が終わったのが六月二三日であったから、柳田が『先祖の話』を書いていたのは、ちょうど沖縄戦のさなかのことであった(1)。

柳田は、単行本を刊行するときには、雑誌などへの既発表論考や講演原稿を、数本から十数本所収して一冊の本としてまとめることが多かったので、このように、短期間に集中的に書き下ろしたということは、比較的珍しいことであった。しかも、『先祖の話』は、出版社からの依頼原稿ではなく、自らの意志で四〇〇字詰原稿用紙に換算して約三四〇枚もの原稿を書き下ろしたものであり、脱稿ののち出版社を探し、唐木順三を介して筑摩書房からの出版が決定している。(2) 『先祖の話』が書かれた、このような状況を見たとき、柳田はこれを書くことによって、強いメッセージを読者に伝えたかったのではないか、そのように考えなければならないだろう。

それでは、『先祖の話』は、どのような内容の著作かというと、よく知られているように、日本人の「固有信仰」として祖霊信仰の全体像と、それを伝承して来た日本の家の性格を解明したものであった。このような理解は、民俗学における定説にとどまるものではなく、おおむね日本の人文科学全体に承認されて来たことであると考えられる。しかし、『先祖の話』が書かれてから五〇年余が経過した現在、そこで論じられた内容を冷静に見てみると、看過されて来た次のような二つの問題点があるのではないだろうか。

一つは、たとえ柳田国男という碩学の、しかも脂が乗り切った時期の著作であるといえども、それはひとつの学説にすぎないということである。柳田の著作といえども、それは絶対視されるべきものではない。これまで、柳田の著作といえば、この『先祖の話』だけではなく、そこでの研究成果を無批判に受け入れる傾向が強かったが、そのために、柳田が提示して来た研究成果の多くが、学説として検証されることなく現在に至ってしまったように思われる。

二つは、『先祖の話』を読みすすんで行ったときに、結論部分に近づくにつれて、「生まれ替わり」(「七七」のタイトル)とか、「七生報国」(「八〇」のタイトル)といった、一見、祖霊信仰とは無関係に思われる文言が登場して来ることである。『先祖の話』は、全八一節で構成され、最終節「八一」の「二つの実際問題」はあとがきとしての意味も持つと考えられるので、事実上の結論は、「八〇」の「七生報国」ではなかったかと考えられる。具体的には、どのような論理の展開によってこの「七生報国」に至っているのかというと、柳田によれば、日本人の祖霊信仰には生まれかわりの思想があり、それを基礎として、七回生まれかわり国に尽くすという「七生報国」の思想が発生して来たことになっている。特に、実例として、日露戦争の広瀬武夫と『太平記』の楠木正成があげられ、広瀬の最期の言葉として「七生報国」があったことが紹介されている。

このように『先祖の話』を読み直したときに、柳田がこの著作に込めたメッセージは、学説としての祖霊信仰を基本に据え、そこから「七生報国」の精神の必然性を説明しようとしていたと考えなければならないだろう。そして、それは、積極的な戦争協力ではないとしても、柳田民俗学の学問体系が、戦争の精神を肯定的に評価しようとしたものであったと思われる。戦場に逝く者たちへの想い、せつなさが、このような霊魂観の研究として昇華したのであろうが、『先祖の話』の内容がこうした性格を持つとすれば、柳田によってなされた祖霊信仰の解明を学説として再検討する必要があるとともに、戦時下の日本人の精神生活を、柳田とは異なる民間信仰研究の視点から解明する必要があるのではないだろうか。

二　戦時下の天狗

戦時下、柳田が扱ったような「七生報国」が世上に喧伝されていたとしても、世相の表面に現象として現われ、民衆の間に大流行していたのは、「七生報国」の精神ではなく、むしろ俗信や、神社・小祠などに対する祈願であった。八幡八社参りや千社参りに代表される武運長久祈願、千人針に代表される弾丸除け祈願が爆発的に大流行を見せていたのである。よく知られているように、千人針は街頭風景にまでなっていた。こうした戦時下の世相の実態は、天皇制イデオロギーの臭いが漂い、しかも、一部の突出した現象にすぎなかった「七生報国」よりも、戦時下の民衆意識をより鮮明に伝えてくれるのではないだろうか。世間にもっ

〔写真1〕天狗社（山梨県南都留郡忍野村内野）

とも一般的であった現象を題材とすることが、民衆意識の根本を理解する、最大の近道であると思われるからである。具体的には、戦時下に、武運長久祈願や弾丸除け祈願として大流行していた神社・小祠の実態を分析してみることが重要であろう。

こうした視点により、戦時下に大流行した神社・小祠を見てみると、それらの中には、なぜか天狗（あるいは天狗類似の者）が祭神あるいは祭神の眷属であることが多い。奇妙なことに、戦時下、日本社会では、天狗が大活躍していたのである。

ここでは、まず、こうした天狗大活躍の事実から見て行ってみよう。

〔事例1〕 山梨県南都留郡忍野《おしの》村内野の天狗社**〔写真1〕**は、戦時中、戦《いくさ》の神様と言われたり、出征した人が無事に帰るということで、遠くは富士吉田や甲府の方からも、多くの人々が参詣に来た。そのために、天狗社に行くまでの道に、沿道の農家が臨時のそば屋を出したほどであったという。夜間に、密かに行なわれるお百度詣りも多かった。

〔事例2〕 静岡県三島市玉沢の妙法結社《みょうほうけっしゃ》**〔写真2〕**も、戦時中、ここへ参詣すると戦死することがないと言われ、多くの人々が参詣に訪れた。妙法結社は、現在では、通称「妙法さん」と言われているが、一〇〇年余前に身延山の七面神社を勧請したのがはじまりであるという。約七〇年前に、この玉沢にある日蓮宗の寺院妙法華寺《みょうほっけじ》の管轄下に移され、現在でも、祭日には僧侶による読経が行なわれている。祭日は、毎月一七日、大祭は九月一七日である。

　三島市域及び周辺地域では、山の神の祭日が九月一七日であることが一般的であり、また、社殿が小高い山の上に位置していることから判断して、妙法結社は、日蓮宗と習合しながらも、山の神としての性格を持つものであるといえよう。それだけではなく、社殿に掛けられた垂れ幕には天狗の団扇がえがかれ、社殿内祭神前には、大天狗と烏天狗と思われる一対二匹の天狗像が置かれている。戦時下、信仰を集めた妙法結社は、天狗社としての性格を持っていたのである。

〔写真2〕妙法結社（静岡県三島市玉沢）

〔事例3〕次は、修験道の影響を受けた寺院が、戦時下、信仰の対象となっていた事例である。徳島県麻植郡山川町、吉野川の南側に、円錘形をして美しくそびえる高越《こおつ》山は、日露戦争からアジア・太平洋戦争期にかけて、武運長久、弾丸除け祈願の対象となっていた[3]。現在は、高越寺となっているが、明治初年の神仏分離までは高越大権現と呼ばれ、修験道の中心地でもあった。この高越寺は、戦時下、近隣の他の二社とともに三社参りと呼ばれる武運長久祈願の対象となっていた。また、中国東北地方からシベリアへ抑留されたある男性が、高越寺への信仰が深かったために、九死に一生を得て、無事生還出来たということもあった。高越寺は、弾丸除け信仰だけではなく、戦争に関連して、多様な信仰を集めていたといえる。
　そして、この高越寺も、修験道の影響であろう、天狗の存在が見え隠れしている。この高越寺の代表は、昔は、インゲンサンと呼ばれ、生き神様のように思われていた。たとえば、あるとき、インゲンサンがザイショ（在所）の人と碁を打ったために高越山から下りて来て、そのあと、どちらが早く帰ることが出来るか競争したところ、碁の相手をしたザイショの人の家の方がはるかに近くにあるにもかかわらず、インゲンサンの方が先に高越山に着き、高越寺の鐘をついていたという。このように、インゲンサンの移動が素早いので、インゲンサンは天狗のように思われていたという。

〔事例4〕天狗を祀る神社・小祠ではないが、「天狗様のお爪」と呼ばれる物体が、戦時下、弾丸除け信仰の対象とされたこともあった。静岡県小笠郡大東《だいとう》町入山瀬《いりやませ》・土方《ひじかた》では、山や畑で土中から「天狗様のお爪」が出て来ると神棚などに納めることがあった。この「天狗様のお爪」が、戦時下大切に扱われ、出征者がこれを身につけて行くと、弾丸に当たらず無事に帰還すると言われ、多くの男たちがこれを持ち戦場へと赴いて行った。

「天狗様のお爪」については、地元、大東町教育委員会から簡単な調査報告書が刊行されており、それによれば、「天狗様のお爪」とは、鮫の歯の化石であるという。(4) 先端が鋭く尖った鮫の歯の化石が出土すると、入山瀬・土方の人々は、それを「天狗様のお爪」として祀って来たのである。

入山瀬・土方では、天狗に対する信仰は、これだけではなく、「天狗様のお爪」を含め、濃厚な天狗信仰を存在させて来た。たとえば、一一月三日に行なわれている入山瀬の小笠神社の祭り、三月最終日曜日に行なわれている土方の高天神社の祭り、双方とも、神輿渡御の行列は、天狗が先導している〔写真3〕。また、入山瀬の集落の西側の谷《や》の奥に、「天狗の休みどころ」と呼ばれる、地面が平らで美しいところがあった。ここは、子供が遊びに行くと地面が汚されるのだが、翌日には、再び平らで美しい状態になっているような場所であったという。このほかに、入山瀬には、事実上の神隠しというべき説話も伝えられている。小笠神社の奥宮にあたる場所に、多聞天《たもんてん》という小祠がある。この多聞天神社は、小笠神社の祭りのときに神輿が渡御する場所でもあるが、その由来が神隠しとして伝えられているのである。江戸時代のはじめごろ、近隣、浅羽《あさば》村の小太夫という笛の上手な男の子が、一五歳のとき、小笠山に登ったまま行方不明となった。その後、その母の夢の中に「多聞天様になる」と言って現われ、祀られるようになったという。また、異説には、浅羽村の、ある身体の弱い男の子が中を見ないようにしてくれと言って部屋に籠もった。あるとき、家族の者がその部屋を覗いたところ、八畳間いっぱいに鷲のような大きな鳥になっていた。その後、この子供は多聞天神社として祀られたという。

天狗が神隠しをするという説話もあるので、多聞天神社の由来譚は、天狗信仰と無縁ではないだろう。そのために、こうした由来譚を知っている入山瀬の一九二三年（大正一二）生まれのある女性によれば、子供のころ、サトヤマ（里山）へ栗を拾いに行くなどして遊んでいて、晩方《ばんかた》に近くなって来ると、多聞天になった小太夫の笛の音が聞こえてくるようで、ひどく恐かったという。たそがれどきの神隠しに対する潜在的恐怖心とでもいうべきものであろうか。

〔写真3〕天狗（静岡県小笠原郡大東町土方）

〔事例5〕これまで見て来た事例は、いずれも、戦時下における天狗への祈願である。しかし、平時において、徴兵除け祈願の対象とされていた天狗もあった。島根県簸川《ひかわ》郡鳶巣《とびす》村（現・出雲市）の旅伏《たぶす》山にある旅伏神社は、明治初年から一八九〇年代前半まで、徴兵除け祈願として、多くの参詣者が訪れた神社であった。徴兵除け祈願の対象となったのは、旅伏山の天狗であり、天狗の好物といわれる食物を供え、また、他人が供えた供物を「お下り受ける」と称していただく者もあった。あるとき、体格のよい若者が旅伏山の天狗に祈願したために徴兵をのがれた、という評判が立ち、これを徴兵された人々から悪罵されたため、一家挙げて大阪へ離郷するという事件もあったが、徴兵除け祈願は絶えることがなかった。その後、若者が登拝すると人目につくので、家族が代理で参詣するようになり、また、年一度の祭日には、徴兵除け祈願をする人々で賑わったという。(5)

【事例6】静岡県引佐《いなさ》郡引佐町奥山の半僧坊《はんそうぼう》大権現も、戦前は、徴兵除け祈願や甲種合格の籤のがれ祈願で賑わった寺院である。半僧坊大権現は、正式には、臨済宗方廣寺派の本山方廣寺の開祖、後醍醐天皇の皇子と言われる無文元選禅師が元からの帰途、海上で大暴風雨にみまわれ、それを半僧坊大権現によって救われたのをきっかけとして、方廣寺創建の際、その鎮守とされたのであるという。半僧坊大権現への祈願の方法は、千本幟と呼ばれた小さな紙幟に「奉納　奥山半僧坊大権現」などと書き、参道の両脇などに立てるというものであった。

そして、この半僧坊大権現も、天狗に非常に似ているのである。方廣寺の縁起によれば、半僧坊大権現とは、「眼光炯々《けいけい》たる一偉人」であったと言われ、(6)山中共古の『共古随筆』によれば、「遠州奥山半僧坊の御影は朱色ずりにて、鼻高き僧自然木の長き杖を持ち、岩上に立たる形」(7)であった。また、矢部善三の『神札考』によれば、世間には、奥山半僧坊は天狗であるとして流布していたという。(8)方廣寺を守護する半僧坊大権現とは、天狗であると考えて間違いないだろう。

【事例7】再び、戦時下の天狗に戻ろう。一九三七年（昭和一二）、日中戦争勃発（七月七日盧溝橋事件）から約五ヶ月後、富山県下の村々では、戦争が起ると、天狗が皆戦地へ出かけ、戦場の兵隊たちを護っているという俗信が流行していた。また、戦争が起ると、烏が日本の内地には居なくなり、中国大陸へ渡って行くとも言われていた。(9)

いわば、空翔ぶ天狗、天狗の出征である。このような戦場へ出かけた天狗の話は富山県下だけではなく他にもあり、たとえば、あとで詳しく紹介する徳島県美馬郡脇町《わきまち》西赤谷の山彦《やまひこ》大明神では、祭神の「山彦はん」の前に眷属として大天狗と烏天狗**〔写真4〕**、二匹一対の天狗像が安置されているが、この二匹の天狗が、「山彦はん」を乗せて戦場へ行き、兵隊たちを助けたという。一般的に、天狗は羽を持ち、空を翔ぶと考えられていたがゆえに、このような伝承が創造されたのかもしれない。

〔写真4〕烏天狗(徳島県美馬郡脇町西赤谷)

〔事例8〕この天狗の出征のような、戦場へ出かけた神々の話は、天狗以外でも多く、戦時下の記録でも見ることが出来る。(10)また、山彦大明神のある脇町から、吉野川を隔てた対岸の美馬郡穴吹町宮内の白人《しらひと》神社は、戦時下に脇町や遠く香川県からも祈願に訪れる人々が多かったが、ここでは、社殿の前に安置されている神馬《しんめ》が戦場へ赴いたという話が伝えられている。白人神社の神馬は、現在では、白馬像になっているが**〔写真5〕**、大昔は、実際に神馬が飼育されていたと言われ、近年まで、その神馬の墓と伝えられる大きな石が神社の境内横に残されていたという。なお、白人神社の祭神は、

〔写真5〕神馬(徳島県美馬郡穴吹町宮内)

伝説の世界で、「日本一の大天狗」と言われた崇徳上皇と、弓矢の名手と伝えられた源為朝である。両者とも保元の乱の敗者であり、崇徳上皇は、乱後、讃岐に配流されている。また、江戸時代には、徳島の蜂須賀家の支藩であった脇町の稲田家がこの白人神社を強く信仰していたといわれている。それは、稲田家の祖先が、大坂の陣で負傷した際に白い兎によって助けられ、それが夢枕の中で白人神社のお使いであると出たからであるという。神馬が戦場へ赴いたと言われた白人神社も、祭神は、古い時代の戦《いくさ》や天狗と無関係ではなかったのである。

以上、八例、戦時下の武運長久祈願や弾丸除け祈願、あるいは平時においては徴兵のがれ祈願の事例を見て来たが、これらによって、戦時下の民衆の信仰が天狗と大きくかかわっていた事実は確認出来たと思う。もちろん、このような祈願は、天狗信仰の全体、山の神としての性格、祟りを持った性格、あるいは修験道史との関連など、多様な実態の中では一断面にすぎない。また、数多くある天狗社の中で、戦時下に大流行したものはごく一部分であろう。しかし、部分的であったにせよ、戦時下に事実上の流行神として天狗信仰が大流行したことは、人間の生と死に大きくかかわる時代に天狗幻想が世相の表面にあらわれたという奇妙な事実を意味しており、そして、これが奇妙であるがゆえに、天狗と戦争という関係の意味は解かれなければならない問題であると思われる。具体的には、天狗と戦争の関係は、流行神であるとはいえ、緊迫した時代の集中的な信仰現象であったがゆえに、天狗信仰研究という視点から見れば、天狗信仰の本質的な部分を示すものであると考えられ、また、民衆の精神史研究という視点から見れば、近代日本人の精神生活の重要な断面を示していると考えることが出来る。

三　撞抬撞搯の呪文

それでは、戦争下の天狗信仰の性格は、どのようなものであったのだろうか。グロテスクな天狗面をつけた一枚の額〔写真6〕を手がかりとして見て行ってみよう。

〔事例9〕 この額は、静岡県三島市小沢《こざわ》の龍爪《りゅうそう》神社に掛けられていたものである。天狗面の上部に「奉納祈武運長久」、右側に「元録《(ママ)》三年八月」、左側に「願主　吉政（花押）」と書かれている。元禄という年号は、いうまでもなく欺称であろうが、「吉政」なる人物が武運長久を祈願して、龍爪神社に天狗面を奉納していたのである。龍爪神社とは、もともと、静岡市と清水市の地方にそびえる双頭の山、龍爪山の山頂近くに祀られている穂積神社のことであり、戦前は徴兵のがれ祈願、戦時下は弾丸除け祈願で賑わった。静岡県東部・伊豆地方には、この穂積神社から分祀したものと推定される龍爪神社が三十ケ所近く存在しており[11]、小沢の龍爪神社もそうしたもののうちのひとつである。三島市域では、小沢のほかに、元山中《もとやまなか》と伊豆佐野にも龍爪神社が祀られており、いずれも戦時下には弾丸除け信仰で賑わったという。

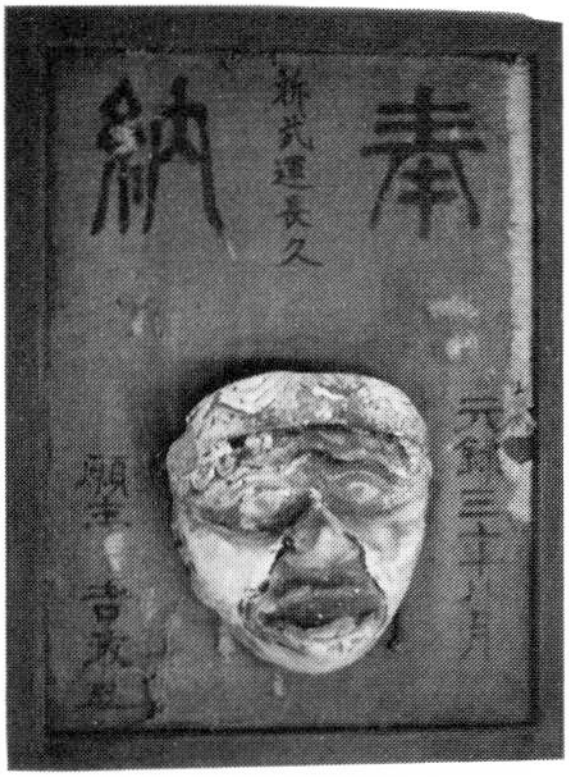

〔写真6〕天狗面（静岡県三島市小沢）

小沢の龍爪神社は、龍爪神社を祀っている龍爪講が所蔵して

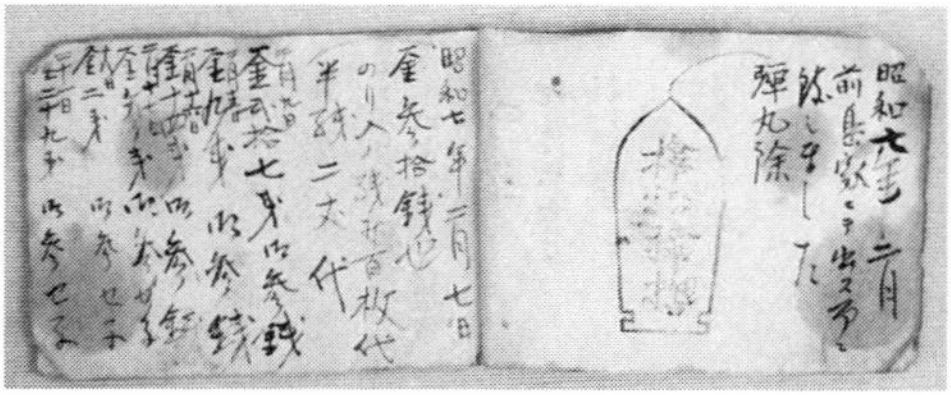

〔写真８〕撑抬撑搯の発行（静岡県三島市小沢）

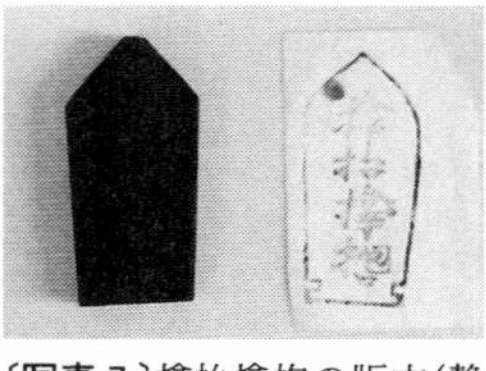

〔写真７〕撑抬撑搯の版木（静岡県三島市小沢）

いる「奉勧請龍爪山穂積神社」（一九〇四年三月一七日）という文書によれば、最初、小沢と元山中の二つのムラが共同で、一八四九年（嘉永二）三月一七日に龍爪山の穂積神社を勧請したのがはじまりであった。その後、毎年三月一七日に祭りを行なって来たが、一九〇二年（明治三五）一月二六日神殿を焼失した。焼失後、小沢と元山中の二つのムラが協議した結果、それぞれのムラが別々に龍爪神社を祀ることになり、一九〇四年（明治三七）三月一七日、神殿が再建されている。このような、小沢の龍爪神社が祀られて来た経緯を見たとき、「吉政」なる人物が奉納した天狗面の額は、再建された一九〇四年（明治三七）以降のものであることはほぼ確実であろう。そして、奉納額に天狗面が付けられたことは、小沢の龍爪神社の祭神が、天狗として認識された側面があったことを物語っている。

　また、この小沢の龍爪神社では、戦前、弾丸除けのためのお札として「撑抬撑搯」というお札を発行していたという。これは、現在でも、小沢の龍爪講に版木とともに保管されていることで確認出来る〔写真７〕。幸運なことに、この「撑抬撑搯」のお札の発行の開始も、小沢の龍爪講が所蔵する一九一七年（大正六）から一九四四年（昭和一九）までの金銭的な出納を記した「龍爪山祭典帳」によって、時期を確定することが出来る。一九三二年（昭和七）二月のところで、「前島家ニテ出ス事ニ致シマシタ。弾丸除」として、「撑抬撑搯」の版が押されているのである〔写真８〕。柳条湖事件が前年九月一八日であるから、満州事変開始の約半年後から、小沢の龍爪神社では、弾丸除けのお札として「撑抬撑搯」を発行するようになっていたのである。

いわば、小沢の龍爪神社における天狗と戦争の関係は、天狗が、弾丸除けの効力を持つお札、「摓抬摓掐」を発行するものであった、と考えてよいだろう。そして、この小沢の天狗面と「摓抬摓掐」を出発点とすれば、天狗によって司られた「摓抬摓掐」の意味を掘り下げることが、弾丸除け信仰と天狗信仰の民俗的性格を理解するための通路になると思われる。

まず、「摓抬摓掐」の読み方であるが、「摓抬摓掐《さんばら》」と読むのが正しい。大槻文彦の『大言海』によれば、この四文字は、「三跋羅《さんばら》ト云フ梵語ヲ、繰返シテ云フナリ、字体、解スベカラズ。(中略)修験ノ徒ノ、神秘メカシテ、作為セシ字ナルコト、論ヲ待タズ」[12]とあり、修験者の呪文として「摓抬摓掐《さんばら》」が使われていたことがわかる。「しゃくこうしゃくかく」(あるいは濁音になり「じゃくこうじゃくかく」)、また、「摓抬摓掐《さんばら》」を清音で「さむはら」と読む場合もあるようだが、ここでは、『大言海』の説に従っておきたい。

〔事例10〕次に、弾丸除けのお札として「摓抬摓掐」が使われるようになった時期であるが、現在、確認出来るもっとも早いものは、日露戦争のときである。柳田国男が『山島民譚集(一)』の中で、佐渡である猟師が出会った「摓抬摓掐」の事例をあげたあとで、日露戦争のときにこのお札を持つ出征兵士がいたという、次のような話を紹介しているのである。

(佐渡で—引用者)或人猟ニ出デ如何ニ狙ヒテモ鉄砲ノ中ラヌ雉ヲ見ル。不思議ニ思ヒテ網ヲ似テ之ヲ生捕リ、翼ノ下ヲ検スレバ小サキ紙アリ。摓抬摓掐《シャクコウシャクカク》ノ四字ヲ書ス。即チ仙人道士ノ秘伝タル護身ノ符《フ》字《ジ》ナリ(難波江六)。鉄砲ノ玉ヲ除ケテ網ノ厄ヲ免レシムルコト能ハザリシ矛盾ハ、自分ノ説明シ得ザル点ナレド、兎ニ角ニ是ガ百年前ノ稀有ノ出来事ニハ非ズシテ、現ニ日露戦争ノ際ニモ、右ノ雉ノ守札ヲ身ニ帯ビテ出陣セシ勇士多カリシコトハ事実ナリ。[13]

「㩳抬㩳揞」の最後の字が「掕」となり、「しゃくこうしゃくかく」とルビが振られているが、弾丸除けとしての「㩳抬㩳揞」のことを記したものであると考えて間違いないだろう。その後、一九三一年(昭和六)の満州事変を皮切りに、アジア太平洋戦争の時期になると、小沢の龍爪神社では一九三二年(昭和七)から「㩳抬㩳揞」のお札が発行されるようになり〔事例9〕、また、一九三四年(昭和九)に刊行された矢部善三『神札考』でも弾丸除け祈願のお札として「㩳抬㩳揞」が流布していることが述べられている。[14] このほかに、戦時下、名古屋市域でも、発行所は不明であるが、「㩳抬㩳揞」のお札を持参する出征者がいた事実が確認されている。[15] こうした事例から、「㩳抬㩳揞」のお札が、弾丸除け祈願として、日露戦争を嚆矢として、アジア太平洋戦争期まで、世間に流布していたことは確実であろう。

しかし、大槻文彦の『大言海』が指摘したように、「㩳抬㩳揞」が梵語を基にした修験者による造語であるとすれば、この呪文が最初から戦時下の弾丸除けを目的として作られたものであったと考えることには無理があろう。また、『大言海』では、「㩳抬㩳揞」の呪文が記録された近世の文献が多く紹介されており、こうした事実から、「㩳抬㩳揞」の信仰は近代以前から蓄積され、それを基盤にして、近代では、「㩳抬㩳揞」の意味が戦時下の弾丸除け祈願に集中して行ったものと思われる。

それでは、「㩳抬㩳揞」の信仰は、近世では、どのような内容であったのだろうか。

〔事例11〕 天明年間(一七八一—八九)から文化年間(一八〇四—一八)にかけて、巷間に流布した世間話・奇談を記録した幕臣根岸鎮衛の『耳袋』巻之二に、「怪我をせぬ呪ひ札の事」という話が紹介されている。一七八二年(天明二)春、新見愛之助という武士が江戸城への登城の際、九段坂の上で馬もろともに深い堀の中へ落ちた。しかし怪我はなく、衣服をあらため、すぐに登城した。このことについて、ある者が新見に、不思議なことだと言ったところ、新見は以前知行の者から貰ったという守護札を見せた。守護札とは、ある日、知行の者が野で雉子を弓矢で射ったところ、矢が雉子に当ったと思われても雉子は無事だった。そこで、弓術が上手だといわれている者達が競って射るのだが、他の雉子は矢に当り斃れても、この雉子だけには矢が当らなかった。そこで、皆が驚き、追い廻して捕えたところ、羽交いに「撁抬撁拐」の文字が書かれたお札を入れてあるのが見つかった。このような話を、新見がしたというのだが、そのころ、貴賤の区別なく、また、子供にも、このお札を所持する者が多かった。(16)

なお、ここでも「撁抬撁搯」の四文字めが「拐」となり、「搯」ではないが、「撁抬撁搯」と同じであるとみなして間違いないと思われる。この『耳袋』に記された怪我除けの「撁抬撁搯」の奇談は、弓矢に当らない雉子がこの呪文を記したお札を持っていたという話を基点としており、柳田が『山島民譚集(一)』で紹介した、ある猟師が鉄砲で撃っても弾丸が当らない雉を生捕りにしたところ、「撁抬撁拐」と書かれた紙片を持っていたという話〔事例10〕とも、内容的に一致している。実は、「撁抬撁搯」の呪文の効力を説く奇談は、ほとんどがこのパターンであり、次の、考証学者山崎美成が嘉永年間(一八四八—五四)に著したという『提醒紀談』に紹介された話も、同様の内容を持っている。

〔事例12〕一六六八年(寛文八)、紀州の鉄砲師吉川源吾兵衛が江戸に居るときに大宮の鷹場の中の吉野村というところで、白い雉子を狙いすまして撃っても当らないため、仕掛によって捕えた。その雉子の背に、「撁抬撁搯」の文字があった。この吉川という鉄砲師は、これを見て、「撁抬撁搯」は怪我除けの護符ではないかと思い、この文字を書いて試したところ、何度鉄砲を撃っても当らなかったという。(17)

こうした奇談を整理すると、弾丸(弓矢)に当らない雉子の話を基にして、怪我除けの呪文としての「撁抬撁搯」が近世の人々の間に流布していたといえよう。また、怪我除けから派生したものであろう、「撁抬撁搯」が長命のための呪文とされた場合もあった。

〔事例13〕尾張藩士岡田挺之が寛政年間（一七八九―一八〇一）に記した随筆『秉穂録』によれば、筑前福岡藩の領内で翼に小さなお札のある鶴が捕えられた。このお札には、「擡抬擡掊」の四文字が書かれていた。人々はこれを長命の符字であるとして写し、身に付けていたという。[18]

ここでも、「擡抬擡掊」の四文字めが「掊」となっているが、「擡抬擡搯」のことであると考えて間違いないと思われる。これによって、「擡抬擡搯」は、近世の段階では、雉子の弾丸除け→怪我除け→長命祈願とでもいうべき順序で信仰の内容が形成されていったものであろう。これが、戦時下、「擡抬擡搯」の呪文が出征兵士の弾丸除け祈願として展開を見せる基盤にあったのである。また、「擡抬擡搯」が、近世に、長命祈願の呪文でもあったとすれば、戦時下の弾丸除け祈願が武運長久祈願に形を変えても、信仰の性格として矛盾はない。

ただし、「擡抬擡搯」の呪文は、民衆の間からの自然発生的な信仰ではなく、おそらく、大槻文彦の『大言海』が説くように修験者によるものか、あるいは、修験道の影響を受けて形成されたものであったと考えられる。というのは、それによって、天狗と関係の深い小沢の龍爪神社が弾丸除け祈願で流行し、「擡抬擡搯」のお札を発行していた事実〔事例9〕が、整合的に説明出来るからである。天狗信仰の形成が、修験道及びそれに関係する山岳信仰と深く関係していたことは、和歌森太郎の『修験道史研究』[19]以来、現在では、ほぼ定説となっている。しかも、具象化された天狗のイメージは、修験者の風体が大きくかかわっていたといわれている。極端な言い方になるかもしれないが、具象化された姿でいえば、天狗イコール修験者という等式がほぼ成立しているのである。

「擡抬擡搯」の呪文を作ったのがもともと修験者であるとすれば、それとイコールの存在である天狗が、小沢の龍爪神社で「擡抬擡搯」の呪文を発行していたことは、当然の成り行きであった。戦時下、生と死に直面した時代の到来にあたり、かつての修験者が天狗に姿を変え、世相の表面に現われて来ていたのである。そして、天狗は、「擡抬擡掐」の呪文によって、出征兵士の弾丸除け、人間の生命にもっとも密接にかかわる弾丸の災厄を除去するための存在であった。いわば、「擡抬擡掐」の呪文に込められた祈願の内容、弾丸除けに代表される、人間の生命にかかわるほどの強い災厄の除去、これこそが戦時下の天狗信仰の本質であった。

四　天狗と人格神

こうして、強い威力を発揮した戦時下の天狗であったが、全国津々浦々、至るところに存在する天狗の総数からすれば、戦時下に活躍した天狗はわずかであろう。天狗の中でも、戦時下に活躍した天狗と、戦争とはまったく無関係な天狗があったのである。それでは、戦時下に活躍した天狗は、どのような天狗であったのだろうか。戦時下の天狗信仰の性格を、さらに一歩踏み込んで、探ってみることにしよう。

〔事例14〕すでに簡単に紹介したように、徳島県美馬郡脇町西赤谷の山彦大明神は、通称「山彦はん」と呼ばれ、そのおかげで戦地で助かったという人が多かった。祭神「山彦はん」の眷属の大天狗と烏天狗〔写真4〕、この二匹の天狗が「山彦はん」を乗せて戦地へ行き、兵隊を助けたというのである。また、社殿の中に、正確な奉納年月日は不明であるがおそらく満州事変に際してのものであろう、「山彦はん」に助けられたことを感謝した、お札の額が奉納されているのである〔写真9〕。書かれている文章の全文は次のようなものである。

時正ニ昭和七年二月十二日日支事件ニ依リ大西善吉命ヲ奉シ対馬艦ニ乗船戦線（はろく）ニ於テ哨兵勤務中両足ニ重大負傷ヲ受ケ一時ハ戦死ト見做ス可キ状態ニアリシニ警戒隊指揮官海軍中尉橋本金松殿現

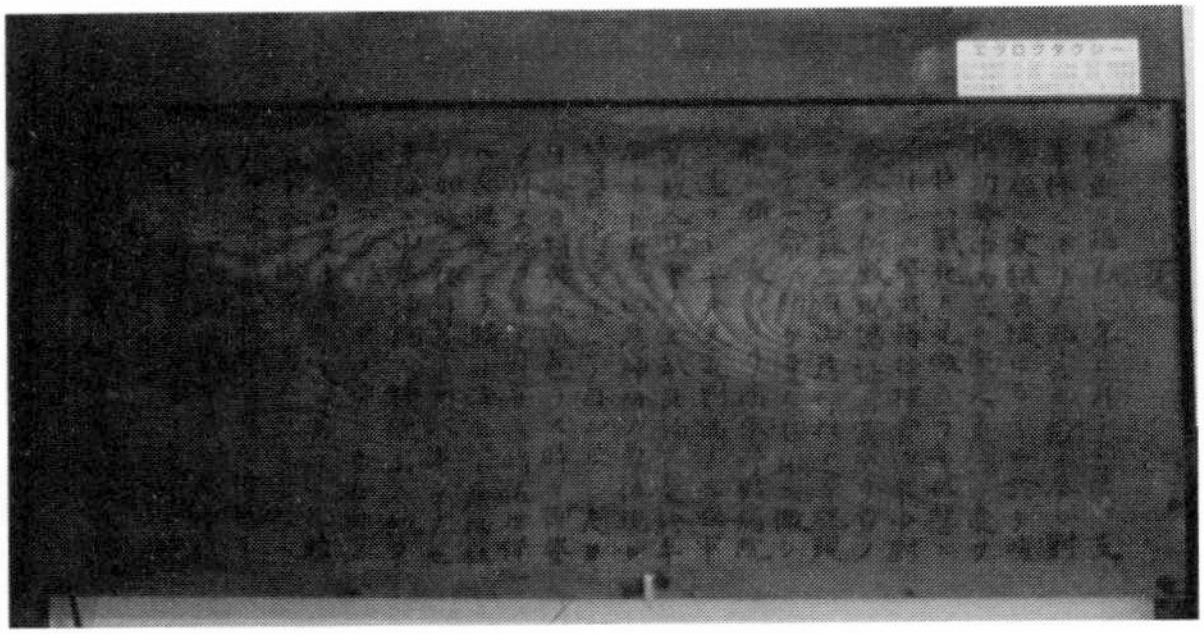

〔写真9〕山彦大明神奉納額（徳島県美馬郡脇町西赤谷）

認証明書アリ暫クニシテ蘇生曰山彦神社ノ霊魂現レテ一命ハ助ケ遣スト耳ニ徹シ肝ニ銘シ夫レヨリ南京野戦病院ニ送ラレ平戸天竜対馬三艦軍医数人立会ノ上献身的ノ受診手術中ト雖トモ山彦神社ノ導体現レ髣髴トシテ善吉ノ目ニ映シ夫ヨリ毎日祈願元気怠ラズ時々術姿ヲ持スルコトアリ亦長崎佐世保ヘ長崎丸ニテ帰ル海上ニモ山彦神社ノ加護ニ依リ恙ナク入港ヲナセリ誠ニ山彦神社ノ神徳山ノ如ク海ノ如ク極リ無ク啻ニ善吉自ラ曰ク日支事件ハ天皇陛下ノ御稜威ヲ奉シ国家ニ尽ス可キ責任ハ此時ナルニ戦線中負傷シ遺憾ヲ極ム今ヤ如何シ難ク益山彦神社ニ祈リ戦勝ヲ願ヒ奉リ要旨ト神徳ヲ茲ニ記ス噫

徳島県美馬郡江原字曾江名

父　大西長作

内容を整理すると、一九三二年（昭和七）、大西善吉が戦地で哨兵として警戒中、両足を負傷し九死に一生を得た。そのとき、山彦大明神の声が聞え、また、南京野戦病院での手術中も山彦大明神が目前に現われ、日本への帰還の船中も山彦大明神によって守護されていたというものである。

天狗を眷属として従え、戦時下、出征兵士を助けたという伝承を持つ、この山彦大明神は、その祭祀のはじまりが独特の伝承をもって伝えられている。正徳年間（一七一一—一六）に、不思議なことをする（妖術を使うともいわれた）伊勢伝左衛門という武士が死刑になった。その後、徳島藩の支藩であった脇町の稲田家に不幸が続いたため、稲田家では行者に見てもらったところ、伝左衛門を祀るとよいといわれ、現在の山彦大明神として祀るようになったものであるという。

山彦大明神の祭神は、伊勢伝左衛門という特別な人間、人格神であったのである。彼が山彦大明神として祀られていった経緯は、人格神が成立する典型的なパターンであるといってよい。特別な力を持つがゆえに非業の死を遂げた人物が、死後、祟りをもたらしたために、それを鎮めるために祀られるようになっている。御霊から和霊への転換による人格神の成立であった。

なお、山彦大明神では、現在、毎年一〇月二四日に祭りを行なっているが、そのときには、神輿が出て、伝左衛門の生家であるといわれる家など四軒の家を巡っている。その際、神輿を担いでいる人たちは、絶対に会話をしてはならないといわれ、会話をすると神輿がガタガタ揺れるという。山彦大明神には、現在でも強い禁忌が存在しているのである。

戦時下、出征兵士の無事、弾丸除け祈願の対象となった天狗は、この山彦大明神のような、強い威力を持つ人格神として、異形の人間とでもいうべく具象化された天狗ではなかったろうか。同様の事例を、ほかにも見てみたいと思う。

〔事例15〕静岡県庵原《いはら》郡由比町倉沢の藤八《とうはち》権現は、戦時中、出征地で助かるということで多くの人が参詣に来た。ある北海道の人が、大陸の荒野で方角がわからなくなったときに、藤八権現が出現し助けられたなどという話が伝えられ、参詣者で賑わったという。

藤八権現の場合も、山彦大明神〔事例14〕と同じように、その祭祀のはじまりが、特別な人間であったと伝承されている。寛政年間(一七八九—一八〇一)に、この倉沢の地に、並はずれた霊力を持った藤八という人がいて、自分の死後、東倉沢と西倉沢の中間の峰に自分を祀ってくれれば、倉沢のムラの安全を見守ると言い残して死んだ。藤八は、死後、天狗になったともいわれ、現在の藤八権現として祀られるようになったという。

〔事例16〕天狗という伝承は、明確に聞くことは出来なかったが、人格神としての性格が強い山の神が、戦時下、弾丸除け祈願として大流行した場合もあった。茨城県高萩市大能《おおのう》では、集落から離れた山地の中に、勝《かつ》之丞《のじょう》山の神が祀られている。勝之丞山の神は、戦時中、勝之丞山の神のお守を持って行った出征兵士が、戦地で弾丸に当らなかったということで、多くの参詣者が訪れた。当時、勝之丞山の神の祭日が旧暦二月五日と旧暦一〇月五日であったために、特に、毎月五日には参詣者で賑わったという。常磐線高萩駅から勝之丞山の神まで山道を三里半（約一四km）の距離があるが、駅から徒歩で参詣に来る人が多かったといわれている。

なお、戦時下の勝之丞山の神については、山村調査（一九三四〜三七）の調査地として一九三四年（昭和九）に大能を訪れた大間知篤三が、満州事変に際して弾丸除け祈願の対象となっている事実を紹介している。[20]

この勝之丞山の神も、その名称からもうかがわれるように、その祭神は、勝之丞という名前の人格神であった。水戸黄門のころ、大能に柴田勝之丞という鉄砲の名人がいた。勝之丞は、鹿や猪などが千頭獲れるようにということで、山中に逆さ松を植えて祈願した。この松が生長して、勝之丞山の神として祀られるようになったという。現在でも、勝之丞山の神の神殿の前に、生長した逆さ松のものであるといわれる巨大な切り株が残っている。

これらの人格神、山彦大明神〔事例14〕、藤八権現〔事例15〕、勝之丞山の神〔事例16〕は、それぞれ、不思議なことが出来た（妖術を使う）伊勢伝左衛門、並はずれた霊力を持つ藤八、千頭の獣を獲った勝之丞、いずれも人間離れした人間であったがゆえに神として祀られていた。そして、強い威力を発揮出来得ると期待されたためであろう、戦時下には、出征兵士の無事と弾丸除けを祈願する神社として大流行した。出征兵士をめぐる祈願が、人間の生と死にかかわる問題であったがゆえに、天狗の中でも、並の天狗ではなく、強いインパクトを持つ天狗だけが祈願の対象となっていたといえよう。したがって、祭祀のはじまりがこうした人格神としての伝承を持つものではなくとも、天狗の中の天狗、容貌魁偉であったり、グロテスクであったり、強い畏怖を与えるものであったりするものに、戦時下、祈願が集中している。たとえば、すでに見た、奥山半僧坊の祭神半僧坊大権現は「眼光炯々たる一偉人」であり〔事例6〕、白人神社の祭神は弓矢の名手源為朝と「日本一の大天狗」崇徳上皇であり〔事例8〕、小沢の龍爪神社の天狗はきわめてグロテスク〔事例9〕であった。また、次に見る事例も、戦時下、祈願が集中した天狗の中の天狗であるといってよいだろう。

〔写真 10〕大天狗（静岡県御殿場市神場）

〔事例17〕静岡県御殿場市神場《じんば》の山の神は、戦時中、この山の神のお札を持っていた出征兵士が、弾丸が当ったのだが、お札のために助かったということが伝えられ、多くの人々の参詣で賑わった。神場の山の神のはじまりについての伝承は、平家の藤原忠正（平家であるが「藤原」姓）が、壇ノ浦で敗れ大山祇命を背負ってここへ落ちて来て山の神を祀ったとも、中清水（御殿場市）の山の神が盗まれてここへ持って来られたともいわれている。

〔写真11〕魔王天神社（山梨県南都留郡鳴沢村鳴沢）

現在、神場の山の神は、さまざまな厄除けの神社として知られ、神殿内には巨大な大天狗〔写真10〕と烏天狗の面が一対二個置かれている。また、癌の大手術を受けたある女性が、集中治療室で、枕元に神場の山の神のお守りを持っていたところ、突然、男の太い声を聞いたとか、社殿の掃除をしないで社務所で昼寝をしていたある男性が、「起きろ、起きろ」という太い男の声を聞いたなどという話が現在もあり、神場の山の神は、山の神といいながらも、事実上、巨大な力を持つ恐ろしげな天狗としてイメージされている。

〔事例18〕このほかに、天狗ではないが、魔王様と呼ばれる恐ろしい名前の神が、戦時下、信仰を集めた場合もあった。山梨県南都留郡鳴沢《なるさわ》村鳴沢の魔王天《まおうてん》神社〔写真11〕は、戦時中、ここへ祈願すると無事に帰るということで、賑わった。魔王天神社への祈願のしかたは、現在では、願いが成就したあと願果たしとして三本割れの剣を一本奉納するというものであるが、戦時下の祈願のしかたは、魔王天神社へ上る階段の両側に千本旗と呼ばれる小さな串に白い紙を巻きつけてあるものを立てるもので、戦時下、階段の両側は千本旗で埋まっていたという。また、白装束に身をつつみ、丑の刻参りをしている人もいたという。

五　現在の天狗

これまで見て来たように、天狗は、出征兵士の無事を祈る信仰の対象であり、また、明らかに戦時下の流行神であった。しかし、それが戦時下の流行現象であったとしても、天狗信仰の中で、突然変異として生じたものではなかった。天狗信仰の中に基盤があり、また、「捨抬捨掐」の呪文のような歴史的蓄積もあった。ここでは、戦時下に天狗信仰を流行神までにした天狗信仰の本質、流行神の背景を探ってみたいと思う。その際に、近年、小松和彦によってまとめられているような天狗信仰の歴史的経過や妖怪論のような視点[21]ではなく、現在における天狗信仰のさまざまな実態から、天狗信仰の性格を明らかにしてみたいと思う。フィールドは、山地にかこまれた埼玉県秩父地方である。

〔写真12〕天狗面（埼玉県秩父郡小鹿野町漆ヶ谷戸）

〔事例19〕 埼玉県秩父郡小鹿野町《おがの》から両神村《りょうがみ》にかけての地域では、神社としての天狗社をはじめ、天狗信仰が濃厚に存在している。たとえば、小鹿野町漆ヶ谷戸《うるしがいと》のコーチの十二天神社は通称「お天狗さん」と呼ばれ、集落近くに「お堂」を持つほか、山の中に「奥の院」を持っている**〔写真12〕**。ここには、この「お天狗さん」にまつわる次のような話が伝えられている。

二十余年前のこと、養蚕をやっている季節であった。早朝に、朝露にびっしょり濡れて、「お天狗さん」の方から歩いて来るひとりの若者があった。この若者の話によれば、自殺をしようと思い、三峰山の方から山の中へ入ったという。しかし、死ぬことが出来ずに、彷徨《さまよ》い、この「お天狗さん」の「奥の院」へ泊まった。その夜、「お天狗さん」が出て来て、「まだ死ぬんじゃぁねぇ」といわれ、自殺を思いとどまり、山を下りて来たのだという。

「お天狗さん」は、このような人間の生命を助ける存在でもあった。しかし、「お天狗さん」に対する信仰心が薄い人間に対しては、次のように、災いをもたらす荒ぶる神でもあった。

ある年、「お天狗さん」のお日待のときに、「お堂」でお酒を飲んでいて、天狗なんかいるもんかという人達と、天狗はいるという人達とが、激しい口論となったことがあった。そのとき、突然、天狗なんかいるもんかといっている人達にだけ、「お堂」の中がブルブルと揺すられ、その人達だけが恐ろしくなり草履も履かずに逃げ出したということがあったという。しかし、天狗はいると信じていた人達だけは、「お堂」が揺すられていると感じられず、そのまま「お堂」の中に坐っていたという。

なお、漆ヶ谷戸の「お天狗さん」のお日待は、以前は旧暦四月八日、現在は五月三日である。もう二例、埼玉県秩父地方の天狗社を見てみよう。

〔事例20〕 両神村小沢口《こさわぐち》のコーチの大山祇神社も、通称「お天狗さん」と呼ばれている。祭日は、春の四月十五日と秋の一一月二八日の二回である。小沢口の「お天狗さん」へ参詣する人は、小沢口以外からも多く来ている。特に、山仕事をする人が多く、高いところで仕事をするので、下に落ちないようにということで、ここへ参詣に来ている。山仕事をする人達によると、下に落ちそうになると、「お天狗さん」が下から団扇であおいでくれるのだという。

たとえば、小沢口の「お天狗さん」に頻繁に参詣に来る電気関係の仕事をしている人は、山で高圧線を引く仕事をしていたところ、高いところから落下してしまった。しかし、この「お天狗さん」に助けられ無事であったという。また、近年では、ある埼玉県内の県立高校の教員でここへ参詣に来る人がいるという。この人は、教員採用試験のときに、ここの「お天狗さん」に祈願したところ合格した。そこで、「落ちなかった」ということで、よく来ているという。

小沢口の「お天狗さん」の場合も、人を助けたり受験を成功させる存在であった。しかし、不信心な者に対しては、激しい神であった。あるとき、賽銭泥棒が来て、「お天狗さん」の賽銭を盗もうとしたところ、「お天狗さん」に団扇であおがれて、その賽銭泥棒は高崎まで飛ばされていた、という話も伝えられている。

〔写真13〕歌舞伎の緞帳（埼玉県秩父郡小鹿野町津谷木）

〔事例21〕 小鹿野町津谷木《つやき》のコーチの木魂神社も、通称「お天狗さん」と呼ばれている。津谷木の「お天狗さん」は広域の信仰圏を持ち、遠くは寄居のあたりまで講中が存在しており、以前は五月八日、現在では五月三日に行われている大祭には、多くの講中が参詣に来ている。津谷木の「お天狗さん」は、火伏せの神、養蚕の神として知られているという。特に、大祭の日には、隣ムラ十六の人々によって、「お天狗さん」に歌舞伎が奉納されている〔写真13〕。この歌舞伎が奉納されるようになったのは、十六のムラが火事にみまわれたときに助けたのが、津谷木の「お天狗さん」であったからであるといわれている。

これら、小鹿野町漆ヶ谷戸〔事例19〕、両神村小沢口〔事例20〕、小鹿野町津谷木〔事例21〕、三つの事例は、天狗を祀った神社をめぐる天狗信仰である。これに対して次は、神社ではなく、天狗譚というべく語られた話の中の天狗を見てみよう。

〔事例22〕小鹿野町漆ヶ谷戸に、以前、「ツンカク」という綽名の人がいた。ある日、この人が山の中に入り、「お天狗さまの止まり木」といわれている木を切ろうとしたところ、火花が飛び散って切ることが出来ないということがあった。この人は、そこで、「お天狗さま」に対して、「木を切っても、また、木を植えるから」といって、この「お天狗さまの止まり木」を切ってしまった。しかし、そのままにして、木を植えないでいた。ある夜のこと、夜中に「お天狗さま」が出て来て、大きな音をたてて家の中へ入り、「なんでおめえは、俺を欺したな」といって、この人が口もきけず、耳も聞えないようにしてしまった。こうして、この人は、口と耳がだめになってしまったため、「ツンカク」と呼ばれるようになったという。ところが、一〇年後、ムラの人達が、以前、「お天狗さまの止まり木」があった場所に木を植えていったところ、再び、「ツンカク」のところに「お天狗さま」が現れて、「苦労をかけたな、元に戻してやる」といったという。そして、この「ツンカク」は、再び、口もきけるし、耳も聞えるようになったという。

次は、天狗の神隠しの話である。

〔事例23〕両神村滝前で、あるとき、娘が三日間いなくなるということがあった。ムラの人達が探したところ、この娘は、誰も上ったことのない、高い岩山にいるところを見つけ出された。見つけ出されたあとでこの娘が語ることには、家の縁側にいたところ、「お天狗さま」が現われ、「おいで、おいで」をするので、ついて行った。そして、この岩山の上に来たという。三日間は馬の糞を食べていたという。

なお、両神村から小鹿野町のあたりでは、以前、子供の遊びとして、トンビが来ると、子供が、「トンビトンビ、トロロー、目まわして見せろ」と口あてを行なったものであった。しかし、トンビは「お天狗さまの御眷属」であるということで、子供がトンビに口あてをすると、大人が「トンビに口あてするんじゃぁない」と叱ったものであったという。このトンビの俗信も、天狗の神隠しに関係するもののように思われる。

以上のような、埼玉県秩父地方における現在の天狗信仰の実態、これをまとめてみると、次のようなことがいえるのではないだろうか。天狗は、不信心な人間を激しく驚かせたり〔事例19〕、賽銭泥棒を遠方へ飛ばしたり〔事例20〕、禁忌を破った人間から口と耳の機能を奪ったり〔事例22〕、あるいは、神隠しも出来る〔事例23〕、人間にとってマイナスの作用、災厄をもたらすことの出来る存在である。しかし、いっぽうでは、自殺志願者を助けたり〔事例19〕、山仕事に従事する者を守ったり〔事例20〕、あるいは、火事から人間を守る〔事例21〕、人間にとってプラスの作用をもたらし、災厄を除去出来る存在でもある。いわば、生命をも含めて、人間が生きていく上でもっとも重要な部分を左右出来る、二面性を持つのが天狗であったのである。

これによって、戦時下に、天狗が流行神となったことの背景は理解出来るのではないだろうか。天狗は、平生から、人間の生存そのもの、あるいは、運命をも左右出来る存在であった。だからこそ、生と死に直面した時代、戦時下に、死という人間にとって最大の災厄を除去出来る天狗が、世相の表面に浮かび上がって来たと考えられるのである。

六　山の神と産神問答

民俗学における天狗についての理解として、一般的且つ妥当であると思われるものに、天狗は山の神であり、修験道の影響を強く受けているという考え方がある。要するに、山の神が人間の形をとり形象化されたものが天狗であった。こうした理解の上に立ったとき、天狗信仰の本質をさらに掘り下げるためには、山の神の性格が解明されなければならないといえよう。

〔写真 14〕高越寺の山（徳島県麻植郡山川町）

これまで民俗学では、山の神の性格を二つに分けて理解して来た。ひとつは、田の神・山の神の去来信仰、祖霊信仰の文脈の中で山の神を理解する視点である。これは、一般的に平地民の山の神信仰であるとされて来た。柳田国男が『先祖の話』で位置づけた山の神は、このようなものであった。もうひとつは、狩猟民の山の神というべきものであり、豊猟と狩猟の安全を祈願するものである。このような分類は便宜的であるにせよ、山の神の性格が、多面性を持っていることは、大方の一致する理解であったと思われる。

天狗が山の神であるということも、山の神の性格を軸として見れば、多面性を持つ山の神の実態が現われている一例であった。実は、これまで、ここであげて来た天狗も、山の神としての性格を顕著に示している。ほとんどの天狗社が、集落近くの小高い山の頂や山地の中に祀られていることからもそれは明確であるが、特に、擂り鉢を伏せたような円錘形の山の頂上付近に祀られた天狗、たとえば、

徳島県麻植郡山川町の高越寺〔事例3〕、〔写真14〕、埼玉県秩父郡小鹿野町津谷木の木魂神社〔事例21〕、〔写真15〕などは、まさしく山の神が鎮座する典型的な山岳の形象である。また、埼玉県秩父地方の天狗社の祭日が、いわゆる卯月八日であることも、天狗社が山の神であることを確定するに十分な証拠となり得る。小鹿野町漆ヶ谷戸の十二天神社の祭日は、現在では五月三日であるが、かつては旧暦四月八日であり〔事例19〕、津谷木の木魂神社の祭日も現在では五月三日であるが、かつては五月八日であった。また、両神村小

沢口の大山祇神社の祭日も春が四月一五日であることも〔事例20〕、卯月八日との関連を示唆してくれる。隣県の研究になるが、群馬県の山岳信仰では、卯月八日を祭日として登拝が行なわれて来たことが都丸十九一によって明らかにされており[22]、埼玉県秩父地方においても、卯月八日を祭日としている天狗社が山岳信仰の対象であることは間違いないと思われるのである。

〔写真15〕木魂神社の山(埼玉県秩父郡小鹿野町津谷木)

このように、実態として、天狗イコール山の神という等式が成立しているとすれば、戦時下の天狗や現在の秩父地方の天狗が人間の生と死、運命をも左右出来るほどの存在であったという伝承は、山の神においても同様に、人間の生と死にかかわる伝承があるという仮定を成立させてくれる。そうした仮定の上に立ったとき、現在の民俗学ではおおむね認められている、山の神イコール産神であるという伝承は、重要な意味を持って来ると思われる。山の神だけが、他の神々とは異なり、生命の誕生、人間の出発の瞬間である出産に立ち会い、さらに、誕生した生命のその後の運命をも予測出来る存在であったのである。

有名な産神問答の昔話は、このような産神としての山の神の性格を十分に伝えてくれるものであろう。関敬吾『日本昔話集成』は、産神問答を産神問答型、蛇と手斧型、水の神型の三つに分類しており[23]、たとえば、産神問答型の最初に紹介された産神問答は次のようなものであった。

〔事例24〕岩手県紫波郡煙山村（現・矢巾町）の産神問答である。昔、隣同士の右衛門太郎と左衛門太郎が泊りで山へ行った。そのとき、二人の女房はどちらも身重であった。泊り小屋で、右衛門太郎が左衛門太郎に、俺の子が女の子で、お前の子が男の子であったら、嫁にやる、反対に、お前の子が女の子で、俺の子が男の子であったら、嫁にくれ、と言い、約束して寝た。するとその夜、小屋の前に大勢の神様が集まっていたが、山の神だけが遅れて来た。神様たちは、山の神はなぜ遅れたのかと聞くと、山の神は、今、右衛門太郎と左衛門太郎の女房にお産をさせて来たので遅くなったと答えた。すると、神様たちは、山の神に生まれた子は男の子か女の子かと聞くと、山の神は、右衛門太郎の子は女の子で、左衛門太郎の子は男の子であり、女の子の方は多くの運を持って生まれたが、男の子の方は鉈一丁しか持つことか出来ないと答えた。山の神がこういったかと思うと、右衛門太郎と左衛門太郎は目が覚めた。

二人はこのような同じ夢を見ていたことがわかり、その夜のうちに家へ戻って、生まれた子を確認すると、夢の通り、右衛門太郎の子は女の子で、左衛門太郎の子は男の子であった。そこで、約束通り、右衛門太郎は娘を左衛門太郎の息子の嫁にしたところ、左衛門太郎の家はたちまちのうちに大金持ちになった。しかし、忙しく朝寝も出来ないほどであったため、左衛門太郎の息子はなんとかして朝寝をしてみたいと思い占いをすると、蓬の矢をうつ木の弓で朝早く屋根の方へ向かって射れば願いはかなうというので、それを行おうとした。すると、烏帽子を冠た白鬚の翁が扇子でまねくので、その方へ向けて矢を射って、再び寝てしまった。その日、右衛門太郎の娘であった女房が蔵へ行くと、蔵の中で唸る者がある。烏帽子を冠た白鬚の翁が左眼を蓬の矢で射られて苦しんでいる。女房は抜いてやったが、翁は、俺はお前についた福の神だが、お前の夫に矢で射られたからこの家を出て行くといって、出て行ってしまった。それからというもの、左衛門太郎の息子の家はたちまち貧乏になり、女房もこの家に居られなくなって家を出て行った。

女房は最初、おいぬ（狼）にでも食べられて死のうと思い、おいぬに食べてくれと頼むと、おいぬは、食べることは出来ない、俺の眉毛を三本やるから、升形をした所へ行き、そこで眉毛をかざして見たとき人間に見える者のあとについて行けと教えられた。日暮れごろになり、けらこ（蓑）を着て叺俵を背負った親父が通ったので、女房はその親父のあとをついて行くと、親父は、俺は向こうの山の炭焼きだが連れて行くことは出来ないとことわった。それでも、女房がどこまでついても行くと、炭焼き山の小屋に着いた。そこで女房は、親父に足を洗う所はどこだと聞くと、親父はそこの沢へ行って洗えという。女房がそこへ行って足を洗おうとすると、踏台にしている石は金で、口をゆすぐと沢の水は酒であった。そこで、女房は親父に石は金で、沢の木は酒であることを教え、町へ出て金を売り、酒屋をはじめ、たいそう繁昌するようになった。

しかし、左衛門太郎の息子は、以前よりますます貧乏になり、鉈を持って山へ行き、まだ（級木の皮）を剝いで町へ来て売りこの酒屋で酒を飲むということをしていた。酒屋の女房は、前の夫であるので、ある日、握飯に金を入れてあげたが、左衛門太郎の息子は外へ出たところで犬に吠えられたため、その握飯を犬にやってしまった。次のときには、竹杖に金を入れてやったが、今度は、子供たちに囃されたため、子供たちに投げてしまった。それで、酒屋の女房は、左衛門太郎の息子に、自分が前の女房であることを話し、お前様はよくよく運のない人だといった。そして、酒屋の竈の火焼において一生を過ごさせることにしたという。

この煙山村の産神問答から、山の神の性格を汲み取るためには、この物語のモチーフを確認したり、あるいは構造分析を行なうことは、かならずしも必要ではない。ごく単純に、山の神だけが出産に立ち会うことの出来る産神であり、しかも、誕生した子供の未来を予言出来る存在であることが、おのずと了解出来れば十分である。山の神が予言した通り、右衛門太郎の娘は幸運であり、左衛門太郎の息子は不運であった。いわば、山の神は出産に際して、あの世からこの世へ子供を引き出す境界的な存在であるだけでなく、人間の運命をも司る存在であったのである。

〔事例25〕さらに、産神問答には、山の神が人間の生と死に密接にかかわっている話もある。関敬吾が蛇と手斧型の最初に紹介した、次のような、青森県三戸郡五戸町の産神問答は、そうした話の代表的なものといえよう。

ある人が用事で隣村へ行き、帰る途中、雨が降って来たので八幡様のお堂へ入り泊まった。しばらくして、馬の蹄の音がして誰かが来た。よく聞いていると、山の神が八幡を迎えに来て、今夜どこそこの女房がお産をするから行きましょうといって、二人で馬に乗り出て行った。しばらくして帰って来た山の神と八幡は、生まれた子は男の子だが、どうもあれは長生きが出来ない、一五、六になれば虻《あぶ》に刺されて死んでしまうといった。その話を聞いていたのは泊まっていた男で、生まれた子の父親であった。男が家に帰ってみると、確かに男の子が生まれていた。男は心配して、百姓をさせておけば虻に刺される気遣いが多いからということで男の子を桶屋の弟子にした。しかし、男の子が一四、五になったある日、仕事をしているときに一匹の虻が飛んで来て刺そうとするので、持っていたせん（桶屋の道具）で丁と打ったら、誤って耳を切り落した。それがもとでとうとう死んでしまった。

ここでも、山の神が出産に立ち会い、生まれた子の将来を予言していた。そして、その予言通り、虻に刺されて死んでしまうのである。煙山村の産神問答は、人間の運命を左右するのが山の神であったが、ここでは、生命そのものをも左右出来る存在であったのである。

七　戦時下の精神誌

これまで見て来たように、産神―山の神―天狗という系列で結ばれる神体系は、人間の運命、生と死を左右し、戦時下のような非常時には、人間の生命を助けることが出来るほどの存在であった。図式化すれば、生命誕生を管轄する産神の具象化された姿が山の神であるといえるだろうし、さらに、山の神のより具象化されたものが天狗であるといえよう。そして、この神体系は、具象化されればされるほど、人格神としての性格を帯び、神としての威力も強めるものであった。

戦時下において、弾丸除け祈願、武運長久祈願のために、天狗が流行神として大流行したのは、こうした、日本の民間信仰における、産神―山の神―天狗の系列の顕在化であった。戦時下、多くの日本人が、自らの意志とはかかわりなく、生と死に直面することを余儀なくさせられた。戦争の時代がそうした時代であったからこそ、人々は、生と死を司る産神―山の神―天狗の系列に助けを求め、その中でも、もっとも強烈な天狗への祈願に殺到したのである。

戦争末期、柳田国男は戦場に逝く者たちに思いをはせ、『先祖の話』を書くことによって、彼らの霊魂の行方、さらには、日本人の「固有信仰」を祖霊信仰として解明しようとした。しかし、ふつうの民衆の中に充満していたのは、死後に対する観念、祖霊信仰のような霊魂観であったのだろうか。むしろ、死後ではなく、現世における生と死であったのであり、生への執着ではなかったのか。それが、生と死を司る神、天狗への祈願として現われていたのである。戦時下が、きわめて緊迫感の高い時代であったがゆえに、柳田は、そこに「固有信仰」としての祖霊信仰を見ようとしていた。しかし、柳田のように、張り詰めた戦時下に「固有信仰」を見ようとするのならば、祖霊信仰ではなく、産神―山の神―天狗の系列の方が、人々の間に広がっていたという意味では、〝固有信仰〟にふさわしいもののように思われるのである。

なお、戦時下に、天狗への弾丸除け祈願・武運長久祈願が大流行したことをもってして、それを戦時下の民衆の抵抗（あるいはその萌芽）であるとか、厭戦的行動であると評価することは出来ない。そうした思想・行動にまで昇華されることのない、素朴な意識・行動が、天狗への祈願であった。ただし、それは、素朴であるがゆえに、人間のもっとも根本的な部分、生存そのものへの欲求の噴出であったと考えなければならない。

注

(1) 柳田が『先祖の話』を執筆した詳細な経過と、彼の祖霊信仰学説形成過程については、拙稿「柳田国男の祖霊研究」(『地方史研究』第二五三号、一九九五年二月)で論じたことがある。
(2) 柳田国男『炭焼日記』(一九五八、修道社)、『定本』別巻④。
(3) 高越山については、大江志乃夫「〝徴兵よけ〟の神から千人針まで」(『科学と思想』第三九号、一九八一年一月)によって、すでに弾丸除け信仰の対象であったことが紹介されているが、弾丸除け信仰だけではなく、出征にあたり多様な祈願の対象であったようである。
(4) 大東町教育委員会『天狗のお爪』(一九九五、大東町教育委員会)。
(5) 蒼溟生「徴兵避けのお詣り」(『郷土研究』第五巻第七号、一九三一年一二月)。
(6) 方廣寺『方廣寺』(一九六六、方廣寺)一五頁。
(7) 山中共古『共古随筆』(一九二八、温故書屋)、『共古随筆』(一九九五、平凡社〈東洋文庫〉)二六九頁。
(8) 矢部善三『神札考』(一九三四、素人社書屋)八八〜八九頁。
(9) 佐々木龍作「戦争と俗信」(『越中郷土研究』第一巻第一〇号、一九三七年一二月)。
(10) 寺田伝一郎「神様の出征」(『民間伝承』第三巻第二号、一九三七年一〇月)で秋田県の事例が、鈴木棠三「事変と信仰の活動」(『民間伝承』第三巻第四号、一九三七年一二月)で青森県と静岡県の事例が紹介されている。
(11) 中村羊一郎「玉除け・徴兵逃れとしての龍爪信仰」(『歴史手帖』第九巻第一一号、一九八一年一一月)。静岡県編『静岡県史』史料編23(一九八九、静岡県)。
(12) 大槻文彦『新編　大言海』(一九五六、冨山房)八九二頁。

(13) 柳田国男『山島民譚集㈠』(一九一四、甲寅叢書刊行所〈甲寅叢書〉、『定本』27) 五二頁。
(14) 前掲、矢部善三『神札考』、四五頁、一四五頁。
(15) 松本博行「戦争と民俗」(佐野賢治他編著『現代民俗学入門』一九九六、吉川弘文館)。
(16) 根岸鎮衛『耳袋』、『耳袋』一(一九七二、平凡社〈東洋文庫〉) 九一～九二頁。
(17) 前掲、矢部善三『神札考』、四六頁。
(18) 岡田挺之『秉穂録』、『日本随筆大成』第一期第二〇巻(一九七六、吉川弘文館) 所収、三六一頁。
(19) 和歌森太郎『修験道史研究』(一九四三、河出書房)。
(20) 大間知篤三『常陸高岡村民俗誌』(一九五一、刀江書院) 一二五～一二六頁。
(21) 小松和彦『妖怪学新考』(一九九四、小学館)。
(22) 都丸十九一『歳事と信仰の民俗』(一九八六、三弥井書店)、『赤城山民俗記』(一九九二、煥乎堂)。
(23) 関敬吾『日本昔話集成』第二部本格昔話1(一九五三、角川書店) 四〇一～四二七頁。

〔付記〕 本稿作成にあたり、静岡県三島市小沢の調査については杉村斉氏の、同県小笠郡大東町土方の調査については鷲山恭彦氏の御協力がありました。記して、謝辞としたいと思います。

III　山姥の民俗学

鷽替え神事と山姥

折口信夫

私、此冬三河の北の山奥へ、花祭りを見に参りました。此花祭りと言うのは、夜通しで見物するので、旧暦の霜月から、今は「新」の小正月前後にする。所によっては、二月の十四日頃にある。その時期は色々であるが、花祭りは勿論鬼が中心になって居るのである。此を概して申すと、鬼祭りと申してもよい。

事実、もっと平野に出た豊橋近くの処にも、豊橋の中にすら、鬼祭りがある。豊橋のには特に、榎の木を切って丸くし、其を笹の枝でとり合う、榎玉の神事と言うのがある。此は亀戸の天神に行われる鷽替え、大宰府のそれ等と、同系のものと見られる。

大宰府に近い箱崎には、玉とりの祭りがある。其は木の玉に油を塗りつけた、つる〳〵したのを、神主が持って出ると、皆がとり合う祭りである。此行事にも、やはり農村の豊凶を占う春の年うらと、此とり合いに勝つを吉とする考えとを一処に持って居る。

春の年うらは、外より持って来た山づとによって、判じるのである。此春の年うらは、所によっては霜月に行い、師走に行い、中にも多くは、初春にする様である。農村の正月は、十五日の小正月が真正月らしい。

此年うらに勝つと言うのには、二通りの義があるらしい。一つはうばいとる方がよいと言うのと、一つは唯すなおに山づとの持ち主になろうとする。此二つの行事が、大抵合躰してしまって居る。

けづりかけは、けづり花が最初で、けづり花は、尾佐竹さんもあいぬのいなをから出たとせられて居る様であるが、私は、却って内地の削り掛け系統の作り花、粟穂、稗穂などいう類の稲穂《イナボ》、と言う語のあいぬの方へ這入ったものと見ている。率直に言えば、けづりかけが近世の名で、けづり花が元の名であろう。

古今集物名に、めど——馬道だが、平安宮廷では、殿中の建て物の中の薄暗い通い路を言う——にけづり花がかけてあったのを詠んで居る。そして今もけづりばなと言う地方もある。東京辺も、地震の為に、習慣や文献が失われたが、地震前には京橋・日本橋辺に、けづり花を軒にかけて居る家をよく見かけた。鷽は此けづり花から出たので、初はあんな形ではなかったらしい。鷽の領《エリクビ》の切り込んで、さゝがした部分は、けづりかけの痕跡を残したものである。が、けづり花・けづりかけとは、どうして発生したものであろう。

京都では、大晦日の晩、五条天神に、朮《オケラ》参りと言うのがある。其は道行く人が、互に悪口を言い合って行くのである。——江戸では此悪口が「悪態」の芸能・文学を生んでいる——。近頃では、此朮参りと混同しているが、元別々に、八坂神社の所謂祇園の削り掛けの神事があった。其は偉大な削り掛けとも称すべき柱を焼くと、その焼いた際に、烟のなびいた方、丹波なり、近江なりが不作になると言うので、大変な騒ぎである。後には、此焼く事が変って、柱——只の柱——を倒す事になり、倒れ方が凶作である、と言う占いである。

削り掛け類の、棒・桙・柱は、元は山人の杖である。日本の古い所の信仰では、——神道の哲学的方面ではなく、理論ではなく、我々の生活に、直接、関係の深い実際である——神は杖を持って居たのである。此杖については、殆、長い記憶が近代になってふり棄てられた様になっていたが、柳田國男先生などによって、大分原型が再現せられて来ている。万葉にある「玉ぼこ」「玉づさ」等は、皆棒の名で、神の意を受ける人も、神も皆杖を持っている――翁の発生（全集第二巻所収）参照――わが国の邑落生活が海岸から、山野の生活に移った頃から、海から来る神は、山から来ると言う様になった。即、離れた山から、神、或は神の代表者が、山の木の杖をついて村の祝福に来るのである。平安朝の日記類に見えるうづえも、この一種である。伊勢大神宮では椿のほこで、地方によっては、柊・栢《カヤ》など、木に限りはない様だ。とにかく、山の神は杖をついて来て、其杖で地を衝く事によって、其土地の精霊を圧え付け、そして最後に神の来た徴に、杖を立てゝ行くのである。此逆杖について、一晩の内に、杖に根が生えたとか、枝や花が咲いたとか、言い伝えられている。此については、柳田先生のお説もあるが、私は、私の考えを述べる。ある時期を経れば、根を下す様な木を選んで、例えば柳・桑などの様な、根のつき易いものをついて来て立てることもあったのだと考える。けづり花の花と言っているのは、根を下さぬ木、例えば柳・栗などで、比較的白く肌の美しい木で、杖につくと、先のざく〳〵に割れる様なもので、其ざく〳〵になったのを指して、花と言ったのである、と考える。そのさゝくれが象徴と信じられた。この象徴を「ほ」と名づけている。そして此「ほ」を指して、花が咲いていると言い、今年の稲の花は、かく見事に咲くであろうと占うたのであるらしい。神によって示された、と信じて祝ったものらしい。此杖が、次第に短いものになり固定して来て、けづりかけと言う形をとって来たものと思われる。祇園の祭りのは、その長いもので、更に誇張したのだが、尚けづりかけと言うたのだ。

ぎちょう・卯杖・ぶり〳〵・ほいたけぼうなど言うは、皆棒の名で、長短いろ〳〵あって、其長いものは山神・山人の村を祝福に訪れた徴しである杖の形を存しているので、短いものはけづりかけ、けづり花となったのである。

関東で、粟穂・稗穂と言うのも、又同種のもので、何れも其等の熟った形を、竹に木をくっつけて作って居るのである。もち花・まゆ玉をつけるのも同じで、畢竟山人、山神の杖を以て、農村の豊凶を占う形が、色々に変形したのであって、木の杖もけづりかけも、皆同じ事である。形態の発達と言う事は、文学のみならず、古典の上にも、大きな意義があり、その点からしても、見方の巧拙が言われる。

時の問題であるが、冬では、日本の暦以前に、農村には色々の冬があった。その「冬」と言う季が色々あって、古くは春の祭りは、冬の祭りの翌日で、又、秋祭りはかんなめに来、新なめを済まし、鎮魂の祭りをし、更にみ魂のふゆの祭りが、続いて明け方にかけて、行われるのであったが、後に、秋と冬とが、分けられて居る。冬と春の堺は、尚区々である。

私の話の鬢替えは、主として秋に属し、山姥の方は、冬に属するのである。

ずっと時代を遡って、聖武帝の頃に、大和国添上郡の山人が、山の神に仕えて居て、里の大社や宮中の祭りに、山から来て、祝福を言って行く事が見えて居る。後には、山人の代りに、官吏が一時だけの山人になる様になったが、元は山人が来て、所謂山人の舞を舞った様である。古今集巻の二十に、

まきむくの穴師の山の山人と、人も見るかに、山かづらせよ

とあるが、山人は、必、異装をして来る事になって居る。蔓山草をまとい、蓑を著け、又杖を持って来るなど、その特徴である。此山人と別のが即、山姥である。

うばと言うが、元巫女の老若に通用したものであろうと思われる。そして更に、特に年寄のみこをおもと言って居る。

子を育てる上に、年上のものを乳おもと言い、若い方のはうばと言って、多くはおもの妹であった様である。そして貴族の内に、おばさんと結婚した話が、伝って居るが、おばさんなるものは、此若いみこで、夫婦に

なったとしても、さして年の隔りの不審はない。姥は、女扁に老の宛て字を用いる為に、年の観念が、異って考えられたものであろう。

元、海から神が来た時代にも、若いのと年寄のがあったのは、山の神の場合と同じことである。山の神に仕える、山の神の為に、山野の生活をした最著しい例としては、斉院野ノ宮の生活がそれであろう。此は巫女の暮す所で、野ノ宮は、村の外で暮す、と言う意味であろう。

高野博士が、かつて「山姥遊女考」を出して居られた――日本歌謡史――。山姥とは、足柄山等の遊女であったと言われて居るが、是に対しては、同意出来ない。そう言うは、何の証拠もない。山姥は山の女であって、特殊の舞をもって居たもので、後世に於て、所謂山めぐりの舞は、此である。日本の舞は反閇《ヘンバイ》の、原始的なものから出たものであって、その極端なのに到っては、舞台場に散歩する様な形のものさえある。単に進歩した後世風の反閇から分化した、緩慢な舞踊として見るべきものに、万歳・幸若の類がある。歌舞伎の助六でもそれが見られる。

六方・歩振り・丹前風・寛闊も、歩き振りである。「反閇」と言ってる神祭りの蹈み振りは、舞と関係をもって居る。山めぐりの舞と言うのは、山姥が、山又山を見て廻る動作で、花祭りに出る山見鬼の舞と一つである。そこに他界観念が這入って、山の異状・四時の姿を具えた山が、あちこちにある、それを見て廻るという風にした。舞いぶりは、後世の踊りに近いものと思われる。山の生活をした巫女が、時々来た。そして山人なるものも、里を離れて生活して居たらしい。が後には、山の神・巫女などの現れる代りに、里の若い衆が臨時に、山に這入って来る形をとって、信仰を充して居た様である。

山に住む人の集り――たとえば、特殊部落の様なものが出来、其が固定して来た。がさて、山姥はどうなったか。とにかく、へんてこになって来た。

山姥・うば・山わろは、後世の考えでは、山の中に住む人を妖怪化して、山姥・山男を、其変化と取り扱う様になって居る。

山姥と巫女は山の神人で、実在の人で、何時の頃から空想化されたか。

室町時代の末に、若狭の国に現れた比丘尼が、八百年生きた、と言う話がある。此比丘尼は椿の枝を持って居たと言う。又塞の神を見ると、八百比丘尼が居る。

こうした奇怪な話を伝えた民間なるものゝ、頭の悪かった時が長くて、民間の風俗は、著しく時代が飛んで居る。三河の山奥などには、都の風俗とは、千年も隔りのあるものが時々見られる。山姥は、お化けとなって伝えられては居るが、所によっては、事実出たのであろう。併し山姥の顔を画くものも、奇妙な、実に色々のがあって、山姥の相貌は全く無限である。ともかく山姥・山男なるものは、実在と思われる。そして山姥の方は、室町時代に現れたのであろう。山男の方は、奈良朝に見えて居る。異様な姿をして来て、榊の枝を、来た徴《シルシ》に置いて行く。榊と言っても、今言う榊の様に一定して居る木ではなく、色々の木で、うつき等も、その一種である。そしてその榊は、村の今年中を守る、と言う象徴であった。近世では榊の木を定めて居るが、実は未決定のもので、山人の持って来るものは何でもさかきであり、又、一方山姥は何を持って来たか、不明ではあるが、ともかく山づとを持って来たのは確かで、杖などを持って来たのだと思われる。ほや・やどり木・柏・羊歯・ゆづり葉等であったろう。正月家の門に飾りつけてある葉などは、皆山づとで、山の神の祝福が家にかゝって居る徴《シルシ》で、即たぶうのかつて居る徴である。

是は地方によって異って居る。賀茂の祭りに、癸と女かづらとを持って出るが、全く所によって色々である。明日より春になる日に来て、其村の広場で舞を舞い、土地の神の霊を鎮魂して帰る。其処を市と言う。市庭に、山人が山づとを持って来る。此場所と言うのは、大体多くは山と平野との間で、三輪山に対して、長尾の市があり、その邸を、長尾市守と言い、又椿《ツバ》市・たづ（にわとこ）の市（長谷に近い）等がある。市の名には、植物の名が多い。市は山人のもって来る木に関係多く、山人は、山を負った里に近い谷に来る。その時の山づとの第一のものが、椿市などの様に市の名になったものと思われる。つば市と言うのは方々にある。

山際に市があると、其所へ山人なり或は山姥なりが来て、里の為に祝福をする。ところが、支那風の考えから、八百比丘尼が椿を肩にして来たなど〻言う事が不明となった。景行帝の御世に、土蜘蛛を叩きつぶした、と言う事がある。此は後のうづえで、土地の神の精霊を叩いて征服した、と言う杖の名である。市の中には、昔山から山姥の持って来た木の名が、市の名になり、其が地名になって訣らなくなって居るものがある。

山人は、後に里人が代理をやる事になり、（平安朝頃の官吏がやって以来）、山姥の方は、其儘に残り、又伝説化して来て居る。

山男、山姥の持って来た山づとは、山人が、只置いて行くのではない。山人からひったくって来るか、或はすりかえるか、の二方法で、つまりけづりかけを持って来たのと、すりかえる、之が市の交換で、今の「代う」と「買う」とは、文法上違った義になって居るが、同じ事である。つまり交換――引き替えが「かう」で、秋祭りの夜行われる。

鷽替えの行事は、すりかえの行事で、方々でやって居る。升の市・はかりの市等、皆元はすりかえの市であった。十日夷に吉凶を買って来る。ぎちょうを買って来るのや、神社に参拝の帰り路に、すりかえる代りに何か買って来るのも此型の残ったものである。

大宰府・亀戸の天神に行われる鷽は、鷽鳥を呼ぶ口笛である。うそふくは口笛で、うそは笛の形が変ったものと思われる。

山姥・山人が、市の冬の祭りに現れて、土地の鎮魂の祭りをすまして、暦を告げ、明日より春が来ると言うことを告げて、古い魂を、新しい、より良い魂にかえさせて行く、其時に持って来たのが、けづりかけで、其が鷽替えの鷽になり、市は、変って、売買になって行ったらしい。

翁は、能の特殊の持ち物であるが、猿楽と言うものは、独立の芸ではなく、浮遊の芸術であった。そして此猿楽の演出者がした主なる演技としては、翁であったと、大体定説になって居る。

近世の山姥の、所作事演技は、能楽の山姥から出たものらしい。其詞は、謡の前の曲舞から出てる。此曲舞は範囲が広くて白拍子などから成ったらしい。田楽・能楽は此外のもので、曲舞は上品で、田楽・能楽は下品だ、と言って居た様である。

山姥は、曲舞に発達したものと思われる。その内の幸若（室町頃）から千万歳――白拍子に、又一方語ったものとして、曾我物語があり、その語り手のごぜ等も這入る。猿楽より前の正舞と言ったものに、山姥があった事と思う。又恐らく、延年舞の頃にもあったと思われる。

田楽に於ては、演劇味があり、乱？　曲にも新曲舞中にも山姥類似のものがあったと思われる。謡の方では、（わきはつれのわきである）「百万山姥と申す遊女にて候」とある。百万は遊女の名で、山姥の山巡りの舞の上手であると言う。謡曲に、子を失くした母が、その子と巡り会う、其女が百万で、笹を持って居る。

笹を持って、狂人の動作と神附きの動作とを一処にし、百万なる女が佐賀の大念仏で、子供を見出すのである。之は白拍子の男舞の風をして居る。百万と言うのは、恐らく、狂いを演ずるものの総称で、白拍子の中にも、狂い?を演ずるものに、百万と言うのある。それが山姥を演じたのであろう。高野博士の言うのは、「百万遊女」とあるをとったので、遊女であるが、山姥は、山の舞を舞って、精霊の鎮魂をするものを言うのである。宮廷の御神楽は、鎮魂の舞である。又、冬祭りの山姥の舞も、同じく鎮魂で、今日、残って居るのはみこの舞である。

歌詞は、東遊の風俗歌から見ても、東歌で、足柄明神の神楽歌と同じで、(田辺氏の説は私は正直すぎると思う)宮廷の御神楽・催馬楽・東遊の文句は、足柄明神のと同じだと思われる。明神のみこの伝えた舞が、山の舞で、其が宇土浜の天人舞となり、更に謡に入って、三条の浦の舞になったのである。

山姥は曲舞では市姫で、市姫は後には恵比寿様になって居る。

市姫も、山姥も、山人である。そして山の神の系統に属するもので、古事記などに、大市姫の名を見る。山陰の或地方では、山姥は大市姫、……市来島姫などゝ発展して居る。

市の起りは、りくつでは訣らない。市の語は不明ではあるが、売買交換の元の形である、と見るが正しいと思われる。

山姥の型が伝って、曲舞からは猿楽、能からは、江戸に入って後、色々のものが生れたと思う。(歌舞伎の方へ入りそこなったが)

山姥は市と関係がある。四、五年前に、天から灰が降り、大師様が出現した、と言う話が、一時、伝えられたが、こうした話は、山姥の話にある。

里の田植えに、山姥が手伝いに来て、幾らでも飯を食うので不思議に思って、そっと見ると、頭の中の口に入れて居た、と言うのが伝説化されて居るらしい。が山姥が里から帰る時、色々の容れ物に入れて帰った様である。

くゞつ――海人部系統の遊女である。――ほかい、山人・姥・海人も一処になって居る様である。くゞつの持って来たと同じ形の入れ物を、山人が用いたものらしい。めがほんの様な形のもので、頭にかぶって来て、帰りには、其に入れて行く。暮に、せきぞろと呼ぶ乞食が踊って来て、暦を知らせて行く、――せきぞろの冒って居た安《ヤス》をかぶり、後には、あみ笠などをつけて来る様になったらしい。山姥が安をかぶって来て、帰りには、品物を入れて行った。――それが口と頭とを一処にした話を、生むに到ったものと思われる。年の暮れに来るのが山姥で、その舞が山姥の所作事を生み、その山姥の持って来た土産が山づと、即、後の鬻替えの鬻であろうと思います。

話者追記。この話をしてから、やがて一年に余ります。其間、此筆記の整理をすっぽかして居ましたのです。正月号に間にあわせるつもりで、読み返して見ると、唯今の考えの非常に変って了うているのに、気がつきました。其よりも、話した当時の気分がひどく薄れて参って居ります。手を入れる段になると、殆全部書き直す事になりそうです。其では、御註文の間にあわせる訣にはゆきません。読者及び記者に対して甚すまない事ですが、此位の修整で控えさせて頂いた次第です。右御ことわりまで。

五来重

「食わず女房」と女の家

一 「食わず女房」の構成

昔話というものは、民話とちがって、現代人の意識で再生産されることも、再創造されることもない。現在われわれが見るような雑多な昔話は、過去の日本人の、とくに庶民の意識から生まれたものであるから、過去の庶民意識まで戻して解釈しないと、どうしてこんな不思議な話が発生し、また語りつがれたかをあきらかにすることができないのである。

もちろん表現は自由であるから、一寸法師や桃太郎が退治した鬼は、資本家や悪い役人という解釈をしても、別に間違っているわけではない。しかしそれでは昔話のもつ「心の故郷」としての味わいがなくなるし、常識的にいっても不自然である。その庶民感情での違和感は、すべての「鬼むかし」に一貫する鬼の概念に、資本家の鬼が適合しないところからおこる。庶民感情の鬼の概念は、日本人の原始的な宗教意識から出ているであろうというのが、鬼一口型の「牛方山姥」の昔話の解釈であった。

しかし鬼に表現された原始的宗教意識も、いろいろの複合や変化があって、その変化に対応していろいろの形の鬼一口型昔話ができた。私はむしろ、いろいろの鬼一口型昔話を通して、日本人の鬼の概念のいろいろのタイプを知ることができるものとかんがえている。鬼一口型の鬼は「物の怪《け》」や怨霊のこともあるし、山の神や祖霊であることもあるが、「牛方山姥」の鬼は山の神であり峠の神であって、柴や花や散飯《さば》の「手向け」をもとめる霊であった。そう解釈することによって、この不可思議な昔話のモチーフと構成が解明されたのである。そして、宗教意識としては目に見えない霊的存在だったものが、昔話の中では表象化され、人間化されて、多くは残忍な老婆として語られて来た。

これに対して「食わず女房」の山姥または鬼婆は、はじめは能の前シテのように美しい女房(おかた)としてあらわれ、正体をあらわすと後シテのように醜悪な鬼婆となって人間を食べようとする。この型の昔話は「牛方山姥」とちがって、ヴァリエーションが少ない。それだけにあまりまとまりすぎて、面白味がないともいえる。いま新潟県の『南蒲原郡昔話集』(岩倉市郎氏採録　三省堂刊)を例にとると、欲の深い炭焼の男が、飯を食わない嬶《かか》がほしいとおもっていると、ある日、若い女が訪ねてきて、まんまを食わないから嫁にしてくれろという。

ところがこの嫁は、炭焼の男の留守中に蔵から米を出して、飯を炊いて握り飯をたくさんこしらえて食べるのである。それで米がなくなるのを怪しんだ男が、隣の婆さんの告げ口もあって、仕事に出た振りをして隠れて見ていると、頭の髪の毛を手で分けて大きな口を出し、その中へ握り飯を放りこんで食べるのを見てしまう。

そら下の口も食え　上の口も食え

といって、一斗飯を食べて、あとは頭を結って知らん顔をしている。岩手県の『紫波郡昔話集』では、味噌汁もこしらえて頭の口にそそぎ込んだ、などと輪に輪をかけているが、鬼の異常性と鬼一口を表現するために、頭髪の中の大口という発想ができ、凄い猟奇的アイディアとすこしばかりエロティックなところが庶民にうけて、広く語り伝えられたものとおもう。

ここまでが第一段目で、第二段目は、炭焼男は知らぬ振りをして家へ入ってきて、もうお前に用はないから「暇をやるから出てゆけ」と離縁を申しわたす。かつての庶民のあいだの足入婿では、このような離婚は日常茶飯事であった。すると食わず女房の方も物分りがよくて、「出てゆくから、何か暇の物をくれ」という。慰謝料の請求である。そこで男は「そこにある大きな荷駄入れの桶《こが》を持ってゆけ」というのが、またこの昔話の一つの重要なファクターだと私は見ている。

昔話は単純なものほど、道具立《ファクター》に無駄がない。したがってその意味を、体系的な構成の中で、必然性のある解釈を出さなければならない。体系がちがえばちがった解釈が出るのは当然であるが、その場あたりの思い付きの解釈では、かならずどこかでボロが出るものである。私はいま宗教民俗学の体系の中で、これが棺桶の残存イメージであったということをのべようとおもう。

この桶については後でくわしくのべることとして、この昔話の第三段目では、山姥か鬼または鬼婆（一部では蜘蛛とするものもある）の正体をあらわした食わず女房は、男を桶に入れて山へかついでゆく。桶を風呂桶と語るところでは、男をだまして風呂に入れて蓋をしてかつぐ。棺桶や箱や甕という地方では、無理に押し込んでかついで、山へ走ってゆく。これもこの話の凄愴な一場面で、絵になりそうな光景であるが、その背景には林葬といわれる死者の「山送り」の残像がひそんでいると見てよかろう。

しかし鬼一口の危難をのがれることを目的とするこの昔話では、男は途中で桶から手を出して、山道の両側から垂れた木の枝に飛びついて逃げ出す。山姥はそれを知らずに、「よい肴を持ってきたから、みんな集まってこいよー」と、鬼や鬼の子をあつめる。しかし桶を下して見ると男はいないので、再び山道を下って男を追いかける。

第四段目では、山姥の疾走に追い付かれそうになった男は、道の傍に菖蒲と蓬《よもぎ》の叢《くさむら》を見つけ、その中にとび込んで隠れる。このあたり、晩春から初夏の芽吹いた雑木林の坂道や、山間の湿地に生えた菖蒲の間を疾走する山姥は、イメージとしても美しい。

私はパリ大学のベルナール・フランク教授の客間で、奥さん（日本人）の描いたオシラ祭文に語られる白馬と姫の昇天の幻想的な絵画を見たことがあるが、昔話というものは自然を背景として、想像力ゆたかに語られるので、超現実的な絵の画材になりやすい。

ともあれ、山姥はその菖蒲の叢が人臭いので、男が隠れていることを知ったが、「菖蒲と蓬は俺に毒で、体にさわると融けるから」といって帰ってしまう。または無理に菖蒲と蓬の中へ入って目を突いて死ぬ。あるいは男が菖蒲と蓬の中へ入ると、人臭さが消えて見つからない、などといろいろのヴァリエーションがある。そして大部分はこの日が五月五日だったので、五月五日には鬼や山姥が家へ入らないように、菖蒲と蓬を軒に挿すのだと結んでいる。しかし九州の方には五月五日の菖蒲・蓬の故事とするところもあるけれども、大歳の夜とか十一月の丑の日（山の神祭）として、松、竹、ウラジロ、ユズリハの中にかくれたと語り、正月飾りの故事とするところがある。

二　「食わず女房」の「鬼一口」

柳田国男翁が「本格昔話」または「完形昔話」といったのは、発端と末尾をそなえたもので、ハッピーエンドになることを条件にした。一寸法師や桃太郎や花咲爺などはまさにこのカテゴリーに入るもので、ハッピーエンドになるためには鬼や悪者との葛藤があり、それを咒術や神仏の力、人間の知恵や腕力、または恋人や忠実な従者、動物の助力で克服する。これは、昔話の構造を抽象すればこのように単純化できるし、ここまで単純化、図式化すれば、昔話は世界共通になる。しかしそれだけでは「牛方山姥」や「食わず女房」の内容とその背景はあきらかにならない。それで、昔話の内容とその民族的意味を具体的に知ろうとすれば、むしろその話の要素を分析して、日本民族の生活や社会、あるいは宗教とその儀礼との関連を見る必要がある。

「食わず女房」は、すでにのべたように、簡単な筋の本格昔話である。その類話は外国の昔話の中にもあるかもしれないから、昔話の世界共通性に興味のある人は、その方をしらべたらよいとおもう。しかし私は、日本民族の鬼の概念と、農耕生活にともなう田植儀礼を背景にした昔話として、これを解釈してみよう。そのために第一段は「鬼一口」のモチーフとし、第二段、第三段は山の葬送儀礼と霊鬼概念として、第四段は田植儀礼にともなう「女の家」の忌籠《いみごも》りとして、説明を加えることとする。

「食わず女房」という不思議で魅力のある名称は、食糧の足りない山民の願望をあらわしたと解釈できないこともないが、いかにも常識的すぎる。むしろ、この女房は人を食べる鬼であることを、反語的に強調した名称の意味がつよいとおもう。いわゆる「何食わん顔して」という「食わず」である。この鬼は女性化された山姥であるが、その「鬼一口」を髪の中に隠し持った口であらわそうとする。

このような頭の上の口という発想がどこから出たか私も知りたいけれども、他に的確な起源がなければ、ことによると庶民の露骨なエロティシズムから来ているかもしれない。というのは、長崎県南高来郡小浜町の「食わず女房」では、米一斗を大釜で炊いて握り飯にして、膝の割目に入れるとあり（『島原半島民話集』関敬吾氏）、徳島県三好郡東祖谷山村では、小麦の団子をつくって、体中の穴のあいている所にはすべて入れたし（『阿波祖谷山昔話集』）、山梨県西八代郡では、腹にも股にも食わせる、などとあるからである。山姥、山の神には露骨な供物が多いばかりでなく、山の神祭には男性女性合体の儀礼も行われる。したがって山の神祭の籠堂などでは、猥褻な話で持ち切りなので、頭の上の口などの発想もおこりうる。私も会津の山の神祭に行く村人のバスに乗り合わせて、その実態を知ることができたし、庶民の寄り合いや団体旅行なども同様であろう。

数年前に「口裂け女」の風評が世の中をにぎわした。子供が夜の外出をこわがるというほど迫真の語り口だったようで、新聞や雑誌の記事にまでなった。「食わず女房」もある一時期流行して恐れられ、その後は昔話の中にだけ残存したのかもしれないが、私から言えば、「鬼一口」の残像が、時に「食わず女房」を生み、時に「口裂け女」を生むのだとおもう。「口裂け女」のころの心理学者は、過保護の教育ママが子供を食べてしまう「口裂け女」だという論評をしたのをおぼえている。しかし、そのような猟奇的イメージが、一時期人々の心をとらえる集団無意識の心理には、民族固有の宗教意識が一貫して潜在することを想定してよいであろう。

そういいながらも、「口裂け女」の方はその原像を般若面（鬼面）や狼などの動物にもとめることができるけれども、頭上の髪の中の口はそのような原像がかんがえられない。河童の頭上のお皿ではないかと思われる話もあるが、鬼の髪の毛の怪異については『日本霊異記』（上巻第三話）に、元興寺の道場法師が、毎夜鐘堂童子を捉え殺す大鬼を捕えた髪の毛の話がある。

大鬼半夜《はんや》ばかりに来て、童子（道場法師）の佇むを見て退く。鬼また後夜《ごや》の時に来入す。即ち鬼の頭髪を捉えて引く。鬼は外に引き童子は内に引く。彼の儲けし四人慌て来りて、灯の蓋を開くことを得ず。童子四角《すみ》に鬼を引き依せて、灯の蓋を開く。晨朝《じんでう》の時に至りて鬼の頭髪引剝《ひきはが》れて逃ぐ。

とあり、この鬼の頭髪を寺宝としたというが、この寺宝の見世物は芸能や咒術で鬼に扮装するときにかぶるシャグマ（赭熊）であろう。また『古事記』（神代）には、大国主《おおくにぬし》命が素戔嗚《すさのお》命の娘、須勢理媛《すせりひめ》と結婚して逃げるとき、素戔嗚命の神の毛を室の垂木《たるき》に結んで、五百人引の石で室の戸を閉じたとある。これなども、鬼の頭髪を、その暴悪を鎮める咒具としたことはわかるけれども、これが物を食べるとか生贄をもとめるという発想の起源とはかんがえがたい。

しかし、「食わず女房」型の重要なキーポイントは、頭髪の中の口である。そしてこれを支える最大のモチーフは、「鬼一口」であることは、何人もみとめるであろうとおもう。おそらく古代の人々は鬼が人を食べると信じたであろうが、その食べる口は擬人化された人間の口のごときものでは不可能と思ったのであろう。そこに異常な口をもとめる第一の発想があったのである。それではこの種の昔話の根本的なモチーフをなす「鬼一口」というのは、何を意味するのであろうか。

すでにあげた『日本霊異記』（中巻第三十三話）の「万之子《ましこ》」という女子が、彩帛三車の贈物（結納）をもって求婚した鬼に食われた「鬼啖《おにぐい》」の話では、頭と指一本が残っていた。しかし『伊勢物語』の「芥川」では、

鬼はや一口に食ひてけり

とあって、何も残さなかった。これが『今昔物語』（巻二十七）になると、この話を翻案したとおもわれる「在原業平中将の女、鬼に噉《くら》はるる語」では、

女、音モ不レ為《（せ）》ザリケレバ、中将佐《あやし》ムデ見返テ見ルニ、女ノ頭ノ限ト着タリケル衣共ト許《ばかり》残タリ。

とあり、姿の見えぬ鬼に食べられたのだろうということになった。また同書「内裏《だいり》の松原に於て、鬼、人の形と成りて女を噉《くら》ふ語」には、武徳殿の松原で八月十七日の月夜に男と語らっていた女が、手足だけ残って

胴体と頭はなくなっていた。

凡ソ骸《かばね》散タル事無クシテ、只足手ノミ残タリ。其時ニ人集リ来テ、見喤《のの》シル事、無レ限シ。此レハ鬼ノ形ト成テ、此ノ女ヲ噉テケル也トゾ、人云ケル。

とあるのは、あの相手の男が鬼だったのだろう、という推測がなされて、女の姿が見えなくなったのである。

このような鬼一口型の説話では、いわゆる鬼形の鬼や鬼婆が出てきて人を食べるのではなくて、全く鬼の姿は見えなかったり、通常の男であったりして、しかも女の姿は消えてしまう。もちろん、後に指や手足や頭がのこった、というのは、これが単なる失踪ではなくて、鬼啖であることをしめすための説話的作為《フィクション》であろう。このような説話を合理的に説明するのは邪道であろうけれども、古代、中世までは、山や森や夜は危険が一杯で、行方不明者があったり、人攫いに攫われたり、自己暗示にかかった精神症の失踪者が多かったはずである。私の子供のころは、よく子供の神隠しがあって、深夜、鉦太鼓で子供の名を呼んであるく村人の一団が見られた。柳田国男翁も『山の人生』に、そのようにして山に消えた人々の消息を多数あげている。

要するに、鬼一口のモチーフの背景には、しばしば突如姿を消してしまう失踪者の出る社会的背景があった。それが山に多かったために、山の神ならば神隠しといい、鬼や山婆ならば鬼一口としたもので、これを古屋敷や古御殿ならば、物怪《もののけ》を鬼として鬼一口といったものとおもわれる。「食わず女房」は、この鬼一口が鬼や山婆の固定概念となって、昔話のメインテーマになった一群の説話である。

三　山姥のかつぐ桶

「食わず女房」の構成の第二段では、男が女房の正体を見て暇を出すと、かならずといってよいほど桶をもらって山へ帰る。そのときいろいろの手段で、男を桶に入れて担いでゆくのである。

この桶は青森県八戸や五戸では、箱となっており、その中へ男を入れてゆく(『昔話研究』)。岩手県はほとんど桶であるが、稗貫《ひえぬき》郡八重畑村(現・石鳥谷町)では「八尺はんぎり」となっていて、盥《たらい》状の桶である(『すねこ・たんぱこ』)。山形県東田川郡余目《あまるめ》町に「はぎり」とあるのも、「はんぎり」であろう。ところがおなじ郡の狩川町(現・立川町)では、女房を「早棺」(早桶か)に入れて捨てるとすぐまた帰ってくるので、菖蒲と蓬を軒に挿すことにした、となっている(『昔話研究』)。

棺桶に男を入れて山へ行くのは、四国愛媛県宇摩《うま》郡金田村(現・川之江市)や九州熊本県天草郡でもおなじなので、この昔話の要素をなす桶は棺桶だったと推定して、山へ死者を送る「山送り」の葬送儀礼が背景にあった、といわざるを得ない。というのは、「食わず女房」が正体をあらわした山姥が、桶をほしがったり、桶に男を入れて蓋をして縄をかけて山へ行く、という必然性は、葬送の桶棺(早桶)よりほかにかんがえられないからである。そして山には風葬、林葬または土葬の墓地があり、そこから霊鬼としての鬼婆や山姥が出てきて、人を食うという鬼一口のモチーフができたものとおもわれる。

しかしこの昔話では、男は死んではいない。それは、目に見えないはずの霊鬼、物怪《もののけ》が美しい女房として表象化されるとおなじく、男が生きていなければ物語が進行しないからである。それでも桶の必然性を出すために桶屋とした話が少なくないし、男を桶に入れる手段がいろいろある。桶を風呂桶としたものが圧倒的に多いのは、男をだまして風呂へ入れて、そのまま蓋をして担いでゆく発想が自然だからである。

また桶の代りに甕や瓶、袋、籠、臼などというのもある。甕や瓶が九州に多いのも、九州ではつい最近まで甕棺葬《かめかんそう》がのこっていたことと対応している。一つは壱岐の勝本町で、嫁は山姥に変化《へんげ》して男を甕に入れ、それを担いでゆく(『壱岐昔話集』 山口麻太郎)。また熊本県球磨《くま》郡湯前町では、山姥は、俺のした事をお前は見たろうといって、男を瓶に入れて山へ運んでいった。しかし男は途中で逃げ出してユズリハとウラジロの中に隠れる。すると山姥は「大歳の晩に蜘蛛になってきて、取って食うちゃる」といって、あきらめて帰るが、大晦日に蜘蛛になって自在鈎を下りてきた山姥は、男につかまえられて炉にくべられてしまう（『昔話研究』）。九州でもこの球磨《くま》郡や上益城《かみましき》郡、福岡県八女《やめ》郡あたりは、とくに甕棺葬が残留した地方で、人吉《ひとよし》市の墓地の改葬には多数の甕棺が出た話をきいた。上益城郡の五家荘《ごかのしょう》でも、甕が残っている限りは甕棺を使うという家があることを、私は昭和三十二年に聞いている。このようなところで男が甕に入れられて山へ運ばれるという発想は、甕棺が原型であったと推定してよいであろう。

　桶の代りに、山姥が男を袋に入れて担いでゆくというのは、九州の天草や摂津の川辺郡などにある（『北斗』一二〇）。これも不可解な要素であるが、風葬では布で死者を掩ったらしく、この布を「野草衣《やそうえ》」とよんだことが、平安末期の葬送故実書『吉事略儀』に見え、おなじことは『兵範記』（仁安元年九月二十四日）や『玉葉』（文治四年二月二十二日）にも出ている。これがのちに曳覆《ひきおおい》曼荼羅《まんだら》や野袈裟《のげさ》から経帷子《きょうかたびら》、頭陀袋《ずだぶくろ》になったものと、私は推定しているが（拙稿「葬と供養」第三十四回『東方界』91号　昭和五十六年五月号参照）、昔話ではこれを袋として語るようになったのではないかとおもう。私は備中新見《にいみ》の山村で風葬の伝承のある「野葬場《やそば》」という谷へ案内されたことがあり、風葬の「野草衣」が「野草衣」になったものと考えている。わが国の風葬は、すくなくも平安時代末の作品である『餓鬼草紙』に描かれているので、そのころの残像から、「あだしが原」（安達ヶ原）の鬼婆も「食わず女房」の山姥も生まれたといってよい。したがって、この霊鬼は棺桶にあたる桶や、甕棺の甕や、野草衣の袋などの薄気味の悪い道具立を持たされたのである。

四　「食わず女房」とフキゴモリ

「食わず女房」の第四段目では、菖蒲と蓬が重要な要素である。この昔話は五月五日に菖蒲と蓬を軒に挿す由来をかたったものともいえる。各地の類話では五月節供の話とするものが大部分で、ただそれから菖蒲・蓬を挿すようになったとかたられるのは、五月節供以外に菖蒲・蓬を屋根に挿すことはないので省略したまでである。

ところで、五月五日は端午《たんご》の節供で目出度い日とし、また男の節供ともいって鯉幟をあげ、武者飾りや具足飾りをするのが現状である。そして、菖蒲と蓬は中国の端午の行事から来たとすることは、もはや常識になっている。今でも新聞の文化欄や家庭欄に、五月五日の由来として書かれるのはこの常識の方であるが、宗教民俗学の立場からは、この日について「女の家」という伝承のある方を大事にする。

中国の年中行事書の一つである『荊楚《けいそ》歳時記』には、

五月五日、之を浴蘭節《よくらんせつ》と謂ふ。四民並びに百草を踏む。又百草を闘はすの戯あり。艾《よもぎ》を採りて以て人形に為《つく》り、門戸の上に懸け、以て毒気を禳《はら》ひ、菖蒲を以て或ひは鏤《ちりば》め、或ひは屑とし、以て酒に泛《うか》ぶ。

とあるのがその故事である。しかし、艾（蓬）の人形を作ってこれに菖蒲を挿すことはあっても、この二つの草を屋根に挿すことはない。むしろ五月は悪月なので、屋根を蓋《おお》ったり、屋根に上るのは禁忌されたとある。

五月は俗に悪月と称し、多く牀薦席《とこのこもむしろ》を曝《さら》すを禁忌し、及び屋を蓋ふを忌む。（中略）俗に五月、屋に上らずと云ふ。五月、人或ひは屋に上り、影を見れば、魂便《すなは》ち去ると。（下略）

というので、菖蒲・蓬で屋根を葺くなどは思いもよらないことであった。しかし私は、この昔話の背景には、祭の籠屋《こもりや》を菖蒲・蓬で葺いた時代があったものとかんがえている。なおいえば、藁（麦稈）真菰《まこも》で籠屋をつくったが、中国の端午にならって、屋根だけを菖蒲・蓬で葺いた時代があり、のちに形式化して、屋根に数本の菖蒲・蓬を挿すだけになったものとおもう。

五月五日、またはその前夜を「女の家」や「女の屋根」といって、村の女子が宿へあつまり、仕事から解放されて遊ぶことができる民俗は、日本各地からの報告がある。

たとえば豊後臼杵《うすき》市諏訪（旧海辺《あまべ》村）や井村（旧北津留《つる》村）では、五月五日に蓬と萱を屋根に挿して、その日一日を「女の家」と称して休む（『沿海手帖』）。四国では、私が調査を指導した大谷大学総合民俗調査のとき、土佐長岡郡本山町の「女の家」では、五月五日に女の人が蓬と萱と菖蒲で屋根棟を葺いたという聞書がえられた。ただ妊娠者は「ふきこもる」ので、これに加わらなかったという（『土佐本山町の民俗』昭和四十九年）。また阿波の名西郡地方では「女の夜」といったというので、その前夜から「夜ごもり」をしたことがわかる。すなわち蓬・萱・菖蒲で葺いた家に、一日一夜またはそれ以上お籠りをしたことの名残りである。また讃岐五郷村では「女の屋根」といい、「今夜はをなご衆の家ぢゃけに威張る」とか「こいさら肩ひろげて足伸ばしして寝られる」とかいったという（柳田国男翁『家閑談』）。

柳田国男翁はこの民俗を東北地方の「オカタボンダシ」や、京都の女房の「タナオロシ」に関係づけて、女権の制限をする行事としているが、田植に関係があるだろうともいっている。讃岐では五月五日を「女の家」ともいうが、また五月五日を「御霊《ごりよう》の節句」ともいって、水に入れば御霊に取られるともエンコ（河童）に取られるともいう（『讃岐佐柳《さなぎ》島志々《しし》島昔話集』）。これは関係がないようで関係があり、この御霊をふせぐために蓬と菖蒲の「女の家」が必要だったのであろう。

「女の家」が山陰地方にもあることは、大谷大学の総合民俗調査でわかった（『但馬美方郡の民俗』昭和四十六年)。すなわち但馬美方郡の浜坂町や温泉町では、五月五日を「女の家」とよんで、去年の節供から今年の節供までのあいだに嫁に来た家へ、四日の晩に青年たちが幟《のぼり》を立てにゆくという聞書が得られた。ここでは菖蒲と蓬で屋根を葺くことは脱落したが、五月五日の幟が「女の家」のために立てられたことを類推させる貴重な聞書であった。私が鯉幟と菖蒲(尚武)の節供の起源を「女の家」に置いたのは、この聞書があったからである(拙著『続・仏教と民俗』昭和五十四年・角川書店刊)。しかも但馬の津居山《ついやま》(旧港村、現・豊岡市)では、五月五日には「女の家」という名称は忘れられたけれども、女衆が宿にあつまって一日遊ぶ風習があり、このことは因幡の方でも行われた伝承が聞かれる。

近畿地方の例については、例の近松の『女殺油地獄』(下)に、三界に家なしという女について、

葺き馴れし年も庇の、蓬菖蒲は家毎に、幟の音のざわめくは、男子持の印かや。(中略)嫁入り先は夫の家、里の棲み処《か》も親の家、鏡の家の家ならで、家といふ物なけれども、誰が世に許し定めけん。五月五日の一夜さを女の家といふぞかし。

と、この夜ばかりは大威張りできる日だというのがある。名古屋付近でも、五月五日を「女天下の日」という言葉がのこっているという。また大谷大学で昭和四十九年におこなった美濃郡上《ぐじょう》郡美並《みなみ》村の総合民俗調査では、「フキゴモリ」の聞書が得られた。同村木尾《こんの》の古田ゆきの女(七十一歳)は、五月五日はフキゴモリだから蕗《ふき》を食べる日で、三節句の酒をのめば長生きするという。これは五月五日に菖蒲・蓬で「屋根を葺いて籠る」ということを忘れたからであるが、柳田国男翁の『歳時習俗語彙』では、出雲石見地方で、六月十五日(蓮花会)をフキノタンジョウビとするのと関係があるかもしれない。六月十五日は多くの地方で祇園祭または河童封じをするので、五月五日を「御霊《ごりょう》の節供」というのとおなじだからである。

これはまた、六月一日を「オニツイタチ」または「オニノホネ」といって、鬼に追われて蓬・菖蒲の中に

かくれて助かった日だという伝承が、北陸から東北地方にある。
「女の家」の関東地方の例では、相模津久井《つくい》郡地方で五月五日に菖蒲・蓬を屋根に挿して「女の屋根」ということは有名で、神功皇后の故事をつたえる。伊豆大島でも同様で、武蔵入間《いるま》郡では五月四日を「夜節供」、上州多野郡万場《まんば》町では「女衆の家」（『万場の方言』）といい、同甘楽《かんら》郡甘楽町秋畑では「フキゴモリ」といい、女が上座にすわるという（『文部省緊急民俗資料調査』）。おなじ資料には、信州下伊那郡清内路《せいないじ》村でも五月四日を「女の天下」というとある。

このように、「食わず女房」型の昔話で、山姥に食われる危害からまぬがれる菖蒲・蓬が、女性の忌み籠る「女の家」に関係があるという伝承は、実に日本全国にわたって採訪される。ことに「女の家」の由来を「食わず女房」の昔話で説明するのは土佐に多く報告されているので（『日本の民俗』高知県）、この両者の関係は今はうたがう余地はない。そうすると、「食わず女房」の四段目の成立する背景に「女の家」があったことはたしかだ、ということができる。

五　五月乙女の忌籠りと菖蒲御殿

「女の家」を菖蒲・蓬で葺いたことに対応して、宮廷の儀礼には「菖蒲御殿」や「菖蒲輿」を五月四日に葺くことがあった。『讃岐典侍日記』（嘉承三年五月四日）に、

さうぶ《（菖蒲）》のこし《（輿）》、朝がれゐ《（餉）》のつぼ《（坪庭）》にかきたて《（昇）》ゝ、殿ごとに人々のぼりて、ひまなくふき《（葺）》しこそ、みづ野のあやめ《（菖蒲）》も今日はつき《（尽）》ぬらんと見えしか。

とあり、『後水尾院当時年中行事』（五月五日）には、

清涼殿の東庭、おにのま《（鬼の間）》のとほりに、高らん《（欄）》に添て、さうぶ《（菖蒲）》の御殿とかやいふものをたつ。あやめ《（菖蒲）》の

こし《輿》なるべし。あやめのこしは六府のさたとみえたれど、（下略）

ともあり、もとはこの中に女性が「葺き籠った」はずであるが、それではなぜ女だけがこれに籠ったのであろうか。これは五月が「さつき」で「さ」（田の神）を祀る月であり、女は「さおとめ」（五月乙女）として田の神に仕え、田を植える清浄な神女の資格を得るための忌籠りと推定される。

しかし旧暦の五月や六月は、疫病や洪水などをおこす御霊《ごりょう》悪霊《あくれい》の横行する月なので、それから免がれるとともに、穢を遠ざけるために、聖なる草で籠屋を葺く必要があった。籠屋はもともと真菰などを使ったであろうが、中国の影響をうけて菖蒲と蓬をまぜて葺くようになったのであろう。またこの籠屋の前には悪魔が近づかないような恐ろしい顔の藁人形を立てて、男子が警護したものとおもわれる。この人形を鍾馗《しょうき》や武者の絵を書いた幟に代えたので、但馬の美方郡のように、青年が女の家へ幟を立てにいったのである。この仮屋には魔除けの五色の幣帛《へいはく》も立てたであろうが、これが五色の布の吹流しとなり、また鯉幟の吹流しになったと推定することは、コロンブスの卵よりも容易である（拙稿『続・仏教と民俗』所収、「女の家伝承と聖神」参照）。

ところで「食わず女房」では、このような五月乙女《さおとめ》の籠る「女の家」をうかがう御霊、悪魔は山から来ると信じられ、それが昔話の中では山姥となった。この山姥の原形は鬼であるが、鬼の原質は死者の霊である。中国で死者の魂《こん》と魄《はく》を鬼《き》であらわしたのも、この文字が死霊を表記するからである。日本では死者を葬る葬地として、村にちかい山の麓や中腹がえらばれることが多かったので、鬼は山から来るという話が多くできた。これが山姥というものの宗教民俗学的な理解である。このように理解すると、山姥や鬼に関する信仰や説話がスムーズに解釈できるであろう。

京都でも、鴨川を越えた東山の山麓が鳥辺野《とりべの》の葬地であった。その北境に御霊をまつる祇園御霊社《ぎおんごりょうしゃ》ができたのは当然で、白河法皇が祇園女御《ぎおんにょうご》の許に通うとき、平忠盛が鬼の正体を見破ったという話も、鳥辺野葬場を背景にしている。また鳥辺野の中を通る清水坂で、一寸法師と姫君の前に鬼があらわれて、一寸法師をひと呑みにするのも偶然ではない。そのような山の葬地に死者を送るために棺や桶（早桶）や甕や袋がもちいられたから、「食わず女房」でも、山姥が男を攫うのにそのようなものに入れたと語られたのである。すなわちこの型の昔話は、山の葬地から荒び《すさ》出て人間に害をなす死霊への恐怖と、その恐怖からいかに逃れるかをテーマとし、鬼一口をモチーフとして物語られたものということができる。

大橋秀夫

他者の原像——人見知りをめぐっての鬼と山姥の考察——

——土塀ぞいに道を歩いていると、一人の男がいる。そこに一人の女が通りかかるが、突然その男は女に襲いかかり、つかまえようとする。女は抵抗して逃げるが、男は門にむかって石を投げる。すると中から四人の女が走り出てきて、逃げる女を路地の方へと追いかけていく。しばらくするとポチン、ポチン、と三回音がした。まもなく女達は板をかついで戻ってきたが、見ると板の上には例の女の首がのっている。女達は板をかついだまま再び門の中に入っていく。私はそれをずっと見ていようとしたが、また変な気持になると思い、目をそらした——

1 はじめに——問題意識

「他者」については様々な論じ方が可能であろう。が、ここでは問題を限局し、患者の「他者経験」を出発点にして「他者経験一般の成立」について論じようと思う。というのも、第一に、私は治療中、患者の近親者に直接お会いする機会があるが、その時ある驚き、すなわちそれまで患者を通じて想い描いていた彼等近親者のイメージと、現実に私が得た彼等の印象がかなり違うという経験をしばしば繰り返しているからである。例えば、きつくて強情、憎くてたまらぬと年端のいかぬわが娘、幼児を虐待する母親に、娘を連れてこさせてみれば、なんと可愛い活発な子であったことか。きつくて強情という患者の理由は、逆に理不尽な母親の暴力にじっと耐え忍ぶ幼児を想像させ、不憫でならぬと同時に、〝強くなければ生きて行けぬではないか〟との反発心を起こさせる。冷静になってみれば、この母親をしてわが子を憎ましめるものは何か、との問いが生じてこよう。実際患者も我に返ると、〝なぜかわからないが、この子を見ると憎しみがこみ上げてくるのです〟といい、母親に憎まれねばならぬわが子が不憫だ、と涙する。この場合患者は娘をいかに体験しているのか。あるいは何故かく体験するに至ったか。こうした問いが、症例の如何にかかわらず私の「想像と現実との不一致」から生ずるのである。

私が他者経験の成立に関心を抱く理由の第二は、治療中、患者は治療者である私に様々なイメージを抱き、感情を向けるが、それが時にあまりに強烈で現実とは懸け離れているがために、かえって治療が困難になるということをしばしば経験しているからである。例えば治療者よりずっと年上の、かつ知性のある患者が、〝先生は世界で一番美しくお優しい〟と述べ、結婚を念じたり、あるいは〝万能の神様のよう〟と賛美しつつ依存する一方、〝人の気持を解せぬ低能者〟〝冷酷無惨な獄卒鬼〟と激しく罵倒するのである。このような時にも先と同様な問い、何故に患者は治療者にかくも非現実的な感情あるいはイメージを抱くのか、との疑問が生ずる。

勿論、私が患者の近親者に接した時のあの驚きは、私の接する時間が少いための単なる事実の見落しなのかもしれず、あるいは患者がしばしば言うように[1]、彼等は私の前では態度が異なるのかもしれない。患者が治療者に抱くイメージや感情もまた、治療者自身が気づかぬ点の、患者による現実の治療者の発見拡大なのかもしれない。実際患者の知覚は、たとえそれが〝妄想〟と呼ばれようとも、現実をいくばくかは反映しているものである。しかし、それにしても「神様」と「獄卒鬼」との間の落差はどうか。あるいは娘に実際欠点があるにせよ、わが子を殺さんほどに殴打する母親の憎しみの強さはどうか。こうした治療経験が「他者経験一般の成立」への私の問いを支えている。

さらに治療が成功した場合にこの「不一致」が消失、あるいは問題にならぬ程に減少するとすれば、このとき何が生じ、それをもたらしたものは何か（治療原理）が問われるべきである。

私はこれらの問いを考察すべく一患者の極めて個人的な夢意識から出発し、超個人的意識たる文化的伝承へと上昇し、次いで再び夢へと下降する。その間、想いは地を離れて虚実の間を彷徨するが、目標に達すべく、私は「名づける」という行為を「導きの糸」にしたいと思う。

2 無意識の他者像——夢と現実の背後にあるもの。仮説の導入と原初的他者経験、およびその客観性

ところで冒頭の引用は、ある男性患者の夢の一部で、夢とはいえ、あまりの体験の生々しさに醒めた後もしばらくは忘れかね、後日自発的に治療者に報告されたものである。聞いている治療者もその内容の不気味さにいささかゾクッとしたが、何といってもこの夢の凄さは〝女が人間（女）の首をもぎとる〟ところにあろう。この場面はあまりの凄惨さに夢の中でも回避され、ポチンポチンという無気味な音と板の上の首という結果によって暗示されている。が、そのためかえって想像力を刺激して、恐怖心を煽るという効果を生んでいるのである。

患者は治療を開始してからすでに久しい、現在五十に手が届こうとしている男性で、病歴の大略を述べれば、結婚直後より妻が近所の男性に好意を寄せている、否すでに浮気しているのではないかとの猜疑心に悩

み始め、その悩みが頂点に達したちょうどその頃、不安発作に襲われた。以後血圧恐怖、高所恐怖、刃物恐怖、疾病恐怖等々と多彩な恐怖症状を発展させ、時には四肢の痛みや痔痛、原因不明の発熱や血尿等も合併したが、治療によりこれら諸症状はほぼ消褪し、現在は、患者自身の言葉を借りれば、ほぼ八、九割方の健康状態という。今なお通院中だが、その主たる理由は未だなお時々、といっても数カ月に一度ぐらいだが、〝変な気持になる〟からで、〝変な気持〟とは夢の中でも言及されていたが、名状しがたい漠たる不安のことである。この不安の起源については、多くの者と同じく、この患者もまた知らない。

当時の治療は、そして今もなお、この不安に焦点が当てられ、その源泉を探るべく行なわれていたが、そうした中で患者は冒頭の夢を見たのである。患者は夢の中の登場人物について思いあたる人はなく、思いあたる点もないと述べ、〝多分変な気持（不安）があるからあんな夢をみたのでしょう〟と付け加えた。治療者である私はそうは思わなかった。この夢は患者の不安の源泉を端的に物語っている、すなわち患者には女性恐怖が存在し、それが不安を生み出している、そう思えたので解釈すると、患者は即座に否定し、〝自分には女性を恐れる理由がないし、現に恐れてはいない。夢に恐ろしい女性が出現したのは病気たる不安のなせる業であってその逆ではない〟と反論したのである。彼が女性恐怖を否定するのは勿論彼の意識にとってそのような感情を体験した記憶がないためだが、更に彼はそれを補強すべく、結婚前の放蕩生活を述べている。女性恐怖があってどうして幾多の女性と性交渉が可能か、というわけであろう。

彼は結婚前多くの女性と関係を持ったが、それは全て性的交渉であって、〝自分から好きになったことは一度もない〟恋愛抜きの関係である。一方男性の親友とは兄弟以上の関係であり、その絆は〝同性愛的(2)〟といえるほどのものであった。患者は親友と同時に結婚したが、発病が結婚と軌を一にし、しかも初期の病像がはっきりと嫉妬妄想の形をとっているとすれば、彼の場合、発病の契機を結婚に求めてよかろう。患者は何故結婚前に異性との間に恋愛経験を持たず、また何故結婚により破綻したのか。

恋愛が両性の情緒的交流に他ならず、結婚も性器的合一の加算的延長に還元しえないとすれば、彼の結婚は、それまで回避しえていた異性との情緒的交流に彼を巻き込み、破綻させたことを意味する。これは女性との心の交わりそのものが、彼にとって〝破壊的〟であったことをも意味し、換言すれば女性恐怖の謂に他ならない。とはいえ、本人自身その感情をきっぱりと否定し、しかも強がりや嘘には見えない場合、これはどう説明されるべきか。

否定の動機あるいは機制は様々に説明されるであろう。しかしここではさしあたり、彼の意識には女性に対する恐怖感情は存在せず、すなわち恐怖の女性像は存在せず、無意識の精神内界にのみ存在する、とするだけで充分である。精神内界の無意識像とは、この患者に即していえば、前言語的、前表象的だが、実際に彼に影響を及ぼしており、現実においては過去に恋愛経験を回避、不可能にさせ、妻の愛情に不信を抱かせ、妄想へと至り、果ては様々な恐怖症状へと彼を追いやった当のものであり、夢においては、人間の首をもぎとる女性として主として視覚的表象的に解釈されて出現した像のことである。そしてこのものは彼の意識から排除あるいは抑圧されているが故に、単に無意識の像と呼ばれる。

とすれば、先に私が治療中しばしば経験する驚きとして述べた事柄、つまりは「患者の他者イメージと現実の他者との間には落差がある」という現象も、一般的に精神内界に無意識像を仮定し、それの現実行動および認識、とりわけ他者認識への影響を考慮することによって説明されないだろうか。これが導入されるべき第一の仮説である。

ではこの像は㈠いつ、いかにして成立したのか。またこの像は㈡現実の他者といかなる関係にあるのか。これらが次に問われるべき問いである。ここでは第二の問いから出発する。無意識の他者像が行動や認識に影響を及ぼすというのは定義によってだが、(二)の問いの意味は逆に現実の他者はこの像にいかなる影響を及ぼすか、関係は相互的か、あるいはいかなる影響をも及ばさず、関係は一方的か、ということである。

われわれの現場は次のごとく主張する。精神療法が困難を伴い限界を持つにせよ、一定の成果を挙げうるとすれば——例えば先の幼児を虐待する母親がわが子をわが子として愛するようになり、あるいは治療者を神や理想の恋人、鬼や夜叉のごとくみなす患者が治療者を治療者とみなしうるようになるとすれば——関係は相互的である、と。すなわち精神療法は特殊な他者関係＝治療者・患者関係をテコにして、この関係の中の治療者＝他者が患者の精神の内界を再構成し、無意識の他者像に変更を加え、もって患者の認識、行動に改善をもたらす技法、と考えられるのである。

しかし精神療法をこのように考えると、修正されうる精神内界の無意識像とは、逆に、「外界の他者と関係を持ちうる、関係を内在した他者像」と新たに規定し直すことができよう。であればこそ主体の現実に影響しうると考えられるのである。とすれば第一の問い、無意識の他者像の由来もまた、現実の他者関係を内在化したものとはいえまいか。この像が現在の他者認識において実像と落差を生み、またこの像が持続的で修正困難かつ限界があるのも、現実とはいえ過去の、それも他者経験が成立する原初の、以後の他者関係を決定づける決定的な関係から成立するからではあるまいか——これが導入される第二の仮説である。

原初の他者経験とは、いつ、そしていかなる内容か。そもそもこの体験は推定しうるのか。この推定はいささかなりとも客観性を有するのか——私は推定は可能であり、客観性も持ちうると考える。何によってか。乳幼児の直接観察と成人の行動や夢の解釈、およびその相互の照合によって。——何故か。

第一と第二の仮説は、乳幼児の原初的他者経験が成人後にも無意識の他者像として存続し、主体の認識や行動、夢に影響を及ぼしていることを意味している。乳幼児や成人の観察可能な特徴的行動はいうまでもなく、特有な夢もまた、夢主の自由意志や恣意から独立した夢主自身による無意識像の表象的解釈行為と解しうる点で、すぐれて客観的である。解釈は解釈者の主観に依存するが、解釈の素材が客観的であるという点で、つまりは主観相互の解釈を許す点において、その限り、解釈により推定される原初的他者経験＝無意識の他者像もまた客観的である。われわれは以下この解釈の素材を夢から昔話、人見知り現象、遊びへと求める。

3　個人的体験から普遍的（超個人的）意識へ——夢から伝説、昔話、遊びへ。鬼の概念

再び冒頭の患者の夢に戻ろう。われわれはこの患者の持続的かつ本質的な、特有な女性関係のあり方から、彼の精神内界に無意識的恐怖の女性像の存在を推定し、原初的体験由来とした（仮説一、二参照）。彼の無意識はこの女性像を〝首をもぎとる女〟と解釈したが、覚醒意識はそれに対応する実在の人物（その姿、形、属性）を指定できなかった。多くの場合、夢はその解釈の言葉を現実の——最近の、そして記憶しうる限り過去の——個人的経験や諸印象から借り入れるが、彼はそれに失敗している。にもかかわらず、この非現実的な内容の夢はまとまりを持ち、細部に亘る解釈(3)は別にしてもわれわれにある共通のイメージを喚起する。すなわち伝説上の安達ケ原の鬼女や神話の伊邪那岐命《イザナギノミコト》を追う八人の黄泉醜女《ヨモツシコメ》を、あるいは板の上の首に注目すればサロメであろうか。確かにサロメは預言者ヨハネの首を所望した。それ故鬼のような女性だが、直接手を下したわけではない。やはりわれわれにとって喚起されるのは黒塚の女等、伝説や昔話の中の鬼女であろう。

われわれが他者の主観、精神内界を相互に了解し合うのは、主として伝達手段たる共有の言語によってである。言語の習得は、それ故まずもって主体間相互の伝達に寄与するが、しかし同時に主体内伝達、内界の

意識化にも寄与する。事物に対する命名が外界支配の端緒であるように（国家、民族を基礎づけんとする神話、とりわけ創世神話参照）、意識化、精神内界の命名もまた、内界支配の条件である。命名の言語が社会と共有のものであれば、それだけ社会の一員たる資格もまた増大する。社会が人間関係の総体であり、しかも「人間関係が乏しいことこそ病気である」[4]とすれば、精神分析的思惟を貫く原理は、人間関係を阻む内界の無名の怪物に、命名をもって太刀打ちし、内界を治め、もって社会参入への道を開くことにある。

われわれの患者は内界の怪物を夢で〝首をもぎとる女〟と解釈したが、われわれは更にそれを〝鬼女〟と命名、再解釈する。患者は〝不安による偶然の映像〟と主張し、片づけようとするが、われわれは歴史的、文化的伝承に投錨する。——〝鬼女〟とは何か。

鬼女とは伝説や昔話に出てくる女体の怪物で、女の鬼のことである。鬼に年齢、性別があるか否かは不明だが、なぜか多くの場合、とりわけ昔話では、鬼は男と観念され、女の鬼は、深山に棲むものを山姥、年老いたものを鬼婆といい慣らわしている。しかしここでは鬼を性別、年齢を越えた上位概念とし、まず鬼について論じ、しかる後に女の鬼を論じようと思う。

3―1　鬼の記述的現象論

鬼は勿論想像上の存在だが、その登場する領域は昔話や伝説に尽きず、広い。各地の追儺[5]の儀式をはじめとして、伝説に題材をとった古典芸能[6]、三河の花祭り[7]や佐渡の鬼太鼓[8]、更には子供の鬼遊び[9]、果ては鬼瓦から動植物[10]、人名[11]、地名[12]、渾名[13]、諺等[14]、およそ考えうる全ての領域に登場し、今なお存続している。なぜか。想像上の存在とはいえ、鬼がある確かなリアリティー、近さを持つからであろう。小説中の登場人物のごとく、単にある時代、ある個人によって思いつかれ、創作された存在というのであれば、この時空間の広がりは説明できない。

鬼の形態、性格、出現する場所、時刻等の特徴を諸伝承からまとめると以下のごとくである。

鬼の形態は、恐らく最初にわれわれに思い浮かぶイメージを述べれば、身の丈八尺以上、赤、青、黒、黄色等の肌に毛むくじゃらの裸体、縮れ毛の頭髪に二本の角を生やし、腰には虎皮の褌、手は三本指で鉄棒を提げ、目は一つあるいは二つ目でカッと見開き、爛々として、口は大きく上下の歯とともに二本の牙が生え、ただし鬼女の場合は頭髪が長く、衣をまとい、口は耳まで割けている、等々。ざっとこんなところであろうか。勿論伊予国長寿翁の、門柱や梁に群れ遊んでいたという小鬼（『本朝神仙伝』）や歌舞伎解釈による美人の嫗山姥等、例外もあり、あるいはまた昔話等ではその描写なきものも多いが、もし鬼に形態を付与すれば、その中核はやはりここに挙げた巨大さ、見るに耐え難き醜貌、異形の様であろう。動植物名の接頭語の鬼字もまた、この形態からつけられている。

鬼の性格は形態と密接して、まず第一に獰猛で強力、冷酷かつ無残なる点が挙げられよう。人を喰う鬼は人間にとって最大の恐怖の対象といっていい。両親の隠れ見ている前で、山田を耕していた農夫が鬼に喰われたという「阿用の一つ目の鬼」[15]（『出雲国風土記』）や、武士が女に化けた鬼から一旦は逃がれたものの、結局は殺害されるという「安義橋の鬼」[16]（『今昔物語』）等がその凄さを伝えている。しかしながら鬼は常に強力無敵というわけではない。周知の「酒呑童子」「茨木童子」等の鬼伝説や昔話の鬼退治譚（「桃太郎」「一寸法子」「踵太郎」等）に見るごとく、鬼は第二に最後には退治されるべき運命の、いわば無力かつ哀れな存在であり、第三に、「鬼聟入り」[17]や「食わず女房」[18]、あるいは「山小屋を訪ね、炉の火にあたりにくる山姥」[19]等、一面、人を求める（喰うためでなく）存在でもある。更に第四には、鬼は人に富や幸福をもたらす福神的存在[20]でもある点に注意を喚起したい。

第四の鬼の福神的性格については少し説明を要するであろう。確かに人に脅威を与える鬼の退治は、それだけでもすでに幸せといわねばならない。が、多くの伝承はそれ以上のこと、すなわち鬼退治によって主人公が鬼所有の金銀財宝、打ち出の小槌等を獲得し、幸せになったことを示している。更に継子譚の「米福粟福」「栗拾い」、あるいは「三人兄弟・奈良梨採り型」や「ちょうふく山の山姥」では、主人公が富や幸福を得るのは山姥退治によってではなく、山姥の援助によってである点、その福神的性格はより明瞭である。鬼を男の鬼、山姥を女の鬼とすれば、主人公の富獲得過程における鬼の男女差は特に注目に値する。この点については再び論じるであろう。

鬼の出現する場所あるいは**棲家**は、通常山や山の洞穴、都の中心から離れた橋や門であり、加うるに一般的傾向として山に棲む鬼には群居性(ただし山姥は単独)、橋や門に現われる鬼には単独性がある。

鬼の出現する時刻は、都近辺ではおおよそ夕方から夜にかけて、他所では時刻は不定で、昼間にも出現している。

3―2　鬼の諸理論——言語論と民族学

ところで以上の諸特徴を持った伝承上の鬼については様々なことが言われている。筆者なりにそれをまとめると、言語論と民族学の二つの立場に分けられうる。

a　鬼の言語論。われわれが使用している鬼は漢字の鬼(キ)をオニと読んでいる。日本の漢字には周知のごとく音読みと訓読みがあり、音読みとは中国語読み、訓読みとは日本語読み、日本語訳のことである。翻訳とは異文化間の概念の照合、解釈過程であり、概念間相互の影響、精錬、明確化を伴うが、鬼(オニ)もまたこの例外ではありえない。馬場あき子氏によると[21]、鬼とオニとの一体化、すなわち訳語が定着しはじ

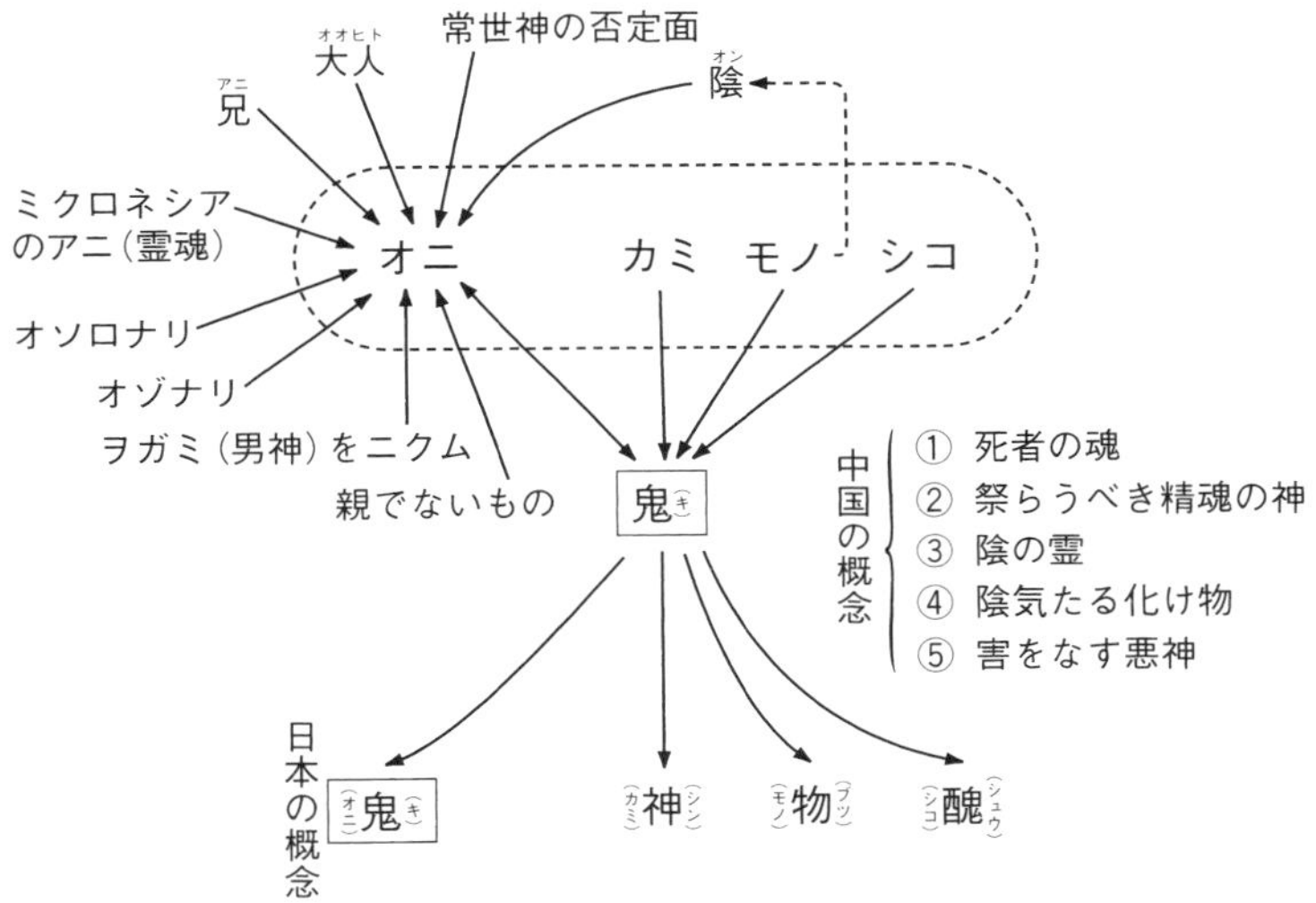

鬼の語源説

めたのは六〇〇年後半頃で、それまでは様々な訳が試みられ、いわば鬼字をめぐる争奪戦があったという。とすれば、これは訳語間に類似性があったことを意味するが、それらが中国の鬼の概念の影響を受けながら、精錬され、明確化すると同時に新たな意味をも獲得していったと考えられる。歴史的に確定されている訳語（鬼の字の読み方）にはオニの他、カミ、モノ、シコがある。オニが鬼字を得、鬼字がオニの読みを得るに従って、カミ、モノ、シコもそれぞれ分離し、神、物、醜の字と一体化したのであろう。神《カミ》とは鬼《オニ》に似て畏れ憚られる対象であるが、次第に神は上位（善）、鬼は下位（悪）となる。物《モノ》は物の怪の物で、神でも人でもない怪しい物をいうが、鬼との違いは形態の有無、人に悪さをする点では同じであろう。醜《シコ》は醜女《シコメ》の醜で見るに耐え難き形態を意味するが、同時に相撲の醜名《シコナ》（四股名は当て字）の醜で、強力をも意味する。

　ちなみに中国の鬼《キ》[22]の概念を紹介すれば、第一に死者の魂、第二に祭祀されるべき精魂の神、第三に陽の霊を神というのに対して陰の霊、第四に賊害をする陰気たる化け物、第五に人に害を与える悪神である。

さて日本語のオニであるが、その語源説にはいくつかある。[23] 第一に、モノは人目に見えず常々隠れていることから隠《オン》の字音を用い、それが転じてオニとなったとする漢字転音説、第二に、オニは漢字の転音ではなく日本古代の語で、常世神の信仰が変化し、恐怖の面のみ考えられるようになったとする折口第一説（『信太妻の話』）、第三にオは大きいの意でニは神事に関することを示す語。オニは神ではなく神を擁護する巨大な精霊、不思議な巨人大人《オオヒト》とする折口第二説（『日本芸能史ノート』）、第四に敬うことから生じた兄（アニ）の転訛説、その他ミクロネシアのアニ（霊魂）と同源説、オホニクキ（大醜）の義、オソロナリの約、オゾナリの反、ヲガミ（男神）をニクムの義、オは親のオ、ニはその否定、すなわちオニは親でないものとする説[24]等々。これらを図示すれば図のごとくである。

b　鬼の民族学。　これを民族学と称してよいか否かは自信がないが、他に適語がないので民族学と一括した。私見では日本の鬼には大略二系統がある。第一系列は目に見えない鬼で、人間に猛威を振うたけだけしく恐ろしいモノとして神に近い力――例えば雷（神鳴）、山岳信仰と結びついた死者の魂（祖霊）、あるいは高級な神によって征伐されていった土地の精霊、等と関連づけられる超越的な神である。第二系列は目に見えた歴史的実在の地上の鬼で、例えば、里人が文化的に異った山人の異様な態に接して、恐れのあまりこれを鬼の一つとして伝える傾向がわが国には古くから存在していたし、また大和朝廷が周辺諸部族を統合していく過程で、結局は征服されるべき運命にあった〝順《まつろ》はぬ〟その土地の人々、あるいは辺境異風、獰猛果敢な蛮族、粛慎人《ミシハセノヒト》に対して日本書紀では鬼字が当てられている。更に古今著聞集変化の部では、承安元年七月八日伊豆奥島に漂着した鬼についての記載[25]があるが、これは難破して漂着した異人のことであろう。その他略奪殺傷を事とした山拠の反体制群盗集団、あるいは修験と関連する金工と鬼[26]、等の関連が諸家により示唆されている。なお山姥については何らかの事情で山に棲むようになった女性との関連が示唆されており、その中には出産前後に発狂して入山した女や山拠の遊女、神の抱き守り役としての巫女、白羽の矢物語の人身御供伝説のごとき山の神の妻となり、神の子を宿すことを課せられて入山した生娘、あるいは村から連れられて（誘拐されて）山人の妻となった女性等が含まれている。これらもまた第二系列に属するであろう。

3―3　鬼の原像――人見知り体験と鬼

ところで第一系列の目に見えない鬼と第二系列の実在の鬼との関係はいかなるものか。民族学はこれまでのところこの問いに充分満足のいく答えを与えてこなかったように思われる。鬼の背後に実在の人間を指摘する第二系列の鬼の研究は極めて興味深く刺激的だが、〝何故それらの人々を他ならぬ鬼と呼んだか〟との視点に欠け、ために二系統間の鬼の関係や、先に指摘した鬼の時空間の広がりを説明できないでいる。故に私はこの視点に投錨し、そこから出発しよう。

名づけるということがすぐれて人間的な行為であり、二系統に同一の名称、鬼があてられている以上、二系列間には何らかの共通点が存在し、それをわれわれが認知していたと考える方が自然である。共通点とは何か。

第一系列の目に見えない鬼とは、例えば雷の場合、恐怖心の伴う未知の自然現象の背後に、その現象を生じさせる原因として想定されたものである。第二系列の実在の鬼とは、要するに馴染みのない、見知らぬ他者に対して恐怖を抱いた場合であろう。つまりは第一系列の鬼も第二系列の鬼も、どちらも未知のものに対する恐怖、不快体験に基づいている。とすれば、この未知のものに対する恐怖体験の原型が、実は鬼の原像なのではあるまいか。この原型とは人間に内在する未知のものへの体験様式と経験による体験内容（原像）

から成立していると考えられるが、ともあれこの原型、原像がわれわれの心中深くに潜み、いわば隠れていて、それが現実の恐怖刺激——自然現象であれ、異人、山人であれ——にあって、一方は第一系列の、他方は第二系列の鬼となって出現したと考えるのである。

問題はこの隠れ潜んでいる鬼の原像だが、原像というからには個に関してはより普遍的、成立に関してはより原初的と考えられる。それ故にこそ鬼は古くから現在まで、かつ様々な領域に登場して生き続けているのだが、この条件を満たすものは、私見では乳児期の人見知り体験しかありえない。

乳児の最初の人見知りとは、周知のごとく、生後半年から一年にかけて母親以外の人に対して示す恐怖、不快反応で——七、八カ月にピークがあるといわれ、八カ月不安（スピッツ）の別名もある——通常母親への接近、密着行動（母親へと振り返り、母親の胸に顔をうずめ、しがみつく）がそれに連続する。この一連の反応は、それまで誰彼となく微笑んでいたことを考え合せると、乳児がある発達段階に達し、視覚的に母親と他人とを識別し始めた証拠といっていい。であればこそ母親はこの現象に文字通り「人見知り」という名を与え、「この子は私をわかっている」といい、己を求めるわが子を可愛く思うのだが、一方人見知りされ、忌避された者にとってははなはだ心外で、顔をひきつらせ、まるで化け物を見るかのごとくに泣き叫ぶ様を見て、当惑するのを常とする。とすれば、この時乳児にとって母親と他人とは、単に識別されるだけでなく、明らかに別様に体験されているのである。他人は馴染めぬ新奇なもの、その接近は不快・恐怖を生じさせ、それ故避けるべき対象だが、母親は親しく馴染んだもの、快の源泉、それ故求めるべき対象であり、不快恐怖を減じさせ己を庇護する安全基地——恐らくこのように体験されている。

何故見知らぬ他者には恐怖を生じ、母親にはそうでないのか。なるほど未知なるものの接近に対する回避行動は、確かに生存可能性を高めるが故に合目的、本能的であるといえる。事実そうであるが、しかしそれは生物学的、それ故外側からの説明であっても体験主体の内側からの説明にはなりえない。ここでは「怖いから避ける」という同義反復的説明の、恐怖内容の吟味が唯一問題である。

乳児はこの頃になると、他者の接近のみならず、母親との分離（母親が遠ざかり、あるいは一定以上視界から消えること）にも泣き叫び、母を求めて密着しようとする。この時に生じている不快感情を分離不安、分離を否定し母親を求める行動を「甘え」（土居）の現象というが、これは乳児が母親が己とは別ものであり、離れうることを知ったことに他ならず、母親を母親として、すなわち非自己として認知し始めた証左である。しかし同時に母と密着することによって不安が軽減するとすれば、乳児にとって母とは、分離しているとはいえなお一体化しうるものであり――母は母子未分の状態から分離折出してくる対象であり、それ故元来自己とは同質であって、同一化可能と考えられる――いわば己に属する同質のもの、ウチなるものと考えられる。私がかつて指摘したように、自己の統合は「自我が外界の対象と部分的にしろ充分同一化しうる（馴染める）か否かにかかっている[27]」とすれば、人見知りにおける他者は、母ならざる者、それ故自己とは異質な一体化しえぬソトなるもの、あえて同一化せんとすれば己の統合を危くする当のもの、といえよう。自己の統合の危機を主観的に述べれば、対象に喰われ呑み込まれる恐怖だが、これこそ正に鬼の恐怖に他ならない。心理学的に言えば、馴染めぬ時の不快感、あるいはそれに続いて発動されると考えられる攻撃心の投影、それが鬼の原像、人見知りの原体験といえるのである。

このようにして体験された見知らぬ他者は、しかしながら鬼のままにとどまることは決してない。通常乳児の不安恐怖は、母への密着によって減少し、勇気づけられ、今度は怖いものみたさの好奇心から他者の方へと振り返る。他者（鬼）への接近と逃避、母への密着と分離を繰り返しながら、他者は乳児にとって鬼から馴染みの他者へと変身する。これが人見知りの克服過程であり、すなわち鬼退治、あるいは退治されるべき運命にある鬼の意味であろう。克服や退治という言葉が使用されるのは、この過程が馴染めぬ時の不快感、およびそれに伴う攻撃心を自ら統制保持することと不可分だからである。なおここで注意を喚起したいのは、人見知りという現象が決して生後七、八カ月に限定される一時的現象ではなく、その程度に強弱があるにせよ、通常成人に至るまで各発達段階を通じて存続しているという事実である。であるから、人見知りの克服、鬼との対決もまた、成人に至るまで続けられると私は考える。

さて、もし以上のことが真であるとすれば、人見知りと鬼との関連、馴染む過程と不快感・攻撃性の統制という課題は、伝承形態の一つ、昔話にも反映しているはずである。

3―4　鬼との対決――不快感、攻撃性のコントロールと宝物。「桃太郎」「手斧息子」「大工と鬼六」

昔話の鬼退治といえば「桃太郎」であろう。この話はあまりに有名で説明の要はないが、ちなみにそのエッセンスを述べれば、桃太郎がある年齢に達した時、今まで住みなれた家（ウチ）を出て、村のソトにある鬼ケ島へと出向き、そこで鬼征伐をして宝物を獲得し、ウチに帰ってくるというのが粗筋で、これを心理発達的に解すれば、青少年の課題、一人前の成人になるためには鬼との対決が必要なることを示している。「桃太郎」の話では、桃太郎の攻撃性が悪い鬼の征伐という理由のために正当化され、ために「攻撃性のコントロール」という側面は見過ごされやすいが、鬼からすれば桃太郎こそ猛威を振う「鬼」である。この点は次の「手斧息子」(28)でよりはっきりと主題化されている。

「手斧息子」は奄美大島で採取された昔話で、あまり知られていないが、粗筋は、

一、子のない夫婦が神に祈願する。すると手斧を枕にして寝ると子供が産まれるとのお告げがあり、その通りにすると、二、お告げ通りに子供が生まれたが、脛《スネ》に手斧、手に鉋《カンナ》の生えた子供であった。三、その子

は人を傷つけるので、(a)捨てられ、あるいは(b)舟で流されて、鬼ケ島に到着する。四、鬼ケ島で鬼と戦い征伐し、宝物を獲得するが、同時に手斧や鉋《カンナ》もとれて普通の人間になって家に帰ってくる、というものである。

まずはめでたし、めでたしの話だが、この話の特異性は子供の手足が刃物であり、触れる物一切を傷つけざるを得ぬ点である。それ故捨てられるのだが、これは明らかに統制不能な攻撃性の象徴であろう。「手斧息子」は現代の家庭内暴力や校内暴力少年[29]を想起させるが、それはともかくとして、この話の本質は、かくも強烈な、しかもコントロール不能な攻撃性が、鬼との戦いによって統制可能となる点にある。それが刃物がとれ、手足が普通の人間になったことの意味であり、宝物の獲得と合わせて、「桃太郎」同様、立派に成人することの象徴であろう。

さて、「桃太郎」によって暗示され、「手斧息子」で明確となった事柄を、ここで再度述べれば、子供はある時期に至るとウチ（家）からソトへ出て行かねばならないが、その際重要なのは攻撃性の統制であり、しかもそれは鬼との対決によって可能となるというものであった。攻撃性を不快感あるいは欲求不満一般によって発動される破壊衝動と考えれば、攻撃性の統制という課題は、欲求不満耐性あるいは不快感や苦しみに耐え抜く力の獲得という課題と同じであり、「世間を渡らねばならない人間[30]」の、これは成熟した大人の目標である。

以上、二つの昔話は「子供の成長」と「不快感・攻撃性のコントロール」との関係が「鬼との対決」によって示されているが、未だになおわれわれの仮説たる「人見知り」との関係は明らかでない。思うに、同じく「鬼との対決」がテーマでも、次の「大工と鬼六」がそれを示している。

「大工と鬼六[31]」　この話は東北地方（山形県や岩手県）に伝わる話で、勿論多少のヴァリエーションはあるが、

話の骨子は、
一、橋が流されるので、村人に頼まれ大工が橋をかけることになる。二、困難なので思案していると、鬼が現われ「目玉をくれるか、名前をいいあてたら助けてやる」という。三、子守唄で鬼の名を聞いて「鬼六」といいあてて勝ち、鬼は消える。というものである。
ここでの鬼との対決は、「桃太郎」や「手斧息子」のごとく直接攻撃的になることなく、「名前を当てる」か「目玉をとられる」かというものだが、それでも鬼との対決には変わりはない。そこでまず注目したいのはこの対決様式である。

「人見知り」とは文字通り人を見て知る、つまり人を見てこれは母でないと知り、恐怖におびえて目をそむけ、母親へとしがみつくことであり、人見知りの克服とは母の胸で安心した乳児が再度他人へと振り返り、また目をそむけて母にしがみつく。こうしたことの繰り返しの中で達成されることはすでに述べた。とすれば、「目玉をとられる」ことは恐怖におびえて「目をつむる」ことであり、母の胸にしがみついたまま他人、つまり鬼の方へと振り返らぬことを意味するのではなかろうか。かつてオニに醜を当てていたが（「鬼の言語論」参照）、醜《ミニク》いとは文字通り見るに耐え難いの意であり、これは鬼の形態を示すとともに（「鬼の形態」参照）乳児が目をそむけ、目をつむる心理の、〝「鬼六」が大工の目玉を要求する〟行動への反映とも考えられる。逆に、「名前を当てる」とは相手の方へと振り返り、「よく見て知る」、「相手に馴染む」ことではあるまいか。あるいは人見知りの不快感・恐怖（鬼）を統制克服するといっていい。古代ないし未開民族の魔術的思考の中では、相手の名を知ることは、事物に命名するのと同じく、相手をわがものとし、統制しうることと同じだからである。

さてこうして鬼との対決、人見知りの克服に勝利した人間は、「渡る世間に鬼はない」の諺のごとくウチからソトへと出て行けるが――従って世間を渡れるが、これが恐らく橋の完成の意味であろう。橋はこちらとあちら、ウチとソトとを繋ぐものだからである。このことは鬼の棲むという山（ソト）、出現する橋や門（ウチとソトの過渡地点）を考えると興味深い（「鬼の出現する場所」参照）。また鬼の名前を言い当てず、鬼に目玉をくれてやった人間は、母の胸にしがみついたままウチの中にとどまるか、ソトに行くにも付添いが必要であろう。橋は完成されているとはいえ、盲目では危険だからである。なお橋架けは村人に頼まれた仕事であり、大工にとってはいわば面子をかけた仕事、それ故彼は橋の完成により面目を保ちえたといってい い。「面目を保つ」ことと「世間を渡る」こととの関係は、すでに成人たる読者には説明の要なきことであろう。

更になおこの物語りは重要なことを暗示している。大工は人見知り克服の鍵、鬼六の名を母親が子供をあやす子守唄の中に見出している。これはもう人見知り克服における母親の役割、不安・恐怖をなだめ制止する機能、そこから出立し、立ち戻るべき安全基地、ウチなる母の役割を見事に示しているという他はない。

3―5　鬼と山婆――父と母

一般に乳児は母親以外の者ならだれにでも人見知りを示すが、普通最も最初に人見知りされ、かつ持続的に人見知りされ続ける者は、悲しいことに父親である。乳児の側からすれば、母親との一体感を破壊する邪魔者として、克服すべきソトの人、人見知りの対象、異物として存在する。一見父親の方になついているかに見えてもそれは昼間だけで、夜になれば父と母の差は歴然としてこよう（「鬼の出現する時刻」参照）。それ故、私は日本の鬼の原像、正体は、乳児の父親体験に由来する、かく結論づけたいと思う。

先に述べたごとく、成熟した大人になるためには鬼との対決が不可欠であるとすれば、それは結局のところ父で代表される他者性一般（鬼）の存在が不可欠ということである。鬼との対決とは、この場合、父（他者）との交わりの中で父に馴染むこと、人見知りの不快感を克服することを意味するから、父の存在とは単なる物理的存在ではなく、母親とは異なる馴染むべき課題としての他者、存在感のある鬼でなければならない。家庭がこのような父と母と子によって――勿論兄弟もいるが――形成されるとすれば、家の中にすでにウチ（母）とソト（父）の分化が存在し、子ははじめから世間を渡るようにと定められている。

余談だが、現代は父親の権威が失墜し、母親が優位の時代、家庭崩壊の時代といわれて久しい。青少年の問題（登校拒否、家庭内暴力、校内暴力、非行等）もまたこの「父親なき時代」「家庭崩壊」と関係づけて論じられている。恐らくこうした認識に基づいてであろう、最近ある有名人らによって「雷おやじの会」が結成された。この種の会の結成が果して効果があるか否かは別にして、私にはむしろ会の名称が興味深い。彼等は恐らく「地震、雷、火事、おやじ」との連想から、恐いと同時にどこかしらなつかしさのある父という意味で「雷おやじ」とつけたのだが、雷とは鳴神で、その姿は一般に頭に角、腰に虎皮の褌と想像されている。つまりは先の第一系列の鬼なのだが、彼等は現代の病理と父親のあり方を関係づけ、それを知らずに鬼と結びつけているところが面白い。父親と鬼との関係を無意識が示しているのである。

鬼の原像が人見知りの時の父（他者性一般）だとすると、鬼女や山姥の原像はどうか。鬼退治における母の役割についてはすでに述べた。3―4の最後のパラグラフ通りだが、しかしながらこれが常に成就されるとは限らない。仮に母親が不安、恐怖の制止機能を果しえないとすれば、いかなることになろうか。その時乳児は母親をいかに体験するのか。鬼から一時退却し、不安・恐怖を鎮めるべく母に立ち帰っても、最も安全なはずの基地、ウチが破壊されている。ソトの鬼退治どころではない。不安恐怖は倍加するであろう。逃げ場がないからである。恐らくこの時の母親体験が女の鬼、鬼女や山姥の原像ではあるまいか「母を喰い、母に化けていた山姥の正体顕現」（「天道さん金の鎖」[32]等）や「美女の振り向けば鬼」（「鬼の橋」[33]等）というイメージが、鬼ケ島よりずっと恐ろしいのも、求めずにはおれぬ母親が避けるべき鬼という、ありうべからざる事態が生じたからに他ならない。実際のところ男と女のどちらの鬼がより恐ろしいかは知らないが、昔話の結末の印象からすると、鬼には「退治」が、山姥、鬼婆には「殺される」「死ぬ」という言葉がより多く使われている。「退治」と「殺害」は同じかもしれぬが、「退治」にはどこか余裕があり、相手を降参させるにとどまることも含まれよう。だいたい「鬼退治」に行くことはあっても「鬼婆（山姥）退治」はあまり聞かない[34]。それに反して鬼女「殺害」は、受身的遭遇における主人公の必死に抵抗した挙句の結末であり、余裕がない。これは遭わぬに越したことのない、しかし遭った以上生かしておくにはあまりに恐ろしい鬼女の本質を物語っている。第一「鬼退治」には通常宝物が結果として伴うが、山姥、鬼女の死には伴わない。せいぜい元の状態（出発点）に戻るのが関の山であり、怖い割には割が合わないのである。それだけ母の機能は子にとって決定的なのであろう。

さて女に関連した鬼（鬼婆、山姥等の他に女に化けた鬼を含める）が母性を欠いた母親だとすると、われわれは山姥の福神的性格について新たな洞察を得ることになる。

山姥は暮れや年頭の市の日に限って出現し、特に山姥が支払った金には福があり、市人はこれを競って探したという伝承[35]や、山姥は山の神[36]（あるいは歳神、正月様）と同一で、春に里を下って田の神（作神）となり、秋には山へ帰って山の神となるという民間信仰があることからもその福神的性格は明らかだが、ここでは昔話の「米福粟福」「粟拾い」「三人兄弟・奈良梨採り型」からその本質を抽出しよう

「米福粟福[37]」　これは有名な日本の継子譚の一つで、東北から九州まで広く分布し（東北および裏日本に

特に多い）、西欧のシンデレラに比せられるものである。その要旨は、

一、継母が継子（姉）には破れ袋を、実子（妹）にはよい袋を与え山に栗（椎）を拾いにやる。二、姉妹は山姥の家に泊り、姉は山姥の蚤をとってやるが、妹はとってやらない。三、姉妹は山姥に葛籠をもらって帰る。姉のには着物が、妹のには蛙、汚物が入っている。四、継母は妹を芝居（祭）見物に連れて行き、姉には留守番をさせ困難な仕事を命ずる（例えば籠で水を汲むことや稗・粟・米を混ぜて選り分けさせる等）。五、友達、僧、雀（および山姥）が来て助け、友達と一緒に山姥からもらった美しい着物を着て芝居見物に行く。六、姉と妹が芝居で会う。七、姉は芝居で会った若者に求婚される。継母は妹をやろうとするが若者は姉と結婚する。八、妹は嫁に行きたがる。継母は妹を荷車にのせて「嫁コは要らぬか」とふれ歩くが、途中車が川に落ち、妹は田螺になる。

関敬吾氏によればこの話は二つのタイプの複合形で後半がシンデレラ型だという。前半の原型は同じく継子譚に属する次の「栗拾い」(38)であろう。

「栗拾い」　一、継母が継子（姉）には破れ袋を、実子（妹）には完全な袋を与え、栗（椎）拾いにやる。二、実子は継子の後からついて行き、姉の袋から落ちる栗を袋いっぱいに拾って帰る。三、継子は日が暮れて山姥の家に泊り、宝物をもらって帰る。四、実子は破れ袋を持って再び栗拾いに行き、同じく山姥の家に泊るが、失敗して殺される。

昔話（継子譚）に登場する継母はいろいろ解釈可能であろうが、心理学的には一般に母親の悪い側面、すなわち鬼的母の象徴（鬼女）とみるのがよかろう。二つの継子譚では、継母のもとでの実子と継子の関係が、山姥に出会い、一方は幸福に、他方は不幸あるいは死へと逆転する。従って山姥は実子には鬼女、継子には

福神であり、ここに山姥の二面性が如実に示されている。とすれば山姥を一方で恐ろしい鬼女に、他方では福神へと変えるものは何か、が問われるべきである。

「米福粟福」では山姥の蚤をとるという不快な労働を喜んでするという奉仕（親切）の有無が分れ目であり、いわば条件である。他方「栗拾い」では無条件かつ一方的に継子への山姥の援助があり、また、実子が不幸になるのは隣の爺譚のごとく真似そこないであろう。山姥が福神になるためのこうした条件の有無は継子譚以外にもみられる。例えば「ちょうふく山の山姥[39]」では、子供を生んだ山姥の要求により、村の老婆が若者二人とともに山に餅を届けに行くが、老婆は若者が逃げ出した後も一人山姥のもとに留め置かれ、二十一日間奉仕する。その結果帰りには使っても尽きぬ錦の宝を贈られるという筋書きで、これは条件付きの話であろう。また「三人兄弟・奈良梨採り型[40]」では三人の兄弟が親の病気のため奈良梨を採りに行き、長男、次男は途中で出会った山姥の助言に従わず、行って化け物に喰われるが、助言に従った末子は無事奈良梨を採ってくる、というもので、山姥の援助は無条件といっていい。他の二人が死んだのは無条件の援助を受け入れなかったためである。

さてそこで次に問題になるのは山姥への奉仕が果して山姥を福神へ変える本質的条件か否かであろう。

私は否と思う。すなわち山姥は主人公の力または徳によって福神に変えられるのではなく、自ら一方的、無条件に福神になるのが本質であり、時に伴う奉仕等の「条件」は、教育的には有意義であるが、付随的であろうと思うのである。なぜなら、第一に、山姥の福神への変化が本質的に主人公の「条件」の能動的遂行およびその成就に左右されるとすれば、山姥が主人公の行為なしに無条件に福神へと変化する例は本質の欠如態、極論すれば理解できない無意味な話となろう。しかし私には、古来無意味な話をわれわれが継承してきたとするよりも、無条件を本質とし、「条件」による変化の例を本質（無条件）への付加、そして無条件例、条件例ともに有意味とした方がより包括的、論理的であろうと思えるからである。第二に、これは第一の理由に内実を与える推論であるが、山姥の富は山姥への奉仕等の条件下で得られた場合でさえ、それは恐らく結果であって、「条件さえ満たせば獲得できる」というものではないと考えられるからである。このように誤解するところに――この誤解は究極的には富の自力奪取、鬼退治の思想に通じている――継子譚の実子の失敗の原因がある。[41]すなわち「条件」付きの例においてさえ、山姥の富獲得形式の本質は、先に指摘したごとく、鬼の富とは違って、能動的な退治ではなく、山姥の好意的援助、主人公にとってはその受身性、いわば恩寵にあると考えられるのである（「鬼の性格」参照）。

ならば何故山姥の恩寵に条件が付加される例があるのか。あるいは無条件の援助が本質たる福神的山姥は、何故その形態を山姥という無気味な姿で包まねばならないのか。これらも問われるべきであろう。これらの問いは、視点を対象（山姥）への問いから物語を継承する主体へと転ずれば、何故われわれは福神的山姥をかく語ってきたか、である。私はこれらの問いに対する考察の糸口を、時に「条件」となるかに見える「奉仕」（親切）に求める。それは山姥のもとでの労働であるから不快であるに違いない。しかも「奉仕」（親切）は淡々と、あるいは喜んでするところに価値があると考えられるから、この不快感は表面に出してはならず、それ故充分コントロールされねばならない。そうでなければ行動はぎこちなくなり不自然であり（不快・恐怖があまりに強烈であれば行動は麻痺する）、山姥は援助を与えぬかもしれぬ。その極端な例が山姥の不気味な蚤をとれなかった実子（「米福粟福」）であろう。すなわち「条件」たる「奉仕」（親切）は「不快感のコントロール」と密接している、否、同一行為の外面と内面の関係にあるとさえ考えられるのである。「不快感、およびそれに伴う攻撃性のコントロール」は私の今までの論述からすれば鬼退治と等価であり、鬼の富獲得の「条件」、他者に馴染むことの背後で生じている過程である。とすれば、福神的山姥に「奉仕」

等の能動的「条件」が出てくるのは、山姥を鬼と等価な鬼女、換言すれば母の中に一体化しえない他者（鬼）を見出したためと考えられるのである（私は先に述べたごとく鬼女を母性の欠如した存在とみなしている）。ならば山姥への「奉仕」等をことさら鬼退治とは異なる「条件」とみなすこともあるまい。山姥との遭遇、ましてやその許に泊ること自体、鬼の場合と同様すでに不快であり、強力なコントロールを要するからである。しかるに物語の表現形は、繰り返し述べているように、山姥の富は他者たる鬼とは違って、積極的「遭遇―戦い―退治」という能動的パターンではなく、受身的「遭遇―一時的共在―提供された富（援助）の受け取り」という受動的パターンによって獲得されている。思うにここに福神的山姥理解の鍵があるのであって、これは母性の在処に関係している。先に私は鬼退治の主人公の自力の背後に帰るべきウチなる母の支えの存在（あるいは親の作った「桃太郎」の吉備団子で象徴してもよい）を指摘した。それ故乳児にとって母がソトなる他者＝鬼（鬼女）となったときにも、他者に馴染む（鬼退治）には出撃基地＝ウチなる母性の存在が不可欠であって、山姥の富獲得の受身的パターンは、正にこの基地、支えが他者化した母（鬼女、山姥）自体から提供されねばならないことを示している、このように思うのである。従って富獲得に際して時に「条件」のように見える山姥への「奉仕」等は、鬼退治の時の「不快感のコントロール」とは本質的に異っている。不快感の統制自体を可能ならしめる支えを、不快を発する当の相手が提供しているからである。「奉仕」（親切）等を山姥の富獲得の「条件」とみなし、能動的に富を奪取しようとするのは、他者化した母の中に母性を見出せない継子譚の実子的誤解、悲劇なのである。

私がここで主張した要旨は、乳児の最早期の他者経験[42]において、父はソトなる鬼として馴染むべき課題・他者として登場するが、母はすでに馴染んだわがウチなるものとして、父（鬼）に馴染むのを援助する福神として現われる。不安・恐怖の制止、安全基地、援助機能、いずれも同じだが、これらが欠落し、母親もが新たに馴染むべき課題の他者となれば、母は鬼となり、しかもこの鬼は男の鬼よりずっと恐ろしい鬼女である。そしてこの鬼女が子供の成長を助ける福神となるのは、子供の努力では決してなく、無条件に鬼女の側から福神にならねば不可能、いわば子にとっては恩寵であろうということである。多くの場合母親は乳児にとって完全に一体化可能な対象ではありえず、他者性が入り込む。それ故に恐らく山姥の二面性[43]を持つのであろう。それが強烈なのは母の配偶者不在のためかもしれず、母の自らの母親体験が不幸であったがためかもしれない。乳児の素質的な馴染む能力の欠損、あるいはまた、多かれ少かれ母子分離に伴う人間の必然なのかもしれない。

4　普遍的（超個人的）意識から再び個人的体験へ――鬼ごっこ、解釈、精神療法

われわれは今まで超個人的意識たる昔話や伝説の鬼について論じてきた。それは正に語られ・聞かれる鬼であって実在の鬼ではない。時空間、人物等が一般的で不確定な昔話はもとより、特定の時代、人物、地域に結合し、形式上その真実性を主張する伝説ですら、内容は虚構性を許している。にもかかわらず、鬼が時代を経て語り継がれ、広く分布しているのは鬼のもつ特殊なリアリティ、個人が乳児期の人見知りを不可避的に体験しているからに他ならない。私はこのように主張してきた。虚構性を許すと同時に真実性を主張する伝承上の鬼は、語られるだけでなく演じられもする。成人の各種民族芸能や儀式もそれだが、ここでは虚構性と真実性、想像と現実とがより微妙に交錯する、否これら二領域が区別されながらも遊ぶ主体がそれらを自由に出入りする子供の遊び、鬼ごっこについて論じよう。〝遊び〟の中にこそ、鬼の特殊なリアリティと人見知りの関係が、そしてまたこの〝遊戯性〟の中にこそ、われわれの最初の課題、治療上の原理（心に棲む鬼の退治、あるいは鬼女の福神的山姥への変貌）が潜んでいると考えられるからである。

4—1　鬼ごっことその起源

鬼ごっこは周知のごとく、鬼キメによって仲間のうちから鬼を一人きめ、他のものは子といって鬼に追われる子供の遊戯の総称で、その代表はつかまえ鬼（追いかけ鬼）であろう。鬼が子をとらえたならばその子が代って鬼になるか、あるいは子ふやし鬼や溜め鬼のごとく、鬼を次第に増やしていくといったものである。

ところでこの鬼ごっこの鬼だが、これは逃げまどう子をつかまえる鬼だから一見恐ろしげに見えるが、遊戯中に歌われる各種鬼からかい歌、例えば「鬼さの留守に洗濯でもしましょ」「誰々さんの鬼は怖くもないぞ」「鬼になってくやしいか、やきもち団子喰いたいか」等[44]からすると、実は鬼はこれを囃して怒らせ、元気づけねばだめな存在で、頼りなげかつ無力なことは明らかである。それ故鬼が子を追う大きな理由の一つは、早く鬼をやめ、子の仲間に入りたい一心といえるほどで、同様に子が逃げるのも鬼になりたくない一心といえるが、勿論鬼ごっこにはこうした無力な鬼だけでなく、多田道太郎氏が[45]「おそるべきものの追跡と、おびえるものの逃避」といい、岡部伊都子氏[46]が背後から追いすがられてつかまる瞬間の、あの「ぞくっとする危機感」と呼んだ中に今なお強力な鬼が潜んでいる。この瞬間の恐怖を文字通り鬼に喰われる恐怖と命名すれば、この強力、無力の二面の鬼は、ではどこに起源を有するのか。

鬼ごっこの起源には諸説がある。民族学等では子供の遊びは一般[47]に聖なる儀式の模倣とされ、例えば鬼ごっこは神社仏閣の鬼追いの儀式、つまりは追儺の模倣とする柳田国男の説や、カイヨワ[48]の古代の贖罪のいけにえ＝鬼選定儀式の模倣とする説がある。これに反して多田氏は、鬼ごっこの鬼は追儺の鬼のごとく追い払われず、むしろ追いかける鬼である点を鋭く指摘して、この遊びの原型を平安時代の「子取り遊び」（「比々《ひふ》丘女《くめ》」）に求め、しかも一方で子供の「神隠し」という原始信仰が古くからわが国やインディアン・ズニ族（カチーナ信仰）にあることから、この遊びと信仰を繋ぐものとしてイニシエーション儀礼を想定した。イニシエーション儀礼とは死と再生のテーマを持ち、俗から聖、聖から俗への移行を成就するものであり、成人になるべき青年の森の山への一時的「隔離」（死、聖）を伴うが、その際の先導役が彼岸（常世）と此岸（此世）とを媒介する鬼であり、この聖なる儀式の模倣が鬼ごっこであろうという。柳田やカイヨワはどちらかといえば、鬼ごっこの鬼の無力な面を、多田氏は強力な面を説明したのであろう。しかしながら鬼ごっこの鬼は強力、無力の二面があることはすでに述べた。

遊びの心理学理論には次のものがある。過去に処理しきれなかった諸経験を象徴的に反復し、それまで受動的に苦しめられてきたものを能動的に支配しようとする「外傷」理論、鬱積した情動あるいは剰余エネルギーの解放を遊びの中に見る「カタルシス」理論、更には遊びの中に新しい能力の練習、将来への準備を見る「機能」理論。これらの理論はどれも遊びの全てを説明し尽すものではないが、しかしどれもが遊びの一面を突いている。エリクソン[49]は遊びの中に外傷体験の単なる「徹底操作」を認めるだけでなく、遊戯性という要因そのものによって事象が新たに「生まれかわる」ことを付け加え、「遊びは事態の雛型を創造し、そこで過去の諸側面を再体験し、現在を再演、再生し、さらに未来を予測する、という人間の生得的傾性の幼児的型態を提供する」と述べた。

遊びを聖なる儀式の模倣とする民族学等の諸説は、遊びを歴史発生的に、遊びを過去の体験の象徴的反復と未来への投企とする心理学理論は、遊びを個人史的に論じている。が、いずれにせよ遊びは儀式[50]や現実体験そのものとは異っている。思うに遊びを遊びたらしめているものは体験や行為に対する〝距離〟、主体の対象や自己自身に対する〝余裕の幅〟、文字通りの〝遊び〟の存在である。この遊びの中でこそ、苦痛あるいは残酷な体験に伴う感情を（再）体験しうるのであり、新たなものへと変化させうるのであろう。かつまた恐らくこの〝遊び〟こそ想像と現実の分離のもとに二つの世界への自由出入を可能ならしめ、「無我夢中にならない遊びは遊びではなく、無我夢中になってしまう者もまたすでに遊んでいない[51]」という逆説を真実たらしめているのである。

多田氏は歴史的に鬼ごっこの原型を平安時代の「子取り遊び」=「比々丘女」に求め、想定上のイニシエーション儀礼を介して「神隠し」という古くからある現実の信仰体験と関係づけた。それに対してわれわれは対人間の遊びである鬼ごっこの原型を、個人史的に乳児の「イナイ・イナイ・バー」に求め、人見知り体験に関係づけようと思う。というのもまず第一に、「イナイ・イナイ・バー」は乳児の最初の遊び、「人見知り」は乳児の最初の他者体験と考えられ、加えて両者の発生は時期的に密接しているからである。第二に、「イナイ・イナイ・バー」に伴う乳児の体験は驚きや不安という不快感情と、喜びや安心という快感情の交互出現と考えられるが、この感情が広く鬼ごっこと呼ばれる遊びに共通してみられるからである。更に第三には、各種の遊びを「鬼ごっこ」と総称し、鬼ごっこの鬼を正に「鬼」と命名するのも、恐らく人見知りの時の他者体験=鬼と関係しているからである。

(1) 乳児の「イナイ・イナイ・バー」は対象の消失と再出現、それに伴う不快・快の感情が交互に継起する行動パターンであり、通常人見知り出現より少し前に受身的に、人見知りと同時[52]あるいは少し遅れて[53]能動的に生起する乳児の遊びである。ただし他者が開始者となる受身的「イナイ・イナイ・バー」を遊びと称していいかどうかは定かでない。その時期および観察に基づく直観からいって、乳児に体験への距離=〝遊び〟の意識があるかどうかが疑問だからである。その点自己が開始者となる能動的「イナイ・イナイ・バー」には確かに〝遊び〟がある。いずれにせよ「イナイ・イナイ・バー」は現実の人見知り体験に相前後して現われるのだが、では遊びの前提たる「想像と現実の分離」、「人見知り」と「イナイ・イナイ・バー」との関係はいかなるものか。それは以下のごとくに考えられる。すなわち、「イナイ・イナイ・バー」が成立するためには消失した対象と再出現した対象とが同一であるとの認識、すなわち「対象の同一性」が保たれていなければならないが、この「対象の同一性」が構成されてはじめて対象に馴染むことができ[54]、それ故馴染みのない他者への反応、人見知りも可能なのである、と。「対象の同一性」、「想像と現実の分離」、「イナイ・イナイ・バー」との関係は次のフロイドの論文、『否定』[55]の中の現実吟味についての記述が役立つであろう。表象を想像に、知覚を現実に置き換えるとよい。

「あらゆる表象がもろもろの知覚に由来し、またその反復であることを銘記しておかなければならない。つまりそもそも表象が存在していることがすでに、表象されているものの現実性の裏付となっているわけである。主観的なものと客観的なものの対立は最初からあるわけではない。それは思考が一度知覚されたものを再生によって表象界にふたたび登場させる能力を得、一方客体がもはや外部に存在する必要がなくなるということによって始めて生ずるのである。したがって現実吟味の目的は一にも二にも、表象されているものに照応する一つの客体を、現実知覚の中に見出すということではなくて、それを再発見し、それがまだ存在していることを確認するということなのである」

現実吟味すなわち対象の同一性の成立は、主体にとって知覚から生じた表象を知覚界に再発見することと同じなのであるから、これは「イナイ・イナイ・バー」の原理[56]、とりわけ受身的なそれと同一であり、能動的に行なわれれば遊びとなろう。

(2) 人見知りの時期は乳児が知覚的に母親と他人とを識別し始めた頃であり、母親との分離（母親が遠ざかり、あるいは一定時間以上視界から消失すること）には分離不安が、他者の接近には喰われ、呑み込まれる恐怖（鬼の恐怖）が出現すると述べたが（「鬼の原像」参照）、この時期は自他の分離とともに対象の同一性が、そしてそれ故自己の同一性[57]もまた形成され、主観・客観、内界・外界の分化が進行すると推量されている。正に分離、分化し、形成されはじめた初期であるが故に、母親との分離は自己を失う危機であり、見知らぬ他者の接近は、内界の馴染めぬ時の不快感・攻撃性が外界へと投影され、主観と客観、想像と現実とが混同されうる極めてリアルな、醜い、また自己を呑み喰い、破壊しうる獰猛な鬼の原像たりうるのである。

さて以上のことから対象の消失と再発見の遊び「イナイ・イナイ・バー」に伴う感情は、分離不安とその解消（安心感）に相当することが了解されたであろう。同様に幼児の追いかけっこ、子供の鬼ごっこ（つかまえ鬼や隠れ鬼）でつかまる瞬間の（隠れん坊では見つかる瞬間の）、あの「ぞくっとする危機感」もまた、人見知りの鬼の恐怖に相当する。勿論仲間から一人離れ、孤立しなければならない無力な鬼の抱く感情は、分離不安、子をつかまえ鬼を交替したときのホッとした感情は、子の仲間入りの安堵感、更には母子一体の感情（甘え）にほぼ相当しよう。

とすれば、遊ぶ主体は「イナイ・イナイ・バー」で現在の分離不安を、鬼ごっこでは過去の、そして今なお潜在している分離不安と呑み込まれる恐怖を、〝遊び〟の中で、能動的に（再）体験している。とりわけ鬼ごっこは、人見知りの恐ろしい鬼（呑み込まれる恐怖）に馴染みつつ、自ら無力な「鬼」（分離不安）を体験し、「鬼」になるのを学ぶ遊び、換言すれば、人見知りの克服の際、自らの中に隠れた鬼（不快感・攻撃性）を再度呼び戻し、遊びの中で鬼を飼い慣らす、あるいは修験の役行者[58]のごとく鬼を使役し、わがものとする過程といえよう。鬼ごっこはかくして人見知りのあのドラマ、鬼（見知らぬ他者、父）への接近と逃避、母への密着と分離の象徴的反復、再演なのである。

付言すれば、しかしながら人見知りと鬼ごっこには違いがある。一方が乳児の現実体験、他方が子供の遊びという他に、私の注目したいのは恐怖のテーマの違いである。その差は人見知りでは〝鬼が怖い〟、鬼ごっこでは〝鬼になるのが怖い〟と表現できるが（勿論鬼ごっこでも〝鬼が怖い〟が、通常力点はそれでも〝鬼になるのが怖い〟である）、これは恐らく人見知りの克服、従って世間を渡るためには自ら鬼になれねばだめなこと、心理学的に述べれば、馴染めぬ時の不快感・攻撃性のコントロールには分離不安の統制もまた不可欠なこと、あるいは人見知りの持続と分離不安の持続、および鬼になる恐怖の持続とが並行していることを示している。確かに鬼ごっこの鬼は誰でもなりたくないものだが、しかし鬼になれない子、すぐへたばって鬼抜けする子が実際「鬼抜け間抜け、大根しょって逃げろ」「鬼で抜けるもな小便袋くそ袋[59]」等と軽蔑されることからすると、鬼になれることはまずもって仲間たる第一の資格、大げさに言えば共同体に依存しつつ適度に独立し、自律しうること、すなわち面目を保つこと（「大工と鬼六」参照）、この意味で成長過程の子供の遊び＝鬼ごっこの意義は大きいといわねばならない。ここでもまた人見知りの克服と同じく鬼退治のテーマが繰り返されるが、今度は主として自らが退治される鬼、皆から忌避され、逃げられる鬼、人見知りされ淋しい思いをする父の役割を遊びの中で予表的に演じ切ることが課題なのである。

(3)　われわれは種々の遊び[60]を「鬼ごっこ」と総称し、鬼ごっこの「鬼」を伝承上の怪物、他ならぬ鬼と同一名称で呼んでいる。諸外国にも勿論鬼ごっこに相当する遊びはあるが、「鬼ごっこ」という総括名称、「鬼」という呼称は見あたらない。これはわが国独自のことではないかと思う。言語の存在は、それらの事象が成人意識の表層近くに体験されていることを意味するが[61]、私は遊びを含め、わが国各領域に登場する鬼の遍在性は、「人見知り」や「甘え」という日常語の存在およびその体験の表層性と無縁ではなかろうと思う。なぜなら「人見知り」とは一般に馴染めぬ他人をそれとして認知することであるが、これをいい換えれば、他者を外《ソト》なる人、内《ウチ》に属さぬ者と認めることであり、外人・異人の系列の、歴史的実在の鬼に連なることは明らかであろう。ウチとは「甘え」の許される、馴染んだ人の住むところ、ソトとは「甘え」の許されぬ、鬼の住むところである。[62] 鬼ごっこで鬼に追いすがられる時の恐怖を昔話の逃竄譚（「三枚の護符」等）で必死に鬼や山姥から逃亡する主人公の体験や、黄泉国《ヨミノクニ》から逃げ帰る時、八人の鬼女、黄泉醜女《ヨモツシコメ》に追撃される伊邪那岐命《イザナギノミコト》の体験に重ね合わせ、それ故鬼と称するのはたやすい。[63] けれどもそうした鬼が、実はウチから排除されたソトなる鬼で、淋しい不安な鬼、それ故人を求める無力な鬼だと喝破し、鬼を怖れると同時に鬼になることを怖れる遊び＝鬼ごっこに、「鬼」の名称を賦与したところにわが国の独自性がある。「鬼」の遍在性、逆説的には親近性は、「甘え」（土居）を介して「人見知り」の体験表層性と結合する。これが私の解釈である。

4—2　解釈と精神療法、およびその遊戯性

再び患者に戻ろう。患者は自らの内界の怪物（無意識像）を夢で〝首をもぎとる女〟と解釈したが、われわれは更にそれを〝鬼女〟と命名、再解釈した。すなわち患者がそれ以上進めなかった暗闇に歴史的文化的伝承の〝鬼〟の概念を投入したのである。投げ入れた〝鬼〟が発酵するにはしばらくの時がかかったが、結果は決定的であった。患者はいくつかの残酷な夢をみた後、次の夢を報告したのである。

——中年の女性が出刃包丁を持って追いかけてくる。私は必死に逃げる。窓から外に飛び出したり、また入口から入ったり、グルグルまわって逃げている。建物は自分の家で、女と私との間には少し距離があり、つかまりそうではなかった——

本稿の冒頭の夢（〝首をもぎとる女〟）は不気味で怖いとはいえ、追われ殺されるのは女であり、患者は傍

観者であった。この夢では追われているのは正に患者である。追撃する女と患者との間に少し距離があり、余裕があるが、この余裕の幅こそ患者を傍観者からドラマの主体へと変化させたものであろう。面白いことにこの夢は、最初の夢と同じく女の顔が不明だが、しかし舞台は患者の家（ウチ）という特徴があり、しかも患者は家から離れず、出たり入ったりして逃げまわっている。この点を指摘し、「もっと広い所、外に逃げ出せばいいのに」と述べると、患者は「なるほど」と感心したように肯いたが、「でも夢ですから」と答えるままにとどまった。私が「家を出ればいいのに」と言ったのにはわけがある。詳細を記すわけにはいかぬが、患者は母と別居を望みながらも一度も母に言い出せず――同じ敷地内には母の経営するアパートがあり、そこには母の部屋がある。別居を言い出すとは、元気な母にアパートの自室に戻るようにと頼むことである――ならばいっそ夫婦で家を出ようかと考えたほどだが、結局実行せずに終った、ということを聞いていたからである。妻の話によると、患者はあらゆることに母を立て、母には抵抗しない。妻から患者に対する態度を聞いていると、まるで「触らぬ神に祟りなし」のごとくなのである。

それまで見聞きしていた患者の態度、行動等の諸事実を再度確認し、私は患者に「母が怖いのではないのか」と尋ねた。患者は行動等の諸事実を肯定したものの、恐怖心は否定し、「母が怖いのではない。喧嘩をすれば何日も暗くなるし、家の中がうまくいくように、波風がたたぬようにと、ただそれだけを願っているのだ」と主張した。私は今度は断固として「恐れているとしか思えない」と言い放ち、「夢の中の出刃包丁の女性は恐らくあなたの母であろう」と解釈した。解釈投与の時機の適否は別として、私にはこの解釈しかありえなかった。次回患者は原因不明の発熱で――といっても微熱だったが、治療を欠席した。以後、患者は治療者の言葉にこだわり、母に対する恐怖を否定し続けたが、治療者の別の問い方には肯定した。すなわち患者は母に対する怒り（憎しみ）の激しさを自ら恐怖していると認めたのである。怒りを出したら「母を殺しかねない」ほどだという。私がそう尋ねたのは、鬼女殺害が恐怖故の結末である点を考慮していたからである（「鬼と山姥」参照）。ウチなる母が見知らぬ他者、ソトの鬼となったため、馴染めぬ不快感、それに伴う攻撃心は強烈で、かつ鎮められず、(64) それ故その激しさは自らを呑み込み破壊するほどであろう。恐怖心の裏返しとして不快感・攻撃心の統制に苦しんでいる、そう理解したのである。実際患者は〝首をもぎとる女〟を報告し、治療者がそれを〝鬼女〟と解釈してから〝出刃包丁を持つ女〟の夢の中間に、すでに次の残酷な夢を見ていた。

――夢の前半は忘れてしまった。誰かが誰かを殺す。ハンマーで腹を何度もなぐる。とどめをのどに打ちおろす。それを私が見ている。もう死んでいるのになぜとどめを刺すのかと思う。殺す人も殺される人も両方男だと思う。殺される人の顔がなんともいえない。目をあけて放心状態。ハンマーは壁をこわす時に使う鉄製の大きなハンマーである――

登場人物の性別の論議を省くとすれば、強烈な攻撃性が夢のテーマであるのはまず間違いなかろう。

微熱が引いた後、身体が少々痛いと訴えながら語ったところによると、「母の夢など見ることがなかったが、あれから不思議と母の夢を見るようになり、なんだか先生の暗示にかかったみたいだ」という。最初は母の葬式の夢、次いで死んだ父が生きて登場し、その父の髪を母が梳いているという夢を患者は報告したのである。

治療は現在なお続行中であり、今後いかなる展開を示すか確かなことはいえないが、すでに考察したごとく、鬼女の殺害、死は主人公に何らの富をもたらさず、せいぜい出発点に戻るだけである。富の獲得は鬼女が福神たる山姥に変ずる時のみ可能であり、しかもそれは本人の力でなく、鬼女の一方的援助、福神への変身、いわば恩寵によってでなければならない。母の葬式が鬼女の死に相当し、父の髪を梳く母が、エディプス的な匂いはするものの、福神的山姥への前徴なのかどうか、今は定かでない。いずれにせよ無意識の母親像が鬼女と化し、しかも実在の母親が自ら変化することも、また患者本人が母に影響を及ぼすことも期待しえないとすれば、では恩寵はいかにして可能か。恩寵であるが故に鬼女の福神的山姥への変身はただひたすら待つしかあるまい。どこでか。他ならぬ治療の場で。従ってここに他者・治療者の介在の余地が考えられるが、では患者と治療者との間に何が行なわれるのか。

精神療法の場で行なわれているのは言葉による解釈であり、患者の精神内界で生じている事柄の命名作業である。この行為は患者・治療者相互の共同作業といってよく、肯定と否定、受容と反発を繰り返しながらの時間を要する過程である。あるいはこれを隠れているものの発見という意味で、隠れん坊になぞらえることも可能であろう。[65][66] 加えて更に重要なことは、言葉を介した相互行為の背後、否その唯中で、「鬼ごっこ」に相当する関係が非言語的に演じられるということである。というのも第一に治療関係は二人の人間の、治療を目的とした現実的関係であると同時に、面接室を介して現実から「隔離」された、秘密が保証され、内界を語るようにと促される二人だけの特殊な非現実的関係であり、この二重性、現実と非現実とを自由に行き交う〝遊戯性〟こそが隠れていた怪物、抑圧・排除されていた諸感情を意識へと浮上させ、馴化しうる機会を提供する。すなわち転移を介した精神療法を可能にすると考えられるからである。第二に、精神療法は治療中患者が治療者へと依存心（甘え）を向け始め、以後その葛藤をめぐって展開し、患者は治療者への接近と逃避、分離と密着を繰り返しながら、最終的には治療者から独立していくと公式化しうるが、これは分離不安や呑み込まれる恐怖をめぐって展開する人見知りのあのドラマ、他者・鬼への接近と逃避、母への密着と分離の再演であり、精神療法の〝遊戯性〟の中で演じられるが故に「鬼ごっこ」に相当すると考えられるからである。治療場面の「鬼ごっこ」は、患者から見る治療者が自己内界の投影や同一視である限り患者内界のドラマであり、「鬼」はある時は治療者、ある時は患者自身、またある時は患者の底知れぬ内界そのものである。時に患者は「子」であって内界の鬼から逃避するが――この時治療者は患者の内界の鬼が投影された「鬼」であったり、あるいは患者とともに内界の鬼をからかう「子」であったりする――時には自らが鬼と一体となって治療者を攻撃し、あるいは不安になって追い求める。このようなことを繰り返しながら、患者は内界の鬼、あるいは外界の鬼、治療者・他者に馴染みながら、自らにも鬼の役割を演じられるようになっていく。こうなれば鬼ごっこを楽しめる子供のごとく、患者の世間を渡れる日は近い。

治療者は以上の関係の中で主として鬼ごっこの「子」、人見知りの時の一体化したい母親であるが、それはすでに鬼の役割を演じ切ることができ、鬼の痛みを分かる、鬼をからかう「子」＝父でもなければならない。治療の実践上、この共感性こそが体験に〝距離〟を導入し、〝遊び〟を可能にさせ、鬼になれない患者を励ます当のものなのである。この共感性が欠如する時、遊びはいつでも残酷なものへと頽落し、鬼は単なる犠牲の子羊になる。これは実際の鬼ごっこでも同様であろう。共感性の欠如した現実の母親は二重の意味で鬼女である。第一に、子が母に密着しても不安・恐怖をわかってもらえず、それを鎮めることができぬが故に鬼女であり、第二に、「鬼」の役割を演じ切れぬ母親は、子の分離に耐ええず、子を勇気づけ、鬼へと振り向かせる代りに密着する。ために子は母から逃れられず、窒息しよう。蜘蛛の巣の餌食ともいえるが、この点鬼女、山姥と機織り（糸車）との関連を想起すると興味深い。勿論この関連は女性の生産性（福神的山姥の富）との関連を示唆するが、糸車は同時に蜘蛛の糸、逃れ得ざる罠をも象徴していると思えるからである。

最後に鬼女と化した無意識の母親像の変身について述べよう。これこそ治療の目的としたところである。

「鬼ごっこ」的な治療を支えるのは、治療者の共感性であると述べたが、私は患者の内界の鬼女を福神的山姥へ、蜘蛛の糸から機織りへと変えるのは正にこの共感性ではないかと考えている。なぜならこの共感性こそ患者の母親において欠如し、母を鬼女たらしめた当のものだからであり、かつまた「分かってもらう」体験[67]は、文字通り自己の力で獲得できず、相手次第という意味で山姥の恩寵に相当すると考えられるからである。恐らく患者は一回だけでなく、繰り返し分かってもらう必要がある。治療という共感性に支えられた「鬼ごっこ」の反復の中で、患者は次第に「鬼」を演じられるようになるが、それは逆にいえば自らの中に安らぐべきウチなる母、帰属する「子」の集団が生まれたからに他ならない。今や治療上の〝遊び〟が取り入れられ、患者の内界で「鬼」(ソト)と「子」(ウチ)が分化し、二者の自由な〝遊び〟=余裕の幅が可能となったのである。われわれの患者に即していえば、未だなお途上だが、〝出刃包丁の女〟の夢に、すでにこの余裕の幅=〝遊び〟が芽ばえ、家(ウチ)が登場している。こう考えるのは我田引水であろうか。

5 まとめ

長く錯綜した論議をまとめることは読者に役に立つかもしれない。私は患者の治療経験から出発し、「他者経験一般の成立」の時点へと遡った。乳児はおよそ半年もすぎると自他、内外未分の状態から分離、分化しはじめ、人見知りの段階へと至るが、そのとき他者は見知らぬ馴染めぬもの、要するに母でないもの、不快感およびそれに伴うウチなる攻撃性の投影として、ソトなる「鬼」として登場する。しかしながら通常他者は鬼のままにとどまることはなく、母への密着と分離、鬼への接近と逃避を繰り返しながら次第に馴染みのある人へと変身する。乳児にとっての最初の他者存在は父であり、それ故父はソトなる鬼の代表である。この父に馴染む過程こそ人見知り克服、世間を渡ることの雛型であり、心理学的には馴染めぬ不快感、攻撃性の統制、あるいはソトのウチ化として記述され、昔話では鬼退治として表象される。他方母はすでに馴染んだもの、出自たるウチとして認知され、人見知り克服(父に馴染む過程)においては一体化により不安・恐怖を減じる安全基地として機能する。このような父と母と子によって構成される家庭は、ソトの世間に比べればウチだが、すでにソト(父)とウチ(母)とが分化した小生活世界であり、さらにこの分化した世界は乳児の内外、想像(表象)界と現実(知覚)界へと類比的に浸透する。乳児はさながら将来の予表のごとく、ウチとソトを往復しつつ成長するが、ウチを甘えの許される空間、ソトを許されぬ所とすれば、この往復運動は私がかつて論じた〝「甘え」の弁証法〟[67]に他ならない。この運動を可能にしているものは乳児に内在する本能的な「甘え」(土居)だが、「甘え」はその本性上相手次第、受身的であるが故に、この運動はウチなる母によって、更に母もまたある時期からは完全には一体化しえぬ他者であるがために、その共感性によって支えられる。ウチなる母の不在、共感性の欠如した母親存在は、昔話では恐ろしい鬼女(鬼婆、山姥等)として表象される。ウチ不在のままソトに面しなければならぬ乳児の心境は、いわば〝前門の鬼、後門の鬼女〟のごとくである。

人見知りの時、母にしがみついた乳児が他者(鬼)の方へと振り返るのは、怖いもの見たさの好奇心、あるいは恐怖の能動的体験という意味で、すでに〝遊び〟を含んだ行動だが、同じ頃、乳児は明らかに遊び「イナイ・イナイ・バー」を楽しむようになる。この遊びは順次幼児の追いかけっこ、子供の各種鬼ごっこへと発展し、それ故鬼ごっこの原型といえる。私は遊びを体験に対する距離、余裕の幅としてとらえ、その機能を体験に伴う諸感情の統制、わがものとすることとしたが、この観点からすると、鬼ごっこは人見知り体験(原初的他者経験)の不快感、分離不安や呑み込まれる恐怖等を遊びの空間の中で喚起し、馴化する過程、将来世間を渡らねばならない子供の、いわば準備機能とみなしうるとした。また鬼ごっこという総括名称に注目し、日常言語の存在と意識という観点から、鬼ごっこの「鬼」と伝承上の鬼、および鬼と人見知り、「甘え」との関連を論じた。

多くの場合子供は母に甘え、父に馴染み、友人と鬼ごっこを楽しみ、「子」と同時に「鬼」の役割を演じて青年となり、成人して社会に出ていくが、不幸にして他者性（鬼）の欠如、母性の欠如（鬼女）、あるいは共感性の欠如した残酷な友人との間で育った子供（犠牲の子羊）は、恐らくウチからソトへの移行期、青春期に躓くであろう。躓いた結果の各様態については本稿の目的でないので論じなかった（躓きの一つである対人恐怖は他で論じた(68)）。

躓いて発症し、治療を必要とする患者は概ね子供時代鬼ごっこを楽しめない。これは治療経験からの類推であると同時に論理的推論であり、また経験的事実でもある。鬼ごっこでは「鬼」になれないばかりか「子」にもなれない子もいたが、要するに彼等は原初的他者体験、鬼をわがものとしえなかったのである。この鬼が患者の内界で恐ろしい鬼や鬼女として猛威を振るっていると考えられる。治療はその構造上〝遊戯性〟を有し、実践上「鬼ごっこ」の形をとるが、患者はこの治療空間の中で次第に鬼ごっこを楽しめるようになってくる。すなわち分離不安や呑み込まれる恐怖を統制克服し、「子」や「鬼」の役割を演じることが可能となるのだが、この〝遊び〟を可能にさせるのは、治療者・他者に分離に伴う苦痛や馴染めぬ時の不快感を「分かってもらう」体験であり、この共感的体験はその本性上受身的であるが故に恩寵といえ、これこそ患者の過去の他者経験において欠如していた当のものなのである。このとき患者の内界で鬼女は福神的山姥へと変身し、鬼はからかうべき対象となる。あるいは治療者との共感性に支えられた鬼ごっこを通じて、患者の内界に距離＝〝遊び〟が導入され、「鬼」＝父と帰属すべき「子」の集団＝母が分化し、患者は「鬼」と「子」の役割を自由にとりうるようになるといってもよい。いずれにせよ、治療上の遊びの構造が患者の内界に取り入れられたのだが、これは患者の初期経験において、父と母と子の間で本来演ぜられるべきものだったのである。

注および参考文献

(1) 精神分析では転移という名で呼ばれているよく知られた現象である。
(2) 大橋秀夫「『甘え』と同性愛的感情」季刊精神療法、四巻、一九七八。
(3) 何故恐怖の女性像が一人でなく四人なのか。何故直接手を下したのは男でなく女達なのか。何故襲われたのは患者でなく通りすがりの女性なのか。更には何故患者は助けに入らず傍観していたのか、等の問いおよびその解釈も有意義だが、ここでは問わない。
(4) 土居健郎「狼男の精神分析」精神医学、二十一巻、一九七九。
(5) 一般の追儺は節分に行なわれる鬼追いの儀式だが、必ずしも鬼は追い払われるとは限らず、大分県国東半島の「修正鬼会」では逆に参詣人と手をつなぎ、それが魔除けになるといい、また各地の鬼の子孫と称する一族の間では「福は内、鬼は内」と唱え、豆撒きを行なわないことが知られている。
(6) 例えば能一つとってみても、「大江山」「羅生門」「土蜘蛛」「紅葉狩」「黒塚」「鉄輪」「山姥」等がある。
(7) 愛知県北設楽郡で正月に行なわれる。鬼が主役で村人が釜のまわりを鬼とともに踊る神楽。
(8) 鬼が両手にバチをもち大太鼓を打って踊るのを二頭の獅子がこれを妨げて狂う獅子舞の一種。
(9) 鬼ごっこのこと。数百種の遊びがあり、つかまえたり見つけたりする役を鬼と称する。註(60)参照。
(10) おにぐも、おにやんま、おにおこぜ、おにゆり、おにばす、おにしばり、等多数。
(11) 横浜市の電話帳で拾っただけでも、鬼生田、鬼形、鬼木、鬼窪、鬼倉、鬼崎、鬼沢、鬼田、鬼武、鬼束、鬼塚、鬼原、鬼丸、鬼本、鬼神、鬼山、鬼海、鬼川、鬼頭……多数。
(12) 鬼岳、鬼押出、鬼が城、鬼が城山、鬼首、鬼石町、等。
(13) 鬼軍曹、鬼刑事、債鬼、鬼家主、仕事の鬼、殺人鬼、等。

(14) 「渡る世間に鬼はない」「鬼も十八番茶も出花」「鬼の目にも涙」「鬼の空念仏」「鬼の居ぬ間に洗濯」「鬼の霍乱」「鬼に金棒」「鬼を酢に指して食う」「一度見た鬼がよい」「小姑は鬼千匹」等々。

(15) 「或人《あるひと》、此処《ここ》に山田を佃《つく》りて守《も》りき。その時、目一《めひと》つの鬼《おに》来《きた》りて、佃《たつく》る人の男《をのこ》を食《くら》ひき。その時、男《をのこ》の父母《かぞいろ》、竹原《たかはら》の中《うち》に隠《かく》りて居《を》りし時に、竹《たけ》の葉動《はあよ》げり。その時、食《くら》はるる男《をのこ》、『動動《あよあよ》』といひき。故《かれ》、阿欲《あよ》といふ。神亀三年、字を阿用と改む」(「出雲国風土記」日本古典文学大系2、岩波書店)

(16) これと同型の昔話には「鬼の橋」がある。

(17) 大水のために母親が川を渡れないでいると鬼が来て渡してやる。母親は三人娘の一人を嫁にやると約束してしまう。母は娘に相談する。姉二人は断るが末娘が承諾し、鬼が末娘を連れて帰るとき、鬼は激流に流されて死ぬ。末娘は他の男と結婚して幸福になる(関敬吾『日本昔話大成』一〇二。角川書店)。

(18) 男が飯を食わぬ女房を欲する。飯を食わぬ女が訪ねてきたので女房にする。飯を食わないのでのぞくと、頭の穴に飯を入れている。追い出そうとすると、彼を桶の中に入れて外にかついで行く。男は途中逃がれて、菖蒲、蓬の中にかくれる。女は山姥になって追いかけてくるが、男のいるところに近づけない(関敬吾『大成』二四四)。

(19) 「日本民俗辞典」弘文堂、「山姥」の項参照。

(20) 高橋一子「やまんばの世界」日本文学ノート一〇。および「日本昔話辞典」弘文堂、「山姥」の項参照。

(21) 馬場あき子「鬼の研究」角川文庫、一九七六。

(22) 塩谷温「新字鑑(三訂増補)」図書刊行会、「鬼」の項参照。

(23) 「日本国語大辞典」小学館、「鬼」の項参照。

(24) 豊永武氏は「『ことばと心』の起源」という本の中で「音と意味」の関係を探求し、一音一義説を大胆に主張されている。それによれば語頭音「ö」=親、語尾音「n」=消失する、の意である。このことを私が勝手に鬼(on → oni)に適用し、「鬼は親の消失・否定」の意と述べたのであって、氏は特に本の中で鬼の語源には言及されていない。従ってこの説はあくまで私の責任において応用したのである。ただ鬼をこのように親の否定としてとらえると、ドイツ語の不気味なもの Das Unheimliche との関連が生じて私には面白く思われるのである。unheimlich には親しい、快いものの否定と同時に、隠されたものの否定、すなわち隠れているものの顕現という意味があるとフロイドは「無気味なもの」という論文（著作集III、人文書院）の中で指摘しているが、この無気味なもの Das Unheimliche こそ日本語の「鬼」に近いのではないか、と私は密かに考えているからである。

(25)「承安元年七月八日、伊豆国奥島の浜に、船一艘つきたりけり。島人ども、難風に吹きよせられたる船ぞと思ひて、行むかひて見るに、陸地より七八段ばかりへだてて、船をとどめて、鬼、縄をおろして、海底の石に四方をつなぎて後、鬼八人、舟よりおりて海に入て、しばしありて岸にのぼりぬ。島人、粟酒をたびければ、のみくひける事馬のごとし。鬼は物いふことなし。其かたち身は八九尺ばかりにて、髪は夜叉のごとし。皆はだか也。身に毛おいず、蒲をくみて腰にまきたり。身にはやう〳〵の物がたをゑり入れたり。まはりにふくりんをかけたり、各々六七尺ばかりなる杖をぞもちたりける」（『古今著聞集』日本古典文学大系84、岩波書店）

(26) 若尾五雄「鬼伝説の研究」大和書房、一九八一。

(27) 大橋秀夫「対人恐怖の『甘え』理論」（「対人恐怖」有斐閣選書、所収）一九八一。

(28) 関敬吾「日本昔話大成」一三八、角川書店。

(29) 大橋秀夫「人見知りと鬼」小平記念会家庭教育研究所における講演、一九八二。

(30) 大橋秀夫「渡る世間に鬼はない」精神研ニュース、71号、一九八一。

(31) 関敬吾「大成」二六三。

(32) 母親が仕事に行って途中で山姥に食われる。山姥は母親に化けて、兄妹らを欺いて家に入る、山姥の母は末子を食う。兄妹が欲しがると指を切ってやる。兄妹は母が山姥だと知って逃げ、池の端の木に登る。兄妹は天から金の綱を下ろしてもらって天に上る。山姥がまねると腐れ綱。上る途中で切れて死ぬ。兄妹は太陽と月になる（「大成」二四五）。

(33) 村の橋に鬼が出るというので、三吉が馬の尻に油をかけて退治に出かける。橋には女に化けた鬼がいて、三吉に飛びかかるが、油に滑って倒れ、三吉は無事家に戻る。三吉の弟に化けた鬼がやって来て三吉を食い殺す（「大成」補遺二七）。

(34) 勿論例外もあり、「踵太郎」（「大成」一四一）では山姥に食われた母親の踵から長じた息子が母の仇討に山姥退治に行き、成功する。

(35)「日本民俗辞典」弘文堂、「山姥」の項参照。

(36)山姥は本来山の神に仕える巫女であり、長命の者が多かったところから老女のように考えられ、また人里離れた山に住み、冬祭、春祭の折に里に降りてきたもの(「日本民俗辞典」)といわれるが、この巫女が山の神と同一視されたものであろう。

(37)糖福米福ともいう。「大成」二〇五A。

(38)「大成」二一二。

(39)「まんが日本昔ばなし40」国際情報社。

(40)「大成」一七六。

(41)実子が不幸になるのは継子を「真似た」あるいは「真似そこなった」ためである。「真似る」ことと能動性vs.恩寵と受動性との対比は継子譚のみならず隣の爺譚にもみられるモチーフであり、私は注目に値すると思う。次の機会に稿を新ためて論じるつもりである。

(42)〝すでに馴染んだ〟という時間体験は、いわば先史的体験になぞらえることが可能であって、この古さが母を山姥(鬼婆)として体験するとき、老婆のイメージになるのではないか、と私は想像している。山に住む長命の巫女という民族学的背景とは別の次元で考えることも可能なのである。

(43)山姥と機織りとの関連は比較的密なることが知られている。これを二面性という観点からいえば、「機織り―生産性」というのが福神的属性であり、「糸車―蜘蛛の巣―逃げられぬ罠」というのが鬼女的属性であろう。

(44)その他「ここまでおいで、甘酒しんじょ」「鬼様貴様、木から落ちて泣き猿」等がある。

(45)多田道太郎「遊びと日本人」筑摩書房、一九七四。

(46)岡部伊都子「鬼遊び」筑摩書房、一九八一。

(47)柳田国男「子ども風土記」角川文庫、一九四三。

(48)カイヨワ「遊びと人間」(清水・霧生訳)講談社、一九七三。

(49)エリクソン「玩具と理性」(近藤訳)みすず書房、一九八一。

(50)儀式は演じられ、反復されることによって昔話や伝説等の口承と同じく伝承機能を持ち、かつまた参加する者には集団（民族等）としての同一性、あるいは一体感の確認、強化の機能を有する。ならば「何を伝承し、いかにして集団としての同一性維持に寄与するか」は儀式を論ずる場合重要な問いであるが、その答えの一つとして「聖なる儀式によって伝承されるものは始祖達の聖なる体験であり、民族の同一性は儀式を通してその体験に参入し、彼等と繫がることによって維持される」というのも、直観に基づく私見だが、一つの可能な答えではあろう。勿論儀式によって体験内容は異るが、それが聖なるものであればあるほど、恐らく始祖達の始源の体験ではなかろうか。

(51) ジャック・アンリオ「遊び」（佐藤訳）白水社、一九七四。遊びの本質を主体の体験への距離とみているところは私も彼に同意見である。

(52) J. A. Kleeman, The Peek-A-Boo Game, The Psychoanalytic Study of Child. 1967.

(53) 川井尚ら「乳児の社会的行動の発達(5)」乳児発達研究会発表論文集、5巻、一九八二。

(54) 土居健郎「分裂病における分裂の意味」（『分裂病の精神病理』東大出版、所収）一九八一。

(55) フロイド「否定」フロイト著作集Ⅲ、人文書院。

(56) 土居健郎「現実吟味」医科学大事典、講談社。

(57) 大橋秀夫「『甘え』の弁証法」臨床精神医学論集（所収）、星和書店、一九八〇。

(58) 役小角のこと。奈良時代の山岳呪術者。修験道の祖。鬼を使役したという伝説あり。「鬼伝説の研究」の著者若尾氏は、鬼と金工（鍛冶）との関連を論じ、その背後に修験道が深くかかわっていたことを指摘しているが、それが事実であるとすると、内界と外界の統制、鍛錬が互いに対応して（例えば加持と鍛冶）、内界と外界を結ぶ鬼は私の文脈の中で一層リアリティーを帯びてくる。

(59) その他「鬼でやめるやつ赤鬼だ。だまってやめるやつ青鬼だ」等もある。

(60) 私が中島海「遊戯大事典」（不昧堂）で調べた限り四六八種、全遊びの一八・三二％である。この中には同一の遊びで別名のものもあり、重複があるが、それを考慮したとしてもかなりの種類があり、それを「鬼ごっこ」と呼んでいる。

(61) 土居健郎「精神医学と言語」現代精神医学大系25巻、中山書店、一九八一。

(62) 元来「甘え」はアンビバレンスの原型であるが故に、逆にアンビバレンスをさばくためにウチとソトを分化させるといってもよい。拙著「対人恐怖の『甘え』理論」参照。

(63) 昔話や神話等の物語の他に、われわれは皆かつて夢で何者かに追われ、必死に逃げたことを思い出すであろう。逆にいえばこの夢体験が物語の鬼のリアリティーを支えているともいえるのであり、恐らく物語の鬼と夢の追跡者とは等根源、すなわち原初的他者経験に由来する。

(64) 安全基地、甘えの対象たる母不在、すなわち母性の欠如のため。

(65) Takeo Doi, Psychotherapy as "Hide-and-Seek", 1972,（土居健郎「精神医学と精神分析」弘文堂、所収）

(66) Takeo Doi, Psychotherapy—Across cultural Research to Mental Health, July 21, 1981, Honolulu, Hawaii.

(67) 大橋秀夫「『甘え』の弁証法」、前掲書。

(68) 大橋秀夫「対人恐怖の『甘え』理論」前掲書。

霊山の棄老と養老

山上伊豆母

山姥の誕生

最近議論されている社会問題のうち、もっとも大きな課題のひとつは老人問題であろう。それは具体的な家庭のテーマであり、社会全体の国家的課題といえる。近年に文学的モチーフとして悲劇的にとらえた「楢山節考」は色々な話題を提供したが、その原典はいうまでもなく古代から伝承された「姥《うば》すて山」と呼ばれる棄老譚であり、わが山岳信仰と密接に結びついていると考えられる。

わが国のような山岳列島において、民族の原始古代から中世にわたって生起し継承された神話伝承や説話、あるいは信仰や習俗などの諸儀礼は山岳を拠点とし、山峯に関するものがすこぶる多い。『記紀』の重要な伝承である王権神話の天孫降臨譚も、「高千穂峯」にかかわるものであった。古代山岳はまた一方で、神の依り代として祭祀の対象となる神山であった。いわゆる〝神奈備《カムナビ》型〟とよばれる神山は畿内はじめ全国各地に見うけられる。たとえば大和の中心にあって典型的な神奈備型の三輪山は、最初のヤマト王権成立と山岳祭祀がほぼ相応した好例である。

古代後期になって山にまつわる説話や歌物語も少なくない中で、「姥すて」物語はやや特異な存在と意義を有するであろう。詳細は後述するが、一般には老婆を姨捨山《おばすて》へ棄てる棄老譚とそれを後悔して連れ戻す養老伝とが流布しているが、じつは山の怪老「山姥」とも関係がふかいと私は考える。山岳信仰の系譜をさかのぼると、原始の山霊の表象は火雷や竜蛇の猛威を有したことが『記紀』や『風土記』にも散見する。民間信仰の山姥の恐怖すべき形姿や姥すて山の老女の才覚とも関連があるのだろう。山峰に対する崇拝や畏怖が、あるときは神社祭祀の起源となり、あるときは怪異な山霊がさまざまな災害を起こすと信じられ鎮祭されたのである。山人《やまびと》―木樵や猟師や山窩など―たちが、山中を徘徊するときに厳守しなければならない種々な禁忌《タブー》や斎戒などは、いずれも地上とは異質の山界に充満した山霊の実存と作用を畏敬するゆえであろう。

原始の山岳思想は縄文期の狩猟時代に山谷の間に芽生え、樹林に出没する鳥獣を山霊の化身と信じることから発達したことはのちヤマトタケル神話にも散見する。いわばアニミズムの世界であろうが、古代の神話信仰の発生もまた畏怖すべき荒魂を馴化することによって招福の和魂に転化する型をとる。換言すれば、動物霊から人態神への昇化が行なわれ、荒神から鎮魂された福神を祭祀するのが原神道の思想といえる。前記の山姥の表象も、山霊から山神へ発達した山岳信仰が、民間信仰で〝山姥〟の形相を与えられ、さらに派生して姥すて譚を形成していった。これら古代神話から民間伝承への過程は、その背景として山岳列島の風土と、縄文から古墳期への狩猟文化と山人たちの生活史や山岳習俗が有することを忘却できないのである。

古代王権と山岳神話

諸家の説のあるごとく、ヤマト国家の成立は四世紀に大和三輪山を中心とした三輪王朝に開始された。

『記紀』神話の伝承も、考古学上の知見も多く符合する世紀であり、著名な三輪山型神話と箸墓を中心とする纏向遺跡とは、近年に邪馬台国の比定説をめぐって古代史界の話題を賑わしている(1)。

天皇の実在性においても、三輪王朝とよばれる十代崇神天皇の史的伝承いらい信憑性が認められるのが通説であって、三輪山の祭祀と王朝の確立とが同時かつ同質の意義を有すると考えられる。「敏達紀」十年に「蝦夷」が「三諸岳《みもろ》」にむかい「天地の諸神及天皇霊」と祈誓した記録を有することからも証される。なにゆえ三輪山（三諸岳）が王権祭祀の中心（天皇霊）とされたのかは諸説あって難解であるが、大和平野の東端に朝陽の昇るところ神奈備型の秀麗な山岳は、在地豪族たとえば三輪氏や鴨氏らの氏族霊を呪祭する神体山にあたる。災厄頻発の大和を平定せんとした崇神王権にとって、三輪神山の祭祀権を獲得することは大和の諸豪族を支配する重要な方策であった。

崇神王権の大和支配は大規模な内戦や殺戮などの方法をとるよりも、むしろ前記のような祭祀政策とか、在地豪族との婚姻による融和の方途をえらんだように思われる。そのことは神話ではあるが、三輪山型神婚譚として『記紀』に伝承されているのであろう。知られている「神武記」の大后選定の段にイスケヨリヒメの出生譚は、

此間に是れを神の御子なりと謂《まを》す媛女有り。其を神の御子なりと謂す所以は、三嶋湟咋《みぞくひ》の女名は勢夜陀《せやた》多良《たら》比売、其れ容姿《かほよ》麗美かりければ、美和の大物主神見感《みめ》でて、其の美女の大便《かはや》に為《い》れる時に、丹塗矢に化りて、其の為大便《かはや》の溝流《し》下《た》より、其の美女の富登《ほと》を突きたまひき。爾《か》れ其の美人驚きて、立ち走り、いすすぎき。乃《かく》て其の矢を将《も》ち来て、床の辺に置きしかば、忽ちに麗しき壮夫に成りて、即ち其の美人に娶ひて、生みませる御子名は富登多多良伊須須岐《ほとたたらいすすき》比売命、亦名は比売多多良伊須気余理《ひめたたらいすけより》比売と謂す。

三輪のオホモノヌシノ神の御子《みこ》とは、在地豪族らから選抜（卜定）されて三輪山祭祀に専従する〝巫斎

女〃と考えられる。それを大王が娶って「大后」にするのは、先住豪族と新来王権との融合統治を意味するものであろう。おなじような三輪伝承が「崇神記紀」に再録されるのは、ヤマト政権成立期を強調するとともに、三輪王権神話の重要性をものがたる(3)とも考えられる。

三輪山を象徴する崇神王朝の成立以前の在地豪族として、さきに三輪氏と鴨氏を挙げたのであるが、とくに注目されるのは鴨氏族である。鴨氏の出自は大和平野西南部の葛城山を中心とする葛城氏であった。同氏はすこぶる在地性のつよい古代豪族であるが、さらに一歩すすめて王陵古墳の分布などから崇神王朝以前の王朝の存在を推定し、〃葛城王朝〃と名付けた鳥越憲三郎説が存する。この三輪山や崇神王権より古層とみられる葛城山神話は、『記紀』において後代の雄略記に採録されている。

(1)天皇葛城の山上に登り幸でましき。爾《ここ》に大猪出でたりき。即ち天皇鳴鏑《なりや》を以て其の猪を射たまへる時に、其の猪怒りてうたき依り来。故れ天皇其のうたきを畏《かしこ》みて、榛《はりのき》の上に登り坐しき。

先述のごとく、アニミスミックな原始段階の山霊は鳥獣の形姿で出現するゆえに、大猪は恐らく葛城山霊らしく雄略大王は畏みて「わが逃げのぼりし」と歌った。

(2)天皇葛城山に登り幸でませる時、……山の上に登る人有り。既に天皇の鹵簿《みゆきのつら》に等しく、其の装束《よそひ》の状、及人衆も相以て傾《わか》れず。……「各名を告りて矢弾《はな》たむ」とのりたまひき。是に答へ曰さく、「吾先づ問はえたれば、故れ吾先づ名告為《なのりせ》む。吾は悪事《まがこと》も一言《ひとこと》、善事《よごと》も一言に言離《いひはな》つ神、葛城之一言主《ひとことぬし》之大神なり」とまをしたまひき。是に天皇惶《かしこ》畏みて……拝みて献りき。……

葛城伝承(2)においては、葛城の山霊はようやく人態神化して「葛城之一言主之大神」の呼称でよばれ、天皇の装束や鹵簿と相似の姿で出現する。この伝承は、葛城山岳地帯に葛城王朝とはいえないまでも、強力な初期政権が成立していたことを暗示する。その初期政権の祭祀霊はむろん葛城之一言主之大神とよばれる山

霊であろうが、のちに『延喜式』神名帳に、

葛上郡

鴨都味波八重事代主神社二座《かもつみはやへことしろぬし》

葛木御歳神社《かつらきみとし》

葛木坐一言主神社

葛木水分神社《みくまり》

鴨山口神社

葛木大重神社《おほへ》

高鴨阿治須岐託彦根命神社《たかかもあぢすきたかひこね》

葛下郡

葛木倭文坐天羽雷命神社《しどり》《はづち》

葛木御縣神社《みあがた》

葛木二上神社《ふたかみ》

忍海郡《おしのみ》

葛木坐火雷神社二座《ほのいかづち》

と記載されている古社群は、いずれも葛城の山霊を鎮祭し、葛城の豪族氏族霊とそれに出自する鴨氏系氏神を祭祀したものに外ならない。葛城氏や鴨氏系神の神格をみるに、(1)八重事代主《ヤヘコトシロヌシ》、(2)御歳神《ミトシ》、(3)一言主神《ヒトコトヌシ》、(4)水分神《ミクマリ》、(5)山口神《ヤマクチ》、(6)大重神《オホヘ》、(7)アヂスキタカヒコネ、(8)アメノハヅチ、(9)ミアガタ、(10)フタカミ、(11)ホノイカヅチなどの神名が挙げられる。(1)は「国譲り」や壬申乱の功労者でコト（言）がコト（事）にシロ

（著）く現れる託宣神であり、⑵は〝御稔〟で水稲の穀霊、⑶は前述の葛城山の主神で、⑴のコトシロヌシと同格の言霊とみられる。⑷は分水嶺の霊で農耕水源の神。⑸は葛城登山の入口の守護霊。⑹は意味不明であるが山脈の重なりであろうか。⑺は出雲神話でアメワカヒコの相似神でかれの喪を弔った竜雷神である。⑻も火雷神と考えられ、⑼は上田つまり水田の守護神。⑽は二上山の山霊であり、⑾はもちろん火雷神である。

葛城氏と鴨氏との関係については、『新撰姓氏録』山城国神別に「賀茂県主。神魂《かみむすび》命の際、武津之身《たけつのみ》命の後」とあって、

神日本磐余彦天皇中洲に向でまさむと欲しし時、山中嶮絶しく……鴨建津身《たけつのみ》命、大なる烏と化如《な》りて翔飛《とびかけ》り導き奉りて、遂に中洲《なかつくに》に達《いた》りたまひき。……

とあり、『山城国風土記』逸文に、

加茂建角身命、神倭磐余比古天皇の御前《みさき》に立ち上り坐して、大倭の葛木山の峯に宿《とど》り坐し、彼より漸に遷《うつ》りて山代国の岡田の賀茂に至り……久我国の北の山基に定り坐しき。爾時《そのとき》より名づけて賀茂と曰へり。……乃ち外祖父《みおほぢ》の名を因《ちな》み取りて賀茂別雷《わけいかづち》命と号す。今謂はゆる丹塗矢は乙訓郡の社に坐す火雷《ほのいかづち》神に在す。……

『新撰姓氏録』と『風土記』の記事を綜合すると、鴨氏の本貫は葛城山地方すなわち葛城豪族に出自し、木津川水系から桂川、賀茂川に沿うて北上し、山城国北部に入植したかと考えられる。ここに「神倭磐余比古天皇」が見えるのは、賀茂氏の始祖を顕影せんための遡上であろうが、両資料ともに「導き奉りて」「御前に立ち上り坐し」はいずれも王権者の先導をはたしたことを物語る。そのことは、葛城山鎮祭神の筆頭⑴の「鴨部味波八重事代主」のコトシロヌシは、『記』の国譲りの条に大国主神が「八重事代主神、神の御尾前《をさき》と

なりて仕へ奉らば……」の言と符合し、葛城系鴨氏の祖神が先導神の性格を有したことを裏づける。葛城上下郡の祀祭神はいずれも、葛城・鴨両氏の産土神であるとともに、山頂・山口・火雷・水源などの山岳神から穀霊・言霊神をふくむ。

鳥神カラスも拙著『古代神道の本質』の「天馳使《あまはせつかひ》と海人《あま》駈使」(3)で論じたように、『記紀』の「鳥遊び」や「雉《きぎし》の頓使《ひたつかい》」などの古語にみられる古代における使役鳥の風習は意外に普及したと思われ、人に馴れ易いカラスの使役も多く行なわれたのであろう。呪鳥「八咫《やた》カラス」の記述は神武記紀に現われ、のち賀茂別雷神社の神事として毎年重陽節に「カラス相撲」が行なわれる。しかし一方で、鴨氏は三輪氏と同族でオホタタネコの子孫と「崇神記」に記す。この記事は、後世の史伝をさかのぼって神子オホタタネコの祭祀による三輪祭政権確立の時代に記載したものと考える。後世とは雄略期に旧豪族の葛城氏が滅亡したため、同族とみられる鴨氏が大和王権に帰順服属したことを物語るのであろう。

山霊祭祀と山姥

山岳神は畏怖すべき存在つまり荒ぶる神である。三輪山の荒神が一国の存亡にかかわる災害をもたらし、前記の葛城山猪の猛威に「倭武王」雄略帝も恐れ逃げ、『記紀』最大の英雄ヤマトタケルは伊吹山神の白猪のタタリがもとで落命する。山神の現出は葛城一言主のほかに、動物の異形で現れることが多い。三輪山神の正体を見ようとして小子部蜾蠃《すがる》に捕らえさせた雄略帝は、光輝する大蛇体をみて逃げ隠れる。肥前国松浦郡「褶振《ひれふり》峯」の荒神も蛇体であるが夜ごとに「大伴狭手《さで》彦」に化けて弟日姫子《おとひひめこ》に通い、姫子は身を滅ぼしたことを『風土記』は記す。『常陸国風土記』那賀郡・茨城里「晡時臥《くれふし》山」の山霊も蛇体をもって昇天するから竜雷系とみてよく、伯父《えをぢ》を震殺《ふりころ》すから、恐るべき荒神であったことを伝える。なにゆえ、山霊を恐怖し山岳神が畏怖すべきものとして伝えられるのか。その原始信仰理由はさまざまな観点から論じられようが、やはり最大の原因は前述の狩猟時代の山谷樹林における未知の恐怖、鳥獣との決死の格闘、未開の迷路や気候激変による遭難など、深山は収穫の宝庫であるとともに死の危険の入口であった。やがて弥生から古墳期に入ると、山岳丘陵に墳墓築造の習慣が発達し、山岳畏敬と祖霊崇拝との習合信仰が生まれてきたと考えられる。

　山神の形姿は一方において民間信仰では〝山姥〟の伝承を形づくっていった。山姥の信仰は全国の各地に存するが、何時ころまで遡りうるかは定かでない。山姥とは山谷に棲むと信じられる老女の妖怪または異形の人であり、その姿はいろいろな伝聞があるが髪の毛が長く垂れ、色白く口が耳まで裂けて長身であるという。「山姥・山母・山姫・山女郎」などとも呼ばれ、その恐怖の形相は先述の古典における山神の強暴性に通じるものがある。だが一面において、山姥は人なつっこい性格をもち、ときおり山小屋に現われて炉端の火にあたるとも伝えるのは、本来山神が火雷神格を有することに由来するのであろう。その相反性のあらわれは、人の子をさらって喰うという鬼子母神的伝説の反面、「山姥の子育て」とよばれて英雄の育児をするといわれ、相模の足柄山の金太郎の母が山姥である話は有名である。ここでも山姥が火を焚いて子をあたためる伝は、やはり山霊の火神性をつたえている。山姥の育児の伝承が「山姥石、子生み沢、姥ヶ谷、乳母懐」などと名づけられ各地に残っているのも興味ぶかい。

　山姥の発生概念は、神話世界に求めねばならない。山神の属性がなにゆえ女性の形姿で民間に普遍したのであろうか。民俗学においては、山神の祭祀にあたっての斎主が女性であったため祭神と混同されたと考えられている。だが、それより先に恐怖すべき威力を有《も》つ山神の原像は火雷神であり、それが竜蛇と習合して〝竜雷神〟と化して猛威をふるうことは、さきの三輪山・褶振峯・哺時臥山などの神話にみえる。山岳の火性を鎮めるためには水性しかない。折口信夫の「水の女」(4)にみえるごとく、女性はつねに水と関わりが深い。水滌《みそ》ぎ儀礼には聖女が関掌し、水田耕作には早乙女が田植を行ない、コノハナサクヤ姫のごとく水辺の機織女は王孫の妃となる。そして、火雷性をもつ山神と神婚するのは、とうぜん水性をもつ巫女でなければならない。たとえば「崇神紀」十年に、

倭迹迹日百襲姫命《やまとととひももそひめのみこと》、大物主の神《かみ》の妻《みめ》と為りたまふ。

のように「神妻」と明記し、オホモノヌシは夜ごとに蛇体で通う。「神武記」に同神が通うのは三嶋湟咋《みぞくい》の水性女セヤタタラヒメであり、おなじ三輪型神話の賀茂縁起に火雷神は加茂川水辺の玉依姫に通婚する。つまり、山姥の原型は、山祭の斎主である以前に山神の巫女であり、その前身は山岳竜雷神の神妻であったのである。

しかしながら、山姥の属性についてなお不明の点が少なくない。たとえば形姿について、なぜ眼光するどく髪長く口裂けるなど鬼女のごとくであったのか。また、多く老女の形姿で現れるのはなぜか。さらに、子を捕え喰う話と反対に子を育てる伝がある矛盾はなにゆえか。まず、鬼女のごとき形相を想像させるのは、いうまでもなく山神がつねに畏怖すべき荒霊であり、天下の災害はいつも山神のタタリであるという「崇神記紀」神話から、恐るべき山神は戦慄するような面相にちがいないと想定されたのであろう。さらに、原神道思想においては、もっとも神聖な存在は同時に忌憚すべきものという矛盾がある。山神と巫女との神婚は、いわば縄文狩猟の原始霊と弥生水稲女神との接合であり、採集文化から農耕文化の過渡期に成立された神話を思わせる。したがって、山神巫女は狩猟・水稲の習合巫祭を担う象徴として、初期王権によって重要視せられたのだろう。女王卑弥呼の如く、「鬼道」が神聖化されたことは王権の秘密であり、民衆にとって不可視であるゆえに、いつか奇怪な風姿と想像されるに至ったと思われる。

山姥は何ゆえに老女であるのか。後述の「姥すて」譚のように、老女の〝老〟は必ずしも年齢をさすのではなく超人的な知恵や才覚を老と呼ぶらしい。姥すて譚の老婆が意表外の知能を発揮する奇蹟の真因は、つまるところ山神のもつ天啓の知恵をその巫女が受けついだからに外ならない。山姥の食児譚と育児物語が共存する矛盾も『記紀』神話にさかのぼって創成女神イザナミに原型をみる。国生みを終えたイザナミが火死して黄泉大神となると、青人草の死を宣言する。姥すて山へ送られる姥は、イザナミが黄泉国へ送られる神話を原型にするのであろう。イザナミ女神は山河草木人畜を生む和魂の大地母神でありながら、荒魂の黄泉大神となれば人民圧殺の言挙《ことあ》げをするという相反する二重神格を有する。三輪山神の荒魂は「疫病《えやみ》多に起り、人民死《う》せて尽きなむとす」という現象を見せ、反対に鎮魂された和魂は「国家安平《たひら》ぎき」と古代山神の矛盾の典型を物語っている。

姥すて譚の形成

ふるく「姥すて山」とか老媼を山奥へ捨てるという昔話が各地に伝えられている。この説話の原型はもともと何であったのだろうか。他の伝承にも多く見られるように、古代中国の伝説との関わりも当然考えられることは後述するけれども、日本神話や宗教思想との接点はどのように見出すことができるだろうか。一般に〝姥すて〟という成句は、現実の社会に役立たなくなった老女を隠退せしめ、あるいは奥地へ棄却する古習にともなう別離の悲劇性が既成概念となっている。しかしながら、姥すて伝承における老婆はかならずしも悲劇に終ってはいないのであって、むしろ何らかの形において報いられることが多いのである。しかもその理由を、棄老伝説の裏返しとなる養老譚といった道徳律のみで考えるべきでないのであろう。やはりその発生形態にさかのぼる神話的思考によって再検討してみたいと私は思う。

古来もっとも正統に伝えられている「姥すて」物語は、平安初期の『大和物語』にみえる。

信濃の国に更級《さらしな》といふところに、男すみけり。わかき時に親死にければ、姥《をば》なむ親のごとくに若くより相添ひてあるに、この妻《め》の心いと心憂きこと多くて、この姑の老いかがまりて居たるを常に憎みつつ、男にもこの姥のみ心さがなく悪しきことを言ひ聞かせければ、昔のごとくにもあらず疎《をろ》かなること多く、この姥のためになりゆきけり。この姥いたう老いて二重にて居たり。これをなほこの嫁処狭《ところせ》がりて、今まで死なぬこととおもひて、よからぬことをいひつつ、「もていまして、深き山に捨てたうびてよ」とのみ責めければ、責められわびて、さしてむと思ひなりぬ。月のいと明き夜「嫗《おうな》ども、いざたまへ。寺に尊き業する。見せたてまつらむ」と言ひければ、限りなく喜びて負はれにけり。高き山の麓に住みければ、その山に遥々と入りて、高き山の峯の下り来べくともあらぬに過ぎて逃げて来ぬ。「やや」と言へども答《いら》へもせで逃げて家に来て思ひをるに、言ひ腹立てける折は腹立ちてかくしつれど、年ごろ親のごと養ひつつ相添ひにければ、いとかなしく覚えけり。この山の上より月いと限りなく明くて出でたるを眺めて、夜一夜ねむられず、かなしく覚えければかくよみたりける。

わが心　なぐさめかねつ　更級《さらしな》や
姨捨山に　照る月をみて

とよみて、又いきて迎へもて来にける。
それより後なむ、姨捨山《をばすて》といひける。

一般に棄老伝説の意味するところは、さまざまな観点から論じることができる。(1)単純に現象面をとらえて社会史的に、原始古代共同体における生産力の交替劇とみる。(2)宗教習俗や儀礼伝承の上から考えて、古墳築造や山岳の風葬の記憶が説話化したとする。(3)中国「原谷」や印度の故事の移入や影響が考えられ、とうぜん儒教の孝の思想や仏教の因果応報論が説かれることになる。⑷には私論の山岳神話や山姥信仰に起因するという説である。王権神話に関わる山霊の原像は火雷神であり、それを鎮魂するのは水性の巫女であり民間伝承に化して山姥となった。山谷に忌避されながら山姥が英雄の母たる威力を有するのは、神霊山の荒魂が祟《たた》りを示しながら、その和魂が「国家安平」をもたらすのと同型といえる。

⑴は姥すて伝承の社会学ないし文化史的考察であり、妥当な面もあるが、伝承そのものの内容にふかく入っていない。⑵については、「姥捨伝承」解釈の一説に「小長谷山墓所説」というのがあり、姥捨《ウバステ》山は小長《ヲハツ》谷《セ》山の音韻転訛であって小長谷山はもと古墳の意と説く。私はそれよりも万葉歌の、

事しあらば　小初瀬山の　岩城にも
籠らば共に　思ふな我児
籠国《こもりく》の　初瀬の山の　山際に
いざよふ雲は　妹にかあらむ

の古墳風景に山陵の葬送と祖祭をしのぶ。

⑶と⑷の観点について一考してみたい。中国の原谷の故事は古本『孝子伝』にみえ、原谷は楚人であるが父が輦《くるま》を作って祖父をのせ、原谷と共に担って山中に棄ておき家に還った。そのとき原谷は祖父の輦を持ち帰った。とがめて問うと、父が老いて山に棄てるとき、更に作る必要がないからと。父は驚いて棄てた祖父をつれ還ったという。原谷譚は日本古典にも少なからぬ影響を与え、『万葉集』巻十六竹取翁のところにも、

古の賢人も後世の鑑とせんと老人を送りし車持ち還り来し

とあり、『沙石集《しやせきしゆう》』巻三に老人車のことがみえ、『日本霊異記』中巻悪逆子第三には武蔵国吉志火麻呂の仏教系の伝説があり、老婆を棄てようとすると大地が裂けて子は奈落へ落ちんとするが、母が悲しみ子の髻を

つかむ。印度の『雑宝蔵経《ざつぽうぞうきよう》』の「棄老国」の物語は、いわゆる難題型とよばれるもので一般的な姥すて譚にあらわれる。棄老国の王の夢に天神が次々難題を出し解けなければ国を滅すと告げる。ある大臣が老父から聞いて解答し、王は老人の知識と大臣の不棄老の勇に感じ、棄老の風習を廃止する。難題型伝承のわが王朝文学に早い例は『枕草子』「蟻通《ありとおし》明神」であり、七曲《わた》にわだかまった玉の穴に蟻で緒を通したので、男(中将)が祀られ蟻通明神と称されたという。

　これら中国系や印度系の棄老伝説をみるに「原穀(谷)」譚にしても、最初から「孝孫原谷」とか「其父不孝」のごとく、儒教的な〝孝〟の道徳律で説話を割り切っていて、自然な進行や人情の吐露が見あたらない。つまり神話信仰の興味が失せて、たんなる教訓話に堕していると考えられる。印度系「棄老国」譚にはなお王夢に天神出現という神話的展開があらわれるが、大臣が難題の解答をえた老父がなにゆえ超人的知能を有していたかは不明であり、たんに棄老の風習打破のために、〝老賢者〟が登場し利用されたと断じても過言ではない。ここで注意したいのは、上述の例のように、中国の『孝子伝』にしても、印度「棄老国」にしても、老人が老父つまり男性であることである。それに対して日本の棄老養老譚においては「姥すて山」の固有名があるごとく、古型の『大和物語』はじめ『俊頼口伝《としよりくでん》』の説話あるいは〝山姥〟伝説など、老母つまり女性が多いのは何故であろうか。

　中国や印度の棄老譚の老人に老父が多く、わが古典には老女が多い理由は色々考えられるが、その根底には大陸の儒仏思想に男性論理が存し、わが水稲社会の巫呪信仰に女性論理が強いのであろう。父系社会に対して母系社会とよぶこともできる。人生観としては終末論である老死の問題が棄老譚の形をつくるとき、それを反転させて養老伝とする論理の主人公をえらぶのに、大陸では老父を、この国では老母をとりあげたのである。

棄老と養老の巫女

古典神話にみえる山岳神の猛威はヤマトトトヒモモソヒメのごとき山麓の巫女によって鎮魂せられ、いまは箸墓古墳として古代王権の象徴となる。各地に伝承される〝山姥〟の恐怖は山神の威力が憑依した巫女の形相となって弘布したものであろう。棄老伝説において山へ棄てられる姥は、もともと山中にある老巫女であったのではないか。つまり、山へ遣られる姥と山に隠棲する老女とは同性格なのであって、ともに巫女の超能力を有していた。山姥が人の子どもを喰うという伝がある反面に、子を産み英雄を育てる物語が多いのは、その人なみでない巫呪力を語っている。そして、姥すての運命にある姥が、常人の解きえない種々の難題を解き明かすのも、やはり老巫女の超能力を暗示しているのである。

以上のように、山姥と姥すて山の姥とは同質の山神の巫女であるという私見に立てば、さらに広く同類型の神話伝承が少なからず見いだされてくる。その典型的な例は「雄略記」にみえる著名な美和河の「赤猪《あかゐ》子《こ》」伝承である。

亦一時、天皇遊《あそ》行ばしつつ美和《みわ》河に到りませる時に、河の辺に衣洗ふ童女《をとめ》有り。其れ容姿《かほ》甚麗《いとよ》かりき。天皇其の童女に「汝は誰が子ぞ」と問はしければ「己《おの》が名は引田部《ひけた》赤猪子《あかゐこ》と謂《まを》す」と答白しき。爾《か》れ詔《の》らしたまはくは、「汝嫁《と》夫《つ》がずてあれ。今喚《め》してむ」とのらしめたまひて、宮に還り坐しき。故、其の赤猪子、天皇の命を仰ぎ待ちて既に八十歳を経《へ》き。是に赤猪子以為《おも》ひけらく、命《みこと》を望《おふ》ぎし間に、已に多き年を経て、姿体《すがた》痩せ萎《しぼ》みて、更に恃む所無し。(中略)百取《ももとり》の机代《つくえしろ》物を持たしめて参出《まゐで》て貢献《たてまつ》りき。

だが、天皇は先の約束を全く忘れており、「汝は誰しの老女ぞ。何しかも参来つる」と聞く。赤猪子は天皇との約束に八十まで大命を待ったことを告げると、天皇は大いに驚き、吾は既に先の事を忘れつ。然るに汝は志を守り命を待ちて、徒《ただ》に盛の年を過ぐしし、是れ甚愛悲《いとかな》し。
と後悔の御歌を与える。

御諸《みもろ》の　厳白檮《いつかし》がもと　白檮《かし》がもと
　ゆゆしきかも　白檮原童女《かしはらをとめ》

天皇の歌に感泣した赤猪子は、
赤猪子の泣く涙、悉に其の服《け》せる丹摺《にずり》の袖を湿《ぬ》らしつ。其の大御歌に答へて歌曰《うた》ひけらく

御諸《みもろ》に　つくや玉垣　つき余し
　誰にかも依《よ》らむ　神の宮人

また歌曰《うた》ひけらく

日下江《くさかえ》の　入江の蓮《はちす》　花蓮《はなはちす》
　身の盛り人　羨《とも》しきろかも

とうたひき。爾に多の禄を其老女《おみな》に給ひて返《かへ》し遣《や》りたまひき。

この赤猪子譚をみると、はからずも(1)三輪山神の巫女を思わせる性格と、(2)山姥らしき風貌と、さらに(3)姥捨て伝承の面影が混然と包括されていることが解ってくる。(1)の三輪山巫女らしき点はいうまでもなく、天皇が発見したとき美和河の河辺で「衣洗ふ童女」であったことは、河辺で「川遊び」の賀茂縁起の玉依姫も洗衣の女も、広義のミソギ（水滌ぎ）する神女で巫女であると想定される。しかも、その河は美和河であり、モモソヒメ伝承はじめ古代巫呪の中心三輪山に発する河川であること、さらに天皇の賜歌に「御諸の厳白檮がもと」とあり、赤猪子の反歌に「御諸につくや玉垣……誰にかも依らむ　神の宮人」は明瞭にみずから三輪山に使える宮人（巫女）であることを告白し、「つくや玉垣」の〝つく〟は従来の説のごとく〝築っ

く〟や〝斎《いっ》く〟ではなく、とうぜん〝憑《つ》く〟意味であり、「誰にかも依《よ》らん」は神霊が〝依り憑く〟ことと私は考える。

(2)の山姥らしき風貌というのは、年老いて「姿体痩《すがたや》せ萎《しぼ》みて更に恃む所無し」という所で、本文の漢語修飾を単純にすれば要するに〝老醜〟ということである。伝承の初頭には「容姿甚麗」とあるものが、つぎは忽ち老醜となるのは巫女であり〝山姥〟的な変身であって、「八十歳」という年齢は例の神話的誇張で余り意味はない。浦島伝説のごとく神話的時間は随時に伸張・短縮する。『記』の記述は老女の貞操と忠節のごとき物語に表現しているが、おそらく原典は天皇に裏切られた三輪山の美巫女が、たちまち老山姥と化して復讐するようなストーリーであったのだろうと私考する。(3)の姥すて伝承らしき面影は、いうまでもなく天皇が赤猪子を八十歳に至るまで棄て置いたことであり、これは一種の〝姥すて〟に外ならない。しかも、一旦棄ておかれた姥が八十歳をすぎて天皇と再会するという節は、丁度姥すて山に運ばれた姥がふたたび救出される点と符合する。また物語上の表現ではあるが、一老婆が「百取《ももとり》の机代物《つくえしろ》を持たしめて参出《まいで》て貢献《たてまつ》りき」のごとく、普通人ではできない能力を有すること、さらに天皇の賜歌に対する二首の反歌もすこぶる秀歌である点も巫呪力を示すのであり、難題もみごとに解決する姥捨て伝承の姥の超人的才能に相似している。

古代において老人を棄てるという棄老伝承が、反転して敬老物語や養老譚に変ずるというパラドクスは、単純に考えると儒教的な「孝」倫理の教訓説話とみられ易い。だが、それは中国の『孝子伝』に端的にあらわれるように理論的なストーリーをたどっている。また印度「棄老国」の場合は難題型とよばれるごとく知的遊戯にながれ、老賢者として老人の知能のみを評価するきらいがある。わが『大和物語』にみられる姥すて伝承は、以上のような理論や打算は一切ぬきで、ただ親子の感情のみに訴えており、「夜一夜ねむられず、かなしく覚えければ」と情感に訴えて「わが心なぐさめかねつ更級や」という感情を姥捨山に「照る月」に投影して、一旦棄てた姥を迎えて連れ戻すところが日本的と考えられる。私見によればその姥〝山姥〟でもあり、姥すて山の神につかえる老巫女と目されるゆえに、〝照る月〟のイメージを有しているのであろう。日本の棄老伝承すなわち姥捨山譚は、〝孝〟論理の掛け引きなどが除去され、難題解決といった知的遊戯も見当らない純粋自然な筋を通っている。その理由は冒頭にのべた日本風土が山島であって、原始狩猟期から山岳信仰が存し、山霊崇拝と祭祀において巫女が管掌したことが、古代王権の祭政にふかく関与しているとともに、民間には山姥の神話や姥捨山の伝承を発達せしめたと考えられる。

以上のべてきたように、わが古代の〝老姥〟伝承は山岳信仰とふかく関連しており、王権神話においては天皇霊山岳の巫女として現われて国家安泰の祭主ともなり、民間においては、〝山姥〟伝説として恐れられるとともに、姥すて山伝承に登場して棄老と養老の主人公となる。神話的にみるならば、〝山姥〟の両面性格は創成女神イザナミを原像として発達し脚色されたものと私は考える。

また「姥すて」譚の原型は、最古の『大和物語』の著者が老人を山へ送る定型のみではなく、若者が老人をおきざりにして旅立つことも、やはり一種の棄老譚であって、『丹後国風土記』逸文「比治里」の天女がワナサ老父ワナサ老婦をのこして去り行く伝承や、『竹取物語』の例もやはり棄老譚の古型と考えられる。

注

（1）特集「初期ヤマト政権の成立」（『東アジアの古代文化』63号、平成2年4月、大和書房）
（2）拙著「巫女王から女帝へ」（『巫女の歴史』昭和55年、雄山閣出版）
（3）拙著「天馳使と海人駈使」（『古代神道の本質』平成元年、法政大学出版局）
（4）折口信夫「水の女」（『折口信夫全集』第二巻、昭和35年4月、中央公論社）

金太郎の母——山姥をめぐって——

川村邦光

一　母神へのまなざし

一九二二年（大正一一）の春、暖かな明るい午前の柔らかな陽射しに包まれ、フィレンツェのウッフィーツィ美術館で、「海の姫神」の絵を前にして、「ひとり快い真昼の夢」にひたっていた男がいた。柳田国男である。この「海の姫神」の絵とは、ボッティチェッリの、あの有名な《ヴィーナスの誕生》である。「日の本の故国においても、『桃太郎の誕生』が新たなる一つの問題として回顧せらる」というのが、柳田の夢であった。この「海の姫神」（柳田　一九九〇a：九）の絵を見てから一〇年後に、『桃太郎の誕生』（一九三三年）が生まれることになる。

柳田は、桃太郎が間もなく〝軍国の寵児〟として数奇な運命をたどるとは思っていたのだろうか（鳥越　一九八三）。軍国少年たちは海外へ雄飛するのを夢想したばかりでなく、兵士たちは〝鬼退治〟へと〝出征〟もしたのである。それはともかくとして、柳田は女神について多く書き記したが、『桃太郎の誕生』のなかでは、「海の姫神」に心を惹かれながらも、「水を統御する神」として〝小さ子〟桃太郎に眼を向けるにとどまり、桃太郎の母にはどうしたわけかあまり関心をもたなかった。

それから、二十数年ほどして、桃太郎とその母の系譜を尋ねようとした『桃太郎の母』（一九五六年）が生まれた。著者は民俗学者の石田英一郎、はたしてどのような絵を見たのであろうか。戦前に留学していたウィーンの地で見たであろう、イエスとマリアの聖母子像だったかもしれない。書名からたやすく推測できるように、はっきりと母神また母子神に焦点を絞り、柳田の『桃太郎の誕生』のテーマを膨らませて、ユーラシア大陸を駆け巡って、いっそう広い視野のもとで探究している。

石田は桃太郎の影に母神の姿をみいだし、「わが八幡の信仰も、南欧の処女マリアの崇拝も、その源流は、遠くユーラシア大陸の原始大母神とその子神とにさかのぼる」（石田　一九七一：一三二）と記して、母神の神話的・文化的な特性を世界的規模で探っていった。母神を〝母なる大地〟に豊穣をもたらす水の神と規定し、ユーラシア大陸の植物栽培文化圏にその起源と伝播をみいだしている。だが、母神は植物栽培・農耕文化だけにみられるのではない。日本の山の神が母神としての性格ももっているように、山や広野を生業の場とする狩猟文化でも、水の神とは無縁の母神が崇拝されてもいるのである。

なによりも、母神だけに女神を限定することによって、かえって視野を狭め、〝母性〟のコンセプト、あるいは母性イデオロギーにとらわれてしまっている。女神には母神にのみ限ることのできないさまざまな特性がある。老いた女神や若い女神もいれば、単身の女神もいる。たとえば、桃太郎の昔話に母は現われてこない。川上から流れてきた桃を拾って割り、桃太郎を育てるのは、老婆と老爺である。老婆は育ての母にすぎない。老婆が女神だとしても、子どもを出産する母神とはいえない。

石田の『桃太郎の母』にぴったりしたケースは〝金太郎の母〟であろう。とはいえ、不思議なことに、石田は金太郎の母に眼を向けようとはしていない。〝金太郎の母〟は山姥とされている。昔話では、山姥は一種の〝妖怪〟である。だが、それにとどまらなかった。山姥の背後には、老いた女神、姥神の姿が揺曳している。とはいえ、ここから単純に山姥は姥神の零落したものとはいえない。初めからまがまがしい妖怪的あるいは邪神的な女神であることもあれば、それが善神的な女神に変わることもある（川村 一九九四）。〝金太郎の母〟、山姥は妖怪や女神のコンセプトではとらえきれない多様な特性を帯びている。

女神は歴史的に変貌するばかりでなく、時に応じて、その時代の女性観によっても変貌したのである。石田の女神論は民族学の伝播論的な視点に依拠したため、そこには歴史的な女性観が欠如している。民族学、また民俗学においては、神話や伝承が不変のもの、あるいはその構成要素の組み替えやその増減があるだけで、その本質は不変だとみなされるきらいがあるが、社会の変化とともに歴史的にも変化している。女神を〝母性〟や〝大地〟といった特性にばかり固定化することはできないのだ。生産／再生産の力をシンボリックに女神、ひいては女性に求めるのは、決して男と女の生物学的な違いによるものではない。社会の構築しつづけてきた神話・伝承に色濃く彩られた神秘化・聖化の賜物だった（田中 一九九六）。このような神話・伝承における神秘化・聖化を歴史的なコンテクストに沿って解剖していくところに、女神研究のひとつの課題を設定できよう。ここでは、妖怪として、女神とは対極的な位置にある山姥を取り上げて、その多様な神話的特性を歴史的に探ってみよう。

二 〝金太郎の母〟山姥

柳田の顰みにならって、私は喜多川歌麿の浮世絵《山姥と金太郎》を見ながら、真夏の夜に夢想したことを述べてみたい。歌麿が四〇種ほどにおよぶ多くの「山姥と金太郎」の絵を残しているように、それは江戸時代の浮世絵ではよく好まれたモティーフだった。浮世絵ばかりでなく、子ども向けの絵本でも、謡曲『山姥』にもとづいて魁偉な老婆の姿に描かれたり、その意匠をがらりと転換させてエロティシズムを濃厚に漂わせた若い美女の姿に描かれたりしている［図1、図2］。

前者の代表は、十八世紀の後半に活躍した長沢蘆雪である。厳島神社に奉納された絵馬が残されている。後者の代表はなんといっても喜多川歌麿だ。両者は同時代人であるが、まったく異なった山姥像を伝えている。歌麿風の山姥は多くの浮世絵師によって描かれている。明治期にもこの画題は受け継がれ、揚州周延が《足柄山中山姥怪童丸》と題した三枚続きの浮世絵を作製している。

美人画の題材として、山姥が描かれたのは歌麿が初めではない。寛政の改革で、風俗取締の一環として美人画が禁止されたため、金太郎を配した山姥の美人画が生まれたといわれる。一七九〇年代の初期、寛政年間の初期の頃、栄松斎長吉の《山姥と金太郎》や歌川豊国の《金太郎元服式》が歌麿よりも早かったと推測される。それよりやや遅れて歌麿の《山姥と金太郎》が現われてくる。《金太良三人兄弟》（三枚組）は、一七九〇年代末期、寛政末頃の作品である（東武美術館他編　一九九四：八四—九〇）。

歌麿の山姥はあくまでも若く美しい女として描かれている。歌麿の美人画と異なるところはないが、ただ髪型と着物には違いがみられる。髪は蓬髪あるいは洗い髪のように、結うことなく、やや乱れた長い髪が腰まで届いている。着物の文様として、笹、菊などの草花があしらわれている。いずれも、町風ではなく、山家風を表わしているといえる。顔立ちは別にしても、〝野性味〟に満ちた女のエロティシズムがあふれている。

山姥と金太郎は〝母子〟像として描かれている。《金太良三人兄弟》は、山姥と長男の餅つき、鴨を料理する次男と鍋の蓋に手をかけている山姥、山姥から酒（屠蘇）を注いでもらおうとする三男という、三種の

図1　鬼女姿の山姥（「きんときおさなだち」『近世こどもの絵本集』江戸篇）

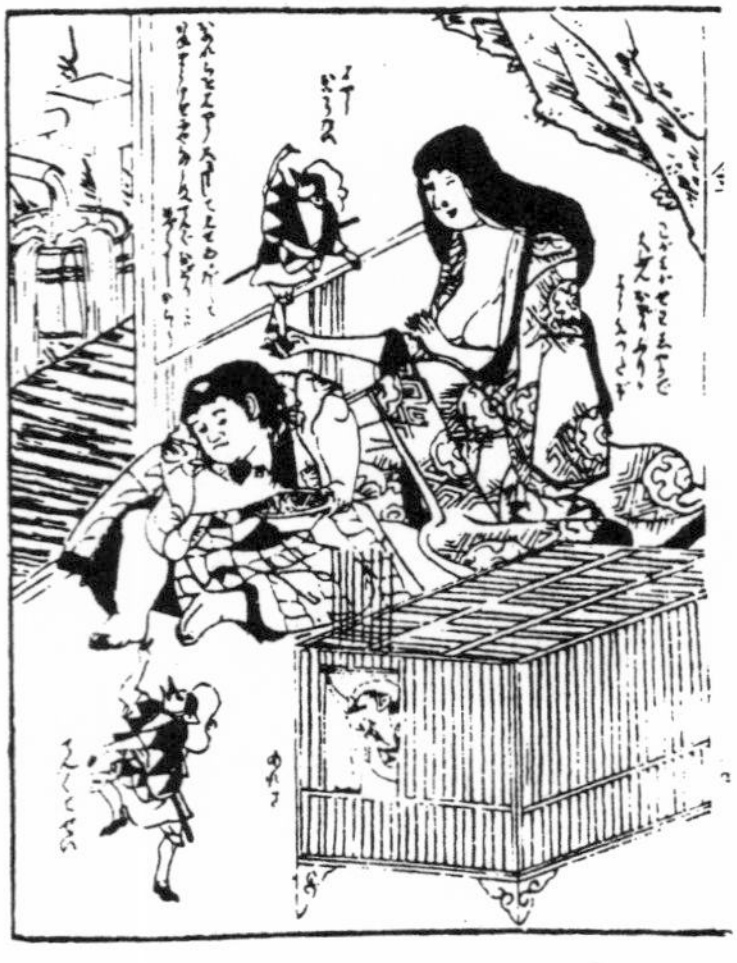

図2　美女姿の山姥（「金太郎」『近世こどもの絵本集』上方篇）

図柄である。正月を迎える光景を描いたものだろう。魁偉で赤銅色の肌をした金太郎はかいがいしく母を手伝っている。仲のよい母子であることは確かなのだが、たんにそれだけではない雰囲気を漂わせてもいる。山姥はしなを作り、なにやら媚態めいた仕草もしている。いわゆる〝母性愛〟とはどことなく違っているのだ。

　歌麿の《山姥と金太郎》のなかでよく知られたものとして、金太郎が母の乳を含み、指で乳首をひねっている絵がある。また、懐のなかに金太郎を入れた山姥の絵もある。母の慈愛というよりも、むしろ〝母子相姦〟的な気配が濃厚に漂っている。山姥の古典的な怪異のイメージではなく、〝自然〟のエロスの充溢した妖艶さあるいは魔性をもつ女として、歌麿は山姥のイメージを新たに生みだした。山姥は〝山姫〟とも〝山女郎〟とも呼ばれ、老女の妖怪とみなされたばかりでなく、若い女ともみなされていた。歌麿の山姥を通じて、山中にひっそりとひとり住む美女もしくは〝美神〟という神話があらためて形成されていくのである。

金太郎、坂田金時（公時）の名は『今昔物語集』や『古今著聞集』にみえるが、山姥と金太郎がともに説話のなかに現われるのは近世に入ってからである（山本　一九八六：二二七）。一六六四年（寛文四）刊行の浄瑠璃『濂根《すくね》悪太郎』に、「坂田民部金時とて……山姥が頼光に奉りしその子なり」と、山姥の名が現われている（高崎　一九三七：三三）。それから五〇年ほどして、一七一二年（正徳二）に、近松門左衛門の『嫗山姥』が大坂竹本座で興行された。ここでは、あとでみることにするが、謡曲『山姥』にもとづいて、山姥とは訳あって深山に身を隠した遊女八重桐のことで、その子が快童丸（坂田金時）であるという筋立てに脚色されている。

山姥の姿をもっともよく語っているのは、一八〇三年（享和三）にでた『前太平記』（『物語日本史大系二』）である。切り立った崖に「赤色の雲気」が漂っているのは傑出した人物が陰棲しているはずだから、捜しに行けという源頼光の命によって、渡辺綱が険しい足柄山中に分け入ると、粗末な萱の住まいに、親子らしい「六十余なる嫗」と二〇歳ほどらしいが「童形」をした男子がいた。綱がこの親子とともに頼光のもとへ行くと、頼光が姓名を尋ね、「老嫗」とつぎのような問答が交わされるのである。

老嫗答えて、天地の間に孕まして、天の命を稟《う》く、何を以てか姓とせん。太守、その童《わらわ》は汝が子か、その父は誰《た》ぞ。老嫗が曰く、これ我子なり、しかも父なし。妾、嘗てこの山中に住む事、幾年という事を知らず。一日この巓《いただき》に出て寝《い》ねたりしに、夢中に赤龍《しやくりゆう》来たって、妾に通ず。その時、雷鳴夥しくして、驚き覚めぬ。果してこの子を孕めり。生れてより、二十一年を歴《へ》たり。長《ひととなる》に及んで、山岳をも難しとせず、磐石をも重しとせず、しかもその意豁如《こころかつじよ》たり。太守、宣《のたま》いけるは、昔秦の時に、沛県《はいけん》の太公が妻劉媪《りゆううん》と云う者、大沢の陂《つつみ》に息《やす》めり。夢に神と遇いぬ。時に雷電晦冥なり。太公、往《ゆ》いてこれを視る。蛟龍その上に見る。已にして身《はら》める事あり。遂に一子を産む。その人為《ひととなり》隆準《りゅうせつ》にして龍顔なり。この子立って沛公と成り、秦楚を滅して帝と為る。漢高祖これなり。

「老媼」は、山頂で寝ていたとき、夢のなかに赤龍が現われて交わり、雷鳴のとどろきで目覚め、子どもを妊娠したと、金太郎の来歴を語っている。この説話の核心は龍神＝雷神による乙女の妊娠と神の子＝童神の誕生であり、漢の高祖の出生談と結びつけられているが、日本古代の神話のいくつかがここには織り込まれている。

ひとつは、『山城国風土記逸文』に記された、可茂別 雷《かもわけいかづち》命の誕生譚である。可茂建角身命の娘、玉依日売が石川の瀬見の小川で「川遊び」しているとき、川上から丹塗矢が流れてきて、それを床の辺に挿しておくと、妊娠し、男子を生み、それが別雷神と名づけられたという話である。丹塗矢は火 雷《ほのいかづち》神であることが明らかにされている。乙女懐胎の神話であるが、雷神との神婚譚でもある。

同じような説話は『古事記』（神武記）にも載せられている。三島溝咋の娘、勢夜陀多良比売が川で大便をしているとき、勢夜陀多良比売を見初めた三輪の大物主神が丹塗矢となって流れて、その女陰を突き、勢夜陀多良比売が丹塗矢を床に置くと、たちまち麗しい若者になり、二人は結婚し、後に神武天皇の皇后となる女子を生んだという。これも先と同様の神婚譚である。また、『古事記』（崇神記）には、大物主神が陶津耳命の娘、活玉依毘売のもとに夜な夜な通い、子どもを生ませたという話も載せられている。『日本書紀』（崇神紀）のなかで、大物主神は孝霊天皇の娘、倭迹迹日百襲姫を妻とした、「小蛇《こおろち》」つまり蛇身の神であるとされている。蛇身の神は雷神であるとともに、水神でもある。いずれも神と乙女が結婚する神婚譚であり、ひとつを除けば、童神とはいえないにしても、神の子の誕生譚である。

もうひとつは、『古事記』（応神記）にみえる、天之日矛の妻の誕生譚である。新羅国の阿具奴摩《あぐぬま》という沼で、「賤しき女《おみな》」が昼寝をしていると、太陽が虹のように輝いて、この乙女の陰部に光が注ぎ、妊娠して「赤玉」を生み、この赤い玉を床に置くと、麗しい乙女になり、新羅の国主の子、天之日矛の妻となったという話である。

三品彰英によると、ここには、始祖神話にみられる日光感精型と卵生型の二つの要素が認められる。（三品　一九七一：二八）。太陽の光によって妊娠するという日光感精神話は、蒙古族、鮮卑族、契丹族、高句麗族といった蒙古・満州系諸族の伝承である（三品　一九七一：五〇一―〇五）。他方、卵生神話は南方海洋の諸民族および韓族を含む中国大陸沿岸の民族に伝承されている。両者の神話を結びつけた神話は、高句麗の始祖、朱蒙（東明王）が太陽の光によって妊娠した卵から生まれたという、『三国史記』「高句麗本紀」始祖東明聖王即位条にみえる。三品は日本の「玉の信仰」から卵が赤玉へと変化したと推測し、「赤玉」誕生譚にこの日光感精卵生神話の影響を指摘している（前掲書　一九七一：三二九―三二）。ここでは、太陽の光によって妊娠するが、赤龍と通じて妊娠した金太郎の母、山姥の場合とかなり似通った筋立てになっている。『史記』「三皇本紀」にみえる神農（炎帝）は、ある妃が「神龍」と通じて生まれた帝王であるが、三品によると、雷電（龍）や星辰による感精神話は漢族にみられるが、民族の生活と密接に結びついた祭儀との関わりがなく、後代の学者によって創作されたものである（三品　一九七一：五〇四）。

これらの神話では、神霊や太陽の光の力・霊威によって、童神や王・始祖などの貴種が誕生したことに力点が置かれ、その母についてはあまり語られることはない。「賤しき女」としか記さない。天之日矛の妻「赤玉」誕生譚が端的に示しているように、王権あるいは貴種神話では、その担い手となった男性系譜だけが重視され、女性は聖なる力のたんなる媒介としてしか位置づけられていない。神話の語りのレヴェルばかりでなく、神話研究のレヴェルでも、このような視点に留まり、母となった山姥や乙女の姿は遥か彼方にかすんでしまっている。神話の前景へと、聖なる力を媒介する女性を押しだしてみよう。
〝金太郎の母〟山姥は、夢のなかで「赤龍」と通ずることによって妊娠するが、雷光（稲光）によるとも解釈できる。別雷神の誕生譚ばかりでなく、「赤玉」出生譚ともかなり似ているのである。いずれにしても、龍や雷電といった、神霊もしくは神獣、また神的な現象と交流できる女性として語られているところに特徴がある。

山頂で寝ていた〝金太郎の母〟、小川で「川遊び」をしていた玉依日売、川で排便をしていた勢夜陀多良比売、沼で昼寝をしていた「賤しき女」――山頂、川、沼と場所は異なるとはいえ、これらの場は神霊と交流し、祭儀を執り行なう祭祀場ではなかったかと推測できる。倭迹迹日百襲姫に大物主神が憑いて、託宣をした場所は「浅茅原」つまりまばらに茅の生えた原、川端の湿地とみなすことのできる場であり、占いも行なわれた祭場である。〝金太郎の母〟はたんなる「老嫗」、「赤玉」を生んだのは「賤しき女」にすぎない。他方、記紀神話に現われる先の女性たちはいずれも巫女的な存在である。倭迹迹日百襲姫は神がかりして、神霊の託宣を告げた宮廷の巫女であり、箸墓の主として伝えられている。玉依日売と活玉依毘売は〝玉〟つまり神霊を依り憑かせる一族の巫女であるといえる。

勢夜陀多良比売のダタラは蹈鞴であり、この名は鍛冶に用いるフイゴにちなんでいる。柳田国男の『一目小僧その他』（一九三四年）によるなら、鍛冶は火と水、そして雷に関わり、雷神や蛇神・龍神にまつわる「別雷神系の神話」（柳田　一九八九：三〇四）が生みだされたという。『古事記』では勢夜陀多良比売が丹塗矢になった大物主神によって富登《ほと》多多良伊須岐《いすすき》比売（または比売多多良伊須気余理《いすけより》比売）を生むが、『日本書紀』では玉櫛媛《たまくしひめ》が事代《ことしろ》主神によって媛蹈鞴五十鈴媛命《ひめたたらいすずひめのみこと》を生んだと記されている。このように〝玉〟と関わる玉櫛媛の名があげられているのである。〝金太郎の母〟にも、「賤しき女」にも、神霊を依り憑かせる巫女の面影を少しは垣間見ることができるのではなかろうか。

『前太平記』には、山姥の風貌についてはなんら記されていないが、「六十余り」の「老嫗」には謡曲『山姥』のイメージが反映しているであろう。とはいえ、金太郎を生んだのは、四〇歳の頃である。年齢の若い乙女とはいえないまでも、未婚の女性で処女でもある。玉依日売、活玉依毘売、勢夜陀多良比売、倭迹迹日百襲姫、いずれも神霊と通じ、神の妻になったのは、乙女のときである。未婚の女性であることがすべてに共通している。

山中にひとり暮らす山姥〝金太郎の母〟には、龍神また雷神（また水神）を依り憑かせる巫女、龍神・雷神の妻、あるいは山頂に寝ていたところからするなら、山の神に仕える巫女、もしくは山の神そのもののイメージが揺曳しているのではなかろうか。しかし、〝金太郎の母〟を古代の巫女や神の妻と同じだとみなすことはできない。山姥には、謡曲『山姥』にもとづいて、〝妖怪〟的なイメージが古くから伝えられているのである。

三　山姥のフォークロア――謡曲『山姥』をめぐって

歴史的にたどるなら、謡曲『山姥』（『日本古典文学大系　四一』）が定型的な山姥イメージの形成に大きくあずかっていることは疑いない。『山姥』は、『申楽談義』に「実盛・山姥は当御前にてせられしなり」とあるように、世阿弥も上演した能であり、十五世紀初頭には成立していたとみなすことができる。金太郎の母であれ、近松の『嫗山姥』の山姥であれ、民間の昔話の山姥であれ、この『山姥』の一面を受け継いで、江戸時代の子どもの絵本の挿絵に描かれたり、浄瑠璃で演じられたり、語り伝えられたりしつづけてきた。山姥イメージが成立するうえで、『山姥』はエポック・メーキングとなったのである。『山姥』は、中世の山姥をめぐる民間の伝承を集約するところから編み出されていることは確かだろう。ここに紡ぎだされた伝承の束を解きほぐしてみよう。

京の名高い遊女が越後路をたどり、善光寺参詣の旅にでる。この遊女は「山姥の山巡り」という曲舞を作って、歌い舞い、評判をとったため、「百ま山姥」と呼ばれるようになった。百ま山姥は越後と越中の国境にある境川に着く。そして、親知らずの難所を背後にした、上路山を越える険しい道を進んで行くと、にわかに日が暮れて暗くなり、一夜の宿を貸そうという山の女が現われる。この女が山姥とはどのような者かと問うと、百ま山姥に随行している男が「山姥とは山に住む鬼女とこそ曲舞にも見えて候へ」と答える。すると、山の女は「鬼女とは女の鬼とや　よし鬼なりとも人なりとも　山に住む女ならばわらはが身の上にてはさむらはずや」と独り言をいい、山姥の正体を現わすことになる。

山姥とは山に住む「鬼女」また「霊鬼」だと語られている。そして、「そもそも山姥は、生所も知らず宿もなし、ただ雲水を便りにて、至らぬ山の奥もなし」とあるように、遊行・漂泊が山姥の特性とされる。中世において、遊行・漂泊によって生業を立てていたのは、遊女や巫女であった。山姥も決して人と交わらないということはない。樵が重い荷を背負って山路に行くときには肩を貸したり、機織る女の糸繰りや砧を打つのを手助けしたりしている。しかし、山姥は姿を見せない。人びとは「鬼のしわざ」と恐れるだけである。それゆえに、「山巡り」を宿命とする。

山姥誕生にまつわる奇怪な民間の伝承が里の男によって語られる。ひとつは、種々の物が集まって山姥が生まれるとする説である。頭は山中の古びて朽ちはてた宮にかかっていた鰐口がなる。団栗が眼となり、胡桃が鼻になり、茸が耳になり、葛が頭髪になり、「異な物」が胴になる。そればかりでなく、山中の多くが松からこぼれ集まった松脂の塊が大風にころりころりと吹き転がされて、鰐口の頭と一体になり、さらにいく度も転がって、塵芥が取り付いて非常に大きくなり、山姥になるという。

第二の説は、山中の城や砦の外郭に建てた木戸が山姥になるという。門を建てても、修理もしないで放置しておいて、柱を残して、扉などすべての部分が腐敗して、そこに苔が生え、目・鼻・口・耳・足・手が付いて、山姥になるという。

第三は野老《ところ》の変化だという説である。鬼野老や姫野老などの異名のある、山芋科のつる草で、根が食べられる。長期にわたって大雨が降ると、山崩れが起こり、崩れた所に野老が現われ、野老の髭のような根が雨露に打たれて曝されると、それが白髪になり、野老そのものは胴体になり、やがて目・鼻・口・耳・足・手が付いて、山姥になるという。

第二の説は「木戸」を「鬼女」と聞き違えたものではないかと、百ま山姥に随行した男によって批判されている。第三の説も野老の分際で山姥にはなれそうもないとくさされている。第一の説も根拠は示されないが、否定されると、本当だと判断しかねるという。とはいえ、文脈から判断すると、この説がもっとも支持されているようである。捨てられた器物が付喪神という妖怪になると信じられたように、錆びて古びた鰐口と山中の植物の精が集合して山姥になるという伝承には、少なからず信憑性がありそうである。また、第三の説にでてくる、野老(また山芋)を山姥の好物とする昔話があることも見逃せない。これらの伝承では、山中の植物もしくは〝自然〟の生成・増殖する力、そして物を変化させ破壊する〝自然〟の腐敗・腐朽の力といった、不思議で驚異的な力がこもって、まがまがしい力に溢れて奇怪な姿をした山姥が生まれてくるというイメージを物語っている。

『山姥』では、このような民間の伝承とは別に、「山巡り、巡り巡りて、輪回を離れぬ、妄執の雲の、塵積もって、山姥となれる、鬼女の有様」となったというのだ。すなわち、妄執が積み重なって、輪廻から逃れることができず、「鬼女」の姿をとった山姥になったというのである。この仏教的な言説によって、「鬼女」としての山姥の本性が語られ、民間の伝承にみられる不可思議さは否定される。

この妄執とは、「そもそも山姥は、生所も知らず宿もなし、ただ雲水を便りにて、至らぬ山の奥もなし。しかれば人間にあらずとて、隔つる雲の身を変え、仮に自性を変化して、一念化生の鬼女となって、目前に来れども……」と語られているように、出生の場所も知らず、定住すべき家もない、〝人間にあらず〟という自らに対する認識である。この〝非人間〟の妄執の一念によって本性が鬼女へと化身したのである。

鬼女変身譚は中世において珍しいものではなかった。謡曲『鉄輪《かなわ》』や御伽草子『磯崎』は有名だ。『鉄輪』では、後妻を迎えて、離縁した夫を呪い殺そうとし、前妻は貴船社に祈誓して、「恨みの鬼」となる。前夫を殺そうとするばかりでなく、後妻の髪を引っ張り、笞打つのである。「思いに沈む恨みの数、積もって執心の、鬼となるも理や」とある。捨てた夫への恨み、後妻への嫉妬が鬼へと化身させた。

『磯崎』（『室町時代物語大成　二』）では、夫が鎌倉から連れてきた若い女を本妻が妬み、鬼の面を付けて打ち殺してしまい、鬼の面が取れなくなり、鬼になってしまう。「一念、憎しと思う心が、鬼となりて、人を殺しけるぞかし、かの女房にかぎらず、もの妬み、憎み給うならば、人を殺さずとも、ついには、その思い、鬼とも、蛇とも、なり給うべし、なんの疑いあらんや、ただ人の、思いほど、恐ろしきものはなし」と、妬み・憎しみの心、人間の妄執は鬼や蛇へと化身させるほど恐ろしいものだと説かれるのである。

さらに、「女人は地獄の使い、仏の種を断つ」、また「表姿は、いつくしく、まことに菩薩の形に似たれども、心は鬼より、なおまさるなり」とも説かれている。この教説は「女人地獄使、能断仏種子、外面如菩薩、内心如夜叉」という句にもとづいている。この句は『涅槃経』にみえるとされて権威づけられているが、実際にはそこにはなく、日本で作られたものである（田中　一九九二：五三）。仏典にことよせて、女性の罪業の深さ、煩悩・妄執の強さが強調されつづけてきたのである。

山姥が鬼女に変身したのは、『鉄輪』や『磯崎』で嫉妬に狂って鬼に変身してしまったように、〝非人間〟であることへの妬み・憎しみの心に根ざした妄執によるとともに、女の本性がその罪業のゆえに鬼だったからにほかならない（川村　一九九六）。まさしく山姥は「恨みの鬼」として表象されているのである。

山姥像は「姿形は人なれども、髪には棘の雪を頂き、眼の光は星のごとく、さて面の色はそ丹塗りの、軒の瓦の鬼の形」と語られている。頭髪は乱れて雪のかかった白髪で、眼光は煌々と輝き、顔面は朱塗りの鬼瓦であり、老いてはいるが、眼光鋭く、いかめしく赤々とした鬼女が山姥の姿である。この山姥のイメージには、古びて使い捨てられた器物が付喪神になるように、年老いて見捨てられても、妄執を抱えながら、〝妖怪〟と化していく女性の境涯が籠められていたのではないだろうか。しかし、山姥には妖怪のイメージだけが浮き彫りにされているのではない。先に述べたように、山姥は姿を見せずに里人の人助けをするのであり、神的あるいは巫女的なイメージもまたかすかではあるが漂わせていることに留意すべきであろう。

謡曲『山姥』が生みだした山姥イメージは民間の伝承へと還流し、定型的な山姥イメージが形成されていったと推測できる。とはいえ、全面的に『山姥』によって山姥イメージが覆われてしまったとはいえない。定型的な山姥イメージでありながらも、奇妙な山姥譚も現われている。奈良絵本『姥皮』（『室町時代物語大成　二』）という物語がそれである。話の大筋を紹介しよう。

継母にいじめられた姫君が出奔し、亡き母が常々参詣していたとある観音堂にたどりつき、母の住む所、つまりは極楽浄土に行きたいと思い、観音堂の内陣の縁の下に籠もった。寺社の縁の下に籠もることは、『北野社参詣曼荼羅』に描かれているように、中世のかなりありふれた光景であった。祈願のため、また神仏の夢告・霊告を受けるための参籠にほかならない（黒田　一九九一）。

姫君は後生安穏のため、観音経を唱えつづけていた。三夜籠もった暁に、不思議や、金色の光を放った観音菩薩が姫の枕上に立ち現われたのである。観音菩薩は、このように迷っているのは、なんと不憫なことよ、お前の姿はこの世に類いなく美しいので、どこかできっと人にさらわれてしまうことだろう。これを着よ、「これは、姥皮というものなり」といい、「木の皮のようなもの」を姫君に授けた。近江国の佐々木民部の館の門前に立て、と教えたのである。姫君は姥皮を身にまとって、縁の下から出る。

姫君の姿を眼にした人びとは「これなる姥は、恐ろしき姿かな」といって、笑った。「恐ろしき、姥の姿なれば、野に伏し、山に伏し給えども、目を見かえる人もなし」とある。姫君は佐々木民部高清の館で「火焚きの姥」として雇われる。高清の息子、高義が姥皮を脱いだ姫君を目撃して、正体を知り、後には夫婦の契りを結ぶことになる。姥皮を脱いだ姫君の姿は「この世の人にてはなし、天人か、菩薩の、この戸に天降り給うかや、かほどに、美しき人は、昔も聞かず」というほどであった。めでたし、めでたしで終わる、観音霊験譚である。

この姥皮とは山姥の皮のことにほかならないだろう。姫君が姥皮を身に着けると、「恐ろしき姿」をした山姥に変身する。謡曲『山姥』の山姥・鬼女のイメージが踏襲されている。姥の皮はいわば変装というよりは、変身の衣として用いられている。山姥はたしかに〝妖怪〟のようなイメージが付与されている。しかし、観音菩薩に対して我が身を供犠として捧げることによって、観音菩薩という聖なる回路を通じて、山姥のまがまがしい霊威が、幸いをもたらす霊威へと転換されることを示している。身をやつした姫君は火焚きの姥としての苦難を経て、新しく生まれ変わるのである。こうした神の霊力を姥皮は帯びているといえる。この死と再生の霊力は、山姥がもともともっていたものとは考えられないだろうか（川村　一九九四）。

この『姥皮』は「瓜子織姫」と呼ばれる昔話を転倒させた話である。瓜子織姫が山姥（または天邪鬼）に危害を加えられる話であり、長者の嫁に迎えられてハッピーエンドで終わるものもあるが、山姥に瓜子織姫が食べられてしまうものもある。さらに、山姥が瓜子織姫の身の皮を剝ぎ取ってかぶり、爺と婆に瓜子織姫を煮て食べさせる話もある。昔話「瓜子織姫」の山姥は山中の老女〝妖怪〟として徹底している。この話の一部を逆にしたのが『姥皮』だといえる。山姥が皮を剝ぐのではなく、逆転させて、山姥の皮を姫がかぶるところに、この話の妙味がある。そこには、山姥がたとえ恐ろしい鬼女の姿をしていようとも、人間を害する〝妖怪〟的な存在ではなく、山の霊威を帯びた神的な存在であるという伝承が細々とながら受け継がれていたといえよう。

柳田国男は『桃太郎の誕生』のなかで、「瓜子織姫」に一章をさいている。ここでは、山姥を「山の中にいる魔物」また「妖怪」とみなし、山姥が瓜子織姫を殺して食べてしまう型の話は「近代の改作と見ることは速断であろうも知れぬ」(柳田　一九九〇a：一二九)としている。霊魂の輪廻転生を信じていた人びとにとっては、生と死の境界は明確ではなく、ただちに再生することもあるし、また神に仕える者は死んだ後に新しい神として信仰されることもあるというのが、柳田の見解であった。

ところが、後に「耳の文学」(『祭日考』一九四六年所収)のなかでは、この種の陰惨な結末となる「瓜子織姫」の昔話は東北地方に多いが、この地方には古風な型の昔話がよく伝えられ、また手柄をたてる「男性の桃太郎とは対応せず」という理由から、「本格昔話の方針とも合致せぬ」とし、「これだけは後の改作としか思われない」(柳田　一九九〇b：三五〇)と、先の見解を訂正している。そして、山姥については、「かつては他のいろいろのばけものも同じように、山姥はそういう人間以上の力をもち、しかも我々がそれを認むるや否やを試みて、認めた者には恩賞を、認めぬ者には懲罰を与えるということが信じられ、その実例が数多く言い伝えられていた」(前掲書　一九九〇b：三五二)と語り、さらにつぎのように述べている。

ウバは本来権威ある女性の名で、齢や姿にはよらなかったのを、いつの頃からか女扁に老、姥という漢字をこれに宛てるようになって、絵や彫刻にけうとく描き出すものが次第に多く、結局は常の人の幻とは合致しがたくなったけれどもかつては山姥も山の女神の、親しみある一つの呼び方であったかも知れぬのである。（柳田　一九九〇b：三六一）

柳田は、山姥の醜怪で残忍な姿を否定して、ウバ＝姥神・山の女神の子どもを生み育てる〝母性愛〟に満ちた穏和な姿を思い描き、そこに女神の原型を求めようとしている。柳田の山姥・姥神論、ひいては女神論では、神に仕える巫女が神格化されて姥神もしくは山の神となり、そして信仰がなくなると、妖怪としての山姥へと落ちぶれていく、という一連のプロセスが想定されている（川村　一九九五）。すなわち、神霊の妖怪への零落という信仰の一元的あるいは直線的な変遷の図式が描かれているのである。

しかし、すでに十五世紀初頭には、謡曲『山姥』において、山姥は鬼女として妖怪的な存在、畏怖に満ちた女神として語られていた。また、記紀神話に慈愛に満ちた母神を求めることもできない。柳田が指摘しているように、山姥にせよ、神々にせよ、信ずる者には幸いを、不信の者には災いを及ぼすと信じられていたであろうが、それが零落して妖怪となったとはいえない。初めから災いを及ぼす邪悪な妖怪もしくは邪霊も存在していたであろう。また、恐ろしい鬼神のような神霊も初めから存在し、それが信じられなくなって、忌避されるべき妖怪へと零落することもあっただろうが、あらためて不思議な霊威を発揮して、神霊として再び信じられることもあると考えられよう（小松　一九九四）。神や妖怪に対する、柳田のいう「世人の態度」とともに、信仰の場面において、多様に変化することもあったのである。

四　山姥の霊威――近松『嫗山姥』をめぐって

さて再び〝金太郎の母〟にもどってみよう。ここでは、近松門左衛門の浄瑠璃『嫗山姥』（『日本古典文学大系五〇』）から〝金太郎の母〟イメージ、またそれがどのように変容していったのかを探ってみることにしよう。『嫗山姥』はやや錯綜した筋立てになっているが、金太郎（快童丸、坂田金時）とその母山姥の物語が中心にすえられている。謡曲『山姥』がかなり大幅に引用され、山姥の〝山巡り〟の舞も採り入れられている。さらに、たんなる妖怪譚では飽き足らなくなっていた江戸民衆のために、近松が趣向を凝らしたのは、〝金太郎の母〟が妊娠するにいたる因縁譚である。

のちに山姥となる遊女、荻野屋の八重桐は、馴染みの客、坂田時行（煙草売りの源七）と恋仲になり、やがて廓を抜けて夫婦となる。しかし、時行は父親が闇討ちにあい、仇討ちのために、八重桐と縁を切り、行方知れずになるが、源頼光の許嫁の邸で二人は出会う。そこで、時行の妹が助太刀をえて、親の敵を討ったことを八重桐から知らされる。時行は腰抜け、臆病者と罵られるのは無念だとして、自害する。そして、「最後の念」をふりしぼって、八重桐に対して、つぎのような遺言を残す。

恐らくこの一念項羽紀信が　勇気にもおとるまじと思えども　時来たらねば力なし。それまでまだまだながらえ臆病者腰抜けと　指さされんは無念の上の無念なり。我死して三日が内御身が胎内にくるしみあらば我が魂やどりしと心得十月を待って誕生せよ。神変希代の勇力の男子と成って　今一度人界に生まれ出で正盛大将をほろぼさん。おことが身も今日より常の女にことかわり　飛行通力有るべきぞ深山深谷を住家とし生まるる子を養育せよさらば。さらば、さらば。

腹に突き刺して引き回した鎧通しを抜くと、紅の血潮が吹き上げ、時行の腹の切り口からは焔の塊がでて、八重桐の口に入ると、息絶える。ちょうどこのとき、源頼光の許嫁を略奪しようとする侍たちが侵入するが、八重桐は「何某《それがし》を女とや　オオ女ともいえ男なりけり胎内に　夫の魂やどり木の梅と桜の花心　妻と成り子と生まれ思う敵をうつせみの　体は流れの太夫職　一念は坂田の蔵人《くらんど》時行そのしるしこれ見よ」と叫び、怪力を発揮して、取っては投げ取っては投げし、また椋《むく》の大木を片手で引き抜いて振り回し、追い払う。このときの八重桐の形相は「鬼女のごとくなり」とある。そして、「白妙の、三十二相のかんばせも、いかれる眼、物すごく、島田ほどけてさかさまに、忽ち夜叉の鬼がわら」という凄まじい風貌で、門や塀を飛び越えて、姿を消していく。髪を逆立て、眼を怒らせた憤怒の形相、まさしく夜叉、鬼女へと変身したのである。いうまでもなく、それは『山姥』の山姥イメージそのものである。

血潮のなかの最期の一念によって、坂田時行は魂を八重桐に宿らせ、転生することを言い残す。この時行の念が凝り固まって生まれるのが快童丸である。『嫗山姥』では、神霊の感応ではなく、怨念の籠った魂、つまり怨霊が憑依して、「一念の鬼女」となり、怨霊の転生した子を生むことになる。『山姥』では山姥に化身したのは〝非人間〟という妄執によってであったが、八重桐が山姥へと変身するのは怨みの凝り固まった怨霊の憑依によってである。近松が依拠したのは、世俗レヴェルの怨念を昇華させた御霊信仰、そして憑霊信仰あるいは巫俗信仰だったといえる。

源頼光の一行が山姥に出会うのは、謡曲『山姥』にみえる、越後の上路山の頂である。そこで柴を刈っていた女が山姥であった。女は源頼光一行に柴刈りの住家に泊まるのは嫌だろうというが、頼光は柴刈りの住家だろうと、山姥の住家だろうとかまいはしないというと、山姥と見えたのだろうかと、はっと驚く。そして、「山姥とは山に住む鬼女……」という、先に引いた『山姥』の詞が連ねられる。

頼光一行をもてなそうと、女は栗を取りに筑紫の大宰府へと「岩根をふむこと飛鳥のごとく、山深く」飛んでいく。頼光たちは「魔障変化」かと思い、女が見るなといった奥の一間を覗き込むと、そこには、「五体の色は朱のごとく、おどろの産髪《うぶがみ》四方に乱れ、餌食とおぼしく鹿狼猪を引きさきて積み重ね、木の根を枕に臥したる様」の「誠の鬼の子」のような五、六歳の童がいたのである。頼光たちは羅刹つまり食人鬼の国に来たのかと、身の毛がよだったところに、女が折った栗の枝を持って帰ってくる。

頼光は太刀を抜き、女に斬りかかる。女はひらりと太刀をかわして、にらみつける。すると、「角は三ヶ月、両眼は寒夜《かんや》の星とかがやけり」といった形相にたちまち変わる。女は鬼女・山姥の姿となり、はらはらと涙をこぼし、斬りかかる太刀に驚いて本性を現わしてしまったといい、夫が自害して果て、その魂が胎内に宿り、快童丸が生まれた経緯を話す。山姥になった因縁については、「望月の影深く、人倫はなれし山にこもれば、いつのまにかは山めぐり、一念の角そばだち」とある。そして、快童丸が頼光に召し抱えられるなら、「父が一期の素懐を遂げ、母が鬼女の苦患《くげん》をのがれ、成仏得脱《とくだつ》うたがいなし、二世の苦しみ助かる」と語る。

山姥が奥の間を見るなといったのは、安達原の鬼婆に題材をとった、謡曲『黒塚』の趣向だろうが、いわゆる〝見るな〟の禁忌をモティーフのひとつとする説話は記紀神話にまでさかのぼることができる。海神の娘、豊玉毘売命の出産（神代記）はその原型であろう。産屋のなかでワニの姿で出産するところを見られてしまう。この種の説話は昔話に多くあり、〝異類婚姻譚〟といわれる。異界から訪れた妻がその正体を知られて、離別するという話である。御伽草子『田村』や『鈴鹿』（室町時代の物語『田村の草子』）では、田村俊仁将軍の母が大蛇である。『嫗山姥』でも、異類婚姻譚にみられる〝見るな〟の禁忌をモティーフとしている。とはいえ、もはや異類婚姻譚ではない。だが、地上の男女に話は移し替えられながらも、神霊の感応による童神誕生譚や異類婚姻譚の面影を伝えていることも確かなのである。

山姥は飛行自在の「魔障変化」、つまり魔物、化け物、妖怪としての性格を強調されている。しかし、この山姥の場合、普段は鬼女の姿ではなく、若いのか老いているのかわからないが、この世の〝女〟の姿である。それが敵対する者と出会い、怒りを発すると、三日月の角が現われ、眼は煌々と輝き、鬼女へと変貌する。山姥は、世間を離れて、山に籠もり、山巡りをしたために、「一念の角」が突き出て、鬼女になっている。

この「一念」は夫の怨念を一心に思いつめた山姥自身の心情であり、謡曲『山姥』で「一念化生の鬼女」へと化身させた〝妄執〟が踏まえられていよう。したがって、「鬼女の苦患」を甘受しなければならなかったのである。それから救われ、成仏・解脱をするためには、この「一念」を晴らさなければならないと語られ、仏教の救済イデオロギーに回収されている。

快童丸が元服して、坂田金時と名を改め、頼光の家来になって出立する際に、山姥は「心にかかる事はなし母はもとより化生の身、有りともなしとも、陽炎のかげ、身にそうて守りの神」と告げて子別れし、山巡りを繰り返し、行方知れずとなる。山姥の「一念」はおそらく消え失せてしまったのだろうが、成仏したのかどうかはわからない。

山姥の前身は遊女であった。謡曲『江口』などを通じて、遊女が普賢菩薩の化身だとする物語があった(佐伯　一九八七)。近世中期においても、こうした伝承がかすかに残っていたかもしれないが、もはや聖性は失われ、遊興の生け贄として供されていたであろう。それでもなお、遊女を山姥へと変身させ、金太郎の母としたのは、遊女が当代の華であり、浮沈の境涯に人間の究極の姿をみた、近松のドラマトゥルギーであったろう。女神にも魔物にも、また高貴にも卑賤にも、変化自在なのが近松の遊女である。

遊女、八重桐は「松の位」の太夫になり、全盛をきわめ、ついで恋仲になった「思う男」に真心をささげて添いとげ、夫婦となる。廓から市井へ、遊女としての理想の道程である。ここには、仏・菩薩が衆生を救うために、姿を隠して俗塵に交じるという、〝和光同塵〟が踏まえられているのではなかろうか。そして、夫と離別した後は、紙で作った粗末な着物で、風呂敷包みを抱えて、「知らぬ旅路」をとぼとぼとさすらう身の上へと凋落する。他方、粗末なりに身をやつして、遊行する神仏あるいは巫女のイメージも、奥の深いところでは流れている。

そして、八重桐に夫の怨霊が乗り移り、鬼女もしくは「夜叉の鬼」へと変身し、超人的な怪力を振るう。それは〝妖怪〟的であるといえるが、邪悪を退治する鬼神または御霊神とみなすことができる。災いを及ぼす霊力ではなく、正邪をただす霊力を付与されているのである。まさしく劇的に、凋落した遊女の放浪者から猛々しい霊威をもった鬼神へと変貌することになる。八重桐はこのとき妊娠することになるが、『前太平記』で夢のなかで赤龍と通じて妊娠するのと同じような構成になっている。金太郎の誕生が怪異な現象として語られているのである。とはいえ、『前太平記』とは異なり、『嫗山姥』では金太郎よりも、山姥に焦点が合わされている。遊女から恐るべき霊威をもった山姥へと変身するプロセスを巧みに描いたところに、近松の山姥の大きな特徴がある。

さらに、この山姥は快童丸を生み、母子神的な性格を帯びる。頼光が快童丸に出会うのは、五、六歳のときである。『前太平記』の「老嫗」とは違い、山姥をまだ若い女と想像できよう。喜多川歌麿の描いた《金太郎と山姥》は、近松の『嫗山姥』のイメージをふくらませたものと考えてもいいだろう。古代以来、母子神は日本の神々のひとつの大きな特性である(山折　一九九五)。母神と童神(小さ子)は石田英一郎の『桃太郎の母』のテーマであった。山姥は母神として、怪力をもつ童神的な金太郎を生み育てる。そして、金太郎が頼光に召し抱えられ、別離するに及んで、山姥と金太郎は母子神的な性格を引きずりながらも、山姥は金太郎の「守りの神」、より広くいえば、子どもの守護神となる。これが近松のたどりついた山姥像であった。

この山姥の変身プロセスを全体的に見てみるなら、そのもっとも重要な契機となったのは、夫の時行の死である。この時行の霊魂のいわば輪廻転生、すなわち八重桐への宿り、そして金太郎としての再生が山姥の変身プロセスに並行している。時行の死と再生、あるいはその霊魂の輪廻転生の舞台になっているのが、八重桐・山姥自身の身体なのである。近松の卓抜なドラマトゥルギーだが、山姥に死と再生を司る霊力があるとする伝承にもとづいていたと推測できる。

もとより、この山姥像は近松によって創作されたものではないだろう。山姥は魁偉な老女の妖怪として伝承される一方で、山中で子を自ら生み育む山の神として、あるいは子どもの出産や成長を守護する山の神もしくは姥神として伝承されていた。こうした民間の伝承とともに、定型的な山姥のイメージを流布させてきた謡曲『山姥』が、近松の山姥像には織り込まれているだろう。近松が探り当て、歴史の表層に浮かび上がらせた〝金太郎の母〟山姥像は、死と再生の霊力をもち、畏怖の対象となる女神であった。それはまた、姥神や山の神の系譜に連なる女神であったということができる。

参考文献

石田英一郎　一九七一『石田英一郎全集　六』筑摩書房
川村邦光　一九九四「奪衣婆／姥神考」岡田重精編『日本宗教への視覚』東方出版
〃　一九九五「老いた女神——姥神あるいは奪衣婆の〝性〟」『仏教』三〇号、八五—九八頁
〃　一九九六「女の地獄と救い」岡野治子編『女と男の時空 II』藤原書店
黒田龍二　一九九一「図像解釈の位相——北野社参詣曼荼羅をめぐって」『月刊百科』三四八号、四—九頁

小松和彦　一九九四『妖怪学新考――妖怪からみる日本人の心』小学館
佐伯順子　一九八七『遊女の文化史――ハレの女たち』中央公論社
高崎正秀　一九三七『金太郎誕生譚』人文書院
田中貴子　一九九二『〈悪女〉論』紀伊国屋書店
〃　一九九六『聖なる女――斎宮・女神・中将姫』人文書院
東武美術館他編　一九九四『浮世絵の子どもたち』東武美術館
鳥越　信　一九八三『桃太郎の運命』日本放送出版協会
本田和子　一九八八『子別れのフォークロア』勁草書房
三品彰英　一九七一『神話と文化史』平凡社
〃　一九七二『増補　日鮮神話伝説の研究』平凡社
柳田国男　一九八九『柳田国男全集　六』筑摩書房
〃　一九九〇a『柳田国男全集　一〇』筑摩書房
〃　一九九〇b『柳田国男全集　一四』筑摩書房
山折哲雄　一九九五「女神の誕生」山折編『日本の神　二』平凡社
山本吉左右　一九八六「坂田金時」『日本架空伝承人名事典』平凡社

収録論文解題

丸山泰明

馬場あき子「天狗への憧れと期待」『鬼の研究』三一書房　一九七一年〔のち、ちくま文庫〕

謡曲や説話物語に描かれている天狗を題材に、天狗にこめられた意味とその変遷を読み解こうとする論考である。同じ反体制的存在でありながら、鬼が人間の情念に響く〈あわれ〉を体現するのに対し、天狗は滑稽な〈おかし〉の世界を体現する存在としている。そして、天狗が道教や修験道の神仙思想の影響を受けつつ形成されながら、やがて山伏化して天台と真言に統御され、自由な躍動を縮小させていったことを説く。天狗が滑稽な存在として描かれることを単に畏怖心の衰退としているのではなく、その遊興精神に論者独自の存在論を見出している点が興味深い。

柴田實「猿田彦考」『日本書紀研究』第八冊　塙書房　一九七五年

鼻の高い天狗の容貌が、天尊降臨において瓊瓊杵尊を迎えた猿田彦の容貌と似ていることはしばしば言及されるが、意外にも両者の関係を正面から考察している論考はほとんどない。本論は、記紀における猿田彦の神話的位相を論じながら、猿田彦と天狗の関係について考察している論考である。論者は、天狗が猿田彦の影響を受けたのではなく、むしろ逆に神社祭祀の儀礼に随伴する天狗から想を得て猿田彦を造形し、神話を生み出したのではないかと考える。そして、かつて実際に天狗が演じる儀礼があり、そこにおける天狗とは山人を異人視する平地人の観念が生み出したものではないかと推定する。また、大陸から仏教とともに伝わった伎楽の陵王面が天狗の面の原型となり、猿田彦の容貌にも影響を与えたとしている。

論者の説は魅力的だが、裏づけのない仮説に過ぎず、実証性には乏しい。しかし猿田彦と天狗の影響関係に着目する視点は先駆的であったといえよう。

小峯和明「相応和尚と愛宕山の太郎坊——説話の歴史

――」『早稲田実業学校研究紀要』第一〇号　一九七五年

相応和尚が染殿后に憑依した真済天狗を調伏する『相応和尚伝』の説話が、古代から中世にかけてどのように派生し展開していったのかを考察している論考である。惟喬・惟仁の皇位継承争いで惟喬側につき敗れた真済は、死して天狗となり染殿后に取り憑いた。憑依した真済を不動明王の力をもって調伏した相応和尚は天台の僧であり、真済が真言の僧だったことを考えれば、説話の背景には天台・真言の宗派抗争と、天台の優位を示すプロパガンダがあることが分かる。その後派生した説話において、相応が脱体制的で反骨の「行者」へと変貌していくことに、漢文体から和文体へ移行していく過程を読み取っている。一方、真済自身もまた説話にすくい上げられ、愛宕山の太郎坊となり『太平記』において乱世を画策する天狗として描かれたことを述べている。

本論は「位争い説話から真済悪霊譚へ」(『日本文学』一九七五年一二月)の続稿であり、両論文はのちに書き改められ、『説話の森』(大修館書店、一九九一年)の「説話の森」の章になっている。

森正人「天狗と仏法」『愛知県立大学文学部論集』第三四号　一九八五年

『今昔物語』に収められている天狗説話を、本来依拠していた説話と比較し違いを検証することを通じて、『今昔物語』においてどのような存在として天狗が表現され、どのような位置を占めているのかを考察した論考である。『今昔物語』の本朝篇仏法部は、日本の仏教の全体像を体系的に描き出しており、そのなかに天狗説話の一群がある。天狗は反仏法的存在として描かれていると同時に、最終的には仏法に屈服する存在となっており、仏法の教えを浮かび上がらせる陰画の役割を果たしている。天狗譚の中には、本来依拠していた説話とは表現や内容が違う説話がいくつかあり、編纂の過程で文章が加工されていることを明らかにしている。

天狗の反仏法性を所与のものとしているのではなく、仏法の力を主張する物語編纂の過程で形成されたとしている点が興味深い。本論はのちに『今昔物語集の生成』(和泉書院、一九八六年)に収録されている。

村山修一「愛宕山と天狗」『修験の世界』人文書院　一九九二年

京都の愛宕山は古くから霊山として信仰され、修験道も盛んであり、天狗が棲むといわれてきた。論者は、山頂の愛宕神社に祀られている神が火に関係する神であり、また天狗が火事を起こすとともに火伏せの神でもあることから、愛宕信仰とは本来火神信仰だったと論じる。そして、愛宕山がもともと葬送地だったことを語源から類推し、火の神とされる由縁を、山に昇った死者の霊を祖霊として信仰し、火を焚いて弔ったことに求めている。その上で、平安末期から鎌倉・南北朝時代へといいたる天狗像を概観しつつ、中世における愛宕信仰を垣間見させる『天狗の内裏』と『愛宕地蔵之物語』を紹介している。

原田正俊「『天狗草紙』を読む——天狗跳梁の時代——」『朝日百科日本の歴史別冊　歴史を読みなおす五　大仏と鬼』朝日新聞社　一九九四年

鎌倉時代後期に描かれた『天狗草紙』を読み解きながら、中世において仏教と天狗の関係が深まってきた理由を考察している論考である。

『天狗草紙』はそれまで、宗教界のパロディ、あるいは主要名刹のガイドブックとされてきた。しかし論者は、『天狗草紙』に独自の仏教観が示されていることから、絵巻を用いた痛烈な社会批判であるとしている。絵巻が描かれた鎌倉時代後期は、顕密仏教の諸大寺が力を持ち、寺社間の争いを頻繁に起こし、幕府への強訴が頻発していた。また、顕密仏教が争乱に明け暮れる一方で、新たに時宗や禅宗が台頭し、混乱する社会に怯える民衆の支持を受けて、急速に勢力を伸ばしていた。『天狗草紙』とは、仏教の現状に対する作者の危機感の表明であり、鎌倉幕府の崩壊へと向かっていくなかで起こった仏法・王法の混乱を批判したものだとしている。天狗が、当時の社会不安を表象する回路となったことを指摘している論考といえよう。

谷川健一「崇徳上皇」『伝統と現代』一九六九年　二・三月号

保元の乱で後白河天皇に敗れた崇徳上皇は、配流先の讃岐で憤死した。非業の死をとげた崇徳上皇は天狗になり、その後の歴史において時の権力者を脅かし続けることになる。

本論は『伝統と現代』に連載され、人間の奥底にひそむ魔の精神史を描いた「魔の系譜」(のちに『魔の系譜』紀伊國屋書店、一九七一年として出版)の一章である。

死してなお憎しみ怨みながら天狗となり、政敵である後白河天皇や平家を呪い祟った崇徳上皇の魔を論者は見つめている。さらには政治的に敗れた者が悪霊となり天狗となって復讐する系譜を追う。天狗に関する多くの論考が社会状況や信仰世界のなかに天狗を位置づけているのに対し、天狗となった崇徳上皇から人間の深淵をのぞき込もうとしている論者の視点はたいへん魅力的である。

小倉學「加賀・能登の天狗伝説考」『昔話伝説研究』第二号　一九七二年

天狗に限らず、民俗レベルの妖怪譚・怪異譚の報告は数が多くても、収集して比較検討する試みはあまり多くない。本論は、加賀・能登（石川県）における天狗譚五四例を比較することによって、ひとつの地域に特有の天狗像を描き出し、全国的な比較研究への礎にしようとする試みである。棲息場所や天狗の姿、天狗ばやしや天狗つぶて・神隠しなどの天狗の所業、天狗が火事の因になるとともに火の神にもなることなどが述べられている。天狗は危害をもたらすと同時に報恩を施しもするという結論は平凡なものに過ぎないが、引用されているそれぞれの事例は、かつて天狗が人々の生活のなかに息づいていたことを教えてくれよう。

五来重「天狗と庶民信仰」梅津次郎編『新修日本絵巻物全集第二七巻　天狗草紙・是害房絵』角川書店　一九七八年

天狗を描いた絵巻の巻末に付されている論文であるが、絵巻物に描かれた天狗ではなく、庶民信仰と修験道における天狗について考察した論考である。論者は天狗の原質を山神・山霊とし、天狗を山への原始信仰の表出と見なしている。山の神・霊が形象化されて天狗になっていったが、やがて説話や物語・昔話へと下降していくにしたがって妖怪化し神通力を失い滑稽な存在になったとしている。ゆえに、本来の天狗が生きる世界は原始信仰の生命力を残す庶民信仰と修験道に限られると述べ、全国各地の信仰や儀礼を紹介しながら、天狗信仰の実態を描き出している。

荒俣宏「幽冥界覚書」『奇想天外』一九八一年

古来、天狗の仕業とされているものとして神隠しがある。江戸時代、国学者の平田篤胤は天狗に連れられ神隠しに遭った少年寅吉に、仙界の様子の聞き取りをした。本論では、神隠しにあった寅吉への平田篤胤の強い興味と、そして篤胤が書き留めた仙界訪問譚が怪異文学者の上田秋成や神道天行居を開いた友清歓真の〈幽冥界〉への関心を刺激したことを述べられている。なお、篤胤の聞き書きは岩波文庫の『仙境異聞　勝五郎再生記聞』（平田篤胤、子安宣邦校注、二〇〇〇年）により、現在では手軽に読むことができる。

本論はのちに『本朝幻想文学縁起』（工作舎、一九八五年）に収録されている。本書収録の論文は集英社文庫版『本朝幻想文学縁起コンパクト版』（一九九四年）に基づいた。

宮本袈裟雄「天狗伝承とその背景」『月刊百科』第二五〇号　一九八三年

天狗像の形成と民俗的世界への普及を、修験道を補助線にして描き出している論考である。天狗像の形成史は修験道の形成・発展とほぼ対応しており、特に神仙思想の影響を強く受けているとしている。また、天狗が民衆へと普及していった背景に、近世以降の里修験の影響を想定する。そして、『遠野物語』に記載されている話をはじめとする各地の天狗伝承を検討しながら、天狗が山の神として畏怖されながら、やがて笑い話の主人公となっていく過程に、山と里の交渉を重ねることによって天狗が零落してしまった精神史を読み取っている。

本論はのちに『天狗と修験者』（人文書院、一九八九年）に「天狗と民俗——山と里の天狗観」と題して収録されている。

宮本袈裟雄「天狗の図像学」『日本人の原風景Ⅰ　聖峯冥郷　やま』旺文社　一九八五年

天狗の容姿の形成過程を、文化史的に考察している論考である。「天狗」もまた中国から伝わった言葉だが、しかし中国で一般的な天狗を星と見る観念が日本にはほとんどなく、日本の天狗のイメージは独自に展開したものだといえる。日本の天狗は山に棲む妖怪とされ、天狗の山伏姿は修験道の影響によるものとしている。また、社寺に納められている天狗像を検討することにより、嘴をもち鳥の翼をはやしている姿は、インド神話のガルーダに由来する仏教の聖鳥の迦桜羅によるものではないかと推察している。

本論はのちに『天狗と修験者』（人文書院、一九八九年）に「天狗と系譜と図像学」と題して収録されている。

岩田重則「天狗と戦争——戦時下の精神誌——」 松崎憲三編著『近代庶民生活の展開——くにの政策と民俗』三一書房 一九九八年

戦時下において、武運長久や弾除けの神として天狗が信仰され、流行神になった。また、天狗は戦地へと出征し、あるいは天狗が戦地に現れて兵士を救ったうわさも数多く発生した。論者は、これらのフォークロアが発生した理由を天狗信仰の様々な実態から導き出される両義的な性質に求めている。天狗は人間にとってマイナスの作用・災厄をもたらす存在である一方で、プラスの作用ももたらし災厄を除去する存在でもある。いわば人間の生命や運命を左右することができる存在であり、だからこそ生と死に直面せざるをえなかった戦時下に、死という災厄を除去できる天狗が信仰の対象となったのではないかと論じている。また、天狗が山の神であること、さらに山の神が産神としての性格も持ち、人間の生死や運命を左右することから、戦時下において天狗が流行神になったのは、産神—山の神—天狗の系列の顕在化であったとしている。

折口信夫「鶯替え神事と山姥」『江戸文化』第三巻第一号 一九二九年

後に妖怪化した山姥の起源を、山の神を祀る巫女に見出し、マレビト論をもって折口独自の世界観のなかに位置づけている論考である。年の終わりに山の神を祀る山人が杖をもって里に降り、祝福をして山へ帰る。折口によれば、山姥も同じように山の神を祀る巫女であり、里に祝福に訪れ、鎮魂の舞をする。この舞が、曲舞や猿楽・能へと発展していったとしている。折口特有の、実証抜きに論を進めていく手法であるが、それゆえに魅力に富んでいるといえよう。

五来重「『食わず女房』と女の家」『鬼むかし』角川書店 一九八四年〔のち、角川ソフィア文庫〕

本論の初出は一九八一年から八三年にかけて『茶道雑誌』に連載された「鬼むかし」においてである。本書収録にあたっては連載をまとめて刊行された『鬼むかし』に依拠した。

昔話「食わず女房」は、飯を食わないと言う女房が夫の留守中に握り飯をつくって髪の毛の中にある大きな口から食べ、その姿を覗き見た夫が、山姥の正体を現した女房から知恵と工夫により逃れる話である。論者は、鬼一口型昔話と葬送や田植の際の宗教儀礼から、「食わず女房」が形成された背景を読み解いている。

大橋秀夫「他者の原像――人見知りをめぐっての鬼と山姥の考察――」 新田義弘ほか編『他者の現象学』北斗出版 一九八二年

論者自らの精神療法の経験と昔話を題材に、鬼および山姥について精神医学の角度から考察している、珍しい論考である。昔話における鬼の原像を乳児期の他者体験に求め、「桃太郎」などの鬼退治譚を解釈することにより、鬼の原像とはもっとも身近でかつ持続的な他者である父親としている。対して山姥の原像を、最初から一体感に包まれているはずの母親と離れてしまうことへの不安・恐怖の体験としている。

本論の視点とは逆に、昔話の鬼や山姥のイメージが子どもの成長にあたって精神・人格形成にどのような影響を与えるのかを考察する必要もあるように思えるが、それは残された課題というべきだろう。恐怖の対象とされる鬼や山姥の原像を乳児期の他者認識・他者経験に求める精神医学からの視点は、人文科学からは生まれにくいものであり、興味深い。

山上伊豆母「霊山の棄老と養老」 『帝塚山論集』第六九号、一九九〇年

山姥の属性のひとつである「老女」を、棄老伝説と結びつけて考察している論考である。神話や説話などから事例を引き、山岳信仰と関わらせながら、山姥がおびる属性を説明している。そして、山の神を祀る巫女である女性が山姥の原型になったとする従来の説を引きながら、山に棄てられる老女とは本来山に棲む老巫女のことであり、棄老伝説における老女が難題を解くことができるのも、老巫女の特殊な能力を暗示しているのではないかと推察している。

本編は『日本の母神信仰』(大和書房、一九九八年)に再録されている。

川村邦光「金太郎の母――山姥をめぐって――」 田中雅一編著『女神―聖と性の人類学』平凡社 一九九八年

「金太郎の母」でもある山姥を、絵画や文学などの様々な角度から、その多様な位相を考察している論考である。歌麿の描いたなかでも有名な金太郎が乳を含み指で乳首をひねっている浮世絵から、慈愛に満ちた母性神の姿よ

りも、エロスに溢れる妖艶な山姥のイメージを読み取る。そして金太郎出生譚から、山姥に竜神や雷神、あるいは山の神が依り憑く巫女・神の妻の姿を見る。しかし、ここで単に神性を指摘するだけではなく、謡曲『山姥』を手がかりにして、山姥の妖怪性が、女性は本質的に妄執にとらわれた罪業深い存在とする仏教言説によるものだとしている。零落説に陥ることなく、山姥の多様な側面を取り上げている論考である。

天狗は妖怪のなかでも鬼や河童と並んで著名な存在だが、その研究は鬼や河童に比して少ない。また、本書所収の論文を見てもわかるように、古代から中世にかけて中央の貴族社会・仏教寺院を舞台にして活躍する天狗と、全国各地に見られる民俗社会の信仰や昔話・怪異現象に現れる天狗が、別々に論じられる傾向がある。これは、中央の天狗を研究するのは主に国文学や歴史学であり、民俗社会の天狗を論じるのは主に民俗学であるためである。加えて、民俗社会の天狗を論じるはずの民俗学が、あまり天狗の研究を積み重ねていない現状もある。結果として中央の天狗と民俗社会の天狗の相関性はあまり論じられず、時代を下るにつれて中央から民俗社会へ伝播したと言及される程度である。今後、中心から周縁へ、あるいは過去から現在へと一系的な変遷を追うにとどまらない天狗論が、学問の枠を越えてなされることを期待したい。

山姥は、たとえば吉田敦彦も『妖怪と美女の神話学――山姥・天女・神女のアーケオロジー』（名著刊行会、一九八九年）や『昔話の考古学―山姥と縄文の女神』（中央公論社、一九九二年）で展開するように、とかく「古代」「原型」「起源」に遡り、山の神や山の神を祀る巫女、あるいは大地母神など、山姥に女神信仰や母神信仰の面影を見出そうとする研究が多い。しかし、このような「妖怪は神が零落したもの」とする民俗学の古典的妖怪論では、小松和彦が『妖怪――山姥をめぐって――』（宮田登編『講座日本の民俗宗教第三巻　神観念と民俗』弘文堂、一九八二年）において批判したように、妖怪現象の多様性をとらえることはできず、山姥の場合でいえば、その妖怪性が看過されてしまう。「古代」「原型」「起源」を遡及するにとどまらない山姥研究の展開を望みたい。

天狗と山姥

解説

小松和彦

I　はじめに

「天狗」も「山姥」も広く知られた妖怪種目である。山の怪異を語るときには欠くことのできないキャラクターだといって過言ではないだろう。たとえば、わたしの手元に、幼児向けに作られた『妖怪図鑑』（童心社、一九九四年）がある。文は民俗社会の妖怪に明るい常光徹が書き、絵はイラストレーターの飯野和好が描いている。幼児向けということもあって、紹介されている妖怪種目はほんの少しであるが、河童、鬼、人魚などと並んで、「天狗」と「山姥」が紹介されている。「天狗」と「山姥」は、現代における妖怪の代表なのである。

「天狗」も「山姥」も長い歴史をもった妖怪である。「天狗」の名称はすでに古代に姿を現わし、とくに活躍したのは古代末から中世であった。また、「山姥」の登場は「天狗」にくらべてはるかに遅く、室町時代になってからであった。「天狗」や「山姥」の研究は、国文学や民俗学、歴史学などの分野に属する研究者によって担われてきたが、妖怪種目としての著名さにくらべると、その研究の蓄積はあまり多くない。とりわけ「山姥」に関してそれが顕著である。その最大の理由は資料が乏しいことにある。限られた資料からの議論には限界があるからだ。しかし、学問的に論議し尽くし、問題点も解決してしまっているかに見えることであっても、視点を変えたり関連資料を発掘することで、新たな光を当てることが可能であり、「天狗」や「山姥」はその可能性を秘めた素材であるかに思われてならない。本巻では、そのあたりのことを模索しながら、これまでの研究を概観してみたい。

Ⅱ 「天狗」研究の足跡

まず典型的な「天狗」のイメージと属性について確認しておこう。たとえば『日本伝奇伝説大事典』(角川書店、一九八六年)の「天狗」(柴田光彦)の項では、「深山にすみ、自由に空を飛ぶことができるという想像上の妖怪。その形はおおむね中世にでき上がり、山伏姿で、翼があり神通力があり、大天狗は顔が赤く鼻高く、羽団扇をもつ。小天狗は烏天狗といい、烏様の顔をしている。諸地方の社寺に祀られている天狗の多くはこの形で、浮世草子や草双紙から、今日の民話集や絵本の類に描かれる形も同様であるが、その諸相は時代により異なる」と説明され、そして「その諸相」の概略が述べられるわけである。

この説明にもあるように、これまでの天狗研究者が主として問題としてきたのは、この「諸相」、つまり天狗伝承の成立と変遷を明らかにすることであった。

「天狗」をもっとも詳細かつ多角的に記述した研究は、知切光歳『天狗の研究』(大陸書房、一九七五年)である。しかし、それ以前にも研究した人たちがいた。早くは江戸時代の『本朝神社考』を著した林羅山で、その著の「僧正が谷」の項において「我邦古より天狗と称するも多し」と述べたあと、世俗に伝わる天狗伝承を紹介している。江戸時代の知識人の多くがその著書で天狗の伝承や風聞に言及している。だが、天狗の文献を渉猟した諦忍『天狗名義考』（一七五四年）を除けば、研究として見るべきものは少ない。しかし、幕末に起こった仙境に赴いたという体験を語る寅吉事件は、まことに興味深いものがある。この事件は山崎美成、平田篤胤、屋代弘賢などが寅吉への取材報告などを書いているが、そのなかでも、とくに幽冥界の存在に深い関心をもっていた篤胤の『仙境異聞』が面白い。それは寅吉との問答集という形式をとりながらも、それには篤胤自身の幽冥観の表明という性格が強く表れている。この資料については、柳田國男をはじめ多くの研究者が言及しているが、とくに本巻所収の荒俣宏の「幽冥界覚書」がこのあたりのことを詳しく紹介している。また、このテキストを収めた『仙境異聞・勝五郎再生記聞』（子安宣邦校注・解説、岩波文庫、二〇〇〇年）も興味深い。

近代の天狗研究は、これまでもたびたび紹介してきた妖怪研究の先駆者井上円了と柳田國男によって始まった。井上円了は『天狗論』で、たくさんの天狗伝説を紹介した上で、例のごとく一括して、天狗の仕業とみなされたものはじつは自然現象であって、天狗とは不思議に思った自然現象の異名にすぎない、と一蹴している。ようするに、井上にとっては、天狗もまた他の妖怪同様に、早急に撲滅しなければならないものであったわけである。

柳田國男はこれとは対照的に、天狗を他の妖怪種目と同様に、天狗という存在を想定しさまざまな伝承を生み出してきたということをまず認め、その心意の歴史と構造を究めようとした。とくに柳田國男は『遠野物語』の著述から『山の人生』あたりの頃まで、天狗をはじめとする山の「異人」に関心を注ぎ、一時期、そうした「異人」＝「山人」資料からヤマト民族によって排斥された異民族の痕跡をそこに見いだそうとしていた。柳田はのちにこうした観点からの山人の追究を放棄し、それにともなって天狗への関心も薄れてしまうのだが、民俗社会における天狗伝承の採集の必要性、天狗と神隠しとの関係、天狗伝承が中世に隆盛を迎えたこと、山伏・修験道との関係など、その後の天狗伝承研究を導く指針を提供したという点で高く評価しなければならないだろう。

知切光歳の『天狗の研究』は、こうした先学と研究に導かれて著されたものである。この研究は、彼自身が「筆者の天狗に対する所説はと問われると、紹介した先学と同様、やはり確固たる所見は無いというより述べられない」とはっきり断っているように、天狗についての独創的な考察を目指したものではなく、天狗の全貌を文献の渉猟とフィールドワークによって明らかにしようとした点にある。彼がこうした仕事に取り組むことになったのは、「天狗は日本特有の魔怪である……天狗こそ日本人が創造し育成した確乎たる日本種の魔妖である」という熱い思いであった。なにをもって日本特有とみなすか、また天狗のみを特別視していいのかという疑問が残るが、天狗が日本において生み出された興味深い妖怪であることはたしかである。

この本の内容はその章立てを紹介することで、およその見当をつけることができる。第一章は「天狗の棲む山」と題され、知切がフィールドワークした天狗伝承が濃厚に残る各地の霊山聖地の記録である。これを踏まえて、第二章の「天狗の変身の歴史」では、「天狗」という語が文献に現れた古代から近世までの「天狗」の足跡をたどる。第三章「天狗の正体」は、章の題目とは異なり、天狗の最大の特徴ともいうべき「天狗さらい」(天狗による誘拐)の資料紹介と、近世初期の知識人の天狗への関心のあり方が紹介される。第四章は、近世後期の知識人の天狗論もしくは天狗への関心、さらには近代の井上円了と柳田國男の天狗研究が紹介されている。そして第五章では、なんでもランキング(番付)したがった江戸時代の「日本大天狗番付」に名前が載っている天狗たちの解説がおこなわれている。なかでも第二章は、天狗史が豊富な資料を駆使して詳しく描かれていて貴重である。

「天狗」という語の初出は、『日本書紀』欽明天皇九年（六三七年）である。都の空に流星が現れ、雷のような音を立てて東から西に飛び去った。人びとはこれを不吉の前兆と受け取ったが、中国から帰朝したばかりの僧が「これは流星ではなく、天狗である」と奏上したという記事である。この「天狗」は後世の「天狗」とは異なり、「てんぐ」と読まずに「あまつきつね」と読んだので、むしろ「天狐」とするのが妥当なのかもしれない。しかし、後世の「天狗」が空中を飛行する属性を一貫して兼ね備えてくる点に注目すれば、系譜関係がまったくないわけではなく、意味内容を変えて、後世の人びとは「天狗」という語を継承したのであった。ところで、中国では流星を「天狗」と表現することがあったというから、この僧は、留学帰りであったにもかかわらず知識が不十分で、「あれ（流星や隕石）は天狗《アマツイヌ》だ」というべきだったのだろう。

私たちのイメージする「天狗」の先祖は、平安時代中期の『源氏物語』や『栄華物語』などに現われてくる。山から聞こえる怪音を「天狗」の仕業とみなす記述がみられるからである。しかし、そのイメージが具体的なかたちをとるのは、平安時代末から鎌倉時代初期にかけてである。「天狗」の第一期黄金時代といっていいだろう。この時代の生態を生き生きと描いているのは、『今昔物語集』や『宇治拾遺物語集』『古今著聞集』などの説話集である。そこでは、天狗は仏教的な土壌のなかで造形された魔物であった。すなわち、「天狗」とは仏法が広がることを妨害するために活動する魔物・妖怪の類で、いろいろなものに姿を変える能力を備えていたが、その正体は鳶とみなされ、そのために、この時代の天狗の図像的なイメージは、鳶を基調に描かれている。「天狗」は山に棲み、鳶に変じて飛行し、空から舞い降りて餌食とすべき人間をさらい、さらに、人に乗り移って病気や死をもたらすと考えられていた。

当然のことながら、これまでの「天狗」の研究は、こうした第一期黄金時代の天狗の特徴の解明に集中していた。たとえば、本巻所収の論文でいえば、森正人「天狗と仏法」は、『今昔物語集』所載の天狗説話を分析し、「彼らは魔縁とか魔界とか呼ばれて、仏法に障碍をなすものとして登場してくる。反仏法的存在、これが天狗なるものに与えられた最も基本的な性格であろう」と把握し、その反中心的、周縁的性格を指摘している。

興味深いのは、この時代の「天狗」は、仏法と反仏法（魔界）という絶対的な二元的な構造のなかの一方に位置するわけではなく、道を誤った僧なども天狗の棲む魔界、つまり畜生道に堕ちて天狗になる、と考えられていたことである。つまり、天狗のなかにはもとは人間であったという経歴の持ち主もいたのである。そうした天狗が、復讐・祟りとして人に乗り移ることもあった。同様の性格は「鬼」にも見いだせるので、鬼と天狗の性格の類似性と差異性を詳細に考察する必要があるだろう。たとえば、小峯和明は「相応和尚と愛宕山の天狗太郎坊」（本巻所収）で、呪力の優れた祈禱僧の物怪調伏譚、とくに天狗となった高僧真済とそれを調伏する祈禱僧相応を中心に、天狗の履歴を解き明かしている。そして後世の伝承では、真済が愛宕山の太郎坊天狗となったという。「真済」伝説は、多くの天狗研究者が言及するように、天狗の代表であり、それゆえ天狗の本質を考察するのに最適な素材であって、鬼伝承の典型である「酒呑童子」伝説に相当するといえるかもしれない。

ところで、不思議に思われるのは、そんな天狗を祀る人びとがいたことである。天狗は魔縁魔界の者なので、邪悪な願い、つまり呪詛・祟りの願いを聞き届けてくれたと考えたのである。この背景には、天狗と修験道との結合が挙げられる。修験者は天狗を調伏する祈禱僧であり、それゆえに天狗を統御することができ、したがってそれを思うままに操れるということにもなったのである。山伏を媒介にして「外法」としての天狗祭祀が生み出されたわけである。

この時代の天狗信仰の拠点として有名であったのが、小峯論文その他で触れられている、京都の北西の霊山、愛宕山であった。愛宕山には、平安時代末には天狗の像があったらしく、保元の乱の首謀者の一人、藤原頼長の日記『台記』に、この像に釘を打って近衛天皇を呪うものがあった、という記述がみえている。ということは、反仏教的形象であるにもかかわらず、この天狗を祀ろうとする仏教者がこの山には存在していたことになる。もちろん、愛宕山の本尊が天狗であったわけではない。本尊として地蔵や観音、不動明王などが祀られ、修験道の道場としての機能を担っていた。そうした修験道的な土壌のなかから、仏教の「闇」を担う役割も生まれてきたのであった。このあたりのことは、村山修一の「愛宕山と天狗」(本巻所収)に詳しく説かれている。ようするに、山の怪異―鳶の妖怪―修験(山伏)。これらの属性やイメージが合体するなかから、服装は修験者、口や羽は鳥、といったいわゆる「鳥類(鳥)天狗」の原像が生まれてきたのであった。

「天狗」の第二期黄金時代は、南北朝時代に訪れる。この時代の天狗を描くのは『太平記』である。第一期黄金時代の天狗と比較して注目される相違点は、仏法を妨害する妖怪から、王法(政権)を脅かすきわめて政治的色彩の強い妖怪に変質したことである。『太平記』では、政争・合戦に敗れた天皇や皇族、武将、そしてそれに加担した高僧たちが天狗となって政権打倒を謀議している。その一人が藤原頼長と手を結んで保元の乱を起こして敗れた崇徳上皇で、南北朝の騒乱のときに、この崇徳が天狗道=畜生道に堕ちながらも、積年の思いを晴らすチャンスとばかり出現してきた。本巻所収の谷川健一「崇徳上皇」は、この崇徳の怨霊化=天狗化を論じたものである。

歴史的な存在としての天狗の研究は、そのほとんどがこの二つの時期の天狗の研究である。

室町時代末までは、こうした「鳥類かつ山伏姿の天狗」が一般的であった。ところが、江戸時代になると、「鳥類天狗」とは異なる天狗が登場してくる。それが今日ではむしろ「鳥類天狗」よりもはるかに広く流布している「背丈が大きく鼻高の山伏の服装をし、羽が生えている天狗」である。それまでの「鳥類天狗」は、「鳶」から「烏」に変わり、「鼻高天狗」の眷属（家来）のような地位に堕とされていった。

では、なぜ江戸時代になって天狗のイメージは変質したのだろうか。ここでわたしはその十分な答えを用意していないが、本巻に収録した「天狗への憧れと期待」の最後で、馬場あき子が述べている言葉は、やや議論の文脈は異なるが、この疑問への一つの答えとなっているように思われる。「乱世という、下克上そのものが体制になった時代に、天狗はいつのまにか山の組織につながる末端になったのであり、反骨精神の伝統は利用されるものとしてのみ存在した。反体制魂の特権は、そのころすでに生活のなかからの危機感から立ちあがり行動する、中・下層の武士階級のなかに移りつつあった」。霊山の天狗の序列化と大天狗（鼻高天狗）と小天狗（鳥類天狗）の主従化は、そうしたことの表れであったのではなかろうか。

「鼻高天狗」の図像は、狩野元信が描いたとされる鞍馬の天狗画像あたりから始まったと考えられている。五来重や宮本袈裟雄によれば、「鼻高天狗」のイメージは伎楽面のなかの魔を祓う治道面（鼻高面）や胡徳面（鼻高面）の影響を受けて、「鳥類天狗」は仏教の毒蛇を食べる迦楼羅《ガルーダ》面（鳥面）の影響を受けて生まれたのだろうと推測している。とくに宮本袈裟雄は信州・飯縄山を拠点にかなり広い地域に広まった「飯縄権現像」と天狗像、迦楼羅面の類似関係に着目している。

それにしても、なぜ江戸時代に「鼻高型」が広く流布するようになったのだろうか。残念ながら、この点に関してはまだよくわかっていない。知切光歳の『天狗の研究』でも、江戸時代になって「鼻高型天狗」が登場してきたということを指摘して、天狗の歴史を語った章は閉じられているのである。

民間芸能には、「天狗」や「サルタヒコ」に素材をとった神格がいる。たとえば、長野県の南信地方に分布する霜月祭りに登場する「火の王・水の王」は「鼻高面」で表され、「天狗」との関係を思わせる。また若狭地方に分布する「王の舞」の「王」も「鼻高面」をつけ、これは「サルタヒコ」とみなされている。「鼻高面」によって表される神格の総合的な研究が求められているのだが、まだ研究はないように思われる。本巻ではその先駆性を評価して、柴田實「猿田彦考」を収録した。サルタヒコ祭祀・芸能あるいは「鼻高面」芸能の分布と修験道・天狗祭祀・芸能の分布を重ねてみることで、こうした問題を解く鍵が浮かび上がってくるのではなかろうか。

Ⅲ 「天狗」の民俗学的研究

「天狗」に関する情報は全国各地の民俗社会、すなわち民俗学者が調査した地域からも報告されている。それは山間地域、それもとりわけ修験道が盛んであった霊山に近い地域で濃厚に分布しているので、修験道の影響を受けた結果であることは明らかである。

「天狗」は修験道・山伏を介して民間に浸透していった。しかしながら、そうした歴史的な経緯はあるにせよ、地域社会に入り込んだ「天狗」は、それぞれの地域の歴史・文化状況に応じて性格の変化が生じることがあったとしても不思議はない。したがって、民俗社会における天狗伝承の詳細な調査が期待されるわけである。民俗学者は柳田國男その他の先駆的研究を受けて、民俗社会に伝わる天狗伝承を採集することにも心がけてきたのだが、残念ながら、これまで「天狗」に焦点を合わせ、それを民俗社会のなかに位置づけるといった体系的・理論的な研究はおこなわれることがなかった。これには、柳田國男が山人への関心を失うとともに天狗への関心を失ったことも関係しているようである。

民俗社会での「天狗」伝承を眺めてみると、もっともよく耳にするのは、山の怪異を「天狗」の仕業とみなす伝承である。深夜、奥山の方から大木が倒れるような音がしたとき、それを「天狗倒し」などと称して、

「天狗」が木を切り倒しているのだと説明するわけである（同様の現象は「古杣」などともいって妖怪化した杣の死霊のせいにされることもある）。山中で人の笑い声のような音が聞こえることがあるが、これも「天狗笑い」と呼ばれることがあった。つまり、「天狗」は不思議な現象の説明装置として機能しているわけである。山の怪異現象を天狗の仕業にするということは、すでに天狗という語が登場した平安中期からの属性であったので、昔から変わらない属性といえるのであろう。また、説明装置としての「天狗」は「神隠し」現象にも見いだされる。子どもが行方不明になったとき、人びとは「天狗」にさらわれたのではないか、と考えるわけである。もちろん、わたしがかつて『神隠し』（弘文堂、一九九一年）でかなり詳しく論じたように、神隠しの原因とされるのは「天狗」だけであったわけではない。しかし、天狗による人さらいの伝承はすでに鎌倉時代からの長い伝統があり、民俗社会の「神隠し」伝承も、そうした伝承の影響を強く受けているようである。

こうした山の怪異の説明としての「天狗」伝承を背後から支えているのが、「昔話」のなかの天狗のイメージや、山でたまたま「天狗」に遭遇したという世間話、あるいは天狗にまつわる伝説である。本巻には、地域を限定して「天狗」の伝承をまとめている小倉學の「加賀・能登の天狗伝説考」や、修験道の視点から庶民信仰に浸透した天狗信仰を概観した五来重の「天狗と庶民信仰」を収録した。この種の研究はまだ少ないのだが、これが全国に及べば、民俗社会レベルの天狗の実態が浮かび上がってくるはずである。

ところで、昔話に登場する天狗は間抜けな天狗が多い。知恵のある男が天狗をだまして、天狗の隠れ蓑や笠、鼻の高さを変えることができる団扇を手に入れる話などがよく知られている。民俗学では、こうした昔話の滑稽な天狗を根拠にして、天狗の零落と捉える傾向がある。しかし、たとえば、『是害坊絵巻』の物語に描かれているように、天狗は第一期黄金時代でさえも間抜けで滑稽な側面を抱えもっていた。したがって、一概に零落とみなすわけにはいかない。天狗の本質はしばしば「鬼」と属性が重なりながらも、姿かたちは大きく威厳があるが、その内実は愚かさ・間抜けさを抱えもっている、という点に求められるのかもしれない。さらに、天狗の社会は男のみからなる社会であって、そのシンボルが高い鼻であり、「神隠し」現象に、どことなくセクシャルな、あるいはホモセクシャルなイメージが漂っているのも、これと関係しているのであろう。「天狗」の特徴はこうした両義性にあるのだろう。

たしかに、これまでの研究は歴史的存在としての天狗に偏っていた。だが、今後は民俗社会のレベルでの研究がいっそう進展することが期待される。その点で変わった側面から天狗研究をおこなっているのが、岩田重則「天狗と戦争——戦時下の精神誌——」（本巻所収）である。戦時下において武運長久・弾除けに霊験があるということで流行した天狗信仰を論じたこの論文は、庶民のなかに生きる天狗信仰のこれまでに指摘されたことがない側面を生き生きと伝えていて興味深いものがある。しかし、岩田が析出した天狗と産神の関係つまり豊饒性は、天狗の高鼻が勃起する男根を象徴しつつも、ホモセクシャルであるがゆえの不妊のイメージをも伴っていたので、なお検討の余地がある。現代人の間では、「天狗」という語は自慢する者や酒呑みのメタファーとしても浸透している。これもなお追究すべきテーマであろう。このように、「天狗」は実はまだまだ論ずべきことが残されている興味深い妖怪キャラクターと思われる。

Ⅳ　「山姥」研究の足跡

天狗は男性ばかりの妖怪集団である。この「天狗」に対応するかのような山の妖怪種目が「山姥」である。しかし、これはあくまでも性の「対応」をいっているに過ぎず、「天狗」と「山姥」が夫婦であるということではない。むしろ、そうした伝承はまったくないようである。

「山姥」もしくはそれに類する者が文献に登場するのは、中世後期の室町時代である。有名な謡曲の『山姥』はその一つであるが、お伽草子『花世の姫』にも山姥が登場している。さらに『当代記』という書物には、慶長十四年（一六〇九）に、京都の東山東福寺付近で「山姥」というものを見世物にしたという記録も留められている。

「山姥」が「鬼女」の系譜に連なることは、謡曲『山姥』で、妄執が塵のように積もって山姥となった、と語ることからもわかる。この時代の人びとは、女が「妄執」を抱くと山姥に変わる、と考えていたわけである。また、『花世の姫』の「山姥」は、顔は折敷のごとく、目はくぼみ玉は抜け出て、口は広く、牙は鼻の傍まで生え出ていて、頭の毛は赤いしゃぐまのようであり、そのなかに角のような瘤が十四、五ほどあったという。明らかに鬼のイメージで描かれている。ところが、このいずれの山姥も、鬼女系の山姥でありながら、困った人を助ける好ましい役割を演じている。山姥は善悪の両義的な性格をもっていたのであった。

「山姥」はまた、天狗と同様、民俗社会でも伝承されている妖怪である。民俗社会の「山姥」は「山女郎」とか「山母」「山姫」などともいわれ、その夫は「鬼」もしくは「山男」「山爺」などと語られている。地方によって多少は異なるものの、背が高く、長い髪をもち、眼光鋭く、口は耳まで裂けている、というほぼ共通した特徴をもっている。こうした特徴は、山姥が鬼女系の妖怪であることを物語っているが、また、昔話のなかの山姥は大蛇の妖怪が化けたもの、あるいは蜘蛛の妖怪が化けたものとして描かれることもある。民俗社会の山姥も、室町時代の山姥と性格は変わらず、人を取って食べるといった恐ろしい属性をもつとともに、人間が幸せや富を得るための援助者として働く好ましい属性を合わせ持った両義的存在である。その意味では、山姥の基本的性格は室町時代からあまり変わっていないようである。

わたしが調査した高知県の物部村に伝わる山姥伝承も、そうした両義性・二重性をもっている。「妖怪

――山姥をめぐって――」（『憑霊信仰論』講談社、一九九五年）で論じたように、この地方では、山にはいろいろな魔物・魔群が棲んでいるが、山姥（若い女の場合は山女郎）もその一つで、山姥に山のなかで出会うと、よくないことが起こるという。とくに山姥と出会ったあとに原因不明の病気になると、それは「山姥の祟り」とか「山姥憑き」とみなされ、祈禱師を招いて祓い落とした。その一方、山姥の訪問を受けた家は金持ちになるといわれていて、実際、先祖が異人（後に山姥と判断される）の訪問を受け、それをもてなしたところ金持ちになったという家がある。昔話でも、継母にいじめられる継子の女子が山姥の助けで金持ちになる話が伝わっている。こうした山姥の両義性のいずれの側面が顕現化するかは、民俗社会の一人ひとりの行動と深く関係している。すなわち、倫理的に好ましい振る舞いをする者には富の授与者として示現するが、倫理にもとるようなことをする者には災厄授与者として示現するのである。

ところで、こうした文献のなかの歴史的存在としての「山姥」、あるいは民俗社会のなかで伝承されてきた「山姥」のいずれに関しても、これを真正面から論じた論文は少ない。知切光歳『天狗の研究』に相当するような『山姥の研究』はまだ誰も書いてはおらず、個別論文さえほとんど無いに等しい。しかし、数こそ少ないが、興味深い研究がいくつかなされているように思われる。

しばしば山姥研究の端緒となった研究として、柳田國男の『山の人生』が挙げられるが、これは山と人との関係を論じたもので、そのなかで山姥伝承も取り上げられ、山姥伝承の背後に、山の神の信仰や山に消えた女性の影が認められることを暗示的に述べているにすぎない。従来の民俗学では、こうした柳田の考察を踏まえて、山姥の古形（起源）を山の神（女神）に求め、その零落したものと解釈してきた。つまり、山姥の恐ろしい属性は零落の結果として獲得された新しい属性であるとみなすわけである。しかし、それは仮説にすぎず、文献や民俗資料に描かれた山姥は、つねに善悪両面を兼ね備えた存在であり続けている。むしろ山姥の特徴は、そうした両義性をもった存在のなかに見いだされるものであって、そのいずれの面が強調されるかは山姥と個人個人との関係、あるいは時代の関心などによっている。

折口信夫は、山の神に仕える巫女の幻想化したものと解釈している。それは「翁の発生」(『折口信夫全集2—古代研究—』新編集決定版・中央公論社、一九九五年)などで述べられているが、ここでは「鬢替え神事と山姥」を収録した。山姥が時を定めて山から里に降りてきて里人を祝福するという、いわばかれの「まれびと」論の枠組みのなかで、山人・巫女・山姥の神性を説いている。

「山姥は、山の神の巫女で、うばは姥と感じますが、此は、巫女の識分から言ふ名で、小母と通じるものです。最初は、神を抱き守りする役で、其が、後には、其神の妻ともなるものをいふのです。其巫女の、年高く生きてゐるのが多い事実から、うばを老年の女と感じる様になつたらしいのです。うばを唯の老媼の義に考へたのも古くからの事だが、神さびた生活をする女性の意として、拡がつて来たのでせう。此山神のうばとして指定せられた女は、村をはなれた山野に住まねばならなかつた。人身御供の白羽の矢の話には、かうした印象もあるに違ひない。(中略)山姥の洗濯日といふのは、山の井に現れて、山姥が禊ぎをする日だつたのでせう。市日に山姥の来て、大食をした話や、小袋に限りなく物を容れて帰つた伝説などがあるのは、鎮魂の夜の山づとと取り易へて、里の品物、食料などを多く持ち還つたからでせう。」

お伽草子『酒呑童子』にも、麓の長者の娘が伊吹大明神に仕えるために山に入るエピソードがあるので、こうした山の巫女が里人から妖怪視されることがあったとしても不思議ではない。しかしながら、それは山伏が鬼や天狗視されるのと同じレベルで、中世の山の神に仕える巫女が妖怪視されるということであって、古代に山の神に仕える巫女がいたということや、山の神自身の妖怪化とは異なるレベルの問題であることに留意しておくべきだろう。むしろ、山姥のイメージは山の神(女神)の側面と鬼女(祟り神)の双方が合体することによって出来上っているのである。

「山姥」が多くの人々に注目され、絵画や物語に登場するようになったのは、近世である。近松門左衛門の『嫗山姥』がきっかけであった。その前後から、源頼光の鬼退治伝説に素材をとった浄瑠璃などが制作され、その過程で頼光の四天王の一人坂田金時（金太郎）の物語も生み出されることになる。そのなかで金時の母が山姥として描かれたのである。そこでは、金太郎の父は「赤竜」ということになっている。金太郎の母としての山姥は、外部の者に対しては恐ろしい側面を保持しつつも、息子に対しては限りなく優しい母として描かれる。いわば、近世の子育てする母の理想像ともいうべきイメージが託されているのである。

この時代の山姥に焦点を合わせて、多角的に山姥像を分析するのが、川村邦光の「金太郎の母——山姥をめぐって——」（本巻所収）である。川村は宗教学者らしく、近松の描く山姥像を近松の創造ではなく、むしろ日本文化の源層にある「母子神—女神」を山姥に託し浮かび上がらせたのだという。「山姥は魁偉な老女の妖怪として伝承される一方で、山の中で子を自ら生み育む山の神として、あるいは子どもの出産や成長を守護する山の神もしくは姥神として伝承されてきた。こうした民間伝承とともに、定型的な山姥のイメージを流布させてきた謡曲『山姥』が、近松の山姥像には織り込まれているだろう。近松が探り当て、歴史の表層に浮かび上がらせた〝金太郎の母〟山姥像は、死と再生の霊力をもち、畏怖の対象となる女神であった。それはまた、姥神や山の神の系譜に連なる女神であったということができる」。

川村はその論文のタイトルを、桃太郎の母の原像を遥か遠い古代のユーラシア大陸の母子神に求めた文化人類学者、石田英一郎の著書『桃太郎の母』にあやかって「金太郎の母」とした。したがって、かれの「金太郎の母＝山姥」のイメージの遥か彼方には、古代の母子神の幻影がちらついているのであろう。そんな思いを大胆に展開したのが、比較神話学者の吉田敦彦であった。吉田は山姥の「好ましい」側面に着目し、そこに「女神性」を見出すばかりでなく、その起源を縄文の女性土偶像にまで求めようとする。かれは次のように断言している。「山姥と山の神はまさにあらゆる点で、縄文時代にすでにわが国で崇められていた古い母神の紛うかたのない後裔だと思われる」（『昔話の考古学』中央公論社、一九九二年）。最近は細部にこだわった研究が目立つが、こうした壮大な視点からの研究も求められているのではなかろうか。

しかしながら、誤解される恐れがあるので念のために述べておくと、山姥は完全な「女神」ではない。女神の系譜を引いているが、それは「半身」のみであって、もう一方の「半身」は「鬼」なのである。たとえていえば、昔話に登場する、鬼の男と人間の女が結婚して生まれた子どもが、体の半身は人間であったが、もう半身は鬼であったという「片子」のようなものなのである。山姥の「邪悪な側面」つまり「悪霊・鬼神」の系譜も遥か古代の彼方にまでたどれるかもしれないのである。

この小文の冒頭で紹介した『妖怪図鑑』もそうであるが、現代人が思い描く山姥のイメージは、絵本のなかに描かれた山姥である。それは、図像的には謡曲の「山姥」や「黒塚」の面や錦絵などに描かれた山姥・鬼女に基づいて描かれており、また物語は、民間伝承として語り伝えられてきた昔話の山姥譚が利用されている。昔話にはたくさんの山姥譚が存在している。吉田敦彦の研究もこうした豊富な民間伝承の山姥譚に刺激されたものであった。昔話のなかの山姥像の研究はいろいろあるが、本巻では山姥譚の背景となっている民間信仰に着目した五来重の論考を紹介してみた。五来の仕事は昔話を手がかりに民間信仰をあぶり出す研究である。これと似た考察をしているのが、山上伊豆母の論文「霊山の棄老と養老」で、山上は山姥の背景には「姥捨ての習俗」もしくは「姥捨て伝説」の影響があるのではないかと主張している。一考に値する説であろう。

昔話の「山姥」に関しては、深層心理学や精神医学の立場からの研究もある。前者の研究の代表は河合隼雄『昔話と日本人の心』(岩波書店、一九八二年)である。この著書は多くの昔話が考察されているが、そのなかで山姥譚「飯くわぬ女」(喰わず女房)や「山姥の仲人」などが取り上げられ、「それにしても、山姥の仲人によって幸福な結婚が生じるなど——しかも、この物語にでてくる山姥は人を食うことが明らかにされていることが多いので——山姥と人間の共存ぶりは、まことに印象的である。それは、わが国の昔話のひとつの特性と言うべきであろう。われわれは無意識の怖ろしさを知りつつ、それを拒絶しようとしない。時に、それを追い払うことはあるにしても、どこかに共存の可能性があると考えているわけである」と、日本人の心理の有り様を指摘している。

河合は日本人の「無意識」とのつき合い方を抽出したが、これとは異なり、本巻所収の大橋秀夫の論文「他者の原像——人見知りをめぐっての鬼と山姥の考察——」は、精神療法の結果を踏まえつつ、山姥の両義性つまり「好ましい属性」(福神的性格)と「邪悪な側面」(鬼的性格)を、乳児の「人見知り体験」から解釈しようとする毛色の変わった研究である。大橋は「人見知り体験」とは「他者」(鬼)認識の表現タイプの一つであり、その原像は人見知りの時の父であるという。つまり、乳児の最初の「他者」が父であり、その父に慣れ親しむことで「他者一般」との関係も学習していくことになる。ところが、乳児を守護すべき母が不安・恐怖の対象に変化したとき、たとえば乳児が虐待を受けるといった経験をしたとき、母は人見知りされる「父」の位置に、つまり「他者」=「鬼」となる。そのような「恐ろしい母」のイメージが、無意識のうちに「山姥」の「恐ろしい側面」として記憶されて物語に描き直されるわけである。精神医学の分野でこの論文がどう評価されたのかはわからないが、わたしは心(精神)の世界の「まれびと」を論じた貴重な研究として理解した。そしてこれに刺激されて「恐怖の存在としての女性像——化物退治譚の深層——」(『異人論』ちくま学芸文庫、一九九五年)という論考を書くことにもなった。

最後に、現代の妖怪の代表ともいえる「口裂け女」に触れておこう。この妖怪は明らかに、ここで述べてきた伝統的妖怪の「山姥」の系譜に連なる妖怪であった。このことはすでに何人かの民俗学者が言及していることである。もちろん、系譜関係を明らかにしたところで、現代の問題としての「口裂け女」は解けない。わたしが「口裂け女の意味論」(『鬼の玉手箱』福武文庫、一九九一年)で論じたように、現代という時代のなかから生み出されたのだから、現代という時代のなかで解読されなければならない。しかし、それが山姥の末裔だと知ることによって、その解読のためのヒントをたくさん手に入れることが可能となるはずである。

日本の妖怪の代表ともいえる「天狗」と「山姥」は、山の怪異の説明装置として伝承されてきたものである。きわめて単純化していえば、「天狗」は「男」もしくは「男社会」のシンボルであり、他方の「山姥」は「母」もしくは「女社会」のシンボルであった。これまで述べてきたように、そして性格は異なるが、両義的性格を帯びているところに本質があった。その研究はまだ少なく、未開拓の領域が多いといっていいだろう。本巻に収録した論文に偏りやばらつきが見られることに、そのことが物語られている。

著者一覧（収録順）

馬場あき子（ばば・あきこ）1928～　歌人・文芸評論家
柴田實（しばた・みのる）1906～1997
小峯和明（こみね・かずあき）1947～　立教大学名誉教授
森正人（もり・まさと）1948～　熊本大学名誉教授
村山修一（むらやま・しゅういち）1914～2010
原田正俊（はらだ・まさとし）1959～　関西大学文学部教授
谷川健一（たにがわ・けんいち）1921～2013
小倉學（おぐら・まなぶ）1912～2003
五来重（ごらい・しげる）1908～1993
荒俣宏（あらまた・ひろし）1947～　作家
宮本袈裟雄（みやもと・けさお）1945～2008
岩田重則（いわた・しげのり）1961～　中央大学総合政策学部教授
折口信夫（おりくち・しのぶ）1887～1953
大橋秀夫（おおはし・ひでお）1947～2021
山上伊豆母（やまかみ・いずも）1923～（逝去）
川村邦光（かわむら・くにみつ）1950～　大阪大学名誉教授
丸山泰明（まるやま・やすあき）1975～　神奈川大学国際日本学部准教授

小松和彦（こまつ・かずひこ）
1947年、東京都生まれ。国際日本文化研究センター名誉教授。専門は文化人類学、民俗学。長年、日本の怪異・妖怪文化研究を牽引してきた。『憑霊信仰論』『妖怪学新考』『異人論』『妖怪文化入門』『異界と日本人』『鬼と日本人』など著書多数。

・本書は、『怪異の民俗学　5　天狗と山姥』（2000年12月、小社刊）を、内容はそのままに、ソフトカバーにして新装したものです。
・収録作品は、原則として、新字・新仮名を採用しています。
・本書中、現在の観点からは不適切と思われる表現が使用されていることがありますが、発表時期や題材、歴史的背景に鑑み、原文どおりとしました。
・収録作品中、著作権継承者の方の連絡先が不明のものがございます。ご本人や関係者の方がお気づきになられましたら、編集部までご一報ください。

怪異の民俗学5
天狗《てんぐ》と山姥《やまんば》

二〇〇〇年一二月三〇日　初版発行
二〇二二年一〇月二〇日　新装復刻版初版印刷
二〇二二年一〇月三〇日　新装復刻版初版発行

責任編集　小松和彦
装幀　松田行正＋杉本聖士
発行者　小野寺優
発行所　株式会社河出書房新社
〒一五一-〇〇五一
東京都渋谷区千駄ヶ谷二-三二-二
電話〇三-三四〇四-一二〇一（営業）
〇三-三四〇四-八六一一（編集）
https://www.kawade.co.jp/

印刷　株式会社亨有堂印刷所
製本　大口製本印刷株式会社

Printed in Japan
ISBN978-4-309-61815-9

小松和彦［責任編集］

怪異の民俗学 全8巻

来るべき怪異・妖怪研究は、ここから始まる――

古典というべき基本文献のみならず、民俗学を中心に、
文化人類学・国文学・社会学・精神病理学など幅広い分野から
重要論考を精選・集成した画期的シリーズ、待望の【新装復刻版】
日本文化の多様さ・奥深さが凝縮された、テーマ別アンソロジー

●全巻構成●

1 憑きもの
2 妖怪
3 河童
4 鬼
5 天狗と山姥
6 幽霊
7 異人・生贄
8 境界

河出書房新社